한권으로 읽는

신라왕조실록

풍간자馮簡子 55
풍시豊施 417
풍의 355
풍후재馮厚齋 69 337 415
《筆乘》 347

ㅎ

하궤荷蕢 213
何大復 63
하보불기夏父弗忌 343
하안 25 27 29 67 165 199 217 221 223 225 233 237 241 255 263 265 279 309 311 355 437 493 499 503 505
《하우강록》 411
《하정변론》 483
하후건夏侯建 435
하후승夏侯勝 435
何休 65
《한관의漢官儀》 329 331
《한비자》 121
한비자韓非子 29 349
《한서漢書》 53 119 315 331 437
한선자韓宣子 417
《韓詩外傳》 131
한유 33 45 47 215 239 275 293 353 369 373 469 481
한착寒浞 31 33 35
항우項羽 377
해강봉 371
해양解揚 93
허신 489
험윤玁狁 289
荊 99
호돌狐突 135
호모狐毛 135
호문정胡文定(胡安國) 15
호병문 25
호언狐偃 113 135
호영胡泳 437
호운봉胡雲峯 69
호인 15 77 85 87 89 161 163 373

환공桓公 25 63 111 131
驩兜 309
皇侃 71 97 99 141 149 151 179 181 183 185 203 219 223 229 233 347 361 363 401 441 475 491 493 505
황경黃瓊 217
《皇極經世書》 313
황면재 163
황제黃帝 215
황조黃錯 217
황회계 363
회남왕淮南王 119
《회남자淮南子》 35
《孝經》 103 109
《孝經傳》 103
《後周書》 39
후직后稷 13 41 249 279
《후한서後漢書》 53 91
흉노匈奴 289
희鱚 35 37

다산번역총서

역주 논어고금주論語古今註 ❹

초판 1쇄 발행일 2010년 3월 30일
　　2쇄 발행일 2016년 8월 30일

저자 | 정약용
역주자 | 이지형
기획 | 다산학술문화재단
펴낸이 | 정해창
펴낸곳 | 도서출판 사암
신고번호 | 제22-2799호(2005. 8. 30)
주소 | 06647 서울시 서초구 서초대로 248
　　　　 (나주정씨 월헌빌딩) 801호
전화 | 02-585-9548
팩스 | 02-585-9549
전자우편 | saambooks@gmail.com
홈페이지 | www.tasan.or.kr
책값 | 40,000원

ⓒ 이지형, 2010

ISBN 978-89-91881-10-5　94140
　　　 978-89-91881-06-8　94140(전5권)

ISBN 978-89-91881-10-5
ISBN 978-89-91881-06-8 (전5권)

박영규 지음

한권으로 읽는
신라왕조실록

웅진 지식하우스

들어가는 말

비밀과 신비로 가득 찬 천년왕국의 문을 두드리며

멀미에 너무 시달려 버스 안에서 줄곧 잠만 자다가, 들판의 차가운 바람 속에서 맞닥뜨린 경주의 그 거대한 고분들. 까까머리 중학생인 내 눈에 비친 그 무덤들은 마치 해산을 하기 위해 해안으로 몰려든 고래 떼 같았다. 그 엄청난 크기의 고래들을 바라보며 난생처음으로 신라 역사를 생각했고, 신라 왕조의 시조이자 내 직계 조상이기도 한 혁거세왕의 이름을 뇌까리며 그의 후예라는 사실에 은근히 자부심을 느끼기도 했다.

그러나 천마총에 들어섰을 때, 그런 마음은 싹 사라졌다. 무덤 속에 서 있다는 암담함과 그 곳을 떠다니고 있을 귀신들에 대한 두려움으로 온몸에 소름이 돋는 느낌이었다. 연방 손바닥으로 팔뚝을 문지르던 나는 그 낯설고 암담한 무덤 속에서 빨리 나가고 싶은 마음뿐이었다.

그로부터 이십여 년의 세월이 흘렀건만, 신라사는 여전히 낯설고 암담한 무덤 속의 역사로 남아 있다.

"신라인들은 누구이며, 어떻게 살았는가?"

이 단순한 물음에도 확실한 대답을 해 줄 수 없는 것이 우리 역사학계의 현실인 까닭이다. 분명한 것은 그들이 한반도 원주민이 아닌 망명객이라는 사실이다. 그들은 진시황의 지배를 피해 온 연나라 망명객과 위만에게 망한 고조선의 유민이 합쳐진 색다른 세력이었다. 그렇기 때문에 말과 풍속이 특이하여 마한이나 백제, 고구려와는 아주 다른 삶의 방식을 지니고 있었다.

신라인의 삶을 언급하자면, 그 모두가 신비롭다고 해야 할 것이다. 신라는 백제와 고구려와는 달리 하나의 성씨가 아닌 박, 석, 김, 세 성씨가 하나의 왕조를 일군 매우 특이한 국가이다. 아시아의 어느 나라에서도 이런 왕조는 찾아볼 수 없다. 이런 식으로 세 성씨가 하나의 왕조를, 그것도 천 년의 역사를 가진 국가를 유지했다는 사실 자체가 신비의 극치라 할 수 있다.

신라에서는 거서간, 차차웅, 이사금, 마립간 등의 독특한 왕호를 사용했다. 이 호칭들의 생성 배경과 사용 과정이 또 하나의 수수께끼로 남아 있다. 왕후들이 남편이 아닌 다른 남자의 아이를 잉태하고, 그 아이가 왕이 된 사실들도 신라에서만 볼 수 있는 매우 독특한 현상이다. 또한 사위가 왕위를 잇고, 여왕을 배출한 왕조도 신라밖에 없다.

신라인들은 백성 전체가 서로 성(性)적으로 연결된 하나의 가족 집단의 성격을 띠고 있다. 말하자면 신라는 거대한 가족 집단인 셈인데, 이는 아주 보잘것없던 작은 나라 신라가 삼한 통일의 대업을 일궈 낸 힘의 원천이었다. 신라인들의 성(性) 풍속은 현대에 살고 있는 우리가 상상하기 힘들 정도로 특이하고 개성적인 것이었으며, 그에 따른 결혼 풍속은 세계 어디에서도 찾아볼 수 없는 희귀한 문화이기도 했다.

고려의 역사를 관심 있게 본 사람이라면, 고려 태조 왕건이 자기 자식들을 서로 결혼시킨 사실을 두고 '콩가루 집안'이니 '불륜의 극치'니 하며 침을 튀기면서 흥분할 것이다. 그러나 그런 결혼은 신라의 풍속을 이은 것이었다. 그러한 결혼 풍속은 신라 시대엔 너무나 자연스럽고 당연한 일이었다. 이복 남매끼리 결혼한 것은 물론이고, 아버지가 다른 이성(異姓) 남매의 결혼, 자매가 한 남자에게 시집가는 일, 형제가 한 여자를 공유하는 일이나 한 여자가 여러 남자를 거느리는 일, 전 왕의 후비나 왕비조차 다음 왕과 관계하는 일, 심지어 자기 아내를 다른 남자에게 양보하는 일도 신라 사회에선 드문 일이 아니었다.

　화랑도가 철저하게 성적으로 얽혀 있는 집단이라는 사실 또한 이채롭다. 또 성을 서로 나누는 행위를 전혀 추잡하게 여기지 않았던 당시 사람들의 가치관, 정치에 여성들의 입김이 직접적으로 작용한 것이나 태후나 유력한 왕실의 여자들이 왕을 갈아치우는 일도 신라사에서만 발견할 수 있는 독특한 역사이다.

　그러나 이 신라인들의 역사는 유교적인 사고방식에 빠진 역사학자들의 그릇된 시각으로 말미암아 여전히 무덤 속에 갇혀 있다.

　많은 학자가 신라사를 조선사의 가치관으로 바라보고, 유교적인 눈으로 해석하고, 20세기의 윤리 의식을 잣대 삼아 그 풍속을 재단하는 어리석음을 범하고 있다. 그런 까닭에 우리 앞에 던져진 신라사는 그야말로 껍데기와 알맹이가 모두 변질되어 본 모습을 거의 볼 수 없도록 서술되어 있다. 그런 현실이다 보니 신라 통사 한 권 제대로 만들어 낼 수 없었고, 한국인들은 신라사에 관한 한 거의 백지 상태나 다름없게 되었다.

　거기엔 비단 학자들의 책임만 있는 것은 아니다. 한국인의 머릿속엔 광대한 영토에 대한 동경이 남아 있는데, 그것은 암암리에 신라의 삼한 통일에 대한 거부감으로 귀결되었다. 즉, 신라가 통일하지 않고 고구려가 통일을 했다면 우리는 지금 광활한 영토의 주인으로 살고 있으리라는 회한의 역사 의식이 강하다는 의미. 또한 신라가 당이라는 외세를 끌어들여 백제와 고구려를 망하게 했다는 원망 섞인 시선도 있으리라.

　그러나 이것은 중국에 비해 지나치게 작아 보이는 한반도 땅, 그것도 반으로 쪼개진 나라에 사는 백성들의 콤플렉스에서 비롯된 생각일 것이다.

하지만 신라의 입장에서 헤아려 본다면 생각은 크게 달라질 수 있다. 지금의 경상도 크기 정도밖에 되지 않는 작은 나라 신라가 북쪽의 강대한 세력인 고구려와 최대의 라이벌 백제, 끊임없이 침략을 자행하는 왜의 틈바구니 속에서 살아남기 위해 발버둥치는 모습을 상상해 본 적이 있는가? 당시엔 지금처럼 고구려, 백제, 신라를 민족이라는 하나의 단어로 표현하던 시대가 아니었음도 상기해야 할 것이다. 그들은 서로 별개의 나라로 오직 국가를 유지하는 것이 지상과제였고, 신라도 그들 가운데 하나였을 뿐이다. 신라가 백제의 땅을 지키지 못하고 신라 땅마저 당나라에 병합됐더라면, 고려와 조선의 역사가 있었을까?

우리는 지금 신라라는 미지의 세계로 들어가기 위해 역사의 문 앞에 서 있다. 문을 두드리기 전에 먼저 우리를 지배하고 있는 편견과 그릇된 가치관을 버려야 할 것이다. 그렇지 않으면 우리가 아무리 거세게 두드려도 신라의 문은 결코 열리지 않을 것이다.

본문 내용은 크게 삼국 시대, 통일 시대, 후삼국 시대로 구분하여 1, 2, 3부로 구성했다. 각 실록은 왕의 치세, 가족사, 주요 인물 및 사건 순서로 서술하였다.

본문 뒤에는 부록을 첨부했다. 부록은 신라의 국가 조직 및 행정 체계, 집필에 사용된 사료 소개, 신라 시대를 거쳐간 중국 국가들, 인물 찾기 등 네 단락으로 이뤄져 있으며, 인물 찾기에서 신라 왕은 생략했다.

사료는 『삼국사기』를 중심 사료로 삼고, 『삼국유사』, 『화랑세기』, 『일본서기』를 보충 자료로, 그 외 중국 사료들을 참고 자료로 사용하였다.

『화랑세기』는 박창화의 필사본을 정본으로 인정하고, 이종욱 교수의 번역을 존중하였다. 학계 일부에서는 박창화의 필사본 『화랑세기』를 위작이라고 주장하지만, 내용을 상세히 살피고 관련 사료인 『고려사』, 『삼국사기』, 『삼국유사』 등과 비교 검토한 결과 결코 위작일 수 없다는 판단을 하여 사료로 사용하는 것을 주저하지 않았다. 『화랑세기』와 『삼국사기』, 『삼국유사』의 기록 중에 겹치거나 같은 사건을 다룬 내용을 살펴본 결과, 『삼국사기』나 『삼국유사』의 기록보다는 『화랑세기』의 기록이 보다 신빙성이 있고, 사건의 내막과 전개를 훨씬 더 설득력 있게 기록하고 있다는 결론에 도달한 까닭이다.

우리는 지금 고도 경주에 외국 관광객을 끌어들이며 신라 천 년 역사와 문화를 입에 침이 마르도록 자랑하곤 한다. 그러나 신라 천 년의 역사를 자랑하기 전에 먼저 그 역사를 정리하지 못한 것을 부끄럽게 여겨야 하리라. 이 책은 그 부끄러움을 조금이라도 덜고 싶은 마음으로 썼다.

『한권으로 읽는 조선왕조실록』 작업을 시작하던 때로부터 어느덧 8년이 흘렀다. 『한권으로 읽는 조선왕조실록』으로부터 『한권으로 읽는 고려왕조실록』, 『한권으로 읽는 고구려왕조실록』, 『한권으로 읽는 백제왕조실록』에 이어 마침내 통사 작업의 마지막 책인 『한권으로 읽는 신라왕조실록』을 내놓는다.

필자 스스로 이 일을 '한국사의 통사 만들기 작업'이라고 불러 왔고, 나름대로 많은 노력과 시간을 쏟았다. 작업을 끝내면 홀가분할 줄 알았는데, 시작할 때보다 일이 더 많아진 느낌이다. 아마도 통사 작업 이후에 지속될 가야사, 발해사, 상고사 등에 대한 책임감과 인물사와 문화사, 사상사 집필에 매진해야 한다는 각오 때문이리라.

    이런 계획을 세울 수 있는 것은 모두 독자들의 관심과 격려 덕분이다. 모쪼록 이번 책 『한권으로 읽는 신라왕조실록』도 우리 역사를 제대로 알고자 하는 독자들에게 보탬이 되길 바란다.

2001년 6월,
一山寓居에서 박영규

한권으로 읽는 신라왕조실록

들어가는 말 4

제1부 삼국 시대
제1대 혁거세왕에서 제29대 태종무열왕까지

제1대 혁거세왕실록
1. 신라인들의 정체 19
2. 혁거세의 등장과 그 배경 22
3. 건국 시조 혁거세왕과 신라의 세력 확대 25
▶ 혁거세왕 시대의 세계 약사 32

제2대 남해왕실록
1. 정국의 혼란과 남해왕의 위태로운 왕권 유지 33
2. '차차웅'의 의미와 해석 36
▶ 남해왕 시대의 세계 약사 38

제3대 유리왕실록
1. 유리왕의 덕치와 조직 정비 39
2. 이사금이라는 칭호 43
3. 빙고와 수레 44
▶ 유리왕 시대의 세계 약사 45

제4대 탈해왕실록
1. 탈해의 출생과 망명 그리고 성장 46
2. 탈해의 출생 연도와 왕위 계승에 숨겨진 비밀 50
3. 탈해왕의 홀로서기와 끝없는 백제의 침략 55
4. 수로왕과 가야 60
5. 김씨 왕실의 시조 김알지의 정체 65
▶ 탈해왕 시대의 세계 약사 70

제5대 파사왕실록
1. 현명한 군주 파사왕과 신라의 영역 확대 71
▶ 파사왕 시대의 세계 약사 76

제6대 지마왕실록
1. 외교 능력을 시험받는 지마왕과 얽히고설킨 국제 관계 77
2. 지마왕의 가족들 81
애례부인

제7대 일성왕실록
1. 망명객의 한을 품고 여든 살에 왕위에 오른 천일창 83
2. 계속되는 시련과 일성왕의 노심초사 88

제8대 아달라왕실록
1. 동분서주하는 아달라왕과 불운한 만년 91

2. 왜국 여왕 비미호의 정체와 일본 역사에서 사라진 240년 95
3. '연오랑과 세오녀' 설화와 그 배경에 숨겨진 비밀 101
▶ 아달라왕 시대의 세계 약사 107

제9대 벌휴왕실록
1. 벌휴의 등극 과정 108
2. 예언자 벌휴왕과 석씨 왕조의 개창 110

제10대 내해왕실록
1. 난세의 정치인 내해왕과 신라 조정의 안정 115
2. 내해왕의 가족들 119
   우로/이음
▶ 내해왕 시대의 세계 약사 123

제11대 조분왕실록
1. 좌충우돌하는 신라와 조분왕의 탁월한 국가 경영 124
2. 조분왕의 가족들 128
▶ 조분왕 시대의 세계 약사 129

제12대 첨해왕실록
1. 왕권을 탈취한 첨해왕과 흔들리는 신라 조정 130

제13대 미추왕실록
1. 미추왕의 즉위 과정 및 계보 136
2. 백성들의 신앙이 된 성군 미추왕 138
3. 미추왕에 얽힌 설화들 142
▶ 미추왕 시대의 세계 약사 145

제14대 유례왕실록
1. 유례왕의 즉위 배경 146
2. 전란에 휩싸인 서라벌과 유례왕의 왜국 정벌 꿈 148

제15대 기림왕실록
1. 복잡하게 얽히는 국제 정세와 기림왕의 기민한 대처 153

제16대 흘해왕실록
1. 흘해왕의 백성 사랑과 위태로운 대왜 관계 159
2. 벽골제(碧骨堤)에 관한 짧은 소고 162
▶ 흘해왕 시대의 세계 약사 164

제17대 내물왕실록
1. 석씨 왕실의 몰락과 김씨 왕실의 독점 165
2. 계속되는 각축전과 내물왕의 수난 167
3. 내물왕의 가족들 173

복호/미사흔
▶ 내물왕 시대의 세계 약사 175

제18대 실성왕실록
1. 잦은 왜란과 살해되는 실성왕 176

제19대 눌지왕실록
1. 실성왕의 음모와 눌지의 역공 180
2. 뒤엉키는 국제 관계와 눌지왕의 자구책 183
3. 충절의 대명사 박제상 190
▶ 눌지왕 시대의 세계 약사 194

제20대 자비왕실록
1. 잦은 전란을 국방력 강화의 원동력으로 이용한 자비왕 195
2. 악성(樂聖) 백결 선생과 방아악 200
▶ 자비왕 시대의 세계 약사 202

제21대 소지왕실록
1. 시련을 먹고 자라는 성군 소지왕과 결혼동맹 203
2. 소지왕의 가족들 208
선혜 부인/벽화 부인
▶ 소지왕 시대의 세계 약사 213

제22대 지증왕실록
1. 철저한 실천주의자 지증왕과 신라 사회의 제도화 214
2. 지증왕의 가족들 217
연제부인

제23대 법흥왕실록
1. 개혁주의자 법흥왕과 불교의 융성 220
2. 법흥왕의 가족들 223
보도부인 김씨/옥진궁주 김씨/보과부인 부여씨/
비대/삼엽/남모/모랑
3. 신라 불교의 성장과 순교자 박이차돈 229
▶ 법흥왕 시대의 세계 약사 233

제24대 진흥왕실록
1. 불법의 전도사 진흥왕과 신라의 무서운 성장 234
2. 진흥왕의 가족들 242
김입종/지소태후 김씨/사도부인 박씨/숙명궁주/
동륜태자/난성공주
3. 화랑도 247
4. 진흥왕 시대를 풍미한 인물들 253
박이사부/김거칠부/우륵
▶ 진흥왕 시대의 세계 약사 256

제25대 진지왕실록

1. 허수아비 왕 진지왕의 타락한 삶과 비참한 죽음 257
2. 진지왕의 가족들 260
   지도부인/용수/용춘/비형

제26대 진평왕실록

1. 난국에 휘둘리는 진평왕과 신라의 위축 265
2. 진평왕의 가족들 271
   마야부인 김씨/승만부인/천명공주
3. 진평왕 시대를 풍미한 인물들 273
   치맛자락 하나로 천하를 뒤덮은 경국지색 미실/ 화랑도의 대들보 문노
▶ 진평왕 시대의 세계 약사 287

제27대 선덕왕실록

1. 국제 사회에서 따돌림당하는 선덕왕과 신라 내정의 혼란 288
▶ 선덕왕 시대의 세계 약사 294

제28대 진덕왕실록

1. 난국 타개책으로 즉위한 진덕왕과 신라의 구애 작전 295

제29대 태종무열왕실록

1. 통일의 야망을 이룬 무열왕과 백제의 몰락 299
2. 무열왕의 가족들 303
   보량궁주/문명부인/보희부인/인문

제2부 통일 시대
제30대 문무왕에서 제50대 정강왕까지

제30대 문무왕실록

1. 지략가 문무왕과 신라의 삼한 통일 311
2. 문무왕의 가족들 316
   자의왕후/신광부인/야명부인/인명
3. 삼한 통일의 영웅 김유신 319
4. 신라 불교의 양대 산맥 원효와 의상 324
▶ 문무왕 시대의 세계 약사 329

제31대 신문왕실록

1. 이어지는 내란과 신문왕의 조직 정비 330
2. 신문왕의 가족들 334
   폐비 김씨/신목왕후/근질/사종
3. 흠돌의 난 336

제32대 효소왕실록

1. 어린 효소왕의 즉위와 공신들의 권력 독점 340

제33대 성덕왕실록
1. 성덕왕의 민심 달래기와 이어지는 천재지변 343
2. 성덕왕의 가족들 346
   성정왕후/소덕왕후/중경/수충/사소
▶ 성덕왕 시대의 세계 약사 349

제34대 효성왕실록
1. 왕권 회복을 꿈꾸는 효성왕과 영종의 친위혁명 350
2. 효성왕의 가족들 352

제35대 경덕왕실록
1. 전제정치를 꿈꾸는 경덕왕과 제도 개혁 354
2. 경덕왕의 가족들 358
▶ 경덕왕 시대의 세계 약사 359

제36대 혜공왕실록
1. 반란에 시달리는 혜공왕과 안개 속의 신라 정국 360

제37대 선덕왕실록
1. 반란으로 왕위에 오른 선덕왕의 5년 치세 364

제38대 원성왕실록
1. 폭우 덕에 왕위에 오른 원성왕과 계속되는 재난 367
2. 원성왕의 가족들 370

제39대 소성왕실록
1. 소성왕의 짧은 치세 372

제40대 애장왕실록
1. 어린 애장왕의 즉위와 언승의 반정 375
2. 애장왕의 가족들 377

제41대 헌덕왕실록
1. 헌덕왕의 측근정치와 김헌창의 난 378
2. 헌덕왕의 가족들 381
▶ 헌덕왕 시대의 세계 약사 382

제42대 흥덕왕실록
1. 아내와 자식을 잃은 슬픔으로 병마에 시달리는 흥덕왕 383
2. 흥덕왕의 가족들 385
   정목왕후 김씨/둘째 왕후 박씨/능유

제43대 희강왕실록
1. 희강왕의 짧은 영화와 김명의

반란 388

제44대 민애왕실록
1. 민애왕의 왕위 찬탈과 처참한 말로 391

제45대 신무왕실록
1. 악몽에 시달리는 신무왕과 등에 난 종기 394

제46대 문성왕실록
1. 불안감에 시달리는 문성왕과 해상왕 장보고의 죽음 396
2. 문성왕의 가족들 400
▶ 문성왕 시대의 세계 약사 401

제47대 헌안왕실록
1. 늙은 헌안왕의 왕위 계승 402

제48대 경문왕실록
1. 경문왕의 왕위 계승과 그 배경 406
2. 경문왕의 과욕과 등 돌리는 민심 409
3. 경문왕의 가족들 412
▶ 경문왕 시대의 세계 약사 413

제49대 헌강왕실록
1. 덕치를 펼친 헌강왕과 오랜만에 찾아든 태평성대 414
2. 헌강왕과 처용랑 417

제50대 정강왕실록
1. 정강왕의 짧은 치세 420

제3부 후삼국 시대
제51대 진성왕에서 제56대 경순왕까지

제51대 진성왕실록
1. 타락한 진성왕과 무너지는 천년왕국 신라 425
2. 후삼국 시대를 연 두 영웅 432
   후백제를 세운 견훤/태봉을 세운 궁예

제52대 효공왕실록
1. 절망감에 사로잡힌 효공왕과 김씨 왕조의 붕괴 441
▶ 효공왕 시대의 세계 약사 446

제53대 신덕왕실록
1. 신덕왕의 즉위와 황혼에 부활한 박씨 왕조 447

제54대 경명왕실록
1. 고려의 등장과 경명왕의 생존
   외교 450

제55대 경애왕실록
1. 비운의 왕 경애왕과 서라벌로 진군한
   견훤 454

제56대 경순왕실록
1. 마지막 왕 경순왕과 천년왕국의
   몰락 460
2. 경순왕의 가족들 469
   죽방부인/낙랑공주/셋째 부인 왕씨/마의태자

부록
1. 신라의 관제 및 행정 체계 475
2. 신라왕조실록 관련 사료 480
3. 신라 시대를 거쳐간 중국 국가들 487
4. 신라왕조실록 인물 찾기 496

제1부 삼국 시대

제1대 혁거세왕에서
제29대 태종무열왕까지

제1대 혁거세왕실록

1. 신라인들의 정체

　신라인들이 중국 대륙에서 흘러든 종족이라는 것은 이미 잘 알려진 사실이다. 하지만 그들의 정체에 대해선 아직까지 명확한 결론이 내려져 있지 않다. 분명한 것은 그들이 진한 사람들 중 일부였다는 것이다. 따라서 진한 사람의 정체를 밝히는 것이 곧 신라인의 정체를 밝히는 일이 될 것이다.
　『삼국지』「위지 동이전」의 한(韓) 편에는 진한 사람에 대해 '옛적에 진(秦)나라의 노역을 피해 한국으로 망명하여 온 사람들'이라고 기록되어 있다. 그 때문에 그들의 언어와 풍습도 진나라 사람들과 유사하다고 하였다. 하지만 그들이 진나라 사람들은 아니었다. 진나라의 노역을 피해 왔다는 것으로 봐서 그들은 진에게 나라를 뺏긴 변방 민족이었다.
　진의 시황제는 서기전 221년에 중국 대륙을 통일하였는데, 이때 진과 함께 이른바 '전국칠웅'이라 불리던 제, 한(韓), 조, 위, 초, 연 등의 땅을 모두 병합하였다. 통일 후, 시황제는 북방에서 밀려드는 흉노족을 막기 위해 만리장성을 축조하였는데, 이때 많은 변방 민족이 부역에 동원되었다. 그 노역을 견디지

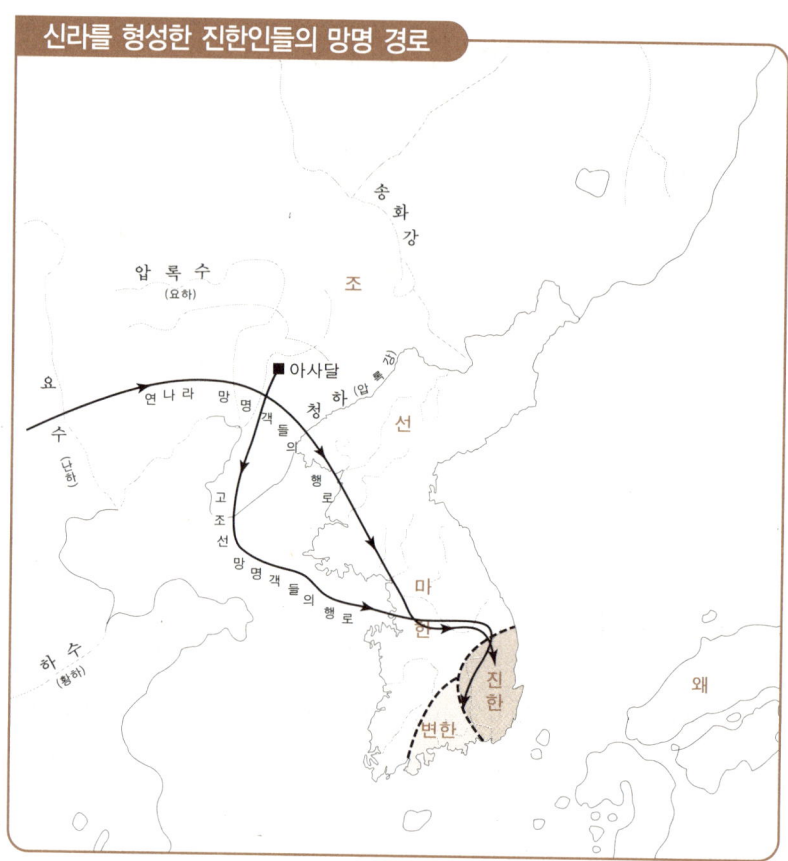

신라인들은 두 부류의 망명객들에 의해 형성됐다. 첫째는 진시황의 중국 통일(B.C. 221년)로 인해 고통받던 연나라 망명객들이고, 둘째는 B.C. 194년에 위만에게 쫓겨난 고조선의 준왕이 이끌고 온 유민 세력이다. 이들은 마한의 배려로 한반도 동남부 지역에 터전을 잡았다. 이것이 신라와 가야의 모태인 진변 24국이다.

못한 많은 사람들이 한국으로 흘러 들었던 것이다.

당시 한국으로 흘러 든 사람들은 대부분 진의 동북방에 자리 잡은 연나라 사람들이었던 모양이다. 그래서 신라 말의 대학자 최치원은 '진한은 본래 연나라 사람으로서, 도피해 온 자들'이라고 단정하고 있다.

『삼국사기』에도 "중국 사람들이 진나라가 일으킨 난리로 고통을 받다가, 동쪽으로 온 자가 많았다. 그들 가운데 대부분은 마한 동쪽에서 진한 사람들과 함께 살았는데, 이 시기에 이르러 점점 번성하므로 마한이 이를 싫어하여 책망했다."는 내용이 나오는 것으로 봐서 최치원의 주장처럼 진한 사람들 가운데 상당수가 연나라 출신이었던 게 분명하다.

하지만 『삼국사기』는 다른 기록에서 '조선의 유민들이 산골에 나뉘어 살면서 여섯 마을을 이뤘는데, 이것이 진한의 6부'라고 하면서, 이 진한의 6부가 곧 신라가 되었다고 쓰고 있다. 이 기록에서 주목할 것은 진한의 6부가 '조선의 유민'들로 구성되었다는 점이다(여기서 조선이라 함은 물론 고조선을 일컫는다).

『삼국지』의 '한' 편에 "조선후 준이 왕을 참칭하다가 연의 망명자 위만에게 공격을 받아 자리를 빼앗기자, 주위의 궁인들을 거느리고 바다를 건너 한 땅에 거처하며 스스로 한 왕이라고 일컬었다."는 기록이 있는데, 이는 고조선 백성들이 준왕을 따라 대거 한국으로 망명했다는 뜻이다.

준왕은 그 뒤로 대가 끊겨 멸망했지만, 그와 함께 망명한 백성들은 그대로 한국 땅에 살았다. 『삼국사기』의 '조선의 유민'은 바로 이때 준왕과 함께 한국에 왔던 고조선 백성들이었을 것이다.

당시 한국을 지배하고 있던 세력은 마한이었다. 마한 왕은 연나라 망명객들이 대거 밀려오자, 동쪽 땅을 내주고 살게 했다. 그 뒤에 준왕이 위만에게 나라를 뺏기고 백성들과 함께 망명해 왔을 때도 마찬가지로 동쪽 땅을 내주고 살도록 했다. 준왕이 한국으로 와서 한 왕이 되었다는 『삼국지』의 기록은 준왕이 일시적으로 마한을 장악했다가 마한의 반격으로 몰락했고, 이후 마한 왕의 배려로 조선 유민들이 동쪽 지역으로 옮겨 간 사실을 두고 하는 말이다.

이렇게 볼 때, 신라인의 모태인 진한의 구성원은 크게 연나라 망명객과 고조선 망명객으로 나뉠 수 있다. 이들은 한반도 남동부 지역에 머물며 진변 24국을 이뤘다.

진한 12국의 왕은 마한 사람이었는데, 이는 진한이 마한의 지배를 받았다는 뜻이다. 또 진한 주변에는 변한 12국이 있었는데, 변한 사람들은 진한 사람들과 섞여 살았고 의복과 거처가 같았다. 이는 변한 사람들 역시 진한과 마찬가지로 연과 고조선에서 온 망명객이었다는 사실을 알려 주고 있다. 따라서 이들 12개국의 국왕도 마한 사람이었을 것이다.

신라는 진한과 변한 24국 중 하나였고, 원래는 사로국이라 불리는 작은 나라였다. 그러다가 마한의 지배력이 약해진 틈을 타서 사로국을 중심으로 진한의 6국이 힘을 모았고, 그렇게 해서 탄생한 것이 서라벌, 즉 신라였다.

신라는 원래 서라벌, 서나벌, 시불, 사라, 사로, 계림 등으로 불리었다. 여기서 서라, 서나, 사라, 사로, 시 등은 모두 같은 명칭인데 발음만 다르게 낸 것이다. 계림은 탈해왕 때에 김알지를 계림에서 얻으면서 붙여진 명칭이라고도 하고, 혁거세왕이 계정(나정)에서 태어나고 알영이 계룡의 옆구리에서 나온 데서 기인한 것이라고도 한다.

시불을 금국(金國)에 대한 신라식 표현으로 보는 학자도 있는데, 신라의 도성을 금성이라고 부른 것을 볼 때, 일리 있는 해석이다.

국호를 신라라고 확정하게 된 것은 지증왕 4년인 503년이며, 이는 '덕업이 나날이 새로워져 사방을 모두 덮는다'는 뜻이다.

2. 혁거세의 등장과 그 배경

연의 망명객이 진한 땅에 도착한 것은 서기전 220년경이었고, 고조선의 준왕이 한국에 망명한 것은 서기전 190년경이었다. 이후 이들 망명족들은 마한왕의 지배를 받으며 지내다가 서기전 57년에 신라가 개국되면서 독자적인 국가를 형성하였다.

신라의 개국은 박혁거세의 등장과 함께 이뤄졌다. 그런데 혁거세의 등장에 관하여 『삼국사기』와 『삼국유사』가 지극히 신화적으로 서술하고 있기 때문에 그 배경은 여전히 베일 속에 가려져 있는 상태다. 하지만 혁거세의 신화를 잘

분석해 보면 그의 등장 배경이 어느 정도 드러난다.

혁거세의 등장에 대해 『삼국사기』는 이렇게 기록하고 있다.

조선의 유민들이 산골에 나뉘어 살면서 여섯 마을을 이뤘는데, 첫째는 알천의 양산촌, 둘째는 돌산의 고허촌, 셋째는 취산의 진지촌(혹은 간진촌), 넷째는 무산의 대수촌, 다섯째는 금산의 가리촌, 여섯째는 명활산의 고야촌이라 하였으니, 이것이 진한 6부가 되었다. 고허촌장 소벌공이 양산 기슭을 바라보니, 나정 우물 옆의 숲 사이에 말이 꿇어앉아 울고 있으므로 즉시 가서 보니, 갑자기 말은 보이지 않고 다만 큰 알이 있었다. 이것을 쪼개어 보니, 그 속에서 어린아이가 나왔으므로 이를 거둬 길렀다. 그의 나이 10여 세가 되자, 지각이 들고 영리하며 행동이 조신하였다. 6부 사람들은 그의 출생을 기이하게 여겨 그를 존경하였으며, 이때에 이르러 임금으로 삼았다.

이렇듯 『삼국사기』에는 고허촌장 소벌공이 양산 기슭에서 알을 발견하여 그 속에서 나온 혁거세를 키웠다고 되어 있으나, 『삼국유사』의 기록은 조금 다르게 기술되어 있다.

이때에 모두 높은 데 올라가 남쪽을 바라보니, 양산 밑 나정 우물 곁에 이상한 기운이 번개처럼 땅에 드리우더니, 웬 흰말 한 마리가 무릎을 꿇고 절하는 시늉을 하고 있었다. 조금 있다가 거기를 살펴보니, 보랏빛 알 한 개가 있었다. 말은 사람들을 보자 울음소리를 길게 뽑으면서 하늘로 올라갔다.

그 알을 쪼개니 형용이 단정하고 아름다운 사내아이가 있었다. 놀랍고도 이상하여 아이를 동천에서 목욕을 시키매 몸에서는 광채가 나고 새와 짐승들이 모조리 춤을 추며 천지가 진동하고 해와 달이 맑게 밝았다. 따라서 이름을 혁거세왕이라고 하고 칭호는 거실한(또는 거서간)이라고 했다.

『삼국유사』에서는 혁거세를 고허촌장 소벌공이 혼자 발견하여 키운 것이 아니라 마을 촌장들이 함께 발견한 것으로 쓰고 있는 점이 『삼국사기』의 기록과 크게 다른 부분이다. 그러나 양산촌 나정 우물 곁에서 혁거세를 발견했다는 점은 두 기록이 일치하고 있다. 즉, 분명한 것은 혁거세가 양산촌에서 발견되었다는 사실이다.

『삼국유사』에 따르면 양산은 급량부의 땅이다. 즉, 혁거세는 급량부 출신이었던 것이다. 그런데 『삼국사기』에서는 혁거세를 처음 발견하고 키운 사람이 고허촌장 소벌공이라고 했다. 고허촌은 사량부의 땅이다. 이런 사실은 혁거세가 양산촌 출신으로서 고허촌의 지지를 받아 6부의 왕으로 추대되었다는 것을 의미한다.

그렇다면 왜 고허촌 사람들은 양산촌 출신인 혁거세를 왕으로 추대했을까? 그 의문에 대한 대답은 혁거세의 부인 알영의 신화에서 얻을 수 있다.

『삼국유사』는 알영이 사량리의 알영 우물에 나타난 계룡의 왼쪽 옆구리에서 태어난 것으로 쓰고 있다. 알영이 계룡의 옆구리에서 태어났다는 것은 그녀를 신격화하기 위해 꾸민 것이겠지만, 그녀가 사량리 출신인 것만은 사실일 것이다. 사량리는 바로 고허촌이다. 고허촌 사람들이 급량부 출신인 혁거세를 왕으로 내세운 것은 바로 고허촌 출신의 알영을 왕비로 내세우기 위함이었던 것이다.

『삼국유사』는 알영이 발견된 것이 혁거세가 발견된 바로 그날이라고 쓰고 있지만, 『삼국사기』는 알영이 왕비가 된 것은 혁거세왕 재위 5년(서기전 53년)으로 명시하고 있다. 즉, 고허촌 사람들은 양산촌 출신의 혁거세를 왕으로 세운 공로로 왕비를 자기 마을에서 배출했던 것이다.

이미 언급했듯이 진한의 왕은 마한 왕이 지명한 마한 출신 사람만 될 수 있었고, 왕위는 세습되었다. 만약 마한 출신 왕족의 혈통이 끊기면, 다시 마한 왕이 새로운 왕을 파견하거나 지명했다. 그런데 이때 진한 6부의 촌장이 모여 왕으로 세운 사람은 마한 사람이 아니라 진한 사람인 혁거세였다. 이것은 그야말로 획기적인 사건이 아닐 수 없었다. 진한 출신의 혁거세가 왕으로 옹립되었다는 것은 진한이 마한의 지배에서 벗어났다는 뜻이기 때문이다.

마한 왕실은 진한의 이런 반란 행위에 크게 분노했지만, 별다른 대책이 없었던 모양이다. 혁거세왕 38년(서기전 20년)에 신라에서 호공을 마한에 보내 예방하자, 마한 왕이 호공을 꾸짖으며 이런 말을 하고 있다.

"진, 변의 두 한은 우리의 속국인데, 근년에는 공물을 보내오지 않았다. 대국을 섬기는 예절이 어찌 이와 같은가?"

그러자 호공은 전혀 주눅 든 기색 없이 이렇게 대답한다.

"우리 나라에 두 성인이 출현하면서 사회가 안정되고 천시가 조화를 이뤄 창고가 가득 차고, 백성들은 공경과 겸양을 알게 되었습니다. 그리하여 진한의 유민들로부터 변한, 낙랑, 왜인에 이르기까지 우리를 두려워하고 심복하지 않는 자가 없습니다. 그럼에도 불구하고 우리 임금이 겸손하여 저를 보내 귀국을 예방하게 하였으니, 이는 오히려 지나친 예절이라 할 수 있을 것입니다. 그런데 대왕께서 크게 성을 내고 무력으로 위협하시니, 이는 무슨 까닭입니까?"

호공이 이렇게 힐난하는 듯한 대답을 하자, 마한 왕은 길길이 날뛰며 호공을 죽이려 했다. 하지만 신하들이 만류해, 호공은 무사히 신라로 돌아올 수 있었다.

이 사건은 마한 왕실의 위상이 얼마나 약화되어 있었는지 짐작하게 해 준다. 원래 마한 왕은 월지국에 머물며 본국에 속한 54국과 진한과 변한의 24국을 지배했는데, 신라가 성립될 무렵에는 진한과 변한의 24국은 물론이고 본국의 54국에도 제대로 영향력을 행사할 수 없는 처지였다.

진한과 변한의 망명족들은 바로 이런 마한의 약화를 틈타 독립을 모색했고, 혁거세의 옹립은 바로 마한으로부터의 독립선언이었던 것이다.

3. 건국 시조 혁거세왕과 신라의 세력 확대
(서기전 69년~서기 4년, 재위기간:서기전 57년 모월~서기 4년 3월, 약 60년)

혁거세(赫居世)왕은 진한 6부의 하나인 양산촌 출신이며, 서기전 69년에 태어났다. 열세 살이 되던 서기전 57년에 왕위에 올랐으며, 이후 세력을 확대하여 진한 6부를 장악하였다.

신라어로 표주박이라는 뜻의 박(朴)을 성씨로 삼았는데, 이는 그가 알에서 나왔고, 알이 표주박처럼 생긴 데서 기인한 것이라고 전한다.『삼국사기』와 『삼국유사』는 '혁거세'를 그의 이름이라고 기록하고 있으나, 당시 사람들이 이름을 묘호로 삼지 않았기에 '혁거세'는 이름이 아니라 묘호로 보아야 할 것이다. '혁거세'는 '불구내'라고도 불렸다고 하는데, 이는 광명으로써 세상을 다스린다는 뜻이다. 아마도 '혁거세'는 '불구내'의 뜻을 한자로 옮겨 적은 것인 듯하다.

혁거세왕의 칭호는 '거서간' 또는 '거실한'이었는데, 이는 신라어로 왕 또는 귀인을 지칭하는 말이었다. 일설에는 그가 맨 처음 입을 열 때 스스로를 '알지거서간'이라고 했다고 하는데, '알지'는 신라어로 어린아이를 뜻한다. 따라서 알지거서간은 '어린아이 왕'이란 뜻이다.

신라인들이 왕을 거서간(居西干)이라고 한 것은 아마도 마한에서 왕을 파견하던 일과 관련이 있는 듯하다. 거서간의 한자 의미를 풀어 보면, '서쪽에 살던 왕'이란 뜻이다. 신라인들은 마한을 '서한'이라고 불렀기 때문에 '서쪽에 살던 왕'은 곧 마한에서 온 왕을 가리킨다. 원래 진한의 왕을 마한에서 파견했기 때문에 진한인들이 왕을 거서간이라고 불렀다는 것이다. 따라서 거서간이라는 말은 마한 속국 시대의 용어라고 할 수 있다.

왕위에 오른 혁거세왕은 17세가 되던 재위 5년(서기전 53년)에 고허촌 출신의 알영을 왕비로 맞이하면서 세력을 넓혔고, 29세가 되던 재위 17년에 알영과 함께 국내 6부를 순회하며 진한 전역으로 영토를 확대했다.『삼국사기』와 『삼국유사』는 진한 6부의 촌장이 뜻을 모아 혁거세를 왕으로 옹립한 것으로 기록하고 있으나, 실제로 진한 6부를 복속한 때는 이 무렵인 것으로 보인다.

31세가 되던 재위 19년 정월엔 변한이 나라를 바치고 항복해 옴으로써 신라국의 영역은 더욱 확대된다. 하지만『삼국사기』의 기록처럼 변한의 나라들이 모두 신라국에 항복해 온 것은 아니었다. 변한 12국 중 상당수는 향후 가야 개국에 참여하거나 백제에 복속되기 때문에, 이때 신라에 복속된 변한은 12국 중에서 기껏해야 2, 3개국에 불과했을 것이다.

33세가 되던 재위 21년(서기전 37년)에 서라벌에 금성을 쌓고, 6년 후인 서기전 31년에 비로소 궁실을 짓게 되는데, 아마도 이때가 실질적인 개국 시점일 것이다. 신라인들이 서기전 57년을 개국 시점으로 잡은 것은 서기전 37년에 개국한 고구려보다 신라가 먼저 세워진 국가임을 내세우기 위한 장치로 보이기 때문이다. 즉, 서기전 57년부터 약 16년 동안은 소국들을 결합하여 새로운 국가를 형성하는 과정이었고, 서기전 31년에 이르러서야 비로소 새로운 국가로 발돋움한 것이다. 대개의 국가들이 궁실을 먼저 짓고, 그 뒤에 왕을 세워 정식으로 국호를 공포하는 관례에 비춰 봐도 이와 같이 판단하는 것이 옳다. 따라서 혁거세왕이 정식으로 왕위에 오르는 것은 39세가 되던 서기전 31년으로 보아야 한다.

진한 6부와 변한 일부 국가를 합쳐 한반도 동남쪽을 장악한 신라국은 이때부터 마한의 그늘에서 벗어나 독자적인 길을 걸었다. 그간 마한에 바치던 조공도 중단하여 마한 왕실과 등을 지고, 북방으로도 세력을 확대하여 낙랑(동예)과 국경을 맞대게 됨으로써 국경 분쟁도 잦게 된다(신라사에 등장하는 낙랑을 동예로 규정한 것에 대한 자세한 설명은 『한권으로 읽는 백제왕조실록』, 「온조왕실록」의 '낙랑군과 낙랑국' 참조).

그 때문에 재위 30년(서기전 28년) 4월엔 낙랑이 군대를 동원하여 침략을 감행해 온다. 이때 낙랑군은 신라국의 국경 부근 백성들이 밤에 문을 잠그지 않고 지내며, 노적가리가 들에 가득 쌓인 것을 보고 그냥 돌아갔다고 『삼국사기』는 쓰고 있다. 그들은 돌아가면서 "이 지방 사람들은 서로 도둑질을 하지 않으니, 도덕이 있는 나라."라며 이런 나라를 습격한다는 사실을 부끄러워했다고 하는데, 이는 사실이 아닐 것이다. 신라국의 방비가 만만치 않았고, 백성들의 삶이 안정되어 있었기에 침략을 포기하고 돌아갔다고 보는 것이 옳을 것이다.

이렇듯 신라의 위세는 급속히 성장했고, 급기야 마한과 힘을 견줄 정도의 상황이 되었다. 자신감을 가진 혁거세왕은 재위 38년(서기전 20년)에 왜인 출신 신하 호공을 마한 왕에게 보냈다. 이때, 마한 왕은 신라가 수년간 조공을 바치지 않는다고 꾸짖었지만, 호공은 되레 신라국의 힘을 과시하며 예를 갖춰 찾아온 것만 해도 과분한 대접이라고 응수했다. 마한 왕은 호공의 말에 분을 참지 못하고 화를 내며 죽이겠다고 엄포를 놓았지만, 신라국의 힘을 의식한 마한 신하들은 오히려 왕을 만류하며 호공을 돌려보낼 수밖에 없었다.

마한 왕은 이때 진한뿐 아니라 변한도 조공을 하지 않는다고 불만을 토로하고 있는데, 이는 변한의 여러 나라가 신라국의 힘에 의지하여 마한에 대한 조공을 중단하였음을 알려 주고 있는 대목이다. 그만큼 신라국은 무시할 수 없을 정도로 크게 성장했던 것이다.

당시 마한은 지방자치제 형태인 분국 국가 체제였는데, 신라국은 그와 달리 분국 10여 개를 하나로 묶은 새로운 개념의 중앙집권적 연합국가로 발돋움하고 있었다. 따라서 삼한의 국가들 중에서 가장 강력한 힘을 가진 세력이라고 할 수 있었다.

이러한 통일국가의 탄생은 주변 분국들에게 영향을 미쳐 여기저기서 국가 연합을 모색하는 상황을 연출하기에 이르렀다. 그런 분위기는 곧 월지국 중심의 마한 왕조 체제를 와해시키는 역할을 했다.

이 때문에 마한 내부는 몹시 혼란스러웠던 게 분명하다. 호공이 마한을 다녀온 이듬해인 서기전 19년에 마한 왕이 갑자기 죽은 것이다. 이러한 마한 왕의 갑작스런 죽음은 마한의 내분을 시사하고 있다. 즉, 마한 내부에서 국가 연합을 형성하려는 세력과 분국 상태를 유지하려는 세력 사이에 일대 격전이 벌어졌고, 그 와중에 왕이 피살되었을 가능성이 있다.

마한 왕이 죽었다는 소식을 듣고 신라에서는 마한을 정벌하자는 주장이 대두되었다. 비록 혁거세왕의 반대로 정벌론은 수그러들었지만, 그 같은 주장이 대두되었다는 사실 자체가 마한의 내부 분열을 짐작하게 한다.

어쨌든 혁거세왕은 '다른 사람의 재난을 우리의 행복으로 여기는 것은 어질지 못한 행위'라고 단정하며 마한 정벌론을 불식시키고, 조문사절단을 보내 마한 왕의 죽음을 애도하는 형식을 취했다.

신라국이 그런 태도를 취한 것은 자칫 자신들의 섣부른 마한 공격이 오히려 분열된 마한 세력을 응집시키는 결과를 낳을 수도 있다는 판단 때문이었을 것이다.

마한이 그처럼 분열 상황으로 치닫고 있을 때, 마한 땅에서는 또 하나의 중요한 사건이 일어났다. 고구려에서 망명한 온조의 세력이 서기전 18년에 마한의 북방 변경 지역에 백제를 세웠던 것이다. 백제의 건국은 세력을 팽창시켜 마한 땅 전체를 장악하려던 신라국에겐 대단히 위협적인 복병이 아닐 수 없었다.

백제는 고구려에서 망명한 세력으로서 이미 중앙집권적 형태의 국가를 경험한 나라였다. 그렇기 때문에 만약 백제가 세력 확장을 도모할 경우 마한 땅은 순식간에 온조에게 잠식당할 우려가 있었다.

그러나 신라국의 눈은 거기까지 미치지 못했다. 마한 왕실의 위상이 떨어지고, 마한 분국들의 결속력이 급격히 약화되고 있는 상황이었지만, 혁거세왕은 후반기 20년 동안 주로 평화 정착과 내실을 다지는 데 주력했다.

그럼에도 혁거세왕 말기에 이르러서는 내란이 일어났다. 『삼국사기』는 이에 대해 직접적인 표현은 쓰지 않았지만, 재위 60년 9월에 이런 기사를 남기고 있다.

두 마리의 용이 금성 우물에 나타났다. 우레와 비가 심하고 성의 남문이 벼락을 맞았다.

이때 혁거세왕은 일흔두 살의 노인이었다. 또한 이듬해 사망한 것으로 봐서 노환에 시달리고 있었던 것이 분명하다. 그런 가운데 '두 마리의 용이 금성 우물에 나타났다'는 표현은 의미 심장한 것이다. 용이란 항용 왕을 상징하는 동물인데, 왕궁의 우물에 두 마리의 용이 나타났다는 것은 왕이 둘이 된 사건에 대한 은유적인 표현일 것이다. 그렇다면 두 명의 왕은 누구를 지칭한 것인가? 한 사람은 물론 혁거세왕이고, 다른 한 사람은 혁거세왕을 제거하려는 세력의 우두머리였을 가능성이 높다.

　혁거세왕을 이어 왕위에 오른 남해왕은 적자이긴 하지만 장남은 아니다. 또한 태자였다는 표현도 없다. 남해왕은 혁거세왕이 왕위를 물려준 것이 아니라 백성들에 의해 왕으로 추대되었다. 이는 곧 '두 마리의 용이 나타난 사건'으로 인해 혁거세왕의 태자가 죽음을 당했다는 추론을 가능케 한다. 말하자면 혁거세왕 재위 60년 9월에 반란이 일어나 태자는 죽고, 다른 적자인 남해만 겨우 살아남아 백성들의 추대로 왕위를 이었던 것이다.

　이렇듯 혁거세왕은 만년에 왕위를 빼앗기는 수모를 당하고 이듬해 3월에 죽었다.

　그의 죽음에 대해 『삼국유사』는 이렇게 기록하고 있다.

　나라를 다스린 지 61년 만에 왕이 하늘로 올라갔는데, 이레 뒤에 유해가 땅에 떨어졌으며 왕후도 역시 죽었다고 한다.

　이 기록은 혁거세왕의 죽음이 결코 자연사가 아님을 알려 주고 있다. 더구나 왕후도 함께 죽었다는 것은 두 사람이 살해되었다는 것을 암시하고 있다. 다음과 같은 『삼국유사』의 기록은 혁거세왕이 살해되었음을 한층 명확하게 전해 주고 있다.

　나라 사람들이 합장을 하려고 했더니 큰 뱀이 나와서 못 하도록 방해를 하므로 다섯 동강 난 몸뚱어리를 다섯 능에 각각 장사하고 이름을 사릉이라 하니, 담엄사 북쪽 왕릉이 바로 이것이다.

　이 내용을 통해서 알 수 있는 것은 혁거세왕의 시신이 동강 났다는 것이다. 왕후 알영과 그를 합장하려는 것을 방해하는 세력마저 있었다. 그래서 결국 혁거세와 알영은 합장되지 못했다.

　혁거세왕의 몸뚱어리가 다섯 동강이 나서 다섯 능에 묻혔다는 말도 심상치

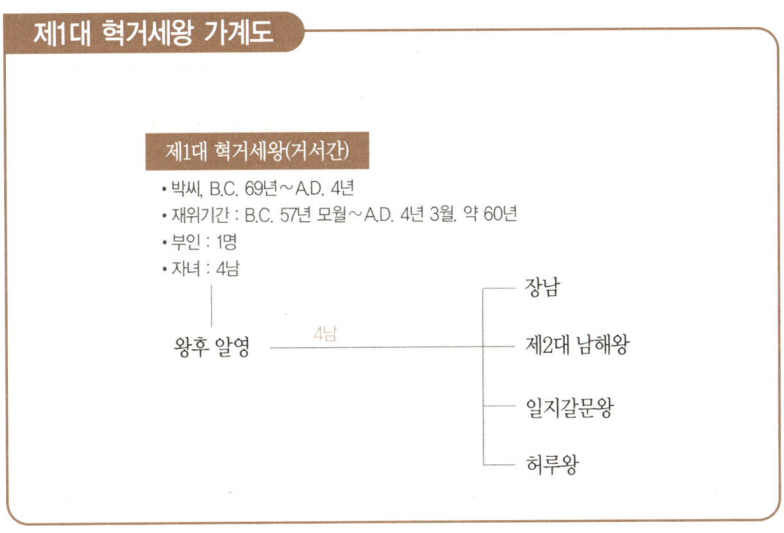

않다. 혁거세와 알영이 반란 중에 죽었다면, 그들과 함께 많은 사람이 함께 죽었을 것이다. 물론 개중에는 태자와 직계 혈족들도 있었을 것이다. 거기다 혁거세왕의 시신은 이레나 지난 뒤에 발견되었다. 반란군에 의해 왕과 왕비, 태자 그리고 왕족들의 목이 잘리고 7일 동안 유해가 수습되지 않았다면, 어느 것이 혁거세의 시신인지 알아볼 수 없었을 것이다. 여러 시신들 중에 딱히 혁거세의 시신이라고 단정할 수 있는 것을 찾지 못하자, 한편에선 모두 합장을 하자는 의견이 일었을 것이고, 다른 쪽에선 뒤섞인 시체를 따로따로 묻으면 그 중에 하나가 진짜 왕릉이 될 수 있을 것이라고 주장했던 모양이다. 결국 후자의 의견이 채택되어 혁거세왕의 능은 무려 다섯 기나 만들어졌고, 그 곳을 사릉원이라고 했다.

혁거세왕의 가족에 대해서는 자세한 기록이 없다. 부인은 알영이며, 그를 이어 왕위에 오르는 남해왕이 혁거세와 알영 사이에서 태어난 적자로 기록되어 있다. 하지만 남해왕이 장남이 아닌 점과 혁거세왕 말기에 내란이 일어난 것을 볼 때, 자식이 여러 명이었던 것으로 보인다.

제3대 유리왕의 부인이 성이 박씨라는 기록이 있는데, 이는 그녀의 아버지 일지갈문왕이 박씨라는 뜻이며, 곧 일지갈문왕이 혁거세왕의 아들이라는 의미가 된다. 또 그녀가 허루왕의 딸이라는 설도 있는데, 이는 허루왕도 혁거세왕의 아들이라는 의미다. 하지만 이들에 대한 자세한 기록은 없다.

알영에 대해서는 이미 서술한 바 있고, 남해왕은 「남해왕실록」에서 별도로 다룰 것이기에 여기서는 더 이상의 언급은 생략한다.

▶ 혁거세왕 시대의 세계 약사

혁거세왕 시대 중국은 한나라 말기로 외척인 왕씨 세력이 정권을 장악하고 조정을 좌지우지하던 때다. 왕씨 세력의 거두 왕망은 대사마의 지위에 있으면서 성제, 애제, 평제 등을 갈아치우고, 서기 3년에는 자신을 견제하던 수백 명의 정적들을 제거함으로써 천자의 자리마저 탐낸다.

이 무렵, 서양은 로마의 카이사르가 갈리아 전쟁을 일으키고, 폼페이우스와 충돌하여 루비콘강을 건너 반대 세력을 형성했다. 그 후 폼페이우스는 암살되고, 카이사르는 이집트와 소아시아에서 승리하여 개선한다. 하지만 카이사르는 서기전 44년에 피살되고, 옥타비아누스, 안토니우스, 레피두스의 제2차 삼두정치가 시작된다. 이는 결국 로마를 삼분하는 결과를 낳았고, 세 거두는 물고 물리는 싸움을 전개한다. 서기전 36년에 레피두스가 옥타비아누스에게 귀속되고, 서기전 31년에 악티움해전에서 안토니우스가 격파되면서 안토니우스는 클레오파트라와 함께 자살했다. 그 뒤 옥타비아누스는 아우구스투스라는 칭호를 받으며 로마 황제로 군림한다.

제2대 남해왕실록

1. 정국의 혼란과 남해왕의 위태로운 왕권 유지

(?~서기 24년, 재위기간:서기 4년 3월~24년 9월, 20년 6개월)

남해(南解)왕은 혁거세왕과 알영부인 사이에서 태어났다. 체격이 장대하고 성품이 깊고 두터웠으며 지략이 많았다고 전한다. 태자도, 장남도 아니었던 그가 왕위에 오른 경위는 분명치 않다. 『삼국사기』는 이에 대해 남해왕 자신의 입을 빌려 이렇게 기술하고 있다.

"두 분(혁거세와 알영)의 성인이 세상을 떠나시고 내가 백성들의 추대로 왕위에 올랐으나, 이는 잘못된 일이다."

이 기록에 따르자면 남해왕은 혁거세왕에게 왕위를 넘겨받은 것도 아니고 왕위 계승권자도 아니었다. 그는 불의의 사고로 혁거세왕과 알영이 죽자, 백성들에 의해 추대되었다.

그렇다면 혁거세왕과 알영이 함께 죽고, 왕위 계승이 제대로 이뤄지지 못한 이유는 무엇인가? 이는 혁거세왕 60년 9월의 '두 마리의 용이 금성 우물에 나타난' 사건과 무관치 않다. 금성에 두 마리의 용이 나타났다는 표현은 곧 내란이 일어나 왕을 칭하는 자가 두 명이었다는 뜻이다. 말하자면 이때 신라국 내부에 큰 반란 사건이 일어났고, 그 반란의 와중에 혁거세왕과 알영이 모두 죽음을 당한 것이다.

혁거세왕이 죽은 것은 이듬해 3월이었고, 이때 알영도 함께 죽었다.『삼국유사』에 따르면 이들의 시신은 죽은 지 7일 만에 발견되었고, 혁거세왕의 시신은 다섯 토막으로 잘려 있었다. 말하자면 혁거세왕은 살해당한 뒤, 다시 시신이 조각조각 잘렸던 것이다. 거기다 그와 함께 죽은 알영과 왕족들의 시신들도 모두 토막이 난 상태였던 모양이다. 그 때문에 왕과 왕비 및 왕족들의 사체를 제대로 수습할 수 없게 된 신하들은 다섯 기의 능을 조성하여 시신을 안장해야만 했다.

남해왕이 백성들의 추대로 왕위에 오른 것은 이 같은 엄청난 반란의 소용돌이가 지나간 다음이었다. 남해가 왕위에 오른 것을 보면, 그가 반란군을 제거하는 데 주도적인 역할을 했던 것이 분명하다.『삼국사기』에서 왕위에 오르기 전의 그에 대해 '체격이 장대하고 지략이 많았다'고 평한 것도 이를 뒷받침한다.

우여곡절 끝에 왕위에 오른 남해왕은 즉위하자마자, 외침으로 한 차례 큰 위기를 맞이한다. 즉위년 7월에 낙랑(동예)의 군대가 쳐들어와 금성이 포위되는 어려움에 처했던 것이다. 이때 남해왕은 탄식하듯이 "내가 백성들의 추대로 왕위에 올랐으나, 이는 잘못된 일이다."라고 말하는데, 이는 남해왕의 즉위에 반대하는 세력이 많았다는 뜻이다.

남해왕은 또 "지금 이웃 나라가 침범해 왔으니, 이는 내게 덕이 없는 탓이다. 이를 어쩌면 좋단 말인가?"라며 한숨을 쏟아놓기도 했다.

금성을 방어벽 삼아 강력하게 저항한 덕분에 가까스로 낙랑군이 물러가긴 했지만, 그 이후에도 남해왕은 안정을 되찾지 못했다. 그래서 그는 믿고 의지할 만한 인물을 찾고 있었다.

그 무렵, 석탈해라는 인물이 현명하고 용맹이 뛰어나다는 소문이 돌고 있었다. 남해왕은 그를 불러 만나 본 후 사람됨이 남다르다고 판단하고 장녀 아효를 그에게 시집보내 그를 사위로 맞아들였다. 이후, 탈해를 대보에 임명하고

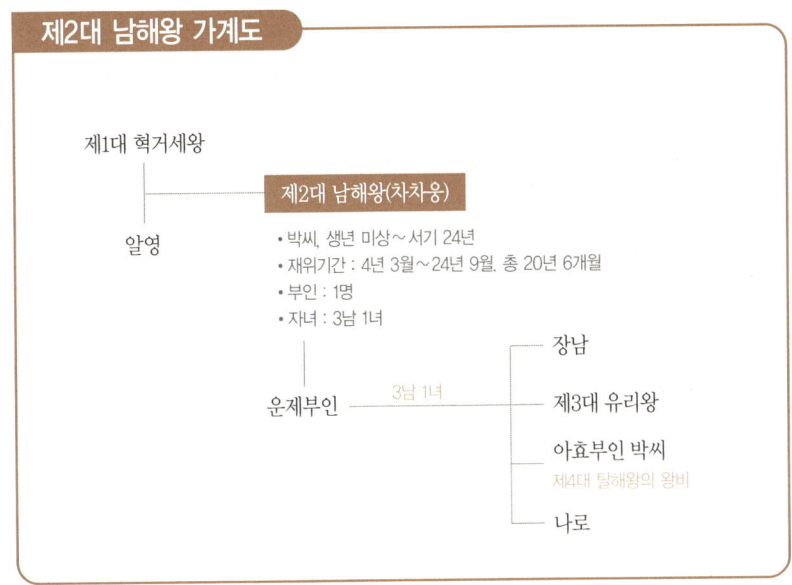

군사와 정치에 관한 일을 전담시켰다.

하지만 그 이후에도 어려움은 계속되었다. 재위 8년(서기 11년)에는 봄과 여름에 걸쳐 가뭄이 지속되어 극심한 흉년이 들었고, 재위 11년(서기 14년)에는 왜인이 병선 백여 척으로 해변의 민가를 약탈하는 바람에 6부의 정병을 모두 보내 이를 격퇴해야 했다. 그리고 낙랑이 그 혼란을 틈타 다시 쳐들어왔다. 낙랑군은 금성까지 밀고 들어와 알천가에 주둔하였는데, 다행히 낙랑 진영에 유성이 떨어지는 바람에 스스로 겁을 먹고 퇴각했다. 6부의 병력 1천으로 그 뒤를 추격하였지만, 알천가에 적병이 쌓아 둔 돌무더기 20개의 양을 보고 적군의 수가 많은 것으로 판단하여 회군했다. 재위 15년에는 가뭄이 심하게 든 데다, 설상가상으로 메뚜기 떼가 창궐하여 백성들이 굶주림에 허덕였다. 또 재위 19년에는 전염병이 크게 돌아 숱한 사람이 죽었으며, 음력 11월에도 물이 얼지 않는 기상이변까지 겹쳤다. 재위 21년 9월에 메뚜기 떼가 극성을 부려 농사를 망쳐 놓았는데, 남해왕은 그런 와중에 생을 마감했다.

이렇듯 남해왕은 재위 내내 정치적 혼란과 재난, 그리고 전쟁에 시달려야만 했다. 그나마 석탈해가 대보의 직위에 있으면서 국정을 안정시킨 덕분에 가까스로 왕위를 유지했다.

남해왕의 능은 혁거세왕이 묻힌 사릉원에 마련되었다.

남해왕의 부인은 운제부인인데, 그녀에 대한 자세한 기록은 없다. 제3대 유리왕이 그의 태자이고, 탈해왕의 왕비 아효부인이 그의 장녀이며, 나로라는 아들이 있었다. 유리왕이 남해왕의 태자이긴 하나 장남이라는 기록이 없는 것으로 봐서 장남이 따로 있었을 것으로 추측된다. 나로는 유리왕의 동생인데, 일설에는 제5대 파사왕의 아버지라고 전하고 있으나 자세한 기록은 남아 있지 않다. 유리왕은 「유리왕실록」에서, 아효부인은 「탈해왕실록」에서, 그리고 나로는 「파사왕실록」에서 따로 언급하기로 한다.

2. '차차웅'의 의미와 해석

남해왕은 거서간 또는 차차웅(次次雄)이라 불리었다. 거서간은 이미 설명한 바 있어 생략하고, 차차웅에 대해 간단하게 언급한다.

차차웅이라는 용어에 대해 『화랑세기』의 저자 김대문은 이렇게 말한다.

"방언으로는 무당이다. 사람들이 무당을 귀신으로 섬기고 제사를 지내 줬으며, 그들을 두려워하고 존경하다가 마침내 존경받는 어른을 자충이라고 부르게 되었다."

김대문의 이 말은 차차웅이 제정일치 시대에 쓰이던 용어임을 알려 주고 있다. 이를 근거로 학계 일각에서는 혁거세왕과 남해왕이 제사장을 겸한 왕이었다고 주장한다. 하지만 단순히 차차웅이라는 용어를 썼다고 해서 신라 초기의 왕이 제사장(무당)을 겸한 왕이었다고 보는 것은 비약적인 발상이다.

엄밀히 따지면 '王'이라는 말도 제정일치 시대의 유산이다. 이 글자는 원래 짐승이나 사람을 제단에 올려놓고 불에 태우기 위해 쌓은 단의 모양을 본뜬 것이다. 이때 제사를 주관하던 사람은 곧 무당이요, 불을 댕기는 사람도 무당이다. 따라서 '王'이라는 용어는 제단에 불을 지르는 사람, 곧 무당을 상징한다. 하지만 제정일치 시대가 끝난 뒤에도 왕이라는 용어는 계속 쓰였다. 차차웅이라는 용어도 비록 제정일치 시대에 만들어진 것이긴 하지만, 이 용어를 쓴다는 이유 하나로 신라 초기를 제정일치 시대로 보고, 남해왕을 무당으로 보는 것은 잘못이다.

차차웅의 '웅'은 단군신화의 환웅에 붙은 '웅'과 같은 의미로, 왕이나 우두머리를 의미하는 것으로 보는 것이 옳다. 이렇게 볼 때, 차차웅은 '두 번째 왕'이라는 뜻이 된다.

신라 초기 시대를 제정일치 시대로 보는 것은 당시 국제 정세에도 전혀 맞지 않다. 중국 대륙은 서기전 221년에 진시황에 의해 통일되었고, 황제의 강력한 중앙집권 정치가 이뤄졌다. 진나라 이전의 주나라 시대에도 이미 제정일치의 모습은 사라지고 없었다.

신라의 개국 시점은 진이 멸망하고, 한나라가 들어선 지 백 년도 더 된 때다. 그런데 중국에서는 이미 사라진 지 오래된 제정일치 사회가 신라에서는 여전히 지속되고 있었다고 보는 것은 신라 사회를 지나치게 낮게 평가하는 시각이다.

차차웅은 '자충(慈充)'이라고도 불렸는데, 이는 현재 스님을 일컫는 '중'이라는 용어와 뜻이 같다는 주장도 있다. 즉, 승려를 지칭하는 '중'도 원래는 무당을 가리키는 말이었다는 뜻이다.

▶ 남해왕 시대의 세계 약사

남해왕 시대 중국에서는 한의 외척 왕망이 유씨 왕조를 멸하고 스스로 천자의 지위에 올라 신(新)을 건국한다. 왕망은 계속되는 흉노의 침략을 막아내다 급기야 흉노를 치기에 이르는데, 그런 상황에서 농민 반란이 일어난다. 또한 23년에 한 왕실의 후예들이 군대를 일으켜 유현을 황제로 옹립, 후한(동한)을 세운다. 그해에 후한의 유수 군대는 왕망의 군대를 격파하고 왕망을 살해한다.

이때, 서양에서는 로마 땅으로 게르만족이 밀려들고 있었다. 서기 8년에 로마군이 토이토부르크에서 게르만과 싸웠으나 패배하였고, 14년에는 아우구스투스가 죽고 티베리우스가 즉위한다. 그는 19년에 노예해방령을 발표하여 로마 사회에 큰 파장을 불러일으킨다.

제3대 유리왕실록

1. 유리왕의 덕치와 조직 정비
(?~서기 57년, 재위기간: 서기 24년 9월~57년 10월, 33년 1개월)

유리(儒理)왕은 남해왕의 태자이며 운제부인 소생이다. 서기 24년 9월에 남해왕이 죽자, 왕위에 올랐다. 『삼국유사』는 그를 노례왕 또는 유례왕으로 기록하고 있다.

그는 왕위에 오른 뒤, 대보 탈해가 덕망이 있다고 판단하여 왕위를 양보하려 하였다. 이는 남해왕이 자신이 죽은 뒤에 탈해와 유리 둘 중에 나이가 많은 사람이 왕위를 이으라는 유언을 남겼기 때문이다. 하지만 탈해는 왕위를 사양했다.

탈해는 훌륭하고 지혜 있는 사람은 이가 많다고 하면서 떡을 깨물어 유리와 자기의 이의 수를 헤아려 보았다. 그 결과 유리의 이 수가 더 많자, 탈해는 자기의 측근들과 함께 유리를 받들었다. 그후로 '잇자국'이라는 뜻의 '이사금'을 왕호로 하였다고 전한다.

이 일은 아마도 탈해가 유리의 입지를 강화시켜 주기 위해 일부러 꾸며 낸 행동으로 판단된다. 유리는 왕위에 오르긴 했지만, 대보 탈해를 따르는 무리가 너무 많아 그를 의식하지 않을 수 없었다. 그러자 탈해는 현명하게도 이의 수를 이용하여 유리의 권위를 세워 주었던 것이다.

탈해에게 왕위를 양보하려 했던 일에서 알 수 있듯이 유리왕은 겸손하고 분수를 알며 덕이 있었던 모양이다.

재위 5년 11월에 그는 전국을 순회하던 중에 굶주림과 추위로 죽어 가는 한 노파를 발견하고 이렇게 말했다.

"내가 세상을 똑바로 보지 못하면서 왕위에 머물며 백성을 먹일 수도 없고 노인과 어린이를 이토록 극한 상황에 처하게 했으니, 이는 나의 죄다."

유리왕은 자신을 책망하며 옷을 벗어 노파를 덮어 주고, 밥을 줘서 먹게 했다. 그리고 그 즉시 관리에게 명령하여 홀아비, 과부, 고아, 자식 없는 노인 등 사회적 약자들을 위문하고, 늙고 병들어 혼자 살 수 없는 사람들에게 식량을 공급하도록 했다.

이 소식을 듣고 이웃 나라의 백성들이 대거 찾아들었다고 한다. 그래서 유리왕은 백성들의 생활이 즐겁고 편안하게 되었다 하여 노래를 지었는데, 그것이 최초의 노래인 도솔가였다. 도솔가의 내용은 전하지 않지만 『삼국유사』는 '감탄하는 구절과 사뇌격(향가의 격)을 갖췄다'고 평가하였다.

재위 9년에는 6부의 이름을 고치고 성씨를 하사함으로써 중앙집권적 기틀을 잡았다. 양산부는 양부로 고치고 이씨 성을, 고허부는 사량부로 고치고 최씨 성을, 대수부는 점량부(또는 모량부)로 고치고 손씨 성을, 간진부는 본피부로 고치고 정씨 성을, 가리부는 한기부로 고치고 배씨 성을, 명활부는 습비부로 고치고 설씨 성을 내렸다.

6부를 정한 뒤에는 이를 두 편으로 나눠서, 두 왕녀로 하여금 각각 부 내의 여자들을 거느리게 하였다. 이들 두 편으로 하여금 7월 16일부터 8월 15일까지 매일 새벽부터 밤늦게까지 길쌈 시합을 하도록 했다. 그 결과 길쌈을 적게 한 편에서 술과 음식을 차려 이긴 편을 대접하였다. 이때 노래와 춤과 온갖 오락이 곁들여졌다. 이 행사를 가배라고 했는데 한가위, 즉 추석의 기원이 되었다.

가배 때에 진 편에서 한 여자가 일어나 춤을 추면서 탄식하는 소리로 "회소, 회소!" 하고 외쳤다. 그런데 그 소리가 하도 슬프고 우아하여, 나중에는 이 곡에 노랫말을 붙여 회소곡이라 했다.

유리왕은 관직도 17등급으로 나눠 정부 조직을 정비하였는데, 이때 확립된 관등제는 신라 말기까지 이어진다. 제1등급은 이벌찬, 2등급은 이찬, 3등급은 잡찬, 4등급은 파진찬, 5등급은 대아찬, 6등급은 아찬, 7등급은 일길찬, 8등급은 사찬, 9등급은 급벌찬, 10등급은 대나마, 11등급은 나마, 12등급은 대사, 13등급은 소사, 14등급은 길사, 15등급은 대오, 16등급은 소오, 17등급은 조위라 하였다.

이들 17등급은 신분에 따라 오를 수 있는 등급의 상한선이 결정되어 있는데, 이것이 법흥왕 대에 이르면 골품제도로 정착된다.

이 무렵, 보습(쟁기나 극쟁이의 술바닥에 맞추는 삽 모양의 쇳조각으로, 땅을 갈아서 흙덩이를 일으키는 것) 같은 농기구나 수레 등이 대대적으로 보급되었고, 얼음을 저장하는 빙고도 만들어졌다.

이렇듯 유리왕 재위 초기 10년은 비교적 안정과 평화가 지속되어 여러 문화적인 발전이 이뤄졌다. 하지만 재위 11년(서기 34년)부터 전쟁과 재해에 시달렸다. 재위 11년에 도성의 땅이 갈라지고, 지하수가 솟구쳐 오르는 지진이 일어나더니, 그해 6월에는 홍수가 닥쳐 민가에 큰 피해를 주었다. 재위 13년 8월에는 낙랑(동예)이 북쪽 변경을 침입하여 타산성을 점령함으로써 전쟁 분위기에 휩싸였다. 이듬해에는 고구려의 대무신왕이 낙랑으로 밀고 내려오자, 그 난민 5천여 명이 사로국으로 밀려들었다.

17년 9월에는 낙랑의 화려와 불내성 사람들이 공모하여 기병을 거느리고 북쪽 변경을 노략질하였다. 이에 맥국(동옥저를 지칭하는 듯함) 왕이 곡하의 서쪽에서 이들을 요격하여 물리쳤다. 유리왕은 맥국에 감사하는 뜻으로 그들과 친교를 맺었고, 19년 8월에는 맥국의 왕이 사냥을 하여 새와 짐승을 보내오기도 했다.

유리왕 재위 중반 10년은 이렇듯 여러 재앙과 전쟁에 시달린 것으로 기록되

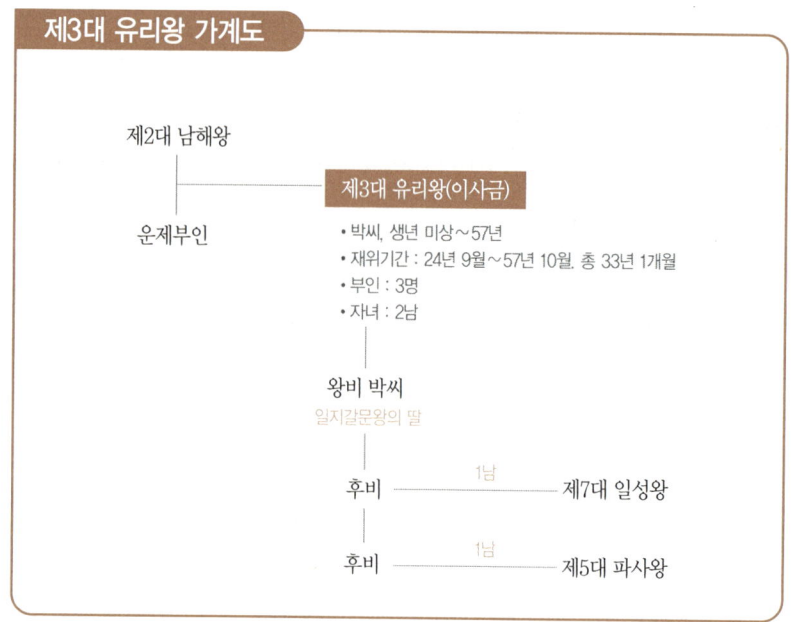

어 있는데, 이상하게도 『삼국사기』는 그의 재위 20년부터 34년까지 말기 14년 동안의 기사를 거의 남기지 않았다. 재위 31년과 33년에 짧은 기사가 있으나, 천체와 기후에 관한 것이다. 또 33년 4월에 금성 우물에서 용이 나타났다는 기사가 있는데, 이는 반란을 추측하게 하는 대목이다. 그리고 34년(서기 57년) 10월에 유리왕은 생을 마감했다.

아무래도 이 14년 공백은 탈해의 즉위와 깊은 관련이 있는 듯하다. 유리왕 재위 20년 이후부터 실질적인 왕권이 탈해에게 있었을 가능성이 높은데, 유리왕이 다음과 같은 말로 탈해에게 왕위를 넘기는 것이 그 근거이다.

"탈해는 신분이 국척이요, 지위가 재상에 이르렀고, 여러 번 공을 세웠다. 나의 두 아들은 재능이 그를 따르지 못하니, 내가 죽은 뒤에는 탈해를 왕위에 오르게 하라. 나의 유언을 잊지 말라."

강압에 의한 것이든 조작에 의한 것이든 유리왕이 이 같은 유언을 남겼다는 것은 당시 조정이 탈해에 의해 좌우되었다는 뜻이다. 정치적 입지가 약한 유리왕의 후계자가 왕위에 오를 경우 국정의 혼란이 초래될 수 있다고 판단하고 유리왕 스스로 탈해에게 왕위를 넘겼거나, 아니면 강력한 세력을 형성한 탈해가 유리왕을 위협하여 왕위를 차지했을 것이다.

유리왕의 능은 사릉원 안에 조성되었다.

유리왕의 부인은 일지갈문왕의 딸 박씨이다. 그녀의 성이 박씨인 것으로 봐서 일지갈문왕은 혁거세왕의 아들이며, 그녀는 혁거세왕의 손녀일 것이다. 그렇다면 유리왕과 왕비 박씨는 서로 사촌지간인 셈이다.

유리왕은 정비 박씨 이외에 여러 후비가 있었던 것으로 보이며, 그들에게서 아들을 둘 얻었는데, 장남은 제7대 일성왕이며, 차남은 제5대 파사왕이다. 일성왕과 파사왕은 각 실록에서 별도로 다루기로 한다(일성왕이 일지갈문왕의 아들이라는 설이 있는데, 일지가 유리왕의 장인이기에 신빙성이 떨어진다. 신라는 갈문왕 제도를 뒀는데, '갈문왕(葛文王)'이란 왕의 아버지 또는 장인, 유력한 왕족에게 붙이는 추증 시호로써 조선의 대원군이나 부원군, 고구려의 고추가 등에 해당한다. 대개는 죽은 사람에게 시호를 내리지만, 살아 있는 사람이 책봉된 경우도 있다. 갈문왕이 무슨 뜻인지는 정확하지 않다. 갈문은 한자로 가차한 신라의 방언이다).

2. 이사금이라는 칭호

유리왕의 왕호인 이사금은 '치리(齒理)' 즉 '이의 자국'이라는 뜻이다. 옛말에 이가 많은 사람, 즉 연장자는 성스럽고 지혜로운 사람이라고 한 데서 유래했다. 김대문도 이사금이 치리의 방언이라고 설명했고, 광개토왕릉비문에는 '매금'으로 표현되어 있다.

이 이사금이라는 왕호는 제3대 유리왕부터 제16대 흘해왕까지 이어지며, 지금도 '임금'이라는 단어로 남아 왕을 지칭하고 있다. 이사금이 임금으로 변한 과정은 대개 '이사금 – 니슨금 – 닛금 – 니은금 – 임금'으로 보고 있다.

나이가 많은 사람을 뜻하는 이사금은 부족 사회에서 이의 수를 가지고 부족장의 후계를 가리던 풍습에서 생겨난 용어로 판단된다.

이사금 칭호를 언제까지 사용했느냐 하는 문제에 대해서는 『삼국유사』와 『삼국사기』의 기록이 서로 다르다. 『삼국유사』는 제16대 흘해왕까지 사용했다고 기록하고 있는데, 『삼국사기』에는 제18대 실성왕까지 사용한 것으로 나타나 있다. 『삼국유사』는 제17대 내물왕 때부터 '마립간'이라는 칭호를 사용하고 있는데, 내물왕 대에 왕권이 강화된 사실에 비춰 볼 때 타당한 관점이라 하겠다. 하지만 이사금이라는 것이 현재에도 임금이라는 단어로 남아 있는 것을 감안할 때, 마립간이라는 칭호가 사용되던 시절에도 여전히 이사금이라는 칭호도 함께 사용되었을 것으로 추측된다. 따라서 『삼국사기』가 실성왕 때까지 이사금이라는 칭호를 그대로 쓰고 있는 것을 꼭 잘못된 것이라고 단정할 수는 없을 것이다.

3. 빙고와 수레

『삼국유사』 '기이'의 노례왕(유리왕) 편에 "얼음을 저장하는 빙고를 짓고, 사람 타는 수레를 만들었다."는 기록이 있다. 물론 이 기록은 이때에 빙고와 수레가 처음 만들어졌다는 의미는 아니다. 다만 이때에 대대적으로 보급되었다는 뜻일 것이다.

빙고는 대개 땅속에 돌로 만들었으므로 석빙고라 불린다. 이것은 겨울에 얼음을 채취하여 여름에 사용하기 위해 저장해 두던 창고로, 대개 지하에 조성됐다. 기록상으론 신라 시대 때부터 만들어졌다고 알려져 있으며, 이 일을 맡은 관리를 빙고전이라 하였다. 하지만 당시에 축조된 빙고 중에 지금까지 남아 있는 것은 없다.

현재 남아 있는 것들은 모두 조선 후기에 만든 것으로 경주, 안동, 창녕, 청도, 현풍, 영산 등지에 보존되어 있다. 조선 시대 당시 서울에는 동빙고와 서빙고가 있었는데, 이들은 석조가 아닌 목조로 조성된 까닭에 현재 남아 있지 않다.

조선의 빙고는 건국 초기부터 마련된 장빙제도에 의해 유지되었으며, 5품관인 도제조의 관리 아래 조선 말기인 고종 때까지 유지되었다.

수레는 서기전 3000년 전에도 있던 아주 오래된 운반도구로 인간의 바퀴 문화와 역사를 같이한다. 수레는 농사용과 전쟁용으로 구분될 수 있는데, 대개 전쟁용 수레는 전차라는 이름으로 불리었다.

유리왕 대에 보급된 수레는 사람이 타는 이동용 수레로 말이나 소, 또는 사람이 끄는 수레였다. 고구려 고분인 안악 3호분에는 수레를 놓아 두던 창고인 수렛간의 풍경이 그려져 있다. 거기에 놓인 수레에 지붕이 있는 것으로 봐서 삼국 시대에 사람이 타고 다니는 수레 문화가 매우 발달했던 것으로 보이며, 유리왕 시대에 보급된 수레도 안악 3호분 수레와 유사한 모양이었을 것이다.

▶ 유리왕 시대의 세계 약사

유리왕 시대 중국은 왕망이 몰락하고 유현이 후한을 세웠다. 유현이 2년 동안 재위하다가 서기 25년에 광무제 유수가 즉위한다. 유수는 낙양에 도읍을 정하고, 세력을 확대하여 서기 37년에 중국 전역을 통일한다.

이 무렵, 서양 로마에서는 예수가 활동하다 처형되고, 그 제자들이 순교의 대열을 잇는다. 또한 바울이 예수교에 귀의하고, 신약성서가 성립된다. 정치적으로론 클라우디우스 1세가 황후 아그리피나에게 독살되고, 그녀의 아들 네로가 즉위한다.

제4대 탈해왕실록

1. 탈해의 출생과 망명 그리고 성장

석탈해, 박혁거세, 김알지는 모두 알이나 황금 상자에서 태어났고, 신라 왕실을 일군 박, 석, 김, 세 성씨의 시조라는 공통점이 있다. 이들뿐 아니라 고구려를 세운 고주몽과 가야를 세운 김수로도 한결같이 알에서 태어났다고 되어 있다.

이들을 모두 알이나 황금 상자 등에서 태어난 것으로 기술한 것은 국조(國祖)를 신비화시킴으로써 자신들의 나라가 하늘(신)의 뜻으로 세워졌다는 것을 표방하기 위한 서술적 장치다. 따라서 국조와 연관된 난생설화는 모두 후대인들이 지어 낸 허구라고 보아야 한다.

하지만 그 설화 속에는 사실적인 요소들이 녹아들어 있을 수 있고, 역사학에서 살피는 설화의 의미는 바로 거기서 찾을 수 있는 사실적인 요소에 있다. 탈해의 난생설화 속에서도 그런 사실적 요소가 발견된다.

『삼국사기』는 탈해의 출생을 이렇게 기술하고 있다.

탈해는 본래 다파나국에서 태어났는데, 이 나라는 왜국의 동북쪽 천 리 밖에 있다. 처음 그 나라 왕이 여국 왕의 딸을 아내로 삼았는데, 임신한 지 7년 만에 큰 알을 낳았다. 왕은 "사람이 알을 낳았으니, 상서롭지 않다. 버리는 것이 마땅하다."라고 말하였다. 그 여인이 차마 알을 버리지 못하고 비단으로 알과 보물을 함께 싸 가지고 상자에 넣어 바다에 띄워 보냈다. 그것이 처음에는 금관국 해변에 닿았으나 금관 사람이 이를 괴이하게 여겨 거두지 않았다. 상자는 다시 진한 아진포 어구에 닿았는데, 이때가 곧 시조 혁거세 39년(서기전 19년)이었다. 그때 해변에 사는 할머니가 상자를 줄로 끌어 올려 해안에 매어 놓고 열어 보니, 한 어린아이가 있었다. 그 노파가 이 아이를 데려다 길렀다.

『삼국유사』의 기록도 이 내용과 유사하다. 다른 점이 있다면, 아이가 들어 있던 상자가 배에 실려 있었고, 그 배 속에는 상자 외에도 많은 노비가 함께 있었으며, 탈해를 발견한 노파는 혁거세왕의 뱃사공 어머니 아진의선이라는 내용 정도이다. 또 『삼국사기』는 탈해가 다파나국의 왕자라고 했으나, 『삼국유사』는 용성국(정명국, 완화국, 화하국으로도 불렸으며, 당시 사람들이 왜를 한반도의 동남쪽에 위치한 것으로 생각한 것을 감안할 때 울릉도 동남쪽에 위치한 오키제도의 한 섬으로 추측된다) 국왕 함달파와 적녀국 출신의 왕비 사이에서 태어난 아들이라고 더욱 구체적으로 기술하고 있다.

두 사서에서 공통적으로 기술하고 있는 내용 중에 탈해가 알에서 태어났다는 이야기는 후대에 꾸며진 것으로 치부해도 무방하겠지만, 탈해가 왜국 동북쪽 일천여 리에 위치한 용성국 출신이라는 것은 사실로 보아야 할 것이다.

어떤 이유로 탈해가 배에 태워져 바다에 버려졌는지 알 수 없지만, 당시 아시아의 일부 지역에는 아이를 배에 태워 바다에 띄움으로써 그 아이의 운명을 시험하는 풍습이 있었던 것을 감안한다면, 탈해가 용성국 출신일 가능성은 다분하다. 더구나 『삼국유사』의 기록대로 탈해가 탄 배에 많은 노비가 함께 타고 있었다면, 탈해는 사서의 기록처럼 용성국의 왕자일 확률이 높다.

그렇다면 용성국 왕은 왜 탈해를 바다에 버렸을까?

기록대로라면 왕비가 알을 낳은 것이 그 이유겠지만, 그것은 어디까지나 탈해의 출생을 신비화하기 위해 꾸며 낸 내용일 것이고, 진짜 이유는 아마도 왕비의 불륜이었을 것이다. 『화랑세기』나 『일본서기』 등에서 드러나듯 당시 신라나 일본의 여자들은 남편이 아닌 다른 남자의 아이를 잉태하는 일이 잦았다. 그만큼 성적으로 자유스러웠기 때문이다. 그래서 심지어 아이의 아버지가 누군지 정확히 알 수 없어 어머니의 성을 따르는 경우도 있었다. 물론 왕비의 경우도 예외는 아니었다.

불륜을 통해 낳은 자식을 알에서 태어난 것으로 미화시킨 대표적인 경우가 고주몽의 난생설화다. 주몽의 어머니 유화는 처녀의 몸으로 부모의 허락도 없이 해모수와 통정하여 임신하였다. 그 때문에 그녀는 부모에게 내쫓기는 신세가 되었고, 그런 가운데 태어난 아이가 주몽이다.

어쩌면 탈해의 어머니도 유화처럼 불륜을 저질러 아이를 낳고, 그 일로 인해 남편의 분노를 사서 아들을 배에 태워 바다에 띄웠는지 모른다. 그런 경우가 아니라면, 용성국 왕이 금지옥엽 같은 아들을 버릴 까닭이 없지 않겠는가.

어쨌든 버려진 탈해는 바다를 떠돌다가 신라국의 노파 아진의선을 만나 그녀를 어머니로 삼고 성장하였다. 아진의선은 아이의 성을 석(昔)씨로 하였는데, 여기에 대해서도 여러 가지 설이 있다. 탈해가 바닷가에 도착할 때 까치 한 마리가 울면서 따라왔기에 까치 작(鵲)자를 줄여 '석(昔)' 자로 성씨를 삼았다는 말도 있고, 탈해가 탄 배가 신라국 앞바다에 떠 있을 때 까치들이 모여들었기에 작(鵲)자에서 새 조(鳥)를 떼어 버리고 석씨로 하였다는 말도 있다. 또 탈해가 성장하여 당대의 힘 있는 관리였던 호공의 집을 "이곳은 옛날(昔) 우리 집이오." 하고 빼앗은 데서 유래했다는 주장도 있다. 그의 이름 탈해(脫解)는 궤짝을 풀고(解), 알을 벗고(脫) 나온 데서 비롯되었다고 한다.

탈해는 성장하자 키가 9척에 기풍과 정신이 뛰어나고 지혜가 높았다고 전한다. 그는 고기잡이로 양모 아진의선을 봉양하였고, 학문과 지리에도 매우 밝았다. 또한 어린 시절부터 꾀도 많았다고 하는데, 『삼국유사』는 그 증거로 당시 힘 있는 신하였던 호공의 집을 속임수를 써서 빼앗은 이야기를 전하고 있다.

그 사내아이(탈해)는 지팡이를 끌면서 두 종을 데리고 토함산 위에 올라가서 돌무덤을 만들고 이레 동안 머물렀다. 그는 성 안에 살 만한 땅이 있는지 찾아보았는데, 초승달처럼 생긴 산봉우리가 있음을 발견했다. 그 지세가 오래 살 만한 자리인지라 곧 내려가 알아보았더니 이는 호공의 저택이었다. 그는 곧 꾀를 써서 남몰래 그 집 옆에 숫돌과 숯을 묻고는 이튿날 아침에 그 집 문 앞에 와서 말했다.

"이 집은 우리 할아버지의 집이다."

호공이 그렇지 않다 하여 시비를 따지다가 결판을 내지 못하고 관가에 고발하였다. 관리가 물었다.

"무슨 증거로 이곳을 너희 집이라 하느냐?"

아이가 대답했다.

"우리 집은 본래 대장간이었는데, 잠시 이웃 지방으로 나간 동안에 다른 사람이 빼앗아 살았습니다. 땅을 파서 사실을 확인해 주십시오."

그의 말대로 땅을 파 보니 과연 숫돌과 숯이 나왔으므로 곧 빼앗아 살았다.

하지만 이 이야기는 다소 과장되고 왜곡된 듯하다. 호공은 원래 왜인으로 신라국에 귀순한 인물이다. 그는 혁거세왕 38년(서기전 20년)에 마한에 사신으로 가서 호방하고 명확한 논리로 신라국의 위상을 높였고, 그의 말에 분노하여 죽이겠다고 엄포를 놓던 마한 왕을 꾸짖고 돌아온 단호하고 명석한 인물이다. 그런 사람이 나이 어린 탈해의 터무니없는 잔꾀에 속아 살고 있던 집을 빼앗겼다는 것은 있을 수 없는 일이다. 오히려 호공은 용성국 왕자인 탈해를 불쌍하게 여겨 스스로 자기 집을 내줬을 가능성이 높다.

용성국은 왜의 동북쪽 천 리 지점에 있는 작은 나라이고, 탈해는 그 곳 출신이다. 그 때문에 왜에서 망명한 호공에겐 탈해가 고향 사람이나 다름이 없었다. 거기다 탈해는 왕족이고 나이도 어렸다. 호공은 그런 탈해의 처지를 동정하여 자기의 집에서 살게 했을 것이다.

만약 탈해가 호공의 집을 빼앗았다면, 탈해와 호공의 관계는 매우 나빴을 것이다. 하지만 탈해는 왕위에 오르자, 호공을 재상 격인 대보로 임명하였다. 말하자면 탈해는 호공을 매우 총애하고 믿음직스러워했다는 뜻이다. 이는 호공의 인품과 능력을 높이 평가했을 뿐 아니라, 탈해가 호공에게 많은 신세를 졌을 것이라는 추측을 가능케 한다(아마도 탈해가 즉위한 후에 대보에 임명한 호공은 혁거세왕 시절에 마한에 사신으로 갔고 탈해에게 도움을 준 호공의 아들일 것으로 판단된다).

즉, 탈해는 어린 나이로 신라국에 망명하여 같은 왜인 출신인 호공의 도움으로 서라벌의 귀족 사회에 편입되었다.

2. 탈해의 출생 연도와 왕위 계승에 숨겨진 비밀

호공이 탈해에게 도움을 준 것은 무엇보다도 탈해가 명석하여 재목감이 된다고 여겼기 때문일 것이다. 그런 호공의 눈은 정확했다. 탈해는 성장하면서 기풍이 뛰어나고 현명하다는 소리를 들었고, 그런 소문은 급기야 남해왕의 귀에도 들어갔다.

반란의 풍파가 한바탕 조정을 휩쓸고 간 뒤에 어렵사리 왕위에 오른 남해왕은 인재난에 허덕이고 있었고, 탈해와 같은 명석한 인물이 있다는 소식에 그는 당연히 욕심을 냈을 것이다. 탈해를 불러 만나 본 남해왕은 소문대로 그가 현명하고 지혜가 뛰어난 것을 보고 당장 자기의 장녀인 아효와 결혼시켜 사위로 삼았으니, 이때가 남해왕 재위 5년(서기 8년)이었다. 그리고 2년 뒤인 남해왕 재위 7년 7월에 탈해는 재상 격인 대보에 임명되어 정치와 군사에 관한 업무를 도맡게 된다.

이렇듯 남해왕의 큰사위이자 재상의 위치에 오름으로써 왜의 소국인 용성국의 버려진 왕자 탈해는 일약 세인의 부러움을 사는 정치적 기린아로 변신했다.

그렇다면 이때 탈해의 나이는 몇 살이었을까?

『삼국사기』는 탈해가 왕위에 오르던 서기 57년에 그의 나이를 62세라고 밝히고 있다. 그러면 탈해는 서기전 5년에 태어나 열세 살에 남해왕의 큰딸 아효와 결혼하고, 열다섯 살에 재상 격인 대보의 위치에 올랐다는 말이 된다.

『삼국사기』는 또 같은 단락의 기록에서 탈해가 신라국에 도착한 때가 혁거세왕 39년(임인년)이라고 쓰고 있다. 혁거세왕 39년은 서기전 19년이다. 이때를 출생 연도로 잡으면 27세에 아효와 결혼하고, 29세에 대보에 임명되었다.

『삼국유사』의 저자 일연은 탈해가 신라국에 온 것이 임인년이라는 옛 기록이 있지만, 이는 잘못된 기록이라고 주장한다. 임인년이라면 혁거세왕 39년(서기전 19년)과 유리왕 19년(서기 42년), 둘 중에 하나인데 둘 다 상황에 맞지 않는다고 했다. 유리왕 19년에 왔다면 유리왕과 이 수를 헤아려 왕위를 가린 사건이 있을 수 없다는 것이다. 하지만 혁거세왕 대에 그가 신라국에 왔을 리가 없다고 일축한 것에 대해선 설득력 있는 설명이 없다.

한편, 일연은 『삼국유사』「가락국기」에서 탈해와 관련된 다음과 같은 기사를 남기고 있다.

완하국 함달왕의 부인이 임신하여 달이 차서 알을 낳았는데, 화하여 사람으로 되매 그의 이름을 탈해라고 불렀다. 그는 바다를 건너왔는데, 키가 석 자요 머리 둘레가 한 자였다. 누가 반갑다는 듯이 대궐을 찾아와 왕에게 말하였다.

"내가 왕의 지위를 빼앗고자 일부러 왔노라."

왕이 대답하였다.

"하늘이 나를 명하여 왕위에 오르게 하고 장차 국내를 안정시키며 인물들을 편안케 하려고 한지라, 하늘의 명령을 저버리고 왕위를 내놓을 것이 못 되며, 또 우리 나라와 백성들을 너에게 맡길 수 없다."

탈해가 "그렇다면 술법으로 경쟁을 해 보자." 하니, 왕이 "좋다." 하였다.

이후 순식간에 탈해가 매로 변하매 왕은 독수리로 변하였다. 탈해가 다시 참새로 변하니 왕은 새매로 변하였다. 탈해가 본래의 몸으로 돌아오니 왕도 그렇게 하였다. 탈해가 그제야 항복을 하며 말했다.

"제가 술법으로 다툴 때, 매에게는 독수리로, 참새에게는 새매로 되셨지만,

죽음을 면하게 된 것은 그야말로 살육을 증오하는 성인의 어진 덕에 의지한 것이 아니겠습니까? 제가 왕을 상대해서 임금 자리를 다퉈서는 정말 안 될 일인 것 같습니다."

그렇게 말하고 탈해가 선뜻 작별을 하고 나가 교외에 있는 나루에 이르러 중국에서 오는 배가 닿는 물길을 따라가려 하는데, 왕은 그가 머물면서 난리를 꾸밀까 염려하여 배 5백 척을 발동시켜 그를 추격하였다. 그랬더니 탈해가 계림 땅 지경으로 달아나 들어갔으므로 수군이 모두 돌아왔다.

일연은 같은 기록에서 가락국이 후한 건무 24년 임인년(서기 42년)에 건국되었다고 하고, 이 무렵에 가락국의 왕 수로와 탈해가 싸웠다고 서술하고 있다. 그러면 탈해가 가락국에 도착한 때는 적어도 서기 42년 이후여야 하고, 그럴 경우 신라국의 유리왕이 그에게 왕위를 양보하려 했다는 『삼국사기』의 기록은 허구로 전락하게 된다.

반대로 탈해가 유리왕과 이의 수를 헤아려 왕위를 가렸다면, 망명 초기에 가락국에 도착했다거나 수로왕과 싸웠다거나 하는 「가락국기」의 기록이 모두 허구가 되는 것이다.

두 기록 중에 어느 쪽이 더 신빙성이 있는 것일까?

『삼국사기』도 『삼국유사』와 마찬가지로 가야의 건국 연대를 서기 42년으로 기술하고 있다. 또 「신라본기」 파사왕 23년(서기 102년)에 파사왕이 금관국의 수로왕이 나이가 많아 아는 것이 많으니 음집벌국과 실질곡국의 국경 분쟁 문제를 잘 해결할 수 있을 것이라고 판단하여 그를 불러 물었다는 기사가 있는 것으로 봐서, 수로의 가야 건국 연대가 서기 42년이라는 것은 거의 확실해 보인다. 또 『삼국유사』와 『삼국사기』가 공히 유리왕이 탈해에게 왕위를 양보하려 했다는 기사를 싣고 있는 것으로 봐서, 이 또한 사실로 판단된다. 따라서 탈해는 적어도 유리왕이 왕위에 오르던 서기 24년 이전에 신라국의 부마 신분이었다. 이는 가락국이 개국되던 서기 42년에 용성국에서 망명하여 처음에는 가락국을 찾아가 수로왕과 싸웠다는 기사가 허구임을 증명하는 것이다. 즉, 김수로가 변한의 9국을 결합하여 가락국(가야)을 건국하던 서기 42년에 탈해는 신라국의 부마이자 대보였던 것이다.

『삼국사기』는 김수로가 통합한 변한의 소국들이 혁거세왕 19년(서기전 39년)에 신라국에 항복한 것으로 기록하고 있다. 이는 아마도 변한이 모두 신라국에 병합되었다는 뜻이 아니라 신라에 조공을 했다는 뜻일 것이다. 그 후 변한 12국 중 세 나라는 신라에 병합되고, 나머지 아홉 나라가 김수로를 내세워 가락연맹국을 세웠을 것이다.

김수로의 가야국 건립은 신라국에겐 대단히 위협적인 일이기 때문에 신라는 당연히 가야의 건국을 저지하려 했을 것이다. 서기 42년, 즉 유리왕 19년에 신라국의 대보 탈해가 군대를 이끌고 가야로 가서 수로왕과 싸운 것은 바로 가야 연맹의 건국을 막기 위함이었을 것이다. 하지만 탈해가 수로왕에게 패배하여 쫓겨옴으로써 수로왕은 가야 건국에 성공할 수 있었다.

따라서 『삼국유사』의 「가락국기」에 나오는 탈해 이야기는 가야의 개국을 저지하기 위해 군대를 이끌고 달려온 탈해와 수로왕의 전쟁 이야기에 용성국에서 내쫓긴 탈해의 신라국 망명 이야기가 덧붙여져 만들어진 것으로 보아야 한다.

하지만 여전히 탈해가 언제 태어났는지는 의문으로 남는다. 가장 큰 의문은 『삼국사기』의 탈해왕 즉위년 기사가 같은 단락에서 두 개의 출생 연도를 제시하고 있다는 점이다. 『삼국사기』는 즉위 당시의 탈해왕의 나이가 62세라고 못 박고 있는데, 『삼국사기』와 『삼국유사』는 공히 그의 즉위년을 후한의 건무 2년인 서기 57년으로 기록하고 있다. 그렇다면 당연히 그의 출생 연도는 서기전 5년이 된다. 그런데 『삼국사기』는 같은 단락에서 탈해가 신라국의 아진포 어구에 닿은 것이 혁거세왕 39년이라고 쓰고 있다. 혁거세왕 39년은 서기전 19년이므로 14년의 오차가 난다. 도대체 왜 이런 엇갈린 기술을 하고 있는 것일까?

『삼국사기』 유리왕 대 기록들의 행간을 자세히 살피면 이 의문을 해소할 단서를 찾을 수 있다.

유리왕의 재위 기간은 33년 1개월간이지만, 『삼국사기』는 그의 재위 20년부터 34년까지 약 14년 동안은 거의 기사를 남기고 있지 않다. 31년과 33년 기사가 있긴 하나, 그것은 천체와 기후에 관련된 것일뿐 유리왕의 정책과는 상관없다. 이 14년은 「신라본기」를 통틀어 가장 오랫동안 기록이 없는 경우에 해당한다. 더구나 33년 4월의 다음 기사는 매우 의미심장하다.

33년 여름 4월, 금성 우물에서 용이 나타났는데, 얼마 후에 소나기가 서북에서 몰려왔다. 5월에 큰 바람이 불어 나무가 뽑혔다.

이 기사에서 주목할 부분은 '금성 우물에서 용이 나타났다' 는 내용이다. 용이란 의당 왕을 상징하는데, 그렇다면 이때의 용은 누구를 지칭한 것일까? 공교롭게도 이듬해 9월에 유리왕은 아들이 아니라 매제인 탈해에게 왕위를 물려준다. 탈해는 그때 이미 환갑을 넘긴 노인이었다. 물론 유리왕의 입을 빌려 '내가 죽은 뒤에 탈해를 왕위에 오르게 하라' 는 유언을 남기고 있지만, 실상은 탈해가 조정을 완전히 장악하고 있었기 때문에 그에게 왕위를 넘길 수밖에 없는 상황이었거나, 아니면 탈해의 세력이 유리왕의 유언을 빙자하여 탈해를 왕으로 추대했을 것이다.

탈해는 남해왕 7년(서기 10년)부터 왕위에 오르던 서기 57년까지 무려 47년간 재상 격인 대보의 자리에 있었다. 거기다 반백 년에 가까운 이 기간 동안 탈해는 군사와 정치에 관한 업무를 주관했다. 이런 사실은 유리왕 재위시에 탈해의 힘이 왕보다 훨씬 더 막강했음을 시사하고 있다.

그리고 유리왕 재위 20년부터 34년까지 14년 동안의 기사가 누락된 것은 결코 우연이 아니라 고의적인 것으로 보인다. 이는 아마도 이 기간 동안 유리왕이 유명무실했거나 상왕으로 물러난 상태였기 때문일 것이다. 즉, 유리왕 20년부터 신라의 실질적인 왕은 탈해였다는 뜻이다.

공교롭게도 유리왕 20년(서기 43년)은 탈해가 신라의 아진포에 도착했다는 혁거세왕 39년(서기전 19년)으로부터 62년째 되는 해이다. 즉, 아진포에 도착한 서기전 19년을 탈해의 출생 연도로 잡을 경우에 유리왕 20년에 그의 나이가 62세가 된다. 우연의 일치라고 보기에는 너무 아귀가 잘 맞아떨어진다.

『삼국사기』는 탈해의 출생 연도를 기술하고 있지 않다. 즉위시 그의 나이를 62세라고 기술하고, 바로 다음 단락에서 혁거세왕 39년에 신라 땅에 왔다고 쓰고 있을 뿐이다. 얼핏 보면 그가 62세에 왕위에 올랐다는 것과 혁거세왕 39년에 신라 땅에 왔다는 것은 엇갈린 기술로 보인다. 그러나 이 기록은 둘 다 옳을 수 있다. 즉, 유리왕이 죽은 연도는 서기 57년이나, 유리왕이 왕위에서 물러난 때를 재위 20년인 서기 43년으로 보면, 탈해가 혁거세왕 39년에 신라국에 와서 62세에 왕위에 올랐다는 내용은 전혀 이상한 기술이 아니라는 뜻이다.

다시 말해서 탈해는 혁거세왕 39년에 신라국에 도착했고, 그 시점을 출생한 때로 계산하여 62세 되던 유리왕 20년에 왕위를 넘겨받았으며, 유리왕은 왕위를 넘겨준 뒤에도 14년을 더 살다가 서기 57년에 죽었다는 것이다. 그 때문에 후대의 학자들은 유리왕이 물러난 때부터 사망 때까지의 기사를 고의로 삭제하고, 유리왕이 죽은 때를 탈해의 즉위 시점으로 삼아 역사를 정리했을 것이다.

3. 탈해왕의 홀로서기와 끝없는 백제의 침략
(서기전 19년~서기 80년, 재위기간:서기 43년 모월~80년 8월, 약 37년)

탈해(脫解)왕은 용성국 왕 함달파의 아들이며 어머니는 왜의 여국(女國) 왕의 딸이다. 모후의 불륜으로 태어난 그는 함달파에 의해 버려지고, 어머니의 노력으로 배에 태워져 서기전 19년에 신라국에 망명하였다가, 혁거세왕의 뱃사공 어머니인 아진의선의 양자가 되었다. 명석하고 현명했던 그는 왜국 출신 관료인 호공의 도움으로 신라 귀족 사회에 진출하였고, 서기 8년에는 남해왕의 장녀 아효와 결혼함으로써 왕실의 일원이 되었다. 2년 뒤인 10년에는 재상격인 대보에 임명되어 정치와 군사에 관한 일을 도맡아 보았다. 24년에 남해왕이 죽자, 유리왕이 그에게 왕위를 양보하려 했으나 그는 사양했다.

하지만 그의 정치적 영향력은 왕을 능가하였고, 권력 또한 막강했다. 그 때문에 유리왕 재위시의 국정은 그에 의해 좌우되었다고 해도 과언이 아니었다. 정확한 이유는 알 수 없으나 유리왕은 재위 20년(서기 43년)부터 왕권까지 탈해에게 넘겨 주었는데, 이는 아마도 가야의 성립과 밀접한 관계가 있는 것으로 보인다.

가야 국조 김수로는 서기 42년에 변한의 9개국을 연합하여 가야국을 세웠다. 그때까지 변한의 소국들은 신라국을 섬기고 있었는데, 가야의 성립으로 판도가 크게 바뀔 형국이었다. 그러나 유리왕은 가야의 성립을 적극적으로 저지하지 못했고, 이 때문에 왕권을 탈해에게 내줄 수밖에 없었던 것으로 보인다.

『삼국유사』의 「가락국기」엔 김수로를 응징하기 위해 군대를 이끌고 가야로 갔던 사람은 유리왕이 아니라 탈해로 기록되어 있고, 또 김수로에게 '내가 너의 왕위를 뺏기 위해 일부러 왔다'고 말한 사람도 탈해였다. 이는 탈해가 김수로의 가야 건국을 강력하게 반대했으며, 실제로 왕권을 행사하고 있었음을 보여 준다. 즉, 탈해는 가야 건국 시점인 42년에 이미 왕권을 거의 장악하고 있었다는 뜻이다. 그러다가 바로 다음 해인 43년에 유리왕을 물러앉게 하고 왕위에 올랐으니, 이때 그의 나이는 환갑을 넘긴 62세였다(『삼국사기』는 유리왕이 죽은 서기 57년을 탈해왕의 즉위 연대로 기술하고 있지만, 여기서는 탈해가 실질적인 왕으로 군림한 서기 43년을 즉위 연대로 삼았다. 유리왕은 탈해왕 즉위 이후에도 14년을 더 살았고, 이 때문에 『삼국사기』는 43년부터 57년까지를 유리왕의 치세로 기술하고 있다. 하지만 이 기간 동안 벌어진 구체적인 사건은 단 한 건도 기록되지 않았다. 아마도 이것은 이 14년 동안의 치세를 어느 왕의 것으로 기술해야 할지 모호하여 사서 편찬 과정에서 고의로 누락시킨 결과일 것이다).

탈해가 대보로 있던 시절의 한반도 정세는 매우 복잡하게 얽혀 있었다. 삼한의 맹주였던 마한은 서기 8년(온조왕 26년)에 백제의 공격을 받아 도성이 무너졌고, 마한 왕실은 북쪽으로 달아나 고구려에 의탁했다. 이후, 마한 잔여 세력은 원산성과 금현성에 병력을 집결하고 1년 동안 강력하게 저항했으나 결국 백제에 패배하고 말았다. 그러나 마한의 저항은 그것으로 끝나지 않았다. 마한군은 곳곳에서 군대를 일으켜 부흥운동을 전개하였고, 그 같은 형국은 수십 년 동안 지속되었다. 서기 16년에는 마한 장수 주근이 우곡성을 거점으로 군대를 일으켰으나 패배하였다. 북쪽으로 달아난 마한 왕조는 서기 34년에 말갈군과 함께 마한의 도성이었던 마수성을 공격하여 장악하고, 또 병산책을 습격하였다. 이 일로 백제는 큰 타격을 입었고, 마한 부흥군은 기세를 올렸다.

이렇듯 백제와 마한 부흥군이 치열한 공방전을 벌이고 있는 와중에 김수로는 변한의 9국을 연합하여 가야국을 세웠고, 이로 인해 가야국과 신라국 사이에도 한바탕 전쟁이 일어났다. 탈해는 가야와의 전쟁을 기회로 왕권을 장악하여 유리왕을 밀어내고 왕위를 차지했다.

탈해왕 즉위 이후에도 백제군과 마한 부흥군의 싸움은 계속되었다. 그러나 대세는 이미 백제 쪽으로 기울고 있었다. 백제의 다루왕은 전국을 돌며 민심을 안정시켰고, 그에 따라 마한 왕조에 동조하는 세력도 점차 줄어들었다. 그런 가운데 부흥군은 복암성을 마지막 보루로 삼고 힘겨운 저항을 지속하고 있었다.

백제의 세력이 점점 강화되고 있는 상황에서 탈해왕은 호공을 대보로 삼아 정사를 맡기는 한편, 59년에는 왜국과 친교를 맺어 사신을 교환하였다. 그리고 61년에 마한 부흥군의 우두머리인 맹소가 복암성을 바치며 항복해 오자, 그를 받아들였다.

하지만 이 일로 백제와 관계가 악화되었다. 백제의 다루왕은 63년에 낭자곡성을 장악한 뒤, 사신을 보내 탈해왕이 직접 자기에게 예를 갖출 것을 요구했다. 말하자면 탈해왕이 백제에 입조하여 신하국이 되라는 뜻이었는데, 탈해왕은 이에 응하지 않았다. 이때부터 백제는 줄기차게 신라를 공격해 왔다.

서기 64년 8월에 백제는 군대를 동원하여 와산성을 공격하였으나 함락시키지 못하자, 10월에 다시 구양성을 공격하였다. 이에 탈해왕은 직접 기병 2천 명을 동원하여 물리쳤다. 66년에 백제가 다시 와산성을 급습하여 함락하고 병력 2백 명을 주둔시켰지만, 신라군의 반격을 받고 곧 퇴각했다. 그러자 백제는 가야를 압박하여 신라를 협공하기 시작했다.

70년에 백제가 또 한 차례 공격을 감행해 오더니, 73년에는 왜군이 목출도를 침입하였다. 신라는 각간 우오를 보내 방어케 하였으나, 우오는 크게 패하여 전사하고 말았다. 74년에 백제가 다시 침입해 와 가까스로 막아 냈는데, 이듬해 신라 땅에 큰 가뭄이 들어 백성들이 굶주리자, 백제는 10월에 와산성을 공격하여 함락시켰다.

탈해왕은 76년 9월에 군대를 동원하여 와산성을 회복하고, 그곳을 수비하던 백제 병력 2백 명을 모두 죽였다.

77년 8월에는 백제의 사주를 받은 가야가 신라를 공격해 왔다. 탈해왕은 아찬 길문에게 군사 수천을 내주어 가야군을 대적하게 했고, 양쪽 군대는 황산진(경남 양산 근처)에서 맞붙었다. 이 싸움에서 길문이 가야 병력 1천여 명을 죽이고 대승을 거둠으로써 가야의 기세를 크게 위축시켰다.

싸움의 양상에서 볼 수 있듯이 탈해왕 대의 전쟁은 거의 모두 백제의 침입에 따른 것이었다. 당시 백제는 마한의 영토를 장악하고, 과거 마한의 속국이던 신라와 가야에 조공을 요구하고 백제를 상국으로 섬길 것을 강요했다. 이에 가야는 백제의 요구를 수용하였지만 신라는 거절했다. 백제의 지속적인 침략은 그 같은 신라의 태도에 대한 응징의 성격이 짙었다.

신라를 공격한 세력은 비단 백제만은 아니었다. 바다 건너 왜도 신라를 공격해 왔는데, 이는 아마도 백제와 왜의 친교를 신라가 방해했기 때문일 것이다.

이렇듯 탈해왕은 재위 기간 내내 백제, 왜, 가야, 삼국의 침입을 막아 내며 힘겨운 싸움을 벌여야 했다. 하지만 잦은 외침에도 탈해왕은 전혀 위축되지 않았다. 오히려 국가 기강의 확립을 위해 중앙집권화를 강력하게 추진했다.

그 결과로 67년에 전국의 영토를 주와 군으로 구분하고, 각 주와 군에 왕족인 박씨들을 주주와 군주로 삼아 파견하였다. 이는 왕족인 박씨들의 불만을 누그러뜨리고, 동시에 지방 세력의 힘을 약화시키기 위한 조치로 판단된다.

같은 해 2월에는 '순정을 이벌찬으로 임명해 정사를 맡겼다'는 기록이 나오는데, 이는 유리왕 9년에 마련됐던 17등급의 골품제가 이때부터 제대로 적용되었음을 의미한다.

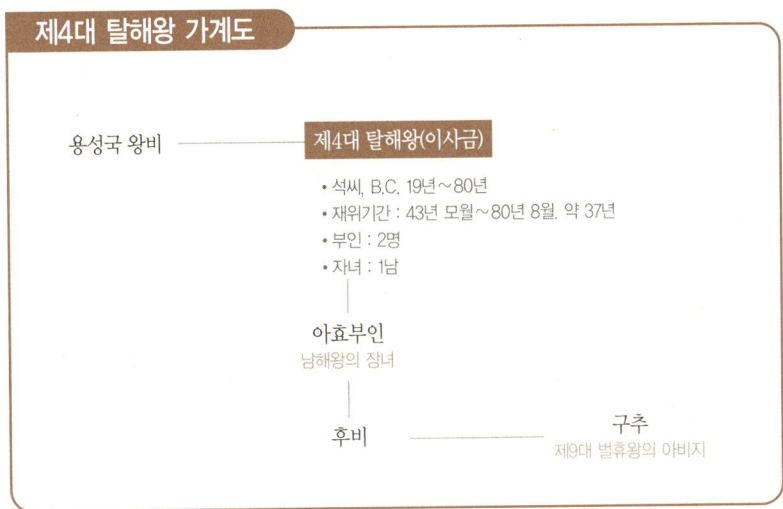

따라서 신라의 중앙조직과 지방조직, 계급 체계 등이 제대로 마련되고 시행된 것은 탈해왕의 업적으로 간주될 수 있을 것이다.

탈해왕은 유리왕과 마찬가지로 이사금을 왕호로 썼고, 서기 80년 8월에 99세를 일기로 죽었으며, 금성의 북쪽 양정 언덕에 묻혔다. 『삼국유사』에는 탈해왕이 건초 4년(서기 79년)에 죽어서 소천 언덕에 장사됐다고 적혀 있다. 또 뒤에 탈해의 유골에 대해 해골 둘레가 3자 2치, 몸뚱이 뼈 길이가 9자 7치였다고 언급하고 있다.

탈해왕의 가족 사항은 자세하게 기록되지 않았다. 왕비는 남해왕의 장녀 아효부인인데, 그녀의 생사에 대해서는 자세하게 전하지 않는다. 그녀는 남해왕 5년(서기 8년)에 탈해와 결혼했고, 43년에 탈해가 왕위에 오르자 왕비가 되었다. 하지만 그 이후의 삶에 대해서는 전혀 기록된 바 없다.

탈해왕의 자식에 대한 기록은 제9대 벌휴왕의 아버지 구추가 탈해왕의 아들이라는 기록이 전부다. 그러나 구추에 대한 자세한 기록은 전하지 않는다.

탈해왕이 죽은 것은 서기 80년이고, 벌휴왕이 왕위에 오른 것은 184년이다. 탈해왕이 죽은 시점에서 벌휴왕의 즉위까지는 104년이라는 긴 공백이 생긴다. 이는 구추가 탈해왕이 만년에 낳은 자식이라는 사실을 말해 준다. 즉, 구추는 탈해왕의 정비인 아효부인 소생이 아니라는 것이다. 이렇게 볼 때, 탈해왕에겐 최소한 부인이 둘 이상 있었으며, 구추는 서자라는 결론이 나온다.

말하자면 벌휴왕은 탈해왕의 서자에게서 태어난 아들인데, 그가 석씨 왕실을 대표하여 왕위를 이었다는 것은 탈해왕의 정비 아효부인이 아들을 낳지 못했다는 뜻이다.

탈해왕이 죽은 뒤에 그의 아들이 왕위를 잇지 못하고, 박씨인 파사왕이 즉위하는 것은 당시 탈해왕에겐 대를 이을 만한 적자가 없었기 때문임을 알려 준다.

4. 수로왕과 가야

가야가 건국된 것은 후한 세조 광무제 건무 18년(서기 42년)이다. 이는 신라 유리왕 19년, 백제 다루왕 15년, 고구려 대무신왕 25년 때의 일이다. 『삼국유사』는 이와 관련하여 「가락국기」에 다음과 같은 기록을 남기고 있다.

천지개벽 후에 이 땅에는 아직 나라로 부르는 칭호가 없었고, 역시 왕이나 신하라고 부르는 칭호도 없었다. 있었던 것은 오직 아도간, 여도간, 피도간, 오도간, 유수간, 유천간, 신천간, 오천간, 신귀간 등 아홉 간이 있었으니, 이들이 추장이 되어 백성들을 통솔하였으며, 호 수는 무릇 100호에 7만 5천 명이었다. 모두가 저마다 산과 들에 모여 살면서 우물을 파서 마시고 밭을 갈아 먹었다. 바로 후한 세조 광무제 건무 18년 임인(서기 42년) 3월 계욕날(봄에 물가에서 액막이 제사를 지내는 날) 이곳 북구지에서 뭔가 이상한 소리로 부르는 기척이 있었으므로 이삼백 명 되는 무리가 모였다. 그랬더니 사람 목소리 같은 것이 나는데, 형체는 감추고 소리만 내어 말하기를 "거기 누가 있느냐?" 하였다.

아홉 간들이 대답하기를 "우리들이 있습니다." 하니 또 말하기를, "내가 있는 곳이 어디일꼬?" 하여 "구지이외다." 하고 대답했다. 또 말하였다.

"하느님이 내게 명령한 까닭에 이곳에 와서 나라를 세우고 임금이 되라고 하셨다. 하여 여기 내려온 것이니, 너희들은 모름지기 봉우리 꼭대기의 흙 한 줌씩을 쥐고,

거북아 거북아,
머리를 내밀어라.
만약 내놓지 않으면
구워서 먹으리.

이런 노래를 하라. 그러면서 춤을 추면 이것이 대왕을 마중하여 즐겨 뛰어 노는 것으로 될 것이다."

아홉 간들이 그 말대로 모두 즐겨 노래를 부르고 춤을 추었다. 얼마 안 되어 보랏빛 노끈이 하늘에서 내려와 땅에 닿았고, 노끈 끝을 찾아보니 붉은 보자기로 싼 황금상자가 있었다. 그것을 열어 보매, 해처럼 둥근 황금알 여섯 개가 있었다. 여러 사람이 모두 다 놀랍고 기뻐서 함께 수없이 절을 하다가 조금 후에 알을 싸 가지고 아도간의 집으로 돌아와 탁자 위에 두고는 무리들이 각각 흩어졌다. 그 후 열두 시간이 지난 다음 날샐 무렵에 무리들이 다시 함께 모여 상자를 열었는데, 알 여섯 개가 사내아이로 변하였다. 그들 모두 매우 비범하였다. 이내 그들이 평상 위에 앉으니, 무리들이 축하하는 절을 하고 정성을 다하여 공경하였다.

그들은 나날이 성장했다. 10여 주야가 지나자 키가 9자이매 은나라 천을(탕왕)과 같았고, 얼굴이 용 같으매 한나라 고조(유방)와 같았고, 눈썹이 여덟 가지 빛깔이매 당나라 요임금과 같았고, 눈동자가 겹으로 되었으매 우나라 순임금과 같았다. 그달 보름에 왕위에 오르니 처음으로 나타났다고 하여 이름을 수로 혹은 수릉이라 하고 나라를 대가락이라 하였으며 또 가야국이라고도 일컬었으니, 즉 여섯 가야의 하나이다. 남은 다섯 사람은 각각 돌아가 다섯 가야의

우두머리가 되었다. 나라 경계는 동쪽이 황산강이요, 서남쪽이 바다요, 서북쪽이 지리산이요, 동북쪽이 가야산이요, 남쪽은 나라 끝으로 되었다.

이 설화에서 김수로 등이 황금상자 속에 담긴 알에서 태어났다는 내용은 신비화시키기 위해서 꾸민 것이라 판단해도 무방하지만, 아홉 간들이 모여서 왕을 세우고, 아도간의 집에서 여섯 아들이 태어났다는 내용은 사실로 받아들여야 할 것이다.

간(干)이란 우두머리 또는 추장을 의미하고, 아홉 간이란 변한의 12국 중에서 신라에 예속되지 않은 9국의 추장들을 일컫는 것으로 보아야 할 것이다. 당시 마한의 54국 중 대부분은 백제에 예속된 상태였고, 마한의 잔여 세력은 마한 왕조의 부흥운동을 전개하고 있었다. 또 진한의 12국은 대부분 신라에 예속된 상태였고, 변한의 일부도 신라에 조공하고 있는 상황이었다. 따라서 가야를 세울 수 있는 세력은 신라나 백제가 미처 정복하지 못한 변한의 나머지 국가들밖에 없었다. 이것이 가야 건국에 참여한 9국을 변한에 속했던 아홉 나라로 보는 이유이다. 나머지 3국은 그때 이미 신라에 예속된 것으로 판단된다.

여섯 가야를 세운 왕들이 모두 아도간의 집에서 태어났다는 것은 곧 그들 여섯 형제가 아도간의 아들이라는 뜻이다. 즉, 변한 9국을 하나로 합쳐 가야를 세운 중심 세력은 아도간의 세력이었으며, 그의 여섯 아들이 9국에 흩어져 나라를 다스린 것이다.

그 첫 번째 아들이 곧 수로(首露)였다. 수로는 '처음으로 나타났다'는 뜻이라 했는데, 이 말은 곧 수로가 아도간의 장남이라는 뜻이다. 즉, 아도간은 자신의 나라를 포함한 변한 9국을 하나로 엮은 뒤, 장남을 첫 왕으로 세우고 나머지 다섯 아들에게 각 지역을 맡겨서 다스리게 한 것이다.

'수로'라는 단어는 단순히 '처음으로 나타났다'는 뜻보다는 '우두머리 왕'이라는 의미가 더 클 것이다.

수로(首露)라는 명칭을 분석해 보면 '수'는 머리이고, '로'는 왕을 의미한다. 수로왕 당시의 백제 왕들은 '다루', '기루', '개루' 등의 묘호를 사용했는데, 여기서 '루(婁)'는 망루 또는 별을 지칭하는 것으로 마한 말로 왕을 의미한다고 밝힌 바 있다(『백제왕조실록』「다루왕실록」참조). 또 백제의 제21대 왕인 개로왕을 '근개루왕'이라고도 부르는데, 이는 '개루왕 2세'라는 의미이다. 개로왕을 개루왕으로 불러도 무방하다는 것을 알려 주는 대목이다. 따라서 마한에서 왕을 칭하는 말인 '루'는 '로'로 발음되기도 했음을 알 수 있다. 수로의 '로'도 백제 왕들의 묘호에 붙은 '루'와 같은 뜻으로 볼 수 있고, 이럴 경우 수로는 '머리 왕' 즉, '왕 중의 왕'이라는 의미가 된다.

이렇게 볼 때, 수로는 한 사람의 이름이 아니라 여섯 가야국 전체를 지배하는 대왕을 지칭하는 보통 명사로 보아야 한다.

『삼국유사』의 「가락국기」는 수로왕이 158세 되던 건안 4년(199년)에 죽었다고 기록하고 있다. 하지만 사람이 158년이라는 세월을 살 수 없음은 자명한 일이다. 그 때문에 이 158년을 한 사람의 생애로 치부하는 것은 무리다. 즉, 수로왕은 한 사람을 일컫는 것이라고 볼 수 없다는 것이다. 따라서 이 158년이라는 기간은 수로라는 명칭을 사용하던 세월, 즉 여섯 가야가 하나로 통합되어 다스려지던 햇수로 보아야 한다.

이는 단군이 1908세에 아사달에 숨어서 산신이 되었다는 『삼국유사』의 기록에 대하여, 단군이라는 단어를 한 개인의 이름이 아닌 왕을 칭하는 보통 명사로 보고, 1908년을 단군 조선이 지속된 햇수로 보는 해석법에 따른 것이다.

그렇다면 가야의 제1대 수로는 몇 살 때 왕위에 올랐을까?

『삼국사기』의 신라 파사왕 23년(102년)의 다음 기사는 이 물음의 근거를 마련해 준다.

23년 가을 8월, 음집벌국과 실직곡국이 국경 문제로 다투다가 왕에게 와서 결정해 줄 것을 요구하였다. 왕이 이 문제를 해결하기 어렵다고 여기고 금관국 수로왕이 나이가 많아 아는 것이 많을 것이라고 생각하여 불러 물었다. 수로가 의견을 내어 다투던 땅을 음집벌국에 주도록 하였다.

이 기사에서 '수로왕의 나이가 많아'라는 표현이 있는 것으로 봐서, 수로왕은 적어도 일흔 살을 넘긴 나이였을 것이다. 파사왕 23년은 서기 102년으로 가야국이 건국된 지 60년 되던 해이다. 이때에 수로의 나이가 70대였다면 가야 개국 시점인 서기 42년에 수로는 10대의 소년이었다는 뜻이 된다.

그런데 개국 당시에 탈해와 싸우기 위해 직접 배를 이끌고 전쟁에 참여했다는 기록이 있는 것으로 봐서 10대 후반이었거나 20대 초반이었을 것이다. 말하자면 수로왕은 10대 후반 또는 20대 초반에 변한 9국의 추장들의 추대로 왕위에 올랐다.

지금까지의 추론을 정리해 보면, 아도간이 중심이 되어 모인 아홉 간은 10대 후반 또는 20대 초반의 수로를 왕으로 옹립하고 가야(또는 가락, 가라)를 국호로 삼아 나라를 통합했다. 하지만 신라는 가야의 개국을 용납하지 않았다. 혁거세왕에 의해 신라가 건국된 이래 진한 및 변한의 소국들은 신라를 상국으로 섬겼다. 그런데 수로가 변한 9국을 결합하여 나라를 세우자, 위기 의식을 느껴 수로를 응징하고자 했던 것이다.

가야 개국 당시 신라의 권력은 탈해에게 집중되어 있었다. 비록 유리왕이 왕위를 지키고는 있었지만, 남해왕 대부터 대보 자리를 지키고 있던 탈해가 조정을 장악하고 있었던 것이다.

탈해는 가야 건국을 인정하지 않고 수로를 치기 위해 군대를 동원한다. 그래서 가야의 도읍을 공격했는데, 수로의 반격에 말려 응징에 실패하고 물러난다('탈해의 출생 연도와 왕위 계승에 숨겨진 비밀' 참조).

이후, 신라와 가야는 적대 관계에 놓이고, 가야는 백제와 왜 등과 우호관계를 맺고 신라와 대적한다. 이 같은 관계는 백제의 동성왕과 무령왕이 가야 땅인 임나를 강제 점령할 때까지 이어진다(『한권으로 읽는 백제왕조실록』「무령왕실록」 참조, 가야의 발전과 쇠퇴에 관한 내용은 「진흥왕실록」에서 자세히 언급된다).

5. 김씨 왕실의 시조 김알지의 정체

　신라는 박·석·김 세 성씨에 의해 왕조가 유지되었다. 총 56명의 신라 왕 중에서 박씨가 10명, 석씨가 8명, 김씨가 38명이다. 초기 8대까지는 탈해왕을 제외하고는 모두 박씨이며, 제9대부터 제16대까지는 미추왕을 제외하고는 모두 석씨이다. 그리고 제17대부터 제52대까지는 모두 김씨이고, 제53대부터 제55대까지는 다시 박씨이며, 마지막 왕인 제56대 경순왕은 김씨이다.

　이렇게 볼 때, 신라 왕조는 시조 혁거세왕부터 제8대 아달라왕까지 240년 동안은 박씨의 시대, 제9대 벌휴왕부터 제16대 흘해왕까지 172년 동안은 석씨의 시대, 제17대 내물왕부터 제52대 효공왕까지 556년 동안은 김씨의 시대, 그리고 멸망기에 해당하는 제53대 신덕왕부터 제55대 경애왕까지 15년 동안은 다시 박씨의 시대로 구분될 수 있다. 마지막 왕인 경순왕은 후백제 왕 견훤이 세운 왕이었으므로, 이때는 이미 신라의 왕권이 무너진 상황이라고 볼 수 있다.

　수치상으로 나타나듯 신라 왕조 992년 중에서 김씨 왕조가 지배한 세월은 절반이 훨씬 넘는다. 더구나 신라의 전성기는 모두 김씨 왕들에 의해서 구가되었다. 이렇듯 신라 왕조의 역사에서 김씨 왕실이 가장 뚜렷한 족적을 남겼다.

　신라사에서 김씨 왕실의 시조인 김알지라는 인물이 중시되는 이유가 바로 여기에 있다. 그렇다면 김알지는 도대체 어디서 왔으며, 어떤 인물이었던가?

　『삼국사기』와 『삼국유사』에 전하는 김알지에 관한 기록은 이렇다.

[탈해이사금 9년(서기 65년) 봄 3월 기사]
　왕이 밤에 금성 서쪽 시림의 숲 속에서 닭 우는 소리가 나는 것을 듣고, 날이 샐 무렵에 호공을 보내 그 사정을 알아보도록 했다. 그곳에는 나뭇가지에 금빛이 나는 작은 상자가 걸려 있는데, 흰 닭이 그 밑에서 울고 있었다. 호공이 돌아와 이를 보고하였다. 왕은 사람을 보내 그 상자를 가져와 열게 하였다. 그 속에는 어린 사내아이가 들어 있었는데, 그 아이는 자태와 용모가 뛰어났다.

왕이 기뻐하여 측근들에게 말했다.

"이 아이는 하늘이 나에게 준 아들이 아니겠는가?"

왕이 그 아이를 거두어 길렀다. 아이는 자라면서 총명하고 지략이 뛰어났다. 그의 이름을 알지라고 하였는데, 그가 금빛 나는 상자에서 나왔기 때문에 성을 김씨라고 하였다. 시림을 고쳐 계림이라 부르고, 국호로 하였다.

〔미추이사금 즉위년 기사〕

미추왕의 조상 알지가 계림에서 태어나자, 탈해왕이 데려와 궁중에서 길렀고, 뒤에 대보로 임명하였다. 알지가 세한을 낳고 세한이 아도를 낳고, 아도가 수류를 낳고, 수류가 욱보를 낳고, 욱보가 구도를 낳았으니, 구도가 곧 미추의 아버지이다.

〔『삼국유사』 탈해왕 시대 김알지 편〕

영평 3년 경신(서기 60년) 8월 4일에 호공이 밤에 월성 서쪽 동리로 갔더니 시림 속에서 환하게 밝은 빛이 나는 것이 보였다. 보랏빛 구름이 하늘로부터 땅에 드리웠는데 황금궤짝이 나뭇가지에 걸려 있었다. 궤짝이 빛을 뿜고 흰 닭이 나무 아래서 울므로 이 사연을 왕에게 보고하였다. 왕이 그 숲으로 거둥하여 궤짝을 열어 보니, 사내아이가 누웠다가 일어났다. 마치 혁거세의 옛 사적과 같았으므로 그 말에 따라 알지라고 이름을 지으니 알지는 우리 나라 말로 어린아이를 일컫는 말이다. 그를 안고 대궐로 돌아오는데, 새와 짐승들이 뒤를 따르면서 기뻐서 뛰며 너울너울 춤을 췄다.

왕이 좋은 날을 받아 그를 태자로 책봉하였으나, 그는 파사에게 양보하고 왕위에 오르지 않았다. 그가 황금궤짝에서 나왔으므로 성을 김씨라 하였으니 알지가 열한을 낳고, 열한이 아도를 낳고, 욱보가 구도를 낳고, 구도가 미추를 낳으니, 미추가 왕위에 올랐는데, 신라의 김씨가 알지로부터 시작되었다.

기록에 나타나듯 『삼국사기』와 『삼국유사』의 내용은 다른 부분이 많다. 알지가 시림의 나뭇가지에 걸린 황금상자에서 나왔다는 신화석인 요소에는 별 차이가 없지만, 사실적인 요소들은 큰 차이를 보이고 있다. 『삼국사기』에는 탈해왕이 시림에서 닭 우는 소리가 나는 것을 듣고 호공을 시켜 그 내막을 알아보라고 했다고 기록되어 있으나, 『삼국유사』에서는 호공이 밤에 시림에서 밝은 빛이 나는 것을 보고 발견하여 탈해왕에게 보고했다고 기록되어 있다. 또 알지가 시림에 나타난 때를 『삼국사기』는 서기 65년이라고 했고, 『삼국유사』는 서기 60년이라고 했다. 『삼국사기』는 알지를 재상 격인 대보로 삼았다고 했으나, 『삼국유사』는 그를 태자로 삼았다고 했다. 『삼국사기』는 알지가 발견된 것을 기념하여 시림을 계림이라 고쳐 부르고 국호로 삼았다고 했으나, 『삼국유사』는 그에 대한 언급이 전혀 없다. 도대체 어느 쪽 기록이 더 신빙성이 있는 걸까?

우선 시림에서 알지를 발견한 부분을 살펴보면, 탈해왕이 계림에서 닭 우는 소리를 듣고 호공을 시켜 알아보게 했다는 『삼국사기』의 내용은 다소 설득력이 떨어진다. 당시 민가에서 닭 우는 소리가 나는 것은 흔한 현상일 터인데, 그 소리가 시림에서 나는 것인지 여염집에서 나는 것인지 어떻게 알겠는가? 따라서 호공이 길을 지나다 빛을 보고 시림을 찾아갔다는 서술 장치가 더 설득력이 있다. 하지만 어느 쪽이 설득력이 있든, 알지가 시림의 나뭇가지에 매달린 황금상자에서 발견됐다는 것은 알지를 신비화시키기 위해 꾸민 것으로 보아야 할 것이다.

알지가 태어난 연도에 관한 기록은 두 기록이 서로 5년의 오차를 보이고 있지만, 탈해왕 재위 때라는 것은 두 기록이 일치하는 만큼 큰 문제가 될 것이 없겠다. 『삼국유사』의 60년설과 『삼국사기』의 65년설을 모두 존중하여 60년에서 65년 사이에 김알지가 신라 땅에 온 것으로 보면 될 것이다.

가장 큰 쟁점은 알지를 대보로 임명했는지 아니면 태자로 책봉했는지 하는 것이다. 이 부분은 아무래도 대보로 임명했다는 『삼국사기』의 기록이 더 신빙성이 있는 듯하다. 탈해왕이 아들도 아닌 양자를, 그것도 자신의 성씨를 받지도 않은 사람을 태자로 책봉했을 가능성은 거의 없기 때문이다. 탈해왕 스스로도 남해왕의 양자 신분으로 왕위에 오른 것은 아니었다. 그는 남해왕의 장녀인 아효부인의 남편으로서 왕위에 오른 것이다. 다시 말해서 사위는 왕위에 오를 수 있어도 양자가 왕위에 오를 수는 없다는 뜻이다. 이는 신라사 전체를 통해서 일정하게 적용되고 있는 일종의 관습법 같은 것이다.

탈해왕이 닭 울음소리를 듣고 알지를 얻게 되었다 하여 시림을 계림으로 고치고, 또 계림을 국호로 삼았다는 『삼국사기』의 내용은 꽤나 비약적인 서술로 판단된다. 『삼국사기』와 『일본서기』 그리고 중국의 사서들에 나타난 신라 관련 기록들을 종합해 볼 때 계림은 신라의 별칭이지 결코 국호는 아니었다. 그렇기 때문에 탈해왕이 알지가 발견된 것을 기념하여 국호를 계림으로 바꿨다는 것은 설득력이 없다. 계림이라는 별칭도 혁거세왕이 나정에서 태어나고, 왕비 알영이 계룡의 옆구리에서 태어났다는 건국설화에서 비롯됐다고 보는 것이 옳을 것이다.

따라서 이들 기록에서 역사적인 사실로 받아들일 수 있는 것은 김알지가 탈해왕의 양자로 키워져 대보의 관직을 받았다는 내용뿐이다.

그렇다면 탈해왕은 왜 김알지를 양자로 받아들였으며, 그를 대보로 삼았을까? 왕이 양자로 받아들일 정도면, 필시 김알지는 아주 귀한 신분이어야 한다. 탈해가 그랬듯이 그도 어느 나라의 왕자 신분이었거나 그에 버금가는 집안 출신이었을까?

중국의 『수서』는 신라 왕실에 대해 이런 기록을 남기고 있다.

신라의 왕은 본래 백제 사람이었는데, 바다로 달아나 신라로 들어갔다. 그리고 마침내 그 나라를 왕으로 다스리게 되었다.

『수서』는 당나라 태종 연간인 630년에 위징 등이 편찬한 책이다. 이 무렵, 신라의 왕은 진평왕이었다. 그렇다면 『수서』의 서술은 진평왕을 포함한 김씨 왕실에 관한 내용일 수밖에 없다.

당나라 때는 물론이고, 수나라 시절에도 진평왕은 중국에 많은 사신을 보냈다. 따라서 『수서』의 신라 왕실과 관련한 기록은 진평왕이 보낸 사신들이 중국에 알려 준 내용일 것이다. 당대 사신들의 말을 듣고 기록한 내용이라면 이 내용의 신뢰도는 매우 높게 취급되어야 한다. 더구나 『수서』가 편찬되던 당나라 태종 연간엔 당과 신라가 매우 밀접한 관계를 유지했기에 편수관들은 신라에 대한 정보를 어렵지 않게 구할 수 있던 때였다.

『수서』의 기록대로 정말 신라의 김씨 왕실의 시조, 즉 김알지는 백제 사람일까? 어떻게 보면, 김알지를 백제 사람이라고 말할 수도 있을 것이다. 그러나 더욱 정확하게 표현하자면, 김알지는 백제 사람이 아니라 마한 사람이라고 보아야 한다.

김알지가 신라에 온 때인 서기 60년에서 65년 사이의 한반도 상황을 점검해 보면, 알지가 마한에서 왔을 것이라는 추론을 쉽게 얻어 낼 수 있다. 이 기간 동안 백제 땅에서는 마한의 잔여 세력이 부흥운동을 전개하고 있었고, 백제는 그들을 소탕하기 위해 총력전을 펼치고 있었다. 마한 장수 맹소는 복암성에 부흥군을 집결하고 다각적으로 마한 왕조의 부활을 시도했지만 결국 역부족이었다. 그래서 서기 61년 8월에 그는 복암성을 신라에 바치고 귀순해 버렸다. 이로써 서기 9년에 마한 왕조가 무너진 이래 무려 52년 동안 지속되던 부흥운동은 막을 내렸다.

백제가 몰락한 뒤에 부흥운동을 이끌던 사람이 부여복신, 부여풍 등의 백제 왕족들이었던 점을 감안할 때, 이 52년 동안 마한의 부흥운동을 이끌던 중심 세력 속에는 필시 마한 왕실의 인물들이 포진하고 있었을 것이란 점을 미뤄 짐작할 수 있다. 왕조의 부흥운동이란 그 성격상 왕족을 앞세우지 않고는 불가능하다는 점 또한 이를 뒷받침한다.

그렇다면 맹소가 복암성을 신라에 바치고 귀순했을 때, 부흥운동이 지속되는 동안 마한의 왕으로 추대되었던 인물도 함께 신라에 귀부했을 것이다. 『수서』의 기록대로 김알지가 백제에서 왔다면, 그는 맹소와 함께 신라에 귀부한 마한 왕족이었을 것이다.

그런데 『수서』는 왜 그를 마한 사람이라고 하지 않고 백제 사람이라고 했을까? 당시 마한은 백제에 병합당해 망하고 없는 상태였고, 마한 사람들은 모두 백제인으로 불리고 있었다. 그래서 『수서』가 진평왕의 조상이자 김씨 왕실의 시조 김알지를 백제 사람이라고 표현한 것은 당연한 일이었다.

이제 김알지의 출신과 정체는 자명해진 셈이다. 김알지는 마한의 마지막 왕의 직계 후손이며 부흥운동의 상징적 존재였다. 그런 그가 신라에 와서 탈해왕의 양자로 취급되고, 재상 격인 대보의 벼슬까지 부여받는 등 왕족에 버금가는 대접을 받은 것은 바로 마한 왕실을 대표하는 왕자였기 때문이다. 그가 신라에 귀부함으로써 신라는 마한의 적통임을 자부하며 백제에 대하여 마한의 영토를 돌려 달라는 주장을 할 수 있게 되었다. 후에 김알지의 후예인 김씨 왕실이 신라를 통치하면서 그 같은 명분은 더욱 힘을 얻어 삼한 통일을 외칠 수 있게 되는 것이다.

▶ 탈해왕 시대의 세계 약사

탈해왕 시대 중국은 후한의 광무제, 명제, 장제 연간으로 중원 통일 이후 국가 기강을 다지는 시기였다. 북으로 흉노와 선비가 후한과 대립하고 있었지만, 후한 조정은 그들 외족들을 다독여 화친을 맺는 데 성공하고 내치에 주력한다. 이후 반초가 서역을 정벌하는 등 영토 확장 작업이 본격화된다. 채음 등이 서역에서 불경을 들여와 불교가 유포되고, 동시에 유학도 크게 장려되었다. 연립 1차방정식의 해법이 만들어진 것도 이 즈음이다.

이 무렵, 로마에서는 네로 황제가 로마를 불태우고, 기독교를 박해하다가 68년에 내란이 일어나 자살함으로써 황실은 혼란에 휩싸인다. 바울이 순교하고 『마가복음』과 『마태복음』 등의 신약성서가 성립되며, 플리니우스의 『박물지』가 완성되기도 했다.

제5대 파사왕실록

1. 현명한 군주 파사왕과 신라의 영역 확대
(?~서기 112년, 재위기간 : 서기 80년 8월~112년 10월, 32년 2개월)

파사(波娑)왕은 유리왕의 차남이며, 후비 소생인 서자이다. 서기 80년 8월에 탈해왕이 죽자 왕위에 올랐다(『삼국사기』는 그가 유리의 아우 나로의 아들이라는 설이 있다는 기록을 함께 남기고 있는데, 어느 것이 더 정확한지는 알 수 없다).

『삼국사기』는 탈해가 죽었을 때 신하들이 유리왕의 태자 일성을 왕위에 오르게 하려고 했으나, 누군가 일성이 적자이긴 하지만 파사만큼 총명하지 못하다 하여 신하들이 파사를 왕위에 오르게 했다고 적고 있다.

유리왕의 적자도 아니었고, 전 왕 탈해의 자식도 아닌 그가 신하들의 추대로 왕위에 올랐다는 것은 당시 정권을 장악하고 있던 탈해 세력이 그를 지지했다는 뜻이다. 또한 탈해 집권기의 유력한 정치집단의 하나인 김알지 세력의 지지도 필수적이다. 파사왕의 왕비 사성부인의 성은 김씨인데, 허루갈문왕의 딸이다. 허루갈문왕이 김씨라는 것은 그가 김알지의 아들이라는 뜻이다. 말하자면 파사왕은 김알지의 손녀와 결혼하여 왕위에 오른 셈이다. 이런 사실은 당시 탈해 세력의 핵심 인물이 김알지였다는 것과 파사를 왕위에 오르게 한 인물이 김알지라는 것을 시사한다. 즉, 그는 탈해왕 말기에 재상 격인 대보로서 정권을 장악하고 있던 김알지의 후광에 힘입어 탈해의 아들 구추와 유리왕의 적자 일성을 제치고 왕위에 올랐던 것이다.

하지만 파사왕은 다른 세력의 도움으로 왕위에 오른 까닭에 정치적 입지가 약하여 왕권은 미약했다. 그런 이유로 6부의 귀족들과 주변의 소국 군주들에 대한 영향력도 한계를 드러낼 수밖에 없었다. 따라서 즉위 초 그의 정책은 이런 한계성을 극복하는 데 모아졌다.

『삼국사기』는 그의 생활 태도에 대해 "절도 있고 검소하며 물자를 아꼈고, 백성을 사랑하였으므로 백성들이 그를 칭송하였다."고 적고 있다. 파사왕은 스스로 검소한 삶의 모범을 보이며 백성과 신하들의 신망을 얻고자 했던 것이다. 즉위 이듬해 2월에는 몸소 주와 군을 순행하여 창고의 곡식을 풀어 굶주린 백성을 구제하고, 옥에 갇힌 죄수들을 대대적으로 사면함으로써 민심을 얻는 데 성공했다. 이를 기반으로 재위 3년 3월에는 농사와 양잠을 장려하고 군사를 훈련시켜 불의의 사태에 대비하라는 명령을 내렸다.

농사를 장려하고 동시에 군대를 강화한다는 것은 강력한 왕권의 뒷받침 없이는 불가능하다. 말하자면 파사왕은 불과 즉위 2년 만에 왕권을 장악하는 놀라운 정치력을 보였다는 뜻이다.

덕분에 재위 5년(서기 84년)에는 보리 농사에 획기적인 변화를 가져왔다. 『삼국사기』는 이 내용을 "남신현에서는 하나의 보리 이삭에 여러 가닥이 생겨나 크게 풍년이 들었기 때문에 사람들이 식량을 가지고 다니지 않았다."고 기록하고 있다. 파사왕의 농업장려책의 핵심은 보리의 개량이었고, 그 시험 무대가 바로 남신현이었다. 이 정책의 성공으로 신라 사회는 주식인 보리 생산을 크게 증대시키게 되었다.

보리 개량 실험에 성공한 파사왕은 재위 11년(서기 90년) 7월에 전국 각 주와 군에 열 명의 감사를 파견하여 주주와 군주들을 조사하고, 공무에 성실하지

잃거나 농토를 황폐하게 한 자가 있으면 직급을 내리거나 사직하도록 조치했다. 겉으로 보기엔 그저 농업장려책으로 비치지만, 파사왕의 궁극적인 목표는 보리 개량과 농업 진흥을 수단으로 삼아 중앙집권화를 꾀하는 것이었다.

이런 정치적 성과는 국방 분야에서도 드러났다. 재위 6년에 백제가 변경을 침입하자, 파사왕은 재위 8년 7월에 가소성(경남 거창지역)과 마두성(경북 청도지역)을 신축하여 재침에 대비하였다. 이 두 성을 신축한 것은 백제와 가야의 침략에 대비하고 동시에 그들 두 나라를 침입할 교두보를 마련하기 위함이었다. 가소성에서 소백산의 육십령만 넘으면 바로 백제 땅이었고, 마두성에선 낙동강만 건너면 가야의 중심지인 대야(경남 합천)를 공격할 수 있었던 것이다.

마두성 신축에 위기를 느낀 가야는 마침내 파사왕 재위 15년(94년) 2월에 마두성을 공격해 온다. 가야의 침략을 예상하고 있던 파사왕은 아찬 길원에게 병력 1천을 안겨 가야군을 패퇴시켰다. 그리고 그해 8월에 알천에서 대대적으로 군대를 사열함으로써 가야를 압박하였다.

위기를 느낀 가야의 김수로왕은 2년 뒤인 96년 9월에 군대를 보내 신라의 남쪽 변경을 공략해 왔다. 파사왕은 장세를 보내 대적하게 했으나 패하여 전사했다. 그러자 자신이 직접 병력 5천을 거느리고 출전하여 가야군을 크게 물리쳤다.

파사왕은 그 여세를 몰아 이듬해 정월에 가야 정벌에 나서려 했으나, 가야의 수로왕이 사신을 보내 사죄하여 중지하였다. 수로왕의 화친 제의 이후, 신라와 가야는 몇 년 동안 서로를 침입하지 않았다.

그동안 신라는 자연재해로 몇 차례 큰 어려움을 겪어야 했다. 98년에는 봄 가뭄이 심해 여름까지 이어졌고, 100년 7월에는 우박이 크게 쏟아져 날아가던 새가 떨어져 죽는 이변이 일어났다. 날아가던 새가 맞아 죽을 정도의 우박이라면 농작물 피해가 엄청났으리라는 것을 쉽게 짐작할 수 있다. 설상가상으로 그해 10월에는 경도 서라벌에 큰 지진이 발생하여 민가가 쓰러지고 많은 사망자가 발생했다.

그러나 파사왕은 그런 와중에도 왕권 확립에 박차를 가했다. 그는 이듬해 2

월에 월성을 쌓고, 7월에는 금성을 버리고 월성으로 옮겨 앉았다. 월성은 원래 탈해의 집터였는데, 이때에 와서 궁성이 조성되어 왕이 그곳에 머물기 시작했다. 101년 2월에 월성이 완성됐다면 가뭄과 지진과 우박이 이어지던 기간에도 월성 신축 작업이 진행되었다는 뜻이다.

잦은 자연재해로 백성들이 큰 피해를 입고 있는 상황에서 궁성 신축 작업을 강행하여 궁성을 옮기자, 민심이 흔들렸다. 그 때문에 주변의 소국들의 기강이 해이해졌다. 그런 가운데 발생한 것이 음집벌국과 실직곡국의 경계 다툼이었다. 그들은 경계를 다투다가 파사왕을 찾아와 해결해 달라고 요청했는데, 파사왕도 쉽사리 해결책을 내놓지 못했다. 그래서 가야의 수로왕이 나이가 많아 아는 것이 많을 것이라고 생각하여 수로왕을 불러와 지혜를 구했다. 수로왕은 의견을 내어 다투던 땅을 음집벌국에 줘야 한다고 했고, 덕분에 두 지역의 경계 분쟁은 잘 해결되었다.

파사왕은 자신의 고민거리를 해결해 준 수로왕에게 보답하기 위해 6부의 우두머리들로 하여금 수로왕에게 연회를 베풀어 주도록 했다. 각 부의 우두머리는 모두 이찬의 품계를 가진 사람들이었는데, 6부 중 5부에서는 모두 우두머리인 이찬이 참석했다. 하지만 한기부에서는 직위가 낮은 자가 우두머리를 대신하여 연회에 참석했다. 수로왕은 한기부의 이런 처사가 자신을 무시한 것이라고 판단하고 자기의 휘하 장수 탐하리를 시켜 한기부의 우두머리인 보제를 죽이고 가야로 돌아가 버렸다. 보제의 종이 도주하여 음집벌주 타추간의 집에 의탁하자, 수로왕의 행동을 옳게 여긴 파사왕이 타추간의 집에 사람을 보내 보제의 종을 압송하려고 하였으나 타추간이 거절하였다. 파사왕이 진노하여 군사를 거느리고 가서 음집벌국을 공격하니, 타추간이 무리와 함께 항복했다. 그 모습을 보고 실직(강원도 삼척)과 압독(경북 경산)도 항복하니, 파사왕의 위상이 크게 격상되었다.

하지만 실직의 군주는 104년에 신라를 배반하였다. 파사왕은 군대를 보내 실직을 평정하고, 그곳에 살던 사람들을 남쪽으로 대거 이주시켰다. 그리고 106년에 자신이 직접 압독에 행차하여 굶주린 백성들을 구제함으로써 압독의

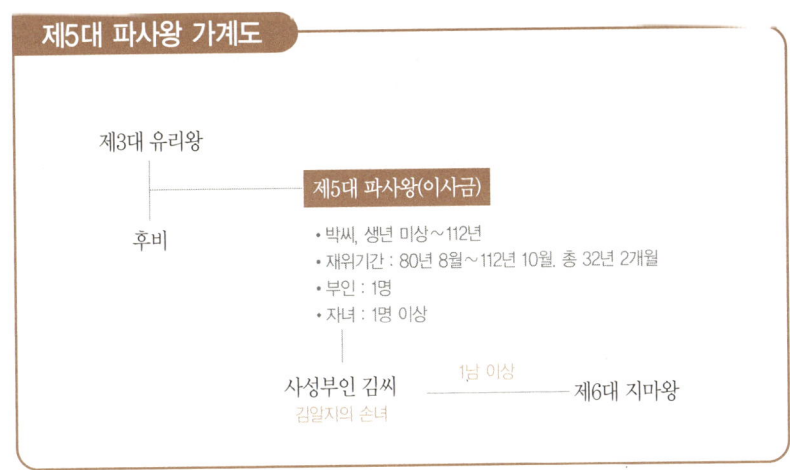

민심을 안정시켰다.

　이렇듯 신라의 위상이 격상되자, 백제의 기루왕은 105년에 신라에 사신을 보내 화친을 제의해 왔고, 파사왕은 그것을 받아들였다. 그러나 가야와는 좋지 않은 기류가 형성되고 있었다. 102년에 수로왕이 한기부의 우두머리 보제를 죽인 이래, 파사왕은 수로에 대해 악감정을 가졌다. 마침내 파사왕은 106년에 마두 성주에게 가야를 정벌하라는 명령을 내렸다. 이에 마두 성주는 가야 영역인 비지국(위치 미상), 다벌국(위치 미상), 초팔국(경남 합천의 초계)을 공격하여 장악하는 큰 성과를 거뒀다. 이 사건 이후, 가야는 위축되어 함부로 신라를 넘보지 못했다.

　파사왕은 이렇듯 국가 기강의 확립과 영토 확장에 힘을 쏟다가 서기 112년 10월에 생을 마감하였다. 능은 사릉원 안에 마련되었으며, 칭호는 이사금이라 하였다.

　파사왕은 사성부인 김씨에게서 지마왕(제6대)을 얻었다는 내용 외에 가족 관계에 대한 자세한 기사는 전하지 않는다. 지마왕에 대해서는 장남이라는 기록이 없고, 후대의 인물인 박제상이 파사왕의 증손자 아도의 후손이라는 기록이 있는 것으로 봐서 지마왕 이외에도 여러 아들이 있었음을 알 수 있다. 사성부인 김씨는 김알지의 아들 허루갈문왕의 딸이다. 언제 파사왕에게 시집왔는지는 알 수 없고, 사망 관련 기사도 전하지 않는다. 다만 파사왕이 그녀와 결혼한 덕분에 탈해계와 알지계 신하들의 추대로 왕위에 올랐을 것이라는 추측만 가능할 뿐이다(지마왕에 대한 것은 「지마왕실록」에서 별도로 언급하기로 한다).

▶ 파사왕 시대의 세계 약사

파사왕 시대 중국에서는 87년에 후한의 반초가 서역의 50여 나라를 굴복시키고, 90년에는 쿠샨 왕조 인도를 격파하고 중국에 조공토록 했다. 서역도호가 된 반초는 수하 감영을 로마에 파견하여 동서양의 교류를 성사시키는데, 이 무렵에 조정은 환관의 전횡으로 혼란을 겪고 있었다. 그 때문에 미당 등이 반란이 일으켰고, 지방에서도 반란이 일어나기 시작했다. 이런 와중에 채륜은 제지법을 발명하여 인쇄와 서체 문화에 획기적인 전환기를 마련했다.

한편, 로마에서는 80년에 콜로세움이 세워지고, 기독교인에 대한 대대적인 박해가 가해진다. 정치적으론 96년에 네르바가 즉위함으로써 이른바 '오현제시대'를 구가하게 된다. 타키투스의 『게르마니아』, 플루타르크의 『영웅전』, 아리아노스의 『알렉산더의 출정기』 등이 쓰인 시기도 이 즈음이다.

제6대 지마왕실록

1. 외교 능력을 시험받는 지마왕과 얽히고설킨 국제 관계
(?~서기 134년, 재위기간:서기 112년 10월~134년 8월, 21년 10개월)

지마(祇摩, 혹은 지미)왕은 파사왕의 적자로 사성부인 김씨 소생이다. 일찍이 태자에 책봉되었으며, 112년 10월에 부왕 파사왕이 죽자 왕위에 올랐다.

파사왕이 알지계와 탈해계의 추대로 왕위에 오른 탓에 즉위 초기에 제왕으로서의 위상 정립에 애를 먹은 것에 비해 지마왕은 별다른 잡음 없이 순탄하게 왕좌에 올랐다. 그래서 지마왕 대의 정치는 안정되어 권력 다툼이나 지방 세력의 도전이 거의 없었다. 그러나 국제 관계는 복잡하여 외교 능력이 매우 중시되는 시대였다.

왕위에 오른 지마왕은 즉위 이듬해인 113년 2월에 대대적으로 조정을 개편했다. 창영을 이찬으로 임명하여 정사를 맡기고, 옥권을 파진찬으로, 신권을 일길찬으로, 순선을 급찬으로 삼았다. 이들의 성씨를 생략하고 이름만 언급한 것으로 봐서 이들 모두 박씨 성을 쓰는 왕족들이며, 대부분 지마왕의 형제 또는 사촌들이었을 것이다.

그해 3월에는 백제의 기루왕이 사신을 보내왔는데, 이는 파사왕 27년(106년)에 신라와 백제 사이에 이뤄진 화의 조약을 확인하는 조처였다.

백제와는 이렇게 화친 관계에 있었지만, 가야와는 여전히 적대 관계를 지속했다. 가야는 파사왕 29년(108년)에 비지국, 다벌국, 초팔국 등을 신라에 빼앗긴 이래 영토 회복의 기회를 엿보고 있었다. 그리고 114년 3월에 쏟아진 우박과 4월의 홍수로 신라가 곤경에 처하자, 115년 2월에 군대를 동원하여 신라 남쪽을 약탈하고 돌아갔다.

지마왕은 이 일에 대한 보복으로 그해 7월에 자신이 직접 군대를 이끌고 가야를 공격하였다. 그러나 그는 황산하(경남 양산시 원동면 앞을 흐르는 낙동강)를 건너다가 숲 속에 매복해 있던 가야군에게 포위되는 신세가 되었다. 가까스로 포위망을 뚫고 탈출하긴 했지만 신라 병력은 큰 타격을 입었다. 더구나 지마왕은 왕위에 오른 뒤 첫 출전이었다. 친히 병력을 이끌고 가서 가야를 응징함으로써 자신의 위상을 한껏 높이려던 그는 망신만 당하고 돌아온 셈이었다.

지마왕은 그 분을 이기지 못하고 이듬해 8월에 다시 군대를 동원하여 가야를 쳤다. 이번에도 그는 정예병력 1만을 직접 이끌고 정벌에 나섰다. 그러자 신라 병력의 위세에 눌린 가야군은 수성전으로 일관하며 장기전을 펼쳤다. 가야성은 좀체 무너지지 않았고, 시간이 지날수록 신라군의 사기는 떨어졌다. 설상가상으로 가을 장마마저 겹쳤다. 지마왕은 별수 없이 군대를 돌려 철수할 수밖에 없었다.

두 번의 출전에서 별다른 성과를 거두지 못하고 돌아온 지마왕은 그 뒤로는 출병을 자제했다. 가야 역시 신라의 대군을 의식하여 함부로 신라 땅을 넘보지 않았다. 그러나 가야는 왜를 부추겨 신라를 공격하게 했다.

당시 왜는 백제 및 가야와 외교 관계를 맺고 있었고, 신라는 가야와 왜의 관계를 방해하는 입장이었다. 그 점을 못마땅하게 여기고 있던 왜는 가야의 요청이 있자 신라를 쳤다.

신라인들의 왜에 대한 두려움은 대단했다. 바다를 끼고 있는 신라로서는 왜의 공격만큼 위협적인 것이 없었기 때문이다. 왜는 남쪽이든 동쪽이든 바다와

맞닿은 곳이면 어디든지 공략해 올 수 있어 막아 내기가 쉽지 않았다.

재위 9년(120년) 3월에 서라벌에 전염병이 돌자 신라 사회가 어수선해졌고, 왜병이 침입해 올 것이라는 소문이 파다했다. 그로 인해 민심이 흔들리자, 지마왕은 121년 정월에 익종을 이찬으로 삼고 흔련을 파진찬, 임권을 아찬으로 삼아 조정을 개편하는 한편, 2월에는 대증산성을 쌓아 왜군의 침입에 대비했다.

그해 4월, 소문만 무성하던 왜병의 침입이 현실로 나타났다. 왜군은 바다를 타고 동쪽으로 직접 쳐들어왔다. 그러나 신라의 방어벽에 막혀 큰 성과를 거두지 못하고 퇴각했다.

그런데 이듬해 4월에 또다시 왜군이 침입해 올 것이라는 소문이 돌았다. 서라벌 사람들은 놀란 나머지 피난 보따리를 싸서 앞다투어 산으로 피신하기 시작했다. 당황한 지마왕은 이찬 익종과 신하들을 각 고을에 파견하여 왜군이 침입한다는 말은 헛소문이라며 민심을 다독였다. 덕분에 가까스로 민심은 진정되었지만 왜군의 침입에 대한 염려는 여전했다.

그렇듯 난리에 대한 근심으로 온 나라가 한바탕 혼란을 겪고 있는데, 그해 7월에는 메뚜기 떼가 창궐하여 채 여물지도 않은 곡식을 완전히 망쳐 놓았다. 그로 인해 큰 흉년이 들었고, 전국은 온통 도둑으로 들끓었다.

그런 가운데 지마왕은 중대한 결심을 해야만 했다. 만약 그 상황에서 왜병이 쳐들어온다면 막을 방도가 없었던 것이다. 비록 굴욕적인 일이었지만 지마왕은 왜에 사신을 파견하여 화친을 제의했다.

재위 12년(123년) 3월에 지마왕은 마침내 왜국과 화친을 맺는 데 성공했다. 그 내막은 자세히 알 수 없으나 당시 신라의 상황이 매우 위태로웠기 때문에 저자세로 맺은 강화였을 것이다.

덕분에 왜군의 침입에 대한 염려는 수그러들었지만 우환은 그치지 않았다. 북쪽에서 말갈이 크게 번성하여 침략의 기회를 엿보고 있었던 것이다.

말갈은 원래 흑룡강, 송화강, 압록강, 두만강 유역을 중심으로 활동했다. 그러나 고구려가 번성해지자 흑룡강, 송화강 유역의 말갈은 모두 고구려에 예속되고, 두만강과 압록강 주변의 말갈족은 남쪽으로 밀려 내려온 상태였다. 고구려가 한반도 동북 지역의 동옥저와 낙랑(동예)을 병합하자 말갈은 더욱 위축되었다. 그 와중에 한반도 서쪽 지역에선 백제가 세력을 확대하고 있었고, 동쪽에선 신라가 영토를 확장하고 있었다. 그 틈바구니 속에서 말갈은 독자 세력을 유지하기 위해 고구려에는 머리를 숙인 반면 백제에 대해서는 적대적이었고, 신라의 성장에도 위협을 느끼고 있던 터였다.

지마왕 14년(125년) 정월에 말갈은 대군을 동원하여 신라의 북쪽 변경을 공격해 왔다. 갑작스런 말갈의 침략으로 신라는 많은 관리와 백성을 잃었다. 말갈은 그 여세를 몰아 7월에 대령책을 습격하고 니하를 도하하여 대대적인 침략을 감행해 왔다.

위기를 느낀 지마왕은 급히 백제에 사신을 보내 도움을 청했고, 백제에서는 장군 다섯을 신라에 파견했다. 그러자 말갈군은 스스로 물러갔다.

신라는 건국 이래 말갈군과 직접 교전한 일이 없어 그들 병력의 생리나 병법에 대해 무지한 상태였다. 말갈군의 공격에 신라가 속수무책으로 당하고 있었던 것도 그들에 대해서 너무도 아는 것이 없었기 때문이었다.

하지만 백제는 건국 초기부터 말갈과 싸우면서 성장하였고, 누차에 걸쳐 말갈을 격파한 바 있었다. 그래서 백제 장수 중에는 말갈군 공략에 뛰어난 장수가 많았다. 만약 그들이 신라군을 지휘하며 말갈의 공략에 대처할 경우 말갈은 오히려 크게 당할 우려가 있었다. 더구나 신라군과 백제군이 연합하여 협공을 가해 오면 오히려 피해만 초래할 수도 있었다.

백제 장수 다섯 명이 신라에 파견되자 말갈군이 스스로 퇴각한 것은 바로 그 같은 판단에 따른 것이었다.

말갈의 퇴각으로 신라 사회는 다시 평온을 되찾았고, 이후 지마왕의 치세는 비교적 안정되었다. 재위 18년 가을에 이찬 창영이 사망하자, 파진찬 옥권을 이찬으로 임명하여 조정을 일부 개편한 것을 빼고는 큰 변화를 시도하지도 않았다.

그렇듯 지마왕의 말기는 무난하게 흘러가는 듯했다. 그러나 재위 17년에 동쪽 지방에 큰 지진이 발생하더니, 20년 5월에는 홍수가 나서 민가가 대거 물에

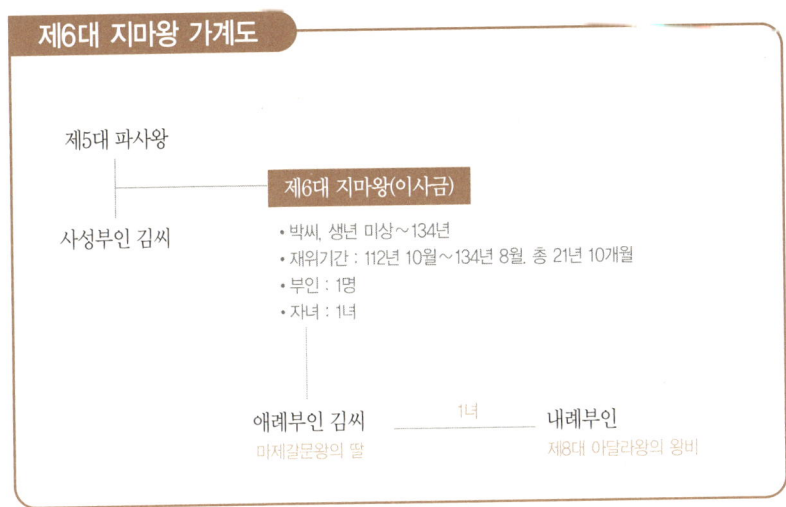

잠기고, 21년 2월에는 궁궐에 불이 나 남문이 불탄 일 등 천재지변이나 화재는 여전히 계속 이어졌다. 그가 죽던 23년에는 봄과 여름에 걸쳐 심한 가뭄이 지속되었다. 지마왕은 오랜 가뭄으로 백성들이 신음하고 있던 와중인 134년 8월에 생을 마감했다. 칭호는 이사금을 썼으며, 능에 대한 기록은 남아 있지 않다.

2. 지마왕의 가족들

지마왕은 왕비 애례부인 김씨에게서 아들을 얻지 못하고 딸만 한 명 얻었다. 김씨가 낳은 딸은 제8대 아달라왕의 왕비인 내례부인 박씨이다. 내례부인에 대해선 '아달라왕실록'에서 자세하게 언급하기로 하고, 여기서는 애례부인 김씨에 대해서만 언급한다.

애례부인 (생몰년 미상)
애례부인 김씨는 마제갈문왕의 딸인데, 그녀가 왕비가 된 과정에 대해 이런 이야기가 전한다.

파사왕이 왕위에 있을 때, 당시 태자이던 지마와 함께 유찬 못가에 가서 사냥을 한 적이 있었다. 그때 파사왕의 장인인 허루의 아내가 어린 딸을 데리고 나와 음식을 대접하였다. 허루는 파사왕에 이어 지마왕의 왕비도 자기 딸 중에서 배출하려 했던 것이다. 그러자 이찬 마제의 부인도 자기의 딸을 데리고 나왔다. 태자 지마가 마제의 딸을 마음에 들어 하자, 허루는 이를 못마땅하게 생각했다.

그 모습을 보고 파사왕이 이렇게 말했다.

"이곳 땅 이름이 대포(큰 부엌)인데 공이 이곳에서 훌륭한 음식과 좋은 술로 잔치를 베풀어 이 몸을 즐겁게 해 주니, 직위를 주다(酒多, 술이 많다는 뜻으로 후에는 각간으로 불림)라고 하여 이찬 위에 두어야 마땅하겠습니다."

그렇게 허루를 다독거린 뒤, 파사왕은 마제의 딸을 지마의 배필로 삼았는데, 그녀가 바로 애례부인이다.

허루와 마제가 김씨 성을 쓰는 것으로 봐서 그들은 모두 김알지의 자식들일 것이다. 김알지 세력에 의해 왕위에 오른 파사왕은 그들 김씨 집안에서 부인과 며느리를 맞아들였다. 파사왕 당시 김알지계의 힘이 얼마나 대단했는지 보여 주는 대목이다.

제7대 일성왕실록

1. 망명객의 한을 품고 여든 살에 왕위에 오른 천일창

유리왕의 적장자인 일성(逸聖)왕은 유리왕이 죽은 후 77년이나 지난 뒤에 왕위에 올랐는데, 이 때문에 그는 유리왕의 아들이 아니라 손자이거나 그 후대의 자손일 것이라고 주장하는 학자들도 있다. 그러나 『삼국사기』는 여러 곳에서 일성왕을 유리왕의 아들이라고 단언하고 있다. 일성왕이 유리왕이 만년에 낳은 장자가 확실하다면 그는 여든이 다 된 나이에 왕위에 오른 셈이다.

이렇듯 늦게 왕위에 올랐지만, 그의 즉위 과정은 결코 순탄하지 않았다.

일성왕은 유리왕이 죽을 당시에 태자의 신분이었다. 그러나 그때 그는 기껏해야 젖먹이 아이에 불과했고, 조정과 왕권은 모두 그의 고모부인 탈해가 장악하고 있었다. 따라서 왕위는 탈해가 차지했고, 그는 그저 유리왕의 적장자라는 신분에 만족해야 했다.

탈해가 적자를 얻지 못하다가 만년에야 후비의 몸에서 겨우 아들 하나를 얻었는데, 그가 제9대 벌휴왕의 아버지 구추이다. 그렇게 어렵사리 아들을 얻긴 했지만, 탈해는 구추에게 왕위를 물려줄 수 없었다. 탈해왕이 죽을 당시에 구추는 일성이 그랬던 것처럼 한낱 젖먹이에 불과하다는 이유로 왕위 계승권을 상실했던 것이다. 따라서 왕위 계승의 제1순위는 당연히 일성의 차지였다.

하지만 이번에도 일성은 제왕의 꿈을 접어야 했다. 어처구니없게도 왕위는 그의 이복 동생 파사에게로 돌아갔다. 신하들은 일성이 적장자이긴 하나 파사만큼 총명하지 못하다는 이유를 내세워 그의 왕위 계승권을 앗아 갔던 것이다.

일성을 제치고 파사가 왕위에 오를 수 있었던 것은 파사의 부인 사성부인이 당시 조정을 장악하고 있던 김알지의 손녀였기 때문이다.

왕위를 놓친 일성은 절망감을 떨쳐 버리지 못하고 결국 고국을 떠나 망명길에 오른다. 그의 망명에 관한 기록은 『일본서기』 수인천황 3년(서기 93년) 3월 기사에 다음과 같이 나온다.

수인천황 3년(『일본서기』 기년으로 서기전 27년, 2갑자 더한 연도로 서기 93년) 봄 3월, 신라 왕자 천일창(天日槍)이 내귀하였다. 가지고 온 물건은 우태옥 1개, 족고옥 1개, 조록록의 적석옥 1개, 출석의 작은 칼 1기, 출석의 창 1기, 일경(日鏡, 거울) 1면, 태의 신리(神籬) 1구, 모두 일곱 가지였다. 그것들을 단마국(但馬國)에 모셔 놓고 항상 신보(神寶)로 삼았다.

어떤 책에서 말하였다. 처음에 천일창이 배를 타고 파마국(播馬國)에 정박하여 육속읍에 있었다. 그러자 천황이 삼륜군의 선조 대우주(大友主)와 왜직의 선조 장미시(長尾市)를 파마에 보내 천일창에게 "그대는 누구이며, 어느 나라 사람인가?"라고 물었다. 천일창이 "저는 신라국의 왕자입니다. 일본국에 성황이 계시다는 말을 듣고 나라를 아우 지고(知古, 파사왕)에게 주고 왔습니다."라고 말하였다. 그러면서 바친 물건이 엽세주(珠), 족고주, 조록록의 적고주, 출석의 칼, 출석의 창, 일경, 태의 신리, 담협천의 큰 칼 등 모두 여덟 가지였다. 천황이 천일창을 불러 "심마국의 육속읍과 담로도의 출천읍 두 읍을 줄 테니, 네 마음대로 살아라."고 하였다. 천일창이 "만일 천은을 내리시어 신이 원하는 곳을 주신다면, 신은 직접 제국을 돌아다녀 보고 살 곳을 정하겠으니, 신의 마음에 드는 곳을 주셨으면 합니다."라고 말하였다. 허락하였다. 천일창은 토도

하(菟道河)를 거슬러 올라가서 북쪽인 근강국(近江國)의 오명읍에 들어가 잠시 살았다. 다시 근강에서 약협국을 거쳐 서쪽인 단마국에 가서 거주지를 정하였다. 근강국 경촌 골짜기의 도기쟁이들은 천일창을 따라온 자들이다. 천일창은 단마국의 출도 사람 태이(太耳)의 딸 마다오(麻多鳥)에게 장가들어 단마제조(但馬諸助)를 낳았다. 제조는 단마일유저(日楢杵)를 낳았다. 일유저는 청언(淸彦)을 낳았다. 청언은 전도간수(田道間守)를 낳았다 한다.

『일본서기』에 등장하는 이 천일창이라는 인물을 일성왕으로 판단하는 이유는 여러 가지가 있다.

일본의 수인천황 3년은 『일본서기』 기년으로는 서기전 27년이다. 만약 『일본서기』의 기년대로 천일창이 왜에 건너간 것이 서기전 27년이라면, 이때 신라는 혁거세왕 31년에 해당한다. 혁거세왕은 신라의 건국 시조이므로 누구에게 왕위를 양보받는 경우는 있을 수 없다. 따라서 신라 왕의 형 천일창이 왜에 건너간 것은 서기전 27년일 수 없다.

일반적으로 『일본서기』의 연도는 인덕천황 시대 이전의 것에 대해서는 2갑자 더한 연도로 계산한다. 『일본서기』의 기년에 2갑자를 더하는 것은 『일본서기』 신공황후 대의 근초고왕, 근구수왕, 침류왕 등의 죽음과 즉위에 관한 기록들이 『삼국사기』의 기록과 정확하게 120년 차이가 나고, 그런 현상은 응신, 인덕천황 대까지 이어지기 때문에 인덕천황 이전의 기년에 2갑자를 더해서 연도를 환산하게 될 것이다.

또 『일본서기』엔 그들의 기년으로 서기전 32년인 숭신천황 65년에 가야가 처음으로 왜국에 조공했다고 되어 있으나, 가야는 서기 42년에 건국된 나라이므로 있을 수 없는 일이다. 따라서 이 또한 2갑자를 더해 서기 88년에 양국이 수교를 맺은 것으로 보아야 할 것이다.

『일본서기』에 이처럼 120년이라는 공백이 생기는 것은 『일본서기』 편자들이 고의로 여왕들의 비중을 약화시키기 위해서 역사적 사실들을 은폐하고 조작한 결과이다. 『삼국지』와 『삼국사기』 등의 기록을 토대로 할 때, 고대 일본의 본주 지역은 서기 170년대부터 410년대까지 약 240년 중에 약 200여 년은 비미호 계통의 혈족들이 다스렸다. 그래서 당시 일본의 본주 대부분을 여왕국이라고 불렀다. 그런데 『일본서기』가 쓰여질 당시에 이러한 역사적 사실들이 대거 왜곡되어 비미호 계통의 통치시대는 축소 은폐되었고 60갑자의 간지(干支)만 억지로 맞춰 놓은 형태가 되었다. 그 결과로 『일본서기』의 연대는 120년의 오차가 발생하게 된 것이다(자세한 환산법은 「아달라왕실록」의 '왜국 여왕 비미호의 정체와 일본 역사에서 사라진 240년' 참조).

따라서 『일본서기』 기년으로 서기전 27년은 서기 93년으로 보아야 하며, 이때는 신라 파사왕 14년에 해당한다. 실지로 파사왕은 형인 일성왕을 제치고 왕위에 올랐으므로 『일본서기』에서 천일창이 아우에게 왕위를 주고 왔다는 기록과 일치한다. 즉, 천일창이 왕위를 양보한 아우는 파사왕이며, 파사왕에겐 형이라곤 일성왕밖에 없으므로 천일창이 곧 일성왕인 것이다.

그렇다면 천일창은 왜 왜국으로 망명했을까? 『일본서기』는 그의 망명 배경에 대해 단지 '일본에 성황이 있다는 말을 듣고 왔다'는 형식적인 말 이외에 아무 기록도 남기지 않았다. 그의 망명 이유는 오히려 『삼국사기』에 더 자세하게 기록되어 있다.

『삼국사기』의 기록대로라면 그의 망명은 당연한 것인지도 모른다. 한 나라의 태자로 태어났지만, 어리다는 이유로 왕위를 계승하지 못했던 그는 천우신조로 탈해왕이 왕위를 넘겨 줄 마땅한 후계자를 얻지 못한 덕분에 다시 한 번 가장 유력한 왕위 계승권자로 부각된다. 그런데 그야말로 승계를 목전에 두고 이복 동생에게 왕위를 넘겨야 하는 불운한 처지에 놓인다. 그러나 불행은 그것으로 끝나지 않는다.

적장자인 그를 제치고 왕위에 오른 파사왕과 그를 왕으로 추대한 신하들에겐 천일창이란 존재가 너무 부담스러울 수밖에 없었다. 그 때문에 그는 가급적 정치 일선에 나서지 말아야 했고, 사람들의 눈에 띄지 않아야 했을 것이다. 그리고 파사왕이 다시 후계자를 정할 즈음에 그의 존재는 또 한 번 골칫거리로 인식되었을 터이고, 그런 상황은 천일창의 목숨을 위협했을 것이다.

그런 처지에서 마치 은둔 생활을 하듯 13년을 보낸 천일창은 마침내 고국을 등질 결심을 했고, 그래서 선택한 것이 왜국으로의 망명이었다.

망명 당시 여러 도공과 노비들이 그를 따랐고, 망명객인 그의 손에 왜국 왕에게 바칠 여러 보물이 쥐어졌던 것을 볼 때, 파사왕과 신라의 신하들은 그의 망명을 반대하지 않았던 것이 분명하다. 어쩌면 그의 망명은 거의 강제적이었거나 강압적인 눈총에 못 이겨 마지못해 선택한 길이었을지도 모른다. 어쨌든 그는 쫓겨나듯 왜국 망명길에 올랐고, 그로부터 무려 40여 년을 만리 타국의 객지를 떠돌며 살아야 했다.

그 40년의 세월을 대충 정리하자면 이럴 것이다.

그의 생은 그렇게 망명객으로 끝나는 듯했다. 그의 나이는 어느덧 여든을 향해 치달았다. 본국에선 동생 파사왕이 죽은 지 오래였고, 그의 아들 지마왕의 치세도 20년을 넘기고 있었다. 그쯤 됐으니, 그가 왕위 따위에 미련을 지니고 있을 리도 없었다. 어쩌면 망명길에 오르던 그때, 이미 그는 제왕의 꿈을 버렸을지도 모른다.

그는 근강 골짜기에 몸을 기댄 채 그저 망명객의 한을 달래며 지내는 한낱 보잘것없는 노인으로 늙어 어느덧 팔순을 바라보는 나이에 이르렀다. 그런 그에게 뜻밖의 낭보가 찾아들었다.

조카 지마왕이 후계자도 하나 얻지 못한 채 죽음을 앞두고 있으니, 속히 귀국하여 왕위를 이어 달라는 본국 신하들의 요청이 날아들었던 것이다.

40여 년의 망명 생활은 그렇게 종결되었고, 천일창은 여든이 가까운 노구를 이끌고 서기 134년 8월에 본국으로 돌아와 신라 제7대 왕으로 등극하였으니, 그가 바로 일성왕이다.

2. 계속되는 시련과 일성왕의 노심초사
(?~서기 154년, 재위기간:서기 134년 8월~154년 2월, 19년 6개월)

일성왕은 유리왕의 장자이나 누구 소생인지는 분명치 않다. 그를 적자라고 한 것으로 봐서 왕비의 소생인 것은 분명하지만, 유리왕의 첫 왕비인 운제부인에게서 태어난 것은 아닐 것이다. 유리왕은 만년에 일성을 얻었고, 그때 운제부인은 이미 죽었거나 살아 있었다고 해도 아이를 낳을 수 없는 노인이었을 것이기 때문이다.

오랜 은둔 생활과 망명 생활을 거친 뒤에 여든에 가까운 나이로 왕위에 오른 일성은 즉위하자 곧 죄인들을 크게 사면하여 덕을 드러내고, 시조묘에 제사를 올려 스스로의 위상을 세상에 알렸다. 조정을 새롭게 개편하기 위해 웅선을 이찬에 임명하고 그로 하여금 내외병마사를 겸하게 하였으며, 근종을 일길찬에 임명하였다. 또한 금성에 정사당(政事堂)을 설치하여 여론을 수렴하는 정치 토론장으로 이용하였다.

이 무렵, 말갈이 대대적으로 국경을 침입하여 노략질을 일삼고 있었다. 말갈은 재위 4년(서기 137년)에 국경을 침입하여 장령 지방의 방책 다섯 곳을 불태우고 돌아갔다. 이에 일성왕은 이듬해 7월에 알천 서쪽에서 대대적으로 군대를 사열하고 말갈의 재침에 대비하였다. 또한 10월에는 북쪽으로 순행길에 올라 태백산에서 직접 제사를 올리며 영토 수호를 다짐하기도 했다.

하지만 말갈의 침입은 여전히 계속되었다. 142년 7월에 느닷없이 때 이른 서리가 내려 콩이 얼어 죽는 사태가 발생했다. 그러자 말갈은 8월에 장령을 다시 습격하여 약탈하고 주민들을 잡아갔고, 10월에 또 한 차례 습격해 왔다. 하지만 이때 천둥이 심하게 울리자 놀라 스스로 돌아갔다.

일성왕은 143년 2월에 장령에 다시 목책을 설치하는 한편, 말갈에 대한 정벌을 준비하였다. 그리고 2년 뒤인 145년 7월에 마침내 말갈을 정벌하기로 마음을 굳혔으나, 이찬 웅선이 불가능하다고 반대하자 물러섰다. 하지만 말갈 정벌론은 말갈의 움직임을 위축시키는 결과를 낳았고, 덕분에 이후로 말갈의 침

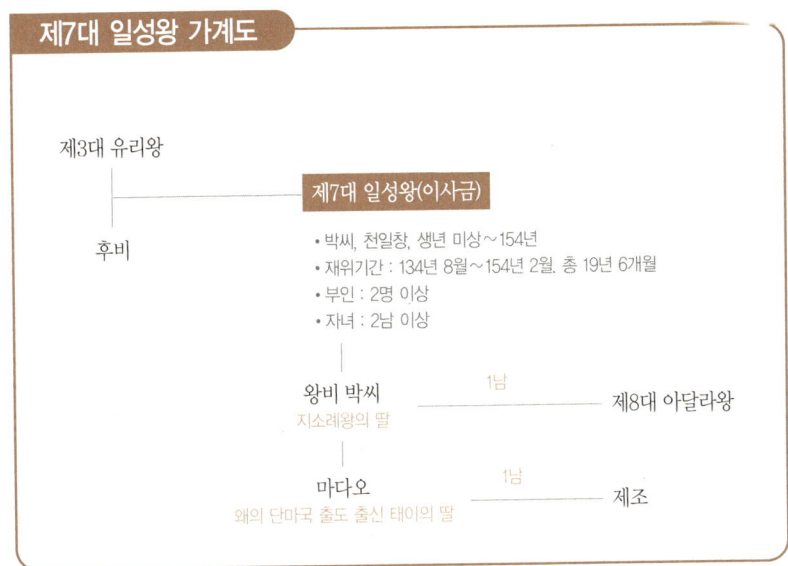

입은 거의 사라졌다.

일성왕은 그 기회를 이용하여 농사를 크게 장려하면서 사치를 줄이고 검소한 생활을 강조하는 조서를 내렸다.

"농사는 정치의 근본이요, 먹는 것은 백성들에게 하늘처럼 귀한 것이다. 모든 주와 군에서는 제방을 수리하고 밭과 들을 개간하여 넓혀라. 또한 민간에서는 금, 은, 주옥의 사용을 금한다."

이런 노력에도 불구하고 145년 봄과 여름에 걸쳐 가뭄이 계속되는 바람에 남쪽 지방이 흉년에 시달려 굶주리는 백성들이 늘어났다. 그러자 이듬해 10월에 압독(경북 경산)에서 반란이 일어났다. 다행히 군대를 동원하여 반란을 진압하였으나 민심은 여전히 좋지 않았다. 일성왕은 결국 압독의 백성들을 대거 남쪽으로 옮겨가게 함으로써 반란의 소지를 없애야 했다.

이렇듯 전쟁과 내란으로 여러 차례 곤란을 당하자, 일성왕은 147년 7월에 대대적으로 군사를 모집했다. 그리고 전국에서 장수가 될 만한 자들을 모두 천거하도록 명령을 내렸다.

그 덕분에 국방력은 크게 강화되었다. 하지만 하늘은 일성왕을 여전히 괴롭혔다. 149년 11월에 금성에 전염병이 크게 돌아 숱한 사람이 죽어 나갔고, 이듬해엔 4월부터 7월까지 비가 내리지 않아 가뭄에 시달렸다. 설상가상으로 151년 2월에는 그토록 믿고 의지하던 이찬 웅선이 죽었고, 3월에는 때 아닌 우박이 내려 농사를 완전히 망쳤다. 153년 10월에는 궁궐에 불이 나 대문이 불탔고, 혜성이 동쪽과 동북쪽에 연이어 나타나는 바람에 민심이 흉흉해졌다.

일성왕은 계속되는 시련으로 노심초사하다가 154년 2월에 백 살에 가까운 나이로 생을 마감했다. 선대의 왕들과 마찬가지로 그도 이사금이라는 칭호를 사용했다.

일성왕은 왕비 박씨를 비롯한 여러 부인에게서 자식들을 얻었다. 왕비 박씨는 지소례왕의 딸이다. 언제 일성왕에게 시집왔는지 알 수 없다. 또한 지소례왕이 누구를 지칭하는지도 정확히 알 수 없다. 그녀 소생으로는 제8대 왕인 아달라왕이 있다. 아달라왕에 대해서는 해당 실록에서 자세하게 다룰 것이다.

일성왕은 왜국에 망명해 있으면서 단마국의 출도 사람 태이의 딸 마다오와 결혼했는데, 그녀에게서 아들 단마제조를 얻었다. 제조는 일성이 환국할 때 돌아오지 않고 왜에 남아 후손을 퍼뜨린 것으로 기록되어 있다.

제8대 아달라왕실록

1. 동분서주하는 아달라왕과 불운한 만년
(?~서기 184년, 재위기간 : 서기 154년 2월~184년 3월, 30년 1개월)

아달라(阿達羅)왕은 일성왕의 적자이며, 지소례왕의 딸 박씨 소생이다. 그는 키가 7척이었으며, 풍채가 뛰어나고 얼굴이 기이하게 생겼다고 전한다. 7척의 키라면 거인에 해당하는데, 얼굴이 기이하게 생겼다는 것으로 봐서 거인들에게서 곧잘 나타나는 말단 비대증 같은 증세가 있었던 것으로 보인다.

왕위에 오른 그는 계원을 이찬으로 삼아 조정을 개편하고, 시조묘에 제사지내고 죄수들을 대거 사면하는 등 관례에 따른 즉위 후속 절차를 마쳤다.

즉위 초기엔 비교적 정치와 사회가 안정되어 재위 3년(156년) 4월에는 계립령(경북 풍기에서 충북 단양으로 통하는 조령 동쪽 20리 지점)에 길을 뚫고, 재위 5년 3월에는 죽령을 개통하였다. 재위 4년 2월에는 감물(충북 괴산 감물면)과 마산(충남 보령의 남포면)에 처음으로 현을 설치하는 업적을 일궜다. 또 재위 4년 3월에는 말갈군과 대치하고 있던 장령진에 몸소 거둥하여 병사들을 위로하고 군복을 하사하는 여유도 보였다.

그러나 재위 7년(160년) 4월에 폭우로 알천이 넘쳐서 집이 떠내려가고, 금성 북문이 무너져 내리면서 아달라왕의 곤란은 시작됐다. 더구나 이듬해 7월에 메뚜기 떼가 번창하여 곡식을 해치는 바람에 크게 흉년이 들었고, 바닷고기가 떼로 육지로 올라와 죽는 이변이 일어나기도 했다. 이는 아마도 오랜 가뭄과 무더위로 해수면이 뜨거워져 바다 속에 산소가 부족해진 탓이었을 것이다. 하지만 당시 사람들은 이를 중대한 이변으로 생각하고, 제왕의 부덕으로 하늘이 진노한 것이라고 판단한 듯하다.

아달라왕은 이 같은 민심을 달래기 위해 사도성을 찾아 병사들을 위로하기도 하였으나, 한 번 흔들린 민심은 쉽사리 제자리를 찾지 못했다. 그리고 급기야 신라 사회는 우려했던 반란의 소용돌이에 휘말려 들었다.

재위 11년 2월에 '서울에 용이 나타났다'는 기사가 보이는데, 이는 새로운 왕이 나타났다는 의미로 해석될 수 있으며, 곧 반란의 전조 현상으로 판단된다. 그리고 이듬해인 165년 10월에 기어코 반란 사건이 일어났다. 아찬 길선이 반역을 도모했던 것이다. 길선의 역모는 도중에 발각되었지만, 이 사건의 여파로 화친 관계를 유지하고 있던 신라와 백제는 서로 창끝을 겨누는 관계로 돌변한다.

길선은 반역에 실패하자 죽음이 두려운 나머지 백제로 달아났다. 아달라왕은 백제의 개루왕에게 서신을 보내 길선을 넘겨 달라고 요구했으나 거절당했다. 분노한 아달라왕은 군대를 보내 백제의 성을 공격했으나, 백제군은 성문을 굳게 지키며 나오지 않았다. 결국 신라군은 별다른 성과를 얻지 못하고 군량이 떨어져 돌아와야만 했다.

그 무렵, 백제엔 큰 변화가 생겼다. 166년에 개루왕이 죽고 초고왕이 즉위했는데, 그는 전 왕에 비해 대단히 호전적인 인물이었다. 그는 즉위하자 곧장 백제의 영토를 공격한 신라에 대한 보복전을 결심했다. 167년 7월에 신라 서쪽 변경의 두 성을 공격해 격파하고, 주민 1천여 명을 잡아갔다.

이때 공격당한 두 성에 대한 구체적인 지명은 기록되지 않았으나, 아달라왕이 즉위 초기에 계립령과 죽령을 개통한 것으로 봐서, 충청도 지역에 건설한 신라의 전초 기지였을 것으로 보인다.

갑작스런 백제의 급습으로 두 성을 격파당하자, 아달라왕은 당장 일길찬 흥선에게 병력 2만을 안겨 백제 공략에 나섰다. 또한 자신도 기병 8천을 거느리고 참전했다.

신라가 대병 2만 8천으로 총공세에 나서자, 백제의 초고왕은 크게 겁을 먹고 잡아갔던 주민을 돌려주며 화친을 애걸하였다. 아달라왕은 일단 백제의 화친을 받아들이고 병력을 철수했다. 이는 아달라왕도 2만 8천의 대병을 거느리고 한강을 건너는 것을 내심 부담스러워했다는 것을 의미한다. 당시 신라의 국력으로 3만에 가까운 대병을 동원한다는 것은 여간 어려운 일이 아니었다. 2만 8천이라는 병력은 정규 병력과 비정규 병력을 모두 합친 숫자였을 터인데, 그들 모두가 도성을 비운 상태에서 가야군이나 왜군이 쳐들어온다면 속수무책으로 당할 수밖에 없는 상황이었을 것이다. 거기다 막상 남한강을 건너는 일도 쉬운 일은 아니었다. 폭이 넓은 강을 건너기 위해서는 많은 부교가 필요한 법인데, 그것을 마련하는 것도 쉬운 일이 아니었다. 또 한강을 건넜다손 치더라도 방어벽이 튼튼한 한성을 무너뜨린다는 보장도 없었다. 만약 지난번처럼 별다른 성과도 없이 군량만 축내고 쫓겨오는 날엔 병사들의 사기는 곤두박질칠 것이고, 자신의 체면이 말이 아니게 될 게 뻔했다. 아달라왕은 그러한 속사정 때문에 백제의 화친 제의를 받아들였던 것이다.

그러나 신라군이 화친을 받아들이고 잡혀온 주민들을 데리고 회군하자, 초고왕은 몹시 자존심이 상하고 속이 쓰렸던 모양이다. 애걸하다시피 해서 겨우 전쟁을 모면했지만, 제왕의 체면은 구겨질 대로 구겨진 뒤였기 때문이다. 그래서 초고왕은 자존심을 만회할 기회를 노리고 있었다. 마침 170년 10월에 서라벌에 큰 지진이 일어나고 우박과 서리가 내려 농사를 망치자, 군대를 보내 신라 변경을 약탈하였다.

하지만 아달라왕은 백제의 공격에 대응할 여력이 없었다. 지진과 우박, 서리에 의한 피해로 곡식이 부족하여 백성들이 굶주림에 허덕이고 있었기 때문이다. 설상가상으로 172년 2월에는 서라벌에 전염병이 돌아 민심이 혼란스러

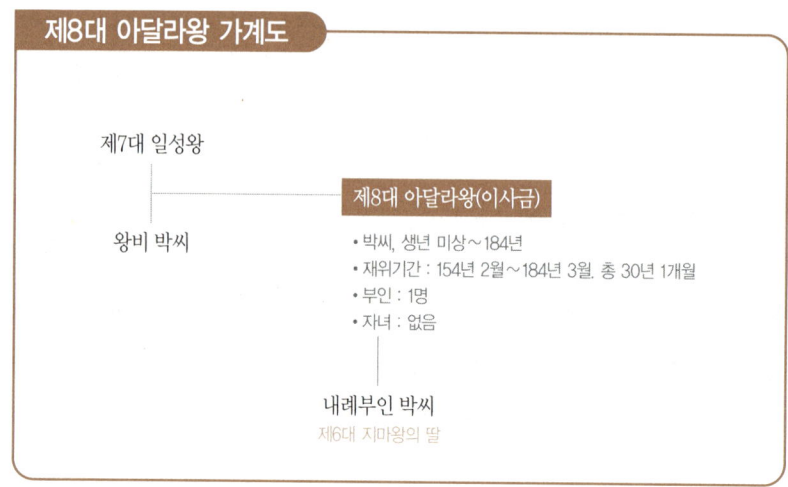

웠다. 하지만 재해는 그것으로 끝나지 않았다. 174년에는 정월부터 흙비가 내리더니, 2월부터 가뭄이 시작되어 우물과 샘물이 거의 모두 말라 버리는 엄청난 시련이 닥쳤다.

『삼국사기』는 이 해로부터 10년간 아무 기록도 남기지 않다가 184년 3월에 아달라왕이 죽었다는 기록만 남기고 있다.

아마도 이 10년 동안 신라 사회엔 엄청난 동요가 있었던 것으로 보인다. 곳곳에서 반란이 일어나고, 굶주린 백성들은 유랑민으로 전락하여 또 하나의 사회 불안 요인으로 작용했을 법하다.

왕족들 간에도 치열한 정권 다툼이 진행되어 급기야 아달라왕이 살해되는 지경에 이르렀을 것이다. 심지어 왕비 내례부인 박씨마저 아달라왕을 배반하여 반란군 편을 들었던 모양이다. 내례부인은 아달라왕을 제거하고 왕위에 오르는 벌휴왕의 둘째 아들 이매와 통정하여 아들을 낳았는데, 그가 바로 제10대 내해왕이다. 이런 사실은 지마왕의 딸인 그녀가 아달라왕을 제거하고 벌휴왕을 앉히는 데 깊숙이 관여했음을 반증한다.

이렇듯 아달라왕의 만년은 매우 불행하였다. 그가 죽은 뒤 아들이 없었다는 것으로 봐서, 그의 자식들은 내란이 지속되던 10년 동안 모두 살해된 듯하다. 한 이불 덮고 지내던 왕비마저 배반하여 그의 목에 칼을 겨눴으니, 정말 참담한 말로가 아닐 수 없다.

아달라왕의 가족에 대한 기록은 전혀 없다. 아들이 없었다는 기록으로 봐서 재위 말기에 지속된 혼란 중에 자식들이 모두 살해된 듯하다. 왕비 내례부인 박씨는 지마왕의 딸로서 아달라왕을 제거하고 왕위에 오르는 벌휴왕의 차남 이매와 통정하여 내해왕을 낳는다. 그녀는 지마왕의 딸이었기에 일정한 정치적 지분을 가지고 아달라왕의 왕비가 되었다. 그리고 아달라왕의 권위가 흔들리자 반역을 꿈꾸던 석벌휴와 제휴한 뒤, 그의 차남 이매와 부부연을 맺고 아달라왕을 제거하는 데 동참한 것으로 보인다.

2. 왜국 여왕 비미호의 정체와 일본 역사에서 사라진 240년

아달라왕 20년(173년) 5월에 "왜국 여왕 비미호(卑彌呼)가 사신을 보내 예방해 왔다."는 기사가 보이는데, 일본의 사학자들은 비미호가 『일본서기』에 등장하는 신공황후라고 역설한다. 하지만 신공황후는 『일본서기』 기년으로 201년에서 269년까지 왜 조정을 장악한 인물로 묘사되어 있어, 2갑자 더한 연도로 환산하면 321년에서 389년 사이에 집권했다. 『일본서기』 기년에서 120년을 더하는 것은 다음과 같은 백제 관련 기사들 때문이다.

55년 백제의 소고왕이 죽었다.
56년 백제의 왕자 구수가 왕이 되었다.
64년 백제국의 구수왕이 죽었다. 왕자 침류를 왕으로 세워 왕이 되었다.
65년 침류왕이 죽었다. 왕자 아화는 나이가 어려, 숙부 진사가 왕위를 빼앗아 왕이 되었다.

이 기록의 소고왕은 근초고왕이다. 소고왕이 침류왕의 조부로 기록되어 있는데, 침류왕의 조부는 근초고왕인 까닭이다. 또 근구수왕의 재위 기간은 9년인데, 『일본서기』에서 소고왕이 죽은 시점에서 구수왕이 죽은 시점까지가 9년으로 『삼국사기』의 기록과 일치한다. 침류왕의 재위 기간이 1년이라는 것과 그를 이어 동생인 진사가 즉위한 것 등이 모두 『삼국사기』의 기록과 일치한다. 『삼국사기』는 근초고왕이 죽은 해를 375년, 근구수왕이 죽은 해를 384년, 침류왕이 죽은 해를 385년으로 기록하고 있는데, 『일본서기』는 이들이 죽은 해를 255년(신공황후 재위 55년), 264년, 265년 등으로 설정하고 있다. 따라서 정확하게 120년 차이가 난다.

이처럼 『삼국사기』와 『일본서기』의 연도 차이는 응신과 인덕 및 그 후대 몇 대까지 이어진다. 『일본서기』는 응신천황 3년에 진사왕이 쫓겨나고 아신왕이 등극한 것으로 되어 있는데, 이는 이 책의 기년으로 272년이다. 그런데 『삼국사기』 기년으로는 아신왕이 진사왕을 죽이고 왕위에 오른 해가 392년이다. 이 역시 정확하게 120년 차이가 난다. 이런 현상은 응신 이후에도 계속되다가 제21대 웅략 대에 이르러서야 겨우 제자리를 찾는다. 『일본서기』는 이 120년간의 공백을 메우기 위해 신공, 응신, 인덕천황 등의 재위 기간을 늘리는 방법을 택했다.

그렇다면 왜 『일본서기』는 천황들의 재위 기간과 천수까지 속여 가며 허위로 120년을 만들어 내야만 했을까?

비미호에 대해 『삼국사기』와 『삼국지』는 다음과 같은 기록을 남기고 있다.

〔『삼국사기』 「신라본기」 아달라왕 편〕
5년(서기 158년) 봄 3월, 왜인이 예방해 왔다.
20년(서기 173년) 여름 5월, 왜국 여왕 비미호가 사신을 보내 예방해 왔다.

〔『삼국지』 「위지 동이전」 왜 편〕
그 나라 역시 본래는 남자가 왕이 되어 70, 80년을 지냈는데, 왜국이 혼란하여 서로 공격하고 성벌하며 여러 해를 보내더니, 다 같이 한 여자를 세워 왕으로 삼았다. 이름은 비미호로 귀신의 술책을 부려 능히 민중을 미혹시켰다. 나이가 들어 장성한 뒤에도 남편 없이 남동생의 보좌로 나라를 다스렸다.

경초 2년(238년) 6월에 왜의 여왕이 대부 난승미 등을 보내 군에 찾아들어 천자를 예방하고 공물을 바치기를 바랐다. 태수 유하가 관리로 하여금 인솔케 하여 경도에 이르렀다. 그해 12월에 조서를 내려 왜 여왕에게 답했다. "친위왜왕 비미호에게 조서를 내린다. — 중략 — 이제 너를 친위왜왕으로 삼으며 금인과 자수를 빌려 준다."

정시 8년(247년)에 태수 왕기가 관에 도착하였다. 왜 여왕 비미호가 구노국의 남자 왕인 비미궁호와 평소 화목하지 못했는데, 왜의 재사와 오월 등을 찾아들게 하여 서로 공격한 상황을 설명하게 하였다.

비미호가 죽자 크게 묘지를 만들었으니, 지름이 1백여 보이며 순장한 노비가 1백여 명이었다. 이어 남자 왕을 세우자 국중(國中, 나라 안의 제후들)이 불복하여 누차에 걸쳐 주살하니, 살해당한 자가 천여 사람이었다. 다시 비미호 종실의 여자인 일여를 세우니 열세 살에 왕이 되었다. 마침내 나라 안이 안정되었다.

이 기록들을 통해 알 수 있는 것은 왜국 여왕 비미호는 적어도 서기 173년에서 247년까지 재위했으며, 그 기간은 74년이나 된다. 그 뒤 잠시 남자 왕이 재위했으나, 나라가 안정되지 못해서 다시 일여라는 열세 살 소녀가 왕위에 오른다. 일여가 얼마 동안 왕위에 있었는지는 알 수 없지만, 어린 나이에 왕위에 올라 나라를 안정시킨 것으로 봐서 그녀 역시 꽤 오랫동안 재위했을 것으로 보인다.

일본의 일부 학자들이 신공황후를 비미호와 동일한 인물로 간주하고 있지만, 이는 여러 면에서 설득력이 떨어진다. 그 이유로 첫째, 『삼국사기』는 비미호가 173년에 신라에 사신을 파견한 것으로 기록하였는데, 『일본서기』 기년으로 신공황후가 정권을 장악한 때는 201년이고, 2갑자 더한 연도로는 321년이라는 점이다. 둘째, 『삼국지』는 비미호가 결혼하지 않고 남동생의 보좌로 왕위를 유지했다고 했는데, 신공황후는 중애천황의 황후이며, 그의 아들 응신천황을 낳았다. 셋째, 비미호는 공식적으로 왜의 왕이었고, 238년에 위에서 내린 조서에도 '친위왜왕'이라고 기록되어 있다. 하지만 신공황후는 섭정을 했다. 따라서 신공황후는 비미호와 동일 인물일 수 없다.

『일본서기』는 비미호와 그녀를 이어 왕위에 오른 또 다른 여왕 일여에 대한 기록도 전혀 남기지 않았는데, 같은 시대에 편찬된 『일본고사기』도 마찬가지다. 이런 결과는 이 두 책의 편찬 주체들이 고의로 저지른 역사 왜곡 행위로 보인다.

일본 역사에서 여자가 왕이 된 경우는 비미호와 일여 이외에도 추고, 황극, 효명 등의 천황들이 있었다. 이들 여왕들의 치세에 대한 기록은 비교적 자세하게 남아 있다. 그들 여왕들에 대해서는 기록을 남겼으면서, 왜 비미호와 일여의 치세에 대한 기록은 삭제했을까?

비미호 시대의 왜를 '여왕국'이라고 부를 정도로 비미호의 권위가 막강했으니, 그녀가 일본 고대사에서 차지하는 비중이 커야 정상이다. 그러나 『일본서기』는 고의로 그녀와 그녀의 후계자인 일여에 대한 기록을 삭제했다. 또한 그 공백을 메우기 위해 120년에서 240년이라는 기간을 억지로 만들어 넣었다.

왜 그랬을까? 여왕이 지배한 사실을 숨기기 위함이었다면, 추고, 황극, 효명 등에 대한 기록도 감췄어야 했다. 하지만 그들에 대한 기록을 남긴 것으로 봐서 여왕이 지배한 사실을 숨기기 위함은 아니었다.

그렇다면 비미호와 일여에 대한 기록을 폐기한 것은 그들이 혹시 왜국 천황족이 아니기 때문은 아니었을까? 말하자면 비미호는 왜국의 천황족과는 전혀 다른 종족으로 천황족을 무너뜨리고 왕국을 건설한 외방족의 인물일 수 있다는 것이다.

비미호의 등장 배경에 대해 『삼국지』는 "왜국이 혼란하여 서로 공격하고 정벌하며 여러 해를 보내더니, 다 같이 한 여자를 세워 왕으로 삼았다. 이름은 비미호로 귀신의 술책을 부려 능히 민중을 미혹시켰다."라고 쓰고 있다. 이 내용은 비미호가 왜의 초대 전황인 신부(神武)의 왕실이 혼란에 휩싸인 틈을 노려 왕실을 무너뜨리고 새로운 국가를 세운 인물임을 말해 주고 있다. 즉, 『삼국지』에 등장하는 여왕국은 신무천황 계통의 종족이 세운 나라가 아니라는 뜻이다.

『삼국지』는 비미호가 왕이 된 뒤에 "여종 1천여 명으로 주변을 따르게 하였고, 오직 남자 한 사람에게 음식을 전해 주고 전하는 말을 출납하게 했다. 거처하는 궁실과 누관에는 성책을 엄하게 설치하고, 항상 무기를 지닌 사람으로 호위하게 하였다."라고 쓰고 있다. 이는 비미호가 신하들도 직접 대면하지 않을 정도로 주변인들을 철저히 불신하고 경계했다는 의미이다. 그만큼 비미호를 노리는 세력이 많았다는 뜻이다.

고대 왕국 사회에서 조정의 요직을 독차지한 신하들은 대부분 왕족 출신들이었다. 왜국 역시 그 점에서 예외일 순 없었다. 따라서 비미호가 정권을 장악하여 왕위에 오르긴 했지만, 그 신하들은 대부분 신무천황 계통의 인물일 수밖에 없었을 것이다. 비미호가 그들을 철저히 경계하고 불신했던 것은 비미호 자신이 신무천황 계통이 아니었기 때문일 것이다.

『삼국지』는 비미호가 귀신의 술책을 부려 민중을 미혹시켰다고 했다. 이는 비미호가 다소 종교적인 힘을 빌려 백성들의 마음을 사로잡아 왕위에 올랐다는 의미다. 말하자면 당시 여왕국의 백성들은 그녀를 신이나 신의 계시를 받은 인물로 생각했던 것이다. 그녀가 죽고 난 뒤에 남자가 왕위에 오르자, 정치적 혼란이 일어났다는 것은 왜국 백성들이 그녀를 얼마나 신뢰하고 있었는지를 보여 주는 대목이다. 그리고 그 같은 혼란이 비미호의 종실 여자, 그것도 열세 살밖에 되지 않은 어린 소녀를 왕으로 세우자, 즉시 사그라들었다는 것도 비미호에 대한 믿음의 강도를 말해 주고 있다. 비미호는 여왕국 백성들에겐 신적인 존재나 다름없었던 것이다. 열세 살 소녀로서 왕위에 오른 일여는 백성들에게 비미호의 환생이나 신내림을 받은 또 한 명의 신으로 인식되었을 가능성이 높다.

이렇듯 비미호에 대한 백성들의 신앙이 대단했기 때문에 신무천황 계통의 정치인들은 쉽사리 일여를 제거할 수 없었을 것이다. 또한 일여 이후에도 몇 대에 걸쳐 비미호의 종실이 왜를 지배했을 것이며, 비미호로부터 그 종실에 의

한 왜국 지배는 적어도 200년 이상 계속되었을 것이다.

만약 이 같은 추론이 맞다면, 신무천황의 적통임을 자랑하는 일본 왕실로서는 비미호나 일여에 의한 치세를 기록한다는 자체가 스스로 치부를 드러내는 꼴이 된다. 즉, 일본 왕실이 『일본서기』나 『일본고사기』에서 비미호와 일여에 대한 기록을 삭제하고 그 공백을 메우기 위해 120년을 억지로 설정한 것은 그들 천황족의 치부를 감추기 위한 자구책이었다는 뜻이다.

그러나 이 일로 『일본서기』와 『일본고사기』의 기록들은 엉망이 되었고, 결국 국책사업으로 만들어 낸 이 두 사서의 신뢰도는 크게 훼손되고 말았다.

『일본서기』 기년에 120년을 더한다고 해서 그것이 비미호와 그녀의 후예들에 의한 시대가 120년 정도만 지속됐다는 것은 아니다. 그들의 시대는 적어도 서기 170년대부터 410년대까지 240년 중에서 적어도 200년 이상 지속되었을 것이며, 이 때문에 『일본서기』는 4갑자에 해당하는 240년의 역사를 왜곡하여 기술했다.

그 증거는 『일본서기』에 그대로 남아 있다. 『일본서기』에서 제10대 숭신천황은 67년 치세에 120살, 제11대 수인은 99년 치세에 140살, 제12대 경행은 59년 치세에 106살, 제13대 성무는 59년 치세에 107살, 섭정 신공황후는 69년 치세에 100살, 제15세대 응신천황은 40년 치세에 110살, 제16대 인덕천황은 87년 치세에 100살 이상 산 것으로 기록되어 있다. 이들 왕들의 치세와 수명이 평균보다 지나치게 길게 설정된 것은 바로 비미호와 그 후예들의 치세 기간을 삭제한 뒤, 그 200여 년의 공백을 메우기 위한 조치였던 것이다. 따라서 『일본서기』 기년은 신공황후 말년의 기록에서 최소 120년의 오차가 나는 것을 시작으로 시대를 거슬러 올라가면서 최고 240년의 오차가 발생하게 된다. 즉, 신공황후 46년의 근초고왕 관련 기사를 중심으로 그 이후의 신공기와 응신, 인덕의 기년은 120년, 신공 46년 이전에서부터 성무, 경행, 수인, 숭신 등의 기년은 120년에서 240년의 오차가 생길 수밖에 없다는 것이다.

『일본서기』가 이들 왕들 시대를 왜곡의 시점으로 택한 것은 『삼국지』에 등장하는 비미호를 신공황후로 조작하기 위함이었을 것이다. 중국 사서에는

250년부터 421년까지 171년 동안 왜에 대한 기록이 없다. 그렇기 때문에 238년에 중국 사서에 처음 등장하는 비미호를 신공황후로 둔갑시키기만 하면 비미호와 그 후예들에 의한 200여 년 간의 역사를 없애 버릴 수 있다고 판단한 것이다. 중국 사서에 왜국에 관한 기록이 없는 171년과 신공황후 치세 기간 69년을 합치면 정확히 240년이 되는 것도 결코 우연이 아닌 것이다. 이렇게 볼 때, 신공황후는 실제 존재한 인물이라고 할지라도 왕권을 행사하지 않았거나, 왕권을 행사했다고 해도 기껏해야 십여 년밖에 되지 않을 것이다. 그 기간을 제외한 나머지 치세와 공적은 모두 비미호와 그 후예들에 의해 이뤄진 일로 보아야 한다는 뜻이다.

3. '연오랑과 세오녀' 설화와 그 배경에 숨겨진 비밀

『삼국유사』 기이편에 '연오랑(延烏郎)과 세오녀(細烏女)' 설화가 전한다. 그 내용을 옮겨 보면 다음과 같다(괄호 속에 있는 것은 편자 일연이 보충한 말이다).

제8대 아달라왕 즉위 4년 정유년, 동해 해변에 연오랑과 세오녀 부부가 살고 있었다. 어느 날 연오랑이 바닷가에 나가 미역을 따는데 갑자기 웬 바윗돌(혹은 고기)이 나타나서 연오랑을 태우고 일본으로 갔다. 일본 사람들이 보고 말하기를 "이는 비상한 인물이다." 하고 건져올려 왕으로 삼았다(『일본제기』를 보면 전이나 후나 신라 사람으로 왕이 된 자가 없다. 이는 변방 고을의 작은 왕이니 제대로 된 왕은 아니다).

세오는 남편이 돌아오지 않자 이상하게 여겨 나가서 찾아다니다가 남편이 벗어 놓은 신발을 보고 바위 위에 올라갔더니 이전처럼 바윗돌이 그녀를 태우고 갔다. 그것을 본 그 나라 사람들이 놀랍고 기이하여 왕에게 아뢰어 바쳤더니, 부부가 서로 만났고 그녀를 왕비로 삼았다.

이때 신라에서는 해와 달의 빛이 없어지매, 일관이 아뢰되 "우리 나라에 내려와 있던 해와 달의 정기가 지금은 일본으로 가 버렸기 때문에 이런 괴변이 생겼습니다." 하였다. 왕이 사신을 보내 두 사람을 오라고 했더니, 연오가 말하기를 "내가 이 나라에 온 것은 하늘이 시킨 것이다. 이제 와서 어떻게 돌아갈 수 있으랴. 나의 왕비가 짠 세초(細綃, 생사로 얇게 짠 비단)가 있으니, 그것으로 하늘에 제사를 지내면 될 것이다." 하고 그 생초를 주었다.

사신이 신라로 돌아와 연오의 말을 전하고 그 말대로 제사를 지냈더니, 해와 달이 이전처럼 되었다.

그 생초비단을 어고(御庫)에 간직하여 국보로 삼고, 그 고방을 귀비(貴妃, 세오를 지칭함) 고방이라 하고 하늘에 제사 지낸 곳을 영일현이라 하였으며, 또 도기야라고도 했다.

이 설화의 주인공 연오와 세오의 이름에 공통적으로 까마귀 오(烏)자가 들어 있는데, 이름에 같은 글자가 공통으로 들어 있다는 것은 두 사람이 부부이기 이전에 남매였음을 시사한다. 당시 신라 사회에서는 남매간에 결혼하는 일이 허다했고, 특히 특정한 직업이나 계층에선 거의 일상적인 현상이었다. 『삼국사기』나 『화랑세기』가 보여 주듯 신라 왕족들은 이복 남매 또는 삼촌, 사촌 간에 자유롭게 결혼하였다. 신라의 영향을 크게 받은 일본도 남매간에 결혼하거나 사랑한 예들을 『일본서기』를 통해 숱하게 보여 주고 있다. 이런 결혼 형태는 고려 시대까지 이어져, 고려 태조 왕건은 자기 손으로 자식끼리 결혼시키기도 했다.

혈족끼리의 결혼은 대개 혈통의 순수성을 보존하거나, 자기 가문에만 전해져 내려오는 고유한 기술이나 능력을 보전하기 위함이었다. 연오와 세오의 결혼은 아마도 두 번째 경우, 즉 자기 가문에만 전해져 오는 고유한 능력을 유지하기 위함이었을 것이다.

그렇다면 연오와 세오는 어떤 능력을 가진 집안 출신일까?

연오와 세오가 신라 땅을 떠난 뒤, 갑자기 태양과 달이 빛을 잃었다고 하는 것은 그들이 일월의 빛과 깊은 관계가 있었다는 뜻이다.

태양과 달은 당시 사람들에겐 양과 음의 대표 명사였다. 하지만 달은 태양에 비해 상대적으로 그다지 중시되지 않았다. 태양은 양의 정기로서 이것의 변화는 국운과 밀접한 관계가 있었던 것으로 여겼던 반면, 달은 음의 정기에 불과하기에 양에게 자극을 받아 변화가 결정된다고 보았기 때문이다. 이런 까닭에 『삼국사기』에 일식에 관한 기록은 67건이나 있지만, 월식에 관한 기록은 단 한 건도 없다.

태양이 달에 가려 일시적으로 지구에 빛을 전달하지 못하는 이 일식 현상에 대해 적어도 조선 시대까지는 불길한 일을 예고하는 흉조로 인식됐다. 그래서 일식이 있을 때는 근신하고 반성하여 이 흉조가 실제적인 재앙으로 연결되지 않도록 기원하였다.

연오와 세오가 신라 땅을 떠난 뒤 태양과 달이 빛을 잃었다는 것은 일식과 월식이 차례로 이어졌다는 의미일 것이다. 그렇다면 연오와 세오는 일식이나 월식이 일어났을 때 행하는 행사와 밀접한 관련이 있다는 것을 알 수 있다.

조선 시대까지 사람들은 자연의 이상현상을 정치적 의미를 가지는 것이라고 해석했는데, 특히 일식은 가장 심각한 일이었다. 태양은 제왕을 상징하는데, 태양이 그 빛을 잃었다는 것은 제왕이 그 본래의 빛을 상실한 것으로 받아들여졌기 때문이다. 그렇기 때문에 일식이 일어나면 제왕은 두려움에 사로잡힐 수밖에 없었다. 일식 현상을 빨리 타개하기 위해 왕은 백관을 이끌고 하늘에 제사를 지내며 스스로의 부덕을 고하였다.

일식 때 행하는 제사를 구식의(救食儀)라고 하는데, 이는 일식(日蝕)을 구제해 달라는 의식이다. 『고려사』'예지'에는 구식의를 행할 때 왕과 백관이 모두 소복을 입고 하늘에 잘못을 고하는 제사를 지냈다고 기록되어 있다. 고려 때엔 이미 천문 계산에 의하여 일식이 일어나는 원인과 그 날짜까지 정확하고 알고 있었다. 그럼에도 구식의를 행했다는 것은 그만큼 일식에 대한 두려움이 컸다는 뜻이다.

일식(日蝕)의 '식(蝕)'은 '벌레가 먹어 치운다'는 뜻인데, 이때 '蝕' 대신에

'食'을 쓰기도 한다. 즉, 고대인들에게 일식이라는 것은 '벌레가 해를 잡아먹는 것'으로 여겨졌던 것이다.

그런데 태양을 갉아먹는 이 벌레들을 잡아먹을 수 있는 유일한 동물이 있었다. 그 동물이 바로 까마귀였다. 고대인들에게 까마귀는 길조였으며 신령스런 동물이었다. 또 그 새까만 깃털 탓에 불에도 타지 않는 동물로 여겨졌다. 새까맣게 타 버린 숯은 더 이상 불에 타지 않는 것과 같은 이치로 생각했던 것이다. 그래서 까마귀를 태양 속으로 들어간다고 해도 타 죽지 않는 유일한 동물로 여겼던 셈이다. 따라서 태양을 갉아먹는 벌레들을 잡기 위해서는 태양 속으로 까마귀를 들여보내 벌레들을 모두 잡아먹게 하는 수밖에 없었다.

중국의 태양신화에서 태양의 정기를 세 발 달린 까마귀로 형상화해 놓은 것이나, 고구려 고분 벽화의 태양 속에 세 발 달린 까마귀인 삼족오가 그려져 있는 것도 바로 그런 이유 때문이다. 고대인들에게 까마귀는 바로 태양을 지키는 수호신이었다. 그런 까닭에 일식이 일어나면 하늘로 까마귀를 날려 태양을 갉아먹는 벌레들을 잡아먹도록 했을 것이다.

연오랑과 세오녀는 바로 일식 때에 까마귀를 하늘로 날리는 소임을 맡고 있었던 것으로 보인다. 연오랑이라는 이름을 풀이하면 '까마귀를 끌어들이는 남자'라는 뜻이다. 즉, 연오랑은 단순한 이름이 아니라 그의 소임을 나타내는 직업적인 명칭으로서, 일식이 일어나면 까마귀를 불러들여 잡은 뒤, 다시 태양을 향해 날아가도록 풀어 주는 소임을 맡았다는 뜻이다.

이렇게 까마귀를 불러들이고 기르고 날리는 기술은 연오랑의 가문이 대대로 계승한 독특한 능력이었을 것이다. 그 기술이 다른 가문으로 새어나가지 않도록 하기 위해 남매끼리 결혼시켰을 것이다.

세오녀는 필시 생초비단과 관련이 있을 법하다. 신라에서 온 사신에게 세오녀가 짠 생초비단으로 제사를 지내라고 한 것으로 봐도 이는 명백하다.

당시 까마귀를 날려 일식을 물리치는 제례 과정을 추측해 보면, 세오녀의 역할은 더욱 명백해진다. 일단 일식이 일어나면 왕과 백관들은 모두 상복을 입고 나와 하늘을 향해 엎드릴 것이다. 그러면 연오랑은 까마귀를 미리 잡아 세오녀가 짠 생초비단으로 감싸 놨다가 풀어 날리게 된다. 까마귀를 날린 다음에는 그 생초비단을 제단에 올려놓고 왕이 제주가 되어 제사를 지낸다.

그렇다면 세오녀는 바로 해를 갉아먹는 벌레를 퇴치하기 위해 하늘로 날려 보내는 까마귀를 감싸는 생초비단 보자기를 짜는 일을 했을 것이다.

실제로 『삼국사기』의 기록에 따르면 아달라왕 13년(166년) 정월 초하룻날 일식이 있었다. 다른 날도 아닌 정월 초하루에 일식이 일어났으니, 신라 전국이 발칵 뒤집혔을 것이다. 그로 인해 왕은 두려움에 떨고, 백성들은 혼란의 소용돌이에 휘말렸을 것이다. 만약 이때 일어난 일식이 부분일식이 아닌 개기일식이었다면, 그 공포와 두려움의 강도는 한층 더했을 것이다.

왕과 백관들은 이 불길하고 어지러운 사태를 해결하기 위해 급히 연오랑과 세오녀 부부를 찾았을 것이다. 그러나 그들 부부는 아달라왕 4년에 이미 왜국으로 떠나고 없었다. 왜국으로 떠난 경위는 알 수 없지만, 왜인들이 은밀히 데려갔거나 납치한 듯하다. 만약 왜인들이 정중히 부탁하여 데려갔거나 연오랑 스스로 망명했다면 필시 세오녀를 대동했을 것이다. 그러나 그는 아내 세오녀를 그대로 두고 혼자 왜국으로 갔다. 이는 스스로 원해서 떠난 것이 아님을 시사한다. 당시 일식을 두려워한 일본인들이 신라에 일식을 물리치는 능력을 가진 인물이 살고 있다는 소식을 듣고 은밀히 사람을 파견하여 납치해 갔을 가능성이 가장 높다.

비록 강제적으로 붙잡아가긴 했으나, 연오랑에 대한 왜국의 대접은 매우 극진했다. 땅을 떼 주고, 노비를 붙여 주고, 작은 지역의 호족으로 살 수 있게 해주었다. 신라에서 연오랑이 세인들의 주목을 받는 때는 오직 일식이 있을 때뿐이었다. 신라에서는 왜국에서와 같은 극진한 대접을 받았을 리가 없다. 기껏해야 먹고 살 수 있을 정도의 식량과 부쳐 먹을 만한 밭뙈기 한두 마지기 받은 것이 고작이었을 것이다. 그에 비하면 왜국의 대접은 융숭하기 그지없었다. 그래서 아내 세오녀도 불러들인 것이다.

하긴 일식을 물리치는 일은 연오랑 혼자서 해결할 수는 없는 일이었다. 세오녀가 짠 생초비단 없이는 구식의를 행할 수 없었기 때문이다. 그래서 왜국

왕은 다시 신라에 사람을 보내 세오녀도 데려왔다. 연오랑이 왜국에 있음을 알려 주고, 그 증거로 그의 신발을 보여 주며 세오녀에게 함께 동행할 것을 요구했을 것이다.

결국, 그렇게 해서 연오랑과 세오녀 부부는 왜국으로 망명하여 그 곳에서 극진한 대접을 받으며 생활하고 있었다. 그들이 왜국으로 떠난 지 9년 뒤에 아달라왕에게는 너무나 불길한 일식이 발생할 것이라는 일관의 보고가 올라온다. 다른 날도 아닌 정월 초하루에 일식이 닥칠 것이라는 보고였다. 만약 아무런 대책 없이 정월 초하루에 일식을 맞을 경우 민심은 크게 흔들릴 것이고, 아달라왕의 자리도 위태로워질 게 뻔했다.

더구나 당시 아달라왕은 크나큰 시련을 겪고 있었다. 일식이 있기 두 달여 전인 165년 10월에 아찬 길선이 반역을 도모했던 것이다. 비록 실패한 역모였지만 길선은 백제로 달아났고, 아달라왕은 군대를 동원하여 백제를 공격한 터였다. 이런 경황 중에 일식이, 그것도 정월 초하룻날 일어난다면, 그 일을 빌미로 곳곳에서 반란이 일어날 게 뻔했다. 백제와 대치하고 있던 신라 군대의 사기마저 땅에 떨어질 판이었다.

위기를 느낀 아달라왕은 급히 왜국에 사신을 파견해 연오랑과 세오녀를 환국시키려 했다. 그러나 그들 부부는 왜국에서의 생활에 만족하고 있었기 때문에 거절했다. 난감해진 아달라왕의 사신은 환국이 불가능하다면 일식을 없앨 수 있는 방법이라도 가르쳐 달라고 애걸했다. 연오랑은 자기 아내 세오녀가 짠 생초비단을 내주며 그것을 놓고 하늘에 제사를 지내면 될 것이라고 했다.

일식이야 시간이 지나면 저절로 사라지는 것이지만, 그래도 당시 사람들의 가치관으로서는 불길하기 짝이 없는 일이었다. 더구나 정월 초하루에 일어난 일식이기에 그 공포와 두려움은 더 심할 수밖에 없었다. 아달라왕은 어떻게 해서든 그런 불안에서 벗어나고자 했다. 그래서 세오녀가 짠 생초비단 보자기를 놓고 제사를 지내는 것으로 왕실과 백관 그리고 백성들의 불안을 해소시켰던 것이다.

아달라왕은 재위 후반기 10년 동안 크나큰 시련을 겪었다. 그의 왕비 내례부인이 석벌휴의 아들 이매와 정을 통하고, 벌휴 세력과 결탁하여 반란을 일으켰던 것이다. 아달라왕과 벌휴의 싸움은 그후 10년 가까이 지속되었고, 결국 아달라왕은 반란군에 의해 불운한 최후를 맞이했다. 어쩌면 연오랑과 세오녀의 망명은 이러한 아달라왕의 불행에 하나의 불씨로 작용했는지도 모른다.

▶ 아달라왕 시대의 세계 약사

아달라왕 시대 중국은 후한 말기에 해당되는 시기로 환관들이 정권을 장악하고, 정치 기강이 무너져 곳곳에서 반란이 일어나고, 황건적이 세력을 형성한다. 또한 장각 형제가 백성을 선동하여 군대를 일으키고, 조조와 황보숭 등이 황건적 토벌에 나선다.

이때, 로마에선 페스트가 유행하여 이를 계기로 기독교도에 대한 박해가 한층 심화된다. 황제 마르쿠스 아우렐리우스의 『자성록』과 파우사니아스의 『그리스 안내기』가 쓰인 시기이기도 하다.

제9대 벌휴왕실록

1. 벌휴의 등극 과정

　신라사에서 벌휴왕의 등극은 어떤 왕의 등장보다도 갑작스럽고 선뜻 이해되지 않는 정치적 사건이다. 비록 그가 탈해의 후손이라고는 하지만, 당시는 탈해가 죽은 지 백 년도 더 된 시점이었기에 탈해의 영향력은 거의 없다고 해도 과언이 아닌 상태였다. 그렇기 때문에 그가 단순히 탈해왕의 후손이라는 이유로 왕위에 오른다는 것은 불가능했다. 거기다 그는 탈해왕의 적자에게서 태어나지도 않았다. 그의 아버지 구추는 탈해왕이 만년에 낳은 아들이라고는 하지만, 누구 소생인지도 분명치 않은 인물이다. 그런 벌휴가 도대체 어떤 경로로 왕위에 올랐을까? 사실, 이 일엔 아달라왕의 부인 내례부인이 깊숙이 관련되어 있다. 그 내막을 알지 못하면 벌휴의 즉위는 그저 알 수 없는 수수께끼 정도로 인식되기 십상이다.
　벌휴에겐 아들이 둘 있었는데, 둘째 아들 이매는 아달라왕의 왕비 내례부인과 통정하고 있었다. 내례부인은 지마왕의 딸로서 정치적 영향력이 막대했고, 그녀의 후광에 힘입어 아달라왕은 즉위 초기에 정치적 안정을 누릴 수 있었다.

그런데 내례부인이 이매와 상간하여 아이를 잉태하면서부터 아달라왕과 내례부인 사이는 크게 벌어진 듯하다. 당시 신라 왕실에선 왕비가 왕이 아닌 다른 남자의 아이를 낳는 경우가 가끔 있었고, 이렇게 태어난 아이를 사자(私子)라 했다. 당시 왕비들은 남편인 왕이 죽고 난 뒤에 다른 남자와 관계하였다. 그러나 내례부인은 남편이 엄연히 살아 있는데, 이매의 자식을 잉태했던 것이다. 아달라왕은 이 일을 용납할 수 없었던 모양이다. 그럼에도 내례부인의 정치적 영향력 때문에 그녀를 함부로 내칠 수 없는 입장이었다. 그 대신 이매를 죽인 듯하다.

아달라왕이 이매를 죽이자, 내례부인은 이매의 아버지 벌휴와 함께 반란을 일으켜 아달라왕을 제거하려 했다. 하지만 아달라왕은 쉽게 무너지지 않았다. 그래서 벌휴와 아달라왕의 싸움은 10년 가까이 지속된 듯한데, 아달라왕 21년부터 31년 사이가 여기에 해당한다. 『삼국사기』는 이 10년간 아무 기록도 남기지 않았는데, 이는 벌휴가 반란으로 왕위에 오른 것을 감추기 위한 조치로 보인다.

내례부인과 벌휴가 공모하여 아달라왕을 제거했을 것이라는 추론은 제10대 왕 내해왕이 벌휴의 차남 이매와 내례부인 사이에서 태어난 아들이라는 사실에서 이끌어 낸 것이다.

내해왕의 즉위에 대해 『삼국사기』는 이렇게 쓰고 있다.

전 임금(벌휴왕)의 태자 골정과 차남 이매가 먼저 죽었고, 장손이 아직 어렸으므로 이매의 아들을 왕으로 세웠다.

내해왕의 즉위는 아달라왕이 죽은 지 12년 이후의 일이다. 만약 그의 어머니 내례부인이 아달라왕이 죽은 뒤에 이매와 통정하여 내해왕을 낳았다면, 내해는 즉위 당시에 기껏해야 열두 살밖에 되지 않는 어린 소년이어야 한다. 그런데 내해가 왕위에 오른 것은 골정의 아들인 장손이 어렸기 때문이었다. 그렇다면 이때 내해왕은 이미 성장한 상태였으며, 당시 성년의 나이인 열다섯 살

이상이었다는 뜻이다. 이는 내례부인과 이매의 상간이 아달라왕 재위시에 이뤄진 일이었음을 증명한다.

이매가 아달라왕 재위시에 죽은 것은 벌휴왕이 즉위한 과정을 살펴보면 확인된다. 벌휴의 즉위는 순전히 내례부인의 힘에 의한 것으로 보인다. 당시 석씨 일족의 힘은 극히 미약한 상태였다는 점과 골정의 아들인 장손을 제치고 이매의 아들인 내해왕이 벌휴왕에 이어 왕위에 오른 것 등이 그 증거이다. 만약 이매가 살아 있었다면, 당연히 이매가 왕위에 올랐을 것이다. 그런데 즉위 당시에 여러 손자가 있었을 정도로 늙은 벌휴가 왕위에 올랐다는 것은 그때 이미 이매가 죽고 없었다는 사실을 말해 준다. 말하자면 벌휴는 내례부인의 권력에 힘입어 이매 대신 왕위에 올랐다. 어쨌든 이로써 신라는 석씨 왕조 시대를 맞이하게 되었다.

2. 예언자 벌휴왕과 석씨 왕조의 개창
(?~서기 196년, 재위기간 : 서기 184년 3월~196년 4월, 12년 1개월)

벌휴(伐休, 또는 발휘)왕은 탈해왕이 만년에 낳은 아들인 각간 구추의 아들이며, 지마왕의 딸 내례부인 김씨 소생이다. 구추는 탈해가 죽었을 때, 왕위 계승권자의 반열에 오르지 못했던 인물이다. 이는 그가 정실부인 소생이 아니며, 당시에 매우 어렸다는 뜻이다. 하지만 탈해왕의 유일한 아들이었기에 탈해의 양자로 인식된 김알지 가문과는 각별한 사이였을 것이다. 그러한 인연으로 김알지 집안에 장가들 수 있었다. 구추는 김알지 집안에 의지하여 왕족의 일원으로 남을 수 있었다고 보아야 한다.

『삼국사기』는 벌휴에 대해 "바람과 구름을 보고 점을 쳐서 홍수와 가뭄과 시절의 풍흉을 미리 알았다. 또한 사람이 정직한가 사악한가를 알았으므로, 사람들이 그를 성인이라고 불렀다."라고 쓰고 있다. 이 기록은 벌휴가 왕위에 오르기 전부터 신통한 능력의 소유자로 알려졌다는 것을 말해 준다. 그렇다고 해도 그가 정치적 영향력을 행사했던 것 같지는 않다. 오히려 그는 아들 이매가 내례부인과 관계하기 전까지는 정치와는 전혀 무관한 인물이었을 것이다. 점을 쳐서 앞일을 예언했다는 신통한 능력에 대한 기록은 그가 천기를 읽는 일에 종사하는 일관이나 종교적인 일에 종사하는 무자(巫子)였을 가능성을 말해주고 있기 때문이다.

하지만 왕위를 차지하는 과정에서 이런 그의 경력은 매우 긍정적으로 이용되었던 듯하다. 예언자로서의 명성은 그가 신이나 하늘의 이름을 앞세워 백성들을 선동하고 군대를 이끄는 데 용이한 수단이 될 수 있었을 것이기 때문이다.

벌휴왕은 즉위 초기에 주로 민심을 안정시키는 정책에 주력했다. 즉위 이듬해인 185년 정월에 시조묘에 직접 제사를 지내고 죄수들을 사면함으로써 왕으로서 위엄을 갖췄다. 2월에는 파진찬 구도와 일길찬 구수혜가 좌우 군주(軍主)가 되어 소문국(경상북도 의성)을 정벌하였는데, 군주라는 명칭을 사용한 것은 이때가 처음이다.

그런 일로 왕위를 다졌다고 생각한 그는 186년 정월에 직접 전국 순행에 나섰다. 스스로 주와 군을 둘러보고 민정을 시찰함으로써 민심을 안정시키겠다는 계산이었다. 그리고 187년 3월에는 주와 군에 명령을 내려 농사철에 토목공사를 하지 못하도록 하는 선정을 베풀어 백성들의 칭송을 듣기도 했다.

그러나 188년 2월에 백제가 모산성(전북 남원의 운봉)을 공격해 오는 바람에 신라는 다시금 전쟁 분위기에 휩싸이고 말았다. 169년에 애걸하다시피 해서 화친을 얻어 내 겨우 위기를 모면했던 백제의 초고왕이 상할 대로 상한 자존심을 만회할 기회를 노리고 있다가 걸어 온 싸움이었다. 이에 벌휴왕은 파진찬 구도에게 군대를 안겨 방어하게 하였다.

구도에게 밀린 백제군은 일단 물러났다가 189년 7월에 구양성(충북 옥천 지역)을 공격해 와서 한바탕 접전을 벌였다. 첫 대결은 구도의 승리였다. 백제군은 병력 5백을 잃고 패퇴해야 했다.

하지만 싸움은 그것으로 끝나지 않았다. 백제군은 190년 8월에 다시 원산(경북 예천의 용궁)을 함락하고, 진격하여 부곡성(경북 군위의 부계)을 포위하였다. 부곡성이 무너지면 바로 서라벌로 접어드는 길목인 영천이었다. 위기를 느낀 구도는 자신이 직접 기병 5백을 이끌고 나가 백제군을 급습하여 패퇴시켰다. 승기를 잡았다고 판단한 구도는 그 여세를 몰아 백제군을 와산(충북 보은 지역)까지 추격하였다. 그 바람에 백제군의 계략에 말려들고 말았다. 거짓으로 달아나는 체하던 백제군은 와산에 이르러 말머리를 돌려 구도에게 역공을 퍼부었다. 구도는 가까스로 목숨을 구해 살아나왔지만, 기병 5백을 모두 잃은 상태였다.

그 소식을 들은 벌휴왕은 구도의 죄를 물어 부곡 성주로 강등시키고, 설지를 좌군주로 임명하여 파견하였다.

백제군은 비록 와산에서 구도의 기병 5백을 궤멸시켰지만, 한 번 호되게 당한 뒤끝이라 그 뒤로는 감히 군대를 동원하지 못했다. 그 덕분에 벌휴의 재위 말기는 전쟁에서 벗어날 수 있었다.

그러나 192년엔 봄이 한창이어야 할 3월에 서라벌에 석 자가 넘게 폭설이 내려 쌓였고, 5월에는 홍수가 나서 10여 군데의 산이 무너지는 천재가 있었다. 196년 3월에는 큰 가뭄이 들어 백성들을 괴롭혔고, 4월에는 대궐 남쪽의 거목이 벼락을 맞아 탔고, 금성 동문도 벼락을 맞는 등 불길한 일들이 벌어졌다. 그리고 며칠 뒤, 벌휴왕은 세상을 떴다. 벌휴왕도 다른 왕과 마찬가지로 이사금이라는 칭호를 사용하였다.

벌휴왕 재위시 특이한 일들이 몇 가지 기록되어 있는데, 재위 10년인 193년 3월에 한기부 여인이 한 번에 4남 1녀의 다섯 쌍둥이를 낳았다. 다섯 쌍둥이도 매우 드문 일인데 모두 산 채로 나왔으니, 당시로선 큰 경사요 이적이 아닐 수 없었다. 이럴 경우 대개 나라에서 상으로 쌀을 내리고 왕이 직접 축하 서신을 띄우곤 하였다.

그해 6월에는 왜인 1천여 명이 기근을 견디다 못해 식량을 구하기 위해 왔다는 기록이 있다. 무려 1천 명이 찾아들었다면 그들이 타고 온 배만 하더라도 1백 척이 넘었을 터이다. 거기다 그들 모두에게 식량을 내줬다면, 그들은 필시 식량을 사기 위해 뭔가 물건들을 싣고 왔을 것이다. 말하자면 일종의 식량 수

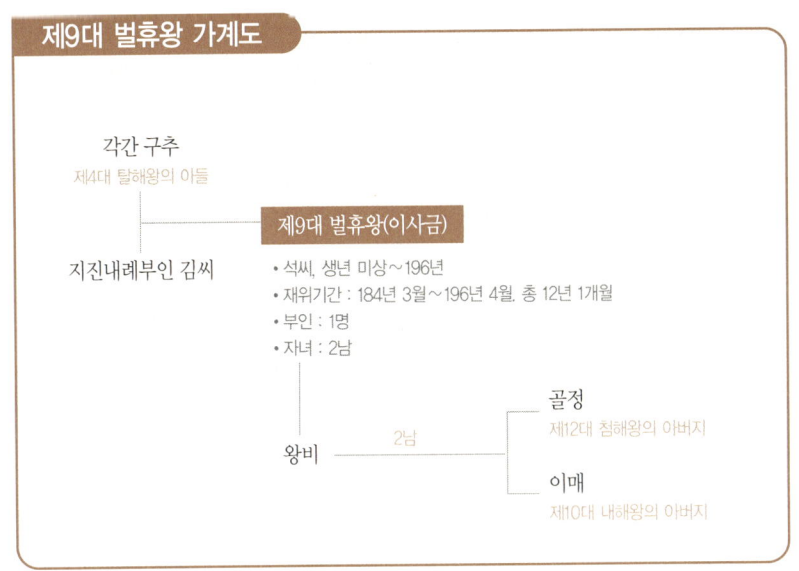

출이 이뤄졌던 셈이다.

　벌휴의 재위는 신라 왕조사에 석씨 왕조 시대를 연 계기였다. 비록 탈해왕이 석씨로서 왕위에 오르긴 했으나, 그것은 어디까지나 박씨 왕실의 사위로서 왕이 된 것이다. 따라서 탈해에겐 자신의 후손에게 왕위를 넘겨줄 명분과 힘이 없었다. 그러나 벌휴의 등극은 달랐다. 벌휴는 내례부인이 이끌고 있던 박씨 종실과 부인 김씨 집안의 후원을 받아 왕위에 올랐지만, 어쨌든 석씨 집안의 이름을 걸고 왕위에 오른 것이다. 이는 자신의 후손에게 왕위를 물려줄 기반을 만들었다는 의미다. 벌휴 이후에 내해(제10대), 조분(제11대), 첨해(제12대), 유례(제14대), 기림(제15대), 흘해(제16대) 등이 모두 그의 후손이라는 것이 이 점을 증명하고도 남는다. 제13대 미추왕이 비록 김씨이긴 하지만, 그도 석씨 집안의 사위로서 왕위에 오른 것에 불과하다는 점을 감안한다면, 석씨 왕실의 집권은 184년부터 356년까지 172년간 지속된 셈이다.

　벌휴왕의 왕비에 대한 기록은 없다. 아마도 그의 부인이 귀족이 아니었기 때문에 이름을 남기지 않은 듯하다. 벌휴왕이 왕위에 올랐을 때, 그녀는 이미 죽고 없었을 것이다. 벌휴왕에게는 아들이 둘 있었는데 첫째는 골정이고, 둘째는 이매였다.

골정은 벌휴왕이 즉위한 후에 태자가 되었으나 벌휴왕 재위 중에 죽었다. 후에 그의 차남 첨해왕이 왕위에 오른 뒤, 세신갈문왕에 봉해졌다. 부인은 옥모부인 김씨이다.

이매는 아달라왕의 부인 내례부인과 통정하였으며, 둘 사이에서 태어난 아들이 제10대 내해왕이다. 이매가 내례부인과 통정한 것을 볼 때, 그는 궁중을 자유롭게 출입하는 일관이나 내관의 신분이었을 것으로 짐작된다. 그와 통정한 내례부인이 아이를 갖자, 그 사실을 안 아달라왕이 분노하여 그를 죽였을 것이다. 이 일로 아달라왕과 내례부인의 관계가 악화되어 결국 내분으로 이어진 듯하다.

제10대 내해왕실록

1. 난세의 정치인 내해왕과 신라 조정의 안정
(?~서기 230년, 재위기간:서기 196년 4월~230년 3월, 33년 11개월)

내해(奈解)왕은 벌휴왕의 차남 석이매의 아들이며, 아달라왕의 왕비 내례부인 소생이다. 언제 태어났는지는 분명치 않으나 내례부인이 그를 잉태한 것은 아달라왕 21년(174년)경으로 추측된다. 따라서 그가 왕위에 오른 196년에 그는 20대 초반의 나이였을 것이다.

그가 왕위에 오른 경위에 대해 『삼국사기』는 벌휴왕의 태자 골정이 먼저 죽었고, 그의 장남 조분이 너무 어렸기 때문이라고 쓰고 있다. 하지만 그가 왕위에 오른 것은 친모인 내례부인의 영향력 때문인 것으로 보인다. 지마왕의 딸인 그녀는 지마왕이 죽었을 당시에 첫 번째 왕위 계승권자였으나, 나이가 어린 데다 여자였기에 계승권을 인정받지 못했다. 대신 그녀는 일성왕의 태자인 아달라와 결혼함으로써 정치적 지분을 확보하였다. 그러나 석이매와 통정하여 내해를 잉태한 사건으로 아달라왕과 갈등을 겪다가, 결국 벌휴와 힘을 합쳐 아달라왕을 제거했다. 그 후 벌휴왕이 즉위했으나 왕실은 여전히 박씨들에 의해 운영되었고, 내례부인은 그 박씨 왕실의 중심이었다. 따라서 벌휴왕 재위시에도 그녀의 영향력은 막강했을 것이다. 벌휴왕 이후의 왕위 계승권자 선정 문제에도 그녀는 깊숙이 개입했을 것으로 보인다. 특히 박씨 왕실에서는 비록 석씨 성을 쓴다고 하더라도 박씨 왕실의 피가 섞인 인물이 왕이 되어야 한다고 주장했을 것이고, 그 결과로 내례부인 박씨의 피가 섞인 내해왕이 왕위를 이은 것으로 판단된다.

내해왕은 이처럼 복잡한 권력의 함수 관계 속에서 왕위에 올랐다. 하지만 내해왕은 뛰어난 정치 감각으로 박씨 왕실을 다독이는 한편, 석씨 왕실의 기반을 착실히 다져 신라 사회의 안정에도 크게 기여하게 된다.

운 좋게도 내해왕이 즉위하던 196년엔 정월부터 4월까지 촉촉한 단비가 이어졌다. 신라 땅은 지형적으로 봄가뭄이 심한 곳인데, 풍작을 예고하는 봄비가 이어졌다는 것은 확실히 길조였다. 더구나 내해왕이 즉위하던 날엔 큰비가 내려 백성들이 모두 즐거워하며 경축했다고 한다. 재위 3년 4월에는 시조묘 앞에 쓰러져 있던 버드나무가 저절로 일어났다는 기사도 보인다. 신라 박씨 왕실의 시조인 박혁거세마저 그의 즉위를 기꺼워했다는 의미로 해석될 수 있는 사건인데, 이는 곧 박씨 왕실이 내해왕을 지지하고 있었다는 뜻이다.

비록 출발은 평탄했으나 내해왕의 치세는 난관이 지속되었다. 즉위 초부터 천재와 전쟁이 끊임없이 이어졌던 것이다.

우선 천재를 살펴보면, 재위 3년(198년) 5월에 서라벌 서쪽 지방에 큰 홍수가 나서 수재를 당한 주현이 한두 곳이 아니었다. 내해왕은 그들 백성들의 1년치 세금을 면제해 주었다. 그래도 수재민들의 어려움이 계속되자, 7월에 사신을 파견하여 백성들을 위로하고 상황을 더욱 철저히 점검하여 가까스로 난관을 극복했다. 200년에는 7월에 이른 서리가 내리는 바람에 농작물에 큰 피해를 주었고, 201년에는 봄부터 큰 가뭄이 닥쳐 경도와 지방의 죄수들을 조사하여 죄가 가벼운 죄수들을 대거 석방하는 조치를 취했다. 203년에는 10월에 뒤늦게 복숭아와 오얏나무에 꽃이 피는 이변이 벌어지더니, 갑자기 전염병이 크게 돌았다. 205년에는 7월에 이른 서리와 우박이 겹쳐 농작물에 심대한 피해를 안겼다. 그 뒤로 천재는 한동안 뜸하다가 212년에는 봄과 여름에 걸쳐 심한 가뭄이 들었다. 그래서 내해왕은 군읍의 죄수들 중에 사형수를 제외하고는 모두 석방하는 조치를 취했다. 죄수를 석방한 것은 일차적으로 그들을 먹일 양식이 부족한 탓이고, 다음으론 일손 부족을 해소하기 위함이었다. 214년 5월에는 홍수로 민가가 유실되었고, 수재민이 대거 발생하는 사건이 발생했다. 224년에도 4월에 큰 우박이 내려 콩과 보리에 막대한 피해를 입혔고, 228년에는 연초부터 7월까지 무려 반 년 동안 비가 내리지 않는 혹독한 가뭄이 있었다. 그래서 백성들이 굶주리고 유랑민이 늘어나 국고를 열어 그들을 구제해야 했다. 하지만 그래도 어려움이 계속되자, 10월에는 전국의 죄수 대부분을 석방하는 조치를 취했고, 이듬해 3월에는 왕이 직접 지방을 순행하며 민심을 다독거려야 했다. 231년 9월에는 지진이 발생하여 민심을 뒤흔들었고, 그해 10월엔 폭설이 내려 무려 다섯 자나 쌓이는 사태가 발생했다.

나라 전체를 뒤흔드는 이러한 엄청난 천재는 거의 3년에 한 번씩 닥쳤는데, 설상가상으로 전쟁마저 이어졌다. 벌휴왕 시대의 전쟁 상대는 오직 백제 하나였으나, 내해왕 대엔 백제는 물론이고 말갈과 왜도 한몫을 하였다. 재위 4년인 199년 7월에 백제가 국경을 침입한 이래, 203년 10월에는 말갈의 침입이 있었고, 208년 4월에는 왜인들이 침입해 왔다. 내해왕은 차남 이음을 이벌찬에 임명하고 내외병마사를 겸하게 한 뒤 왜군을 대적하도록 했다. 이음의 활약으로 왜군은 물러갔으나, 이듬해 7월에 또 전쟁을 치러야 했다. 가야에 반란이 일어났는데, 가야 왕자가 도움을 요청하자 전쟁에 개입하게 된 것이다.

가야는 199년에 이른바 '수로왕 체제'가 무너졌다. 수로왕 체제란 본가야(금관가야)의 왕이 나머지 다섯 가야를 지배하던 구조였다. 그런데 199년 3월에 거등왕이 즉위하면서 본가야의 지배력이 급속도로 약해졌고, 이로 인해 나머지 다섯 가야가 독자적인 세력을 구축하였다. 특히 함안을 중심으로 한 남강과 섬진강 일대의 아라가야는 일찍이 왜에 진출하여 축자국(북구주)에 영토를 개척하고, 그 대가로 왜와 긴밀한 관계를 형성하였다. 그에 따라 왜국에서는 아라가야를 임나(미마나)라는 별칭으로 부르기에 이르렀다.

본가야의 힘이 급속도로 약화되자, 거등왕은 201년 2월에 신라에 사신을 보내 화친을 제의함으로써 신라와 유대 관계를 강화하였다. 신라라는 보호막을 설치하여 나머지 다섯 가야의 이탈을 막겠다는 계산이었다. 하지만 신라와 화친했다고 해서 무너진 가야의 결속력이 복원되지는 않았다. 오히려 남해의 거제도, 남해도 등의 섬 지역과 해안 지역이 가야 연맹에서 이탈하여 독자적인 국가를 형성하려는 움직임을 보였다. 그들은 마침내 209년 7월에 여덟 개 지역의 장수들이 연합하여 본가야의 수도인 김해를 공격했던 것이다.

다급해진 거등왕은 신라에 왕자를 파견하여 원군을 요청했고, 내해왕은 태자 우로와 이벌찬 이음에게 6부의 대병을 안겨 가야 내전에 개입했다. 그 결과 반란군의 장수들을 모두 죽이고, 6천 명의 포로를 잡아 신라로 압송해 왔다. 이로써 가야는 신라에 크게 의존하는 처지가 되었고, 212년에는 신라에 왕자를 볼모로 보내야 했다.

그 무렵, 백제의 초고왕은 신라의 강성을 염려하며 침략의 기회를 노리고 있었는데, 214년 7월에 기습을 감행해 서쪽 전략기지인 요거성(충북 보은 지역)을 함락하고 성주 설부를 죽였다. 그러자 내해왕은 이음에게 병력 6천을 안겨 백제의 사현성을 격파하였다.

신라와 백제 사이에 치열한 전투가 벌어지고 있는 상황에서 초고왕이 죽자 백제는 물러났다. 덕분에 신라는 몇 년간 전쟁을 면할 수 있었지만, 백제는 216년에 말갈군이 적현성을 포위하는 바람에 한 차례 전쟁을 겪었다. 그후 백제는 218년에 신라의 장산성을 급습했다. 이때 장산성의 군 기강이 해이해져 병사들이 무기를 팔아먹는 사태가 벌어졌는데, 그 기회를 포착한 백제가 순식간에 장산성을 포위해 버린 것이다. 장산성의 사태가 매우 위급하다고 판단한 내해왕은 자신이 직접 군대를 이끌고 장산성으로 달려가 백제군을 격퇴시켰다.

그런데 220년에 내해왕은 개인적으로 큰 슬픔에 잠겨야 했다. 그동안 그를 보좌하며 전장을 누비고 다니던 차남 이음이 죽었기 때문이다. 내해왕은 그 틈에 백제군이 침입해 올 것을 염려하여 개인적인 슬픔을 뒤로하고 충훤을 이벌찬 겸 병마사에 임명하는 한편, 양산 서쪽에서 대대적으로 군대를 사열하였다.

병력 시위를 함으로써 이음의 공백을 틈탄 군내의 기강 해이를 막고, 백제군의 침입을 차단하려는 복안이었다.

덕분에 백제군의 노략질은 면할 수 있었으나, 또다시 2년 뒤인 222년 10월에 백제군이 우두주(경북 예천)를 공격해 왔다. 병마사 충훤이 대적했지만, 웅곡에서 크게 패해 군대를 모두 잃고 단신으로 쫓겨왔다. 분노한 내해왕은 충훤을 우두진 진주(鎭主)로 강등시키고 연진을 이벌찬에 임명하여 병마사를 겸하게 하였다.

연진은 224년 7월에 대군을 이끌고 백제군을 급습하여 봉산(구례)에서 1천여 명의 백제군을 대파함으로써 병마사로서의 위상을 한껏 드날렸다. 또한 봉산성을 쌓아 전초기지를 형성함으로써 백제가 함부로 신라 땅을 넘보지 못하게 하였다.

내해왕 치세 동안 이렇듯 재해와 전쟁이 계속되었지만, 조정은 안정된 편이었다. 특히 가야 내란에 개입하여 국제적 위상을 한껏 높임으로써 내해왕의 입지는 더욱 굳어졌다. 덕분에 강력하고 절도 있는 정치력을 발휘할 수 있었다.

내해왕은 재위 35년 3월에 죽었으며, 전 왕들과 마찬가지로 칭호는 이사금이라고 하였다. 그는 왕위를 태자 우로에게 물려주지 않았다. 자신의 사위이자 조카이고 벌휴왕의 장손이었던 조분에게 물려주라는 유언을 남겼다.

2. 내해왕의 가족들

내해왕의 왕비는 석씨인데, 그녀는 내해왕의 백부 골정의 딸이며 조분왕의 누나이다. 그녀에게서 2남 1녀를 얻었는데 장남은 우로, 차남은 이음이며 장녀는 조분왕의 왕비 아이혜부인이다. 왕비 석씨에 대해서는 자세한 기록이 없으므로 언급을 생략하고, 여기서는 장남 우로와 차남 이음의 생애에 대해 간단하게 쓴다. 장녀 아이혜부인에 대해서는 「조분왕실록」에서 별도로 다루기로 한다.

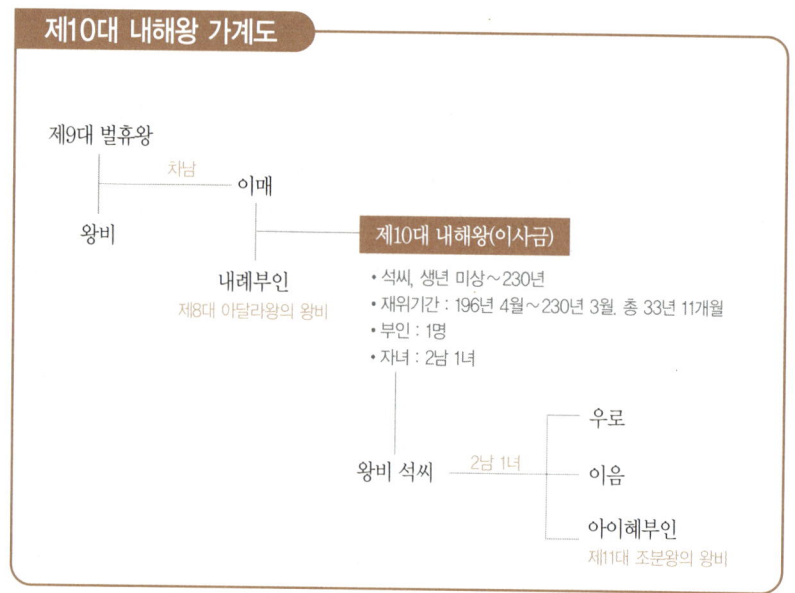

우로 (?~249년)

우로는 내해왕의 장남이며 태자였다. 하지만 내해왕이 죽으면서 사위인 조분에게 왕위를 잇게 하라는 유언을 남겼기 때문에 왕좌에 오르지 못했다.

그는 지략과 용맹이 뛰어나고 병법에도 밝아 여러 번 전쟁에 출전하여 공을 세웠다. 209년에 가야에 내란이 일어나자 가야 왕이 구원을 요청해 왔다. 그때 아우 이음과 함께 원정군을 이끌고 가서 반군을 진압하고 포로 6천 명을 잡아 온 것이 첫 출전이었다. 조분왕 즉위 후에는 231년 7월에 이찬의 품계에 있으면서 대장군의 직위를 맡아 감문국을 토벌하였으며, 233년 7월에는 왜군의 침입에 맞서 사도(경북 영일만 일대)에서 싸웠다. 그는 바람을 이용하여 화공으로 왜선을 불태워 적군을 전멸시켰다.

244년에 재상 격인 서불한에 올라 병마사를 겸하였다. 245년 10월에 고구려가 북쪽 변경을 침범했을 땐 군대를 이끌고 대적하다가 패배하기도 했다. 하지만 마두책에 의지하여 고구려군을 막아 낸 덕에 신라의 전선이 뚫리지 않았다. 당시 밤 날씨가 몹시 추웠는데, 우로는 몸소 돌아다니며 사졸들을 위로하고 직접 장작불을 피워 부하들의 추위를 잊게 해 줬다. 이에 감격한 사졸들은 그의 말을 항상 믿고 따랐다고 한다.

이처럼 용장과 덕장, 지장의 면모를 두루 갖춘 그는 재상으로서도 손색 없는 정치인이었다. 그래서 첨해왕 즉위 이후에도 서불한의 위치에 있으면서 국정을 이끌었다. 하지만 249년 4월에 왜인에게 살해돼, 불운한 최후를 마쳤다.

우로의 피살 경위에 대해 『삼국사기』 「열전」은 이렇게 전한다.

첨해왕 7년(본기에는 3년으로 기록되어 있다) 계유에 왜국 사신 갈나고가가 사관(使館)에 머물고 있었다. 우로가 주인처럼 행세하며 손님들과 더불어 희롱하는 말을 했다.

"조만간에 너희 국왕을 염전의 노비로 만들고, 왕비는 찬부(식모)로 만들겠다."

왜왕이 이 말을 듣고 분노하여 장군 우도주군을 보내 우리를 공격했다. 그때 대왕(첨해왕)은 간유촌에 나가 있었다. 우로가 아뢰었다.

"지금의 환란은 제가 말을 신중하게 하지 못해서 생긴 일이오니, 제가 책임을 지겠습니다."

우로는 왜군을 찾아가 말했다.

"이전에 한 말은 농담일 뿐이었소. 일이 이 지경에 이르게 할 뜻은 없었소."

왜인은 대답을 하지 않고 그를 붙잡아 장작을 쌓고 그 위에 올려놓고 불태워 죽인 다음 가 버렸다.

하지만 일은 거기서 끝나지 않았다. 미추왕이 즉위한 뒤에 왜국에서 사신을 보내왔는데, 우로의 아내는 남편의 원수를 갚기 위해 음모를 꾸몄다. 그녀는 미추왕에게 청하여 왜국 사신을 개인적으로 대접할 수 있도록 해 달라고 하였다. 미추왕이 승낙하자, 그녀는 왜국 사신에게 술을 잔뜩 먹여 취하게 한 다음, 부리고 있던 장사를 시켜 그를 뜰에 내려놓고 태워 죽이도록 하였다.

이 일로 왜인들이 분개하여 금성에 침입하는 사태가 벌어졌으나, 왜군은 승리하지 못하고 물러갔다.

이런 엄청난 일을 저지른 우로의 부인은 명원부인 석씨인데, 그녀는 조분왕의 딸이다. 『삼국사기』는 그녀가 낳은 아들 흘해가 기림왕에 이어 신라 제16대 임금이 되었다고 기록하고 있으나, 이는 신빙성이 떨어진다. 우로가 죽은 때가 249년이고, 흘해가 왕위에 오른 것은 310년인데, 이럴 경우 흘해는 62세에 왕위에 오르는 셈이다. 하지만 『삼국사기』는 흘해가 왕위에 오를 때 나이가 어렸다고 기록하고 있다. 따라서 흘해는 석우로의 아들이 아니라 손자나 증손자쯤 되어야 정상이다.

『삼국사기』의 편찬 책임자 김부식은 우로와 명원부인의 행동에 대해 다음과 같은 사론을 달아놓았다.

우로가 당시의 대신으로서 군대와 국사를 맡아 싸우면 반드시 이기고, 혹 이기지 못하더라도 패해지는 않았으니, 그의 모책은 분명히 다른 사람들보다 뛰어난 점이 있다. 그러나 말 한마디를 잘못하여 스스로 죽음의 길로 들어섰고, 양국 사이에 싸움을 일으켰다. 그의 아내가 원수를 갚을 수는 있으나, 이도 역시 변칙이요 옳은 것은 아니었다. 만약 그렇지 않았다면, 그 공적도 기록에 남길 만하였다.

이음 (?~220년)

이음은 내해왕의 차남으로 나음이라고도 불리었다. 내해왕 재위 12년인 207년에 이벌찬에 임명되었고 내외병마사를 겸하였다. 209년에 가야에 내란이 일어나자 형 우로와 함께 구원군을 이끌고 참전하여 큰 공을 세웠다. 214년 7월에 백제가 요거(차)성을 공격하여 성주 설부를 죽이자, 정병 6천을 거느리고 달려가 백제의 사현성을 격파하였다. 하지만 그는 220년에 젊은 나이로 생을 마감하고 만다. 사망 원인은 기록되지 않았는데, 전장에서 죽지 않은 것으로 보아 지병으로 죽은 듯하다.

▶ 내해왕 시대의 세계 약사

내해왕 시대 중국에선 황건적 토벌을 계기로 일어난 군벌들이 난립하였고, 전국 시대를 평정한 조조, 손권, 유비가 삼국 시대를 열어 패권을 다툰다.

이 무렵, 로마에서는 카라칼라 황제가 즉위하여 212년에 제국의 모든 자유민에게 시민권을 부여하는 안토니누스 칙령을 공포하였다. 그러나 217년에 카라칼라가 피살되어 로마는 정권 다툼에 휩싸인다. 214년에 페르시아에서 마니교의 교조 마니가 탄생하고, 226년에 페르시아에 사산 왕조가 일어나 227년에 로마와 페르시아 사이에 전쟁이 일어난다. 230년에 페르시아에서는 조로아스터교가 국교가 된다.

제11대 조분왕실록

1. 좌충우돌하는 신라와 조분왕의 탁월한 국가 경영
(?~서기 247년, 재위기간: 서기 230년 3월~247년 5월, 17년 2개월)

조분(助賁, 혹은 제분)왕은 벌휴왕의 태자였던 골정의 장남이며, 옥모부인 김씨 소생이다. 내해왕은 죽기 전에 태자 우로가 아닌 조카이자 사위인 조분에게 왕위를 넘기라는 유언을 남겼는데, 이는 자기가 조분을 대신하여 왕위에 올랐다는 부담감 때문이었던 것으로 보인다. 하지만 장남 우로를 태자로 삼은 점을 볼 때, 즉위 초부터 조분을 후계자로 생각하고 있었던 것은 아닌 것 같다. 내해왕은 조분을 자기 맏사위로 삼은 뒤에 꾸준히 그를 관찰하여, 조분의 인격과 능력이 능히 왕이 될 만하다고 판단한 듯하다.

조분은 키가 크고 외모가 뛰어나며, 일처리에 능란하여 항상 명석한 판단을 내리는 까닭에 백성들이 경외했다고 기록되어 있다. 이는 조분이 내해의 아들들보다 여러 방면에서 뛰어났음을 말해 준다.

230년 3월에 왕위에 오른 조분은 7월에 내해왕의 태자였던 우로를 이찬에 임명하고 대장군으로 삼아 감문국(경북 김천시의 개령) 토벌을 명령한다.

감문국은 원래 가야에 속해 있다가 거등왕 때에 6가야 연맹 체제가 무너지면서 신라가 지배권을 획득한 땅으로 판단된다. 감문국은 신라의 국상을 틈타 독자적인 세력을 구축하려는 움직임을 보인 듯하다. 따라서 감문국의 배후엔 가야가 도사리고 있었을 것이며, 가야는 다시 왜와 모종의 협조 관계에 있었을 것이다.

하지만 감문국은 우로가 이끄는 신라군에 의해 무너졌고, 이어 조분왕은 그 땅을 속군으로 만들어 신라 땅으로 확정했다.

그러자 231년 4월에 왜군 수천이 금성으로 쳐들어왔다. 『삼국사기』는 이때 왜군이 침입한 이유에 대해서는 전혀 설명하지 않고 단지 '졸지에 쳐들어와 금성을 포위했다'고만 쓰고 있다. 하지만 왜국의 입장에선 분명히 침략의 명분이 있었을 것이고, 그것은 감문국 문제와 깊은 연관이 있을 것이다.

임나(아라가야)를 기반으로 왜와 친밀한 관계를 형성한 가야는 왜의 동조 아래 감문국을 다시 가야연맹으로 끌어들이려 하다가 실패했다. 그 결과로 감문국이 완전히 신라 영토가 되는 결과를 초래하자, 왜가 가야를 대신하여 신라를 공격했을 가능성이 높다.

당시 가야는 신라에 왕자를 볼모로 보냄으로써 겉으론 화친의 형태를 유지하고 있었지만, 한편에선 신라의 그늘에서 벗어나려고 안간힘을 쓰고 있었다. 하지만 자력으로 신라의 영향력에서 벗어날 수 없다고 판단하고, 왜를 끌어들였던 것이다.

하지만 가야의 전략은 실패로 돌아갔다. 금성을 급습한 왜군은 오히려 신라군의 반격에 밀려 병력 1천여 명을 잃고 퇴각하는 신세가 되었다. 이때 조분왕은 자신이 직접 출전하여 대승을 거둠으로써 왕권을 강화시키는 결과를 얻었다.

패퇴한 왜군은 232년 5월에 다시 쳐들어왔다. 왜의 해군은 신라의 동해안 마을들을 약탈하였고, 조분왕은 우로를 앞세워 왜군을 대적하게 했다. 우로는 바람과 화공을 이용하여 두 달 동안 치열하게 전개되던 싸움을 대승으로 이끌었다. 우로의 화공을 막아 내지 못한 왜군은 전함을 모두 잃었고 전 병력이 몰사하고 말았다. 이 싸움 이후 왜왕은 함부로 군대를 동원하지 못했다.

그러나 몇 년에 걸친 왜군의 약탈로 해안의 주민들은 큰 피해를 입고 있었다. 조분왕은 그런 민심을 달래기 위해 234년 정월부터 동쪽 순행길에 올라 난민들을 위로하고, 피해 상황을 조사하여 복구하도록 하였다.

조분왕의 위세가 날로 더해 가자, 재위 7년(235년) 2월에 골벌국(경북 영천)의 왕 아음부가 스스로 백성들을 이끌고 와서 신라에 항복했다.

이후 조분왕의 정치는 매우 안정되었고 국제 관계도 원만해졌다. 그러자 조분왕은 국토를 확장하려는 움직임을 보였다. 그 무렵, 백제에서는 호방한 성격의 고이왕이 즉위하여 역시 영토 확장의 기회를 엿보고 있었다. 고이왕은 240년에 기어코 신라의 서쪽 변경을 침략하였으나 별다른 성과를 거두지 못했다. 아마도 이때 고이왕이 공격한 신라 서쪽 변경은 신라가 소백산맥 서쪽에 개척한 영토인 충주 일원의 성이었을 것이다. 고이왕이 이 성을 공격한 것은 조분왕에 대한 경고의 의미가 짙었다. 함부로 백제 땅을 넘보지 말라는 뜻이었다.

백제를 자극하는 것이 이롭지 못하다고 판단한 조분왕은 북쪽으로 눈을 돌렸다. 당시 신라 북쪽 땅은 동예(한반도 낙랑)가 고구려에 의해 무너진 이래 많은 지역이 주인 없이 방치되고 있는 상황이었다. 고구려는 위나라와 치열한 패권다툼을 벌이고 있던 상황이라 한반도의 변방까지 신경을 쓸 여유가 없었다. 조분왕은 그런 현실을 십분 활용하여 북진정책을 감행하였다.

조분왕은 재위 15년(244년)에 석우로를 재상 격인 서불한에 임명하고 병사를 겸하게 하였는데, 다분히 호전적인 성격을 갖고 있던 우로는 북진정책에 매우 적극적이었던 것으로 보인다.

북진정책에 따라 신라군은 남한강을 따라 북쪽으로 올라갔다. 245년에는 다시 북한강을 건너 칠중하(임진강) 근처까지 다다랐는데, 이와 같은 행동은 고구려를 크게 자극하였다. 신라가 슬그머니 칠중하까지 세력을 뻗쳤다는 소식을 접한 고구려의 동천왕은 그해 10월에 군대를 파견하여 신라를 응징하고자 했다. 우로가 군대를 지휘하며 고구려군에 대항하였지만 역부족이었다. 그래서 그는 마두책(경기도 포천)으로 물러나 대오를 정비하고 싸울 채비를 하였다. 때는 음력 10월이라 몹시 추웠다. 병사들은 동상과 추위에 떨며 지내야 했

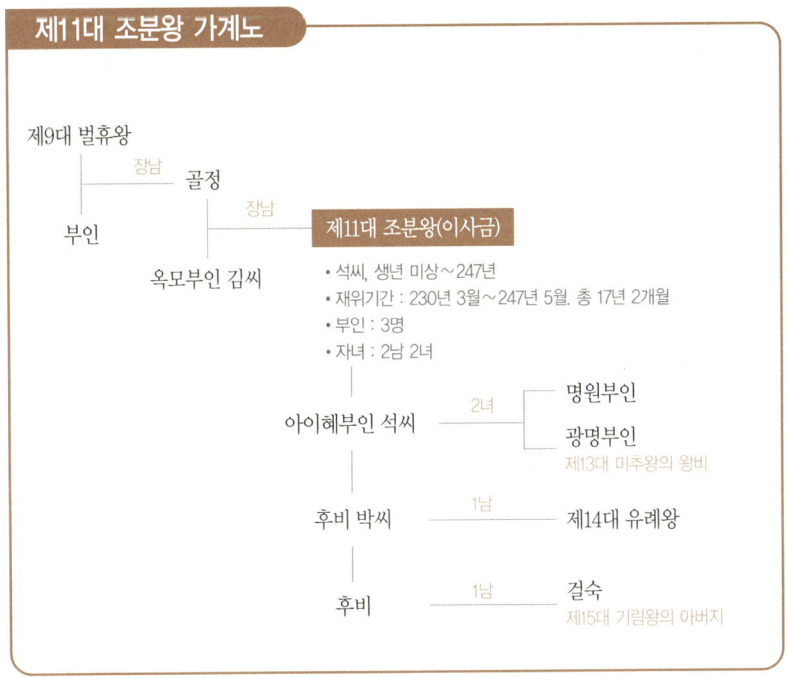

는데, 우로는 병사들을 일일이 찾아다니며 위로하고 손수 장작불을 피워 주며 독려했다. 덕분에 병사들의 사기는 크게 올랐다.

그렇듯 고구려와 신라 양군이 대치하고 있는 상황에서 고구려 수도 평양에는 급보가 전해지고 있었다. 위나라가 관구검을 앞세워 평양으로 쳐들어올 것이라는 다급한 소식이었다.

그런 탓에 고구려군은 신라군을 마구 몰아 댈 수가 없었고, 신라 역시 고구려의 심기를 더 건드려서 좋을 것이 없다고 판단하였다. 그래서 양국의 전쟁 양상은 자연스럽게 교착상태로 빠져들었다.

조분왕은 그런 와중인 245년 5월에 생을 마감했다. 그도 이전의 왕들과 마찬가지로 이사금을 왕의 칭호로 사용했다.

그의 치세 중엔 재위 8년의 메뚜기 떼와 17년 11월의 지진을 제외하고는 별다른 재해가 없었다. 심각한 가뭄이나 장마에 대한 기사도 보이지 않고, 사람들이 굶주림에 허덕인 흔적도 없다. 타국과의 전쟁에서도 거의 승리로 일관했다. 따라서 조분왕 치세는 비교적 평화롭고 안정된 시기였다고 할 수 있다. 덕분에 석씨 왕조에 대한 백성들의 신뢰가 높아지는 계기가 되었다.

2. 조분왕의 가족들

조분왕은 세 부인에게서 2남 2녀를 낳았다. 왕비는 아이혜부인 석씨인데, 그녀는 내해왕의 장녀이다. 촌수로 따지면 그녀는 조분왕의 조카이기도 하다. 그녀 소생으로는 제13대 미추왕의 왕비 광명부인 석씨와 석우로의 부인 명원부인 석씨가 있다.

조분왕의 둘째 부인은 갈문왕 나음의 딸 박씨이다. 그녀 소생으로는 제14대 유례왕이 있다. 그녀가 유례왕을 임신한 배경에 대해 『삼국사기』는 "그녀가 일찍이 밤길을 가다가 별빛이 입으로 들어간 일이 있었는데, 이로 인하여 임신이 되었다."라고 쓰고 있다. 이는 그녀가 정식으로 조분왕과 혼인하지 않고 임신했음을 의미한다.

조분왕에겐 아들이 또 하나 있었는데, 제15대 기림왕의 아버지 걸숙이다. 일설에는 그가 조분왕의 손자라는 말도 있으나, 아마도 만년에 낳은 자식이기 때문에 그런 소문이 돌았던 듯하다.

걸숙의 생모가 누군지는 기록되지 않았는데, 이는 걸숙의 생모가 왕실의 여자가 아니었음을 알려 준다. 그녀 역시 나음의 딸 박씨와 마찬가지로 정식으로 혼인하지 않은 상태에서 조분왕의 아이를 낳았을 것이다.

(석우로의 아내 명원부인에 대해서는 「내해왕실록」의 우로 편을 참고하고, 광명부인과 유례왕에 대해서는 「미추왕실록」과 「유례왕실록」에서 별도로 언급하기로 한다.)

▶ 조분왕 시대의 세계 약사

조분왕 시대 중국은 위, 촉, 오가 서로 뒤엉켜 싸우는 가운데 조조, 유비, 제갈량 등 삼국 시대를 연 1세대 인물들이 모두 차례로 죽고, 조비, 유선 등 2세대 인물들의 대결이 지속된다.

한편, 로마는 사산조 페르시아와 전쟁을 지속하였고, 내부적으론 막시미누스 트라쿠스가 즉위하면서 군인황제 시대가 열린다. 이때 페르시아는 조로아스터교를 국교로 삼고, 242년부터 마니의 포교가 시작된다.

제12대 첨해왕실록

1. 왕권을 탈취한 첨해왕과 흔들리는 신라 조정
(?~서기 261년, 재위기간: 서기 247년 5월~261년 12월, 14년 7개월)

첨해(沾解)왕은 석골정의 차남이며, 옥모부인 김씨 소생이다. 조분왕의 동복 아우인 그가 왕위를 이은 경위에 대해 『삼국사기』는 아무런 설명도 남기지 않았다. 이는 그의 즉위가 조분왕의 뜻에 따른 것이 아님을 시사한다.

조분왕이 죽을 당시에 그에겐 아들이 둘 있었다. 장남은 제14대 왕이 되는 유례이고, 차남은 제15대 기림왕의 아버지 걸숙이다. 하지만 이들은 정비 아이혜부인의 소생이 아니다. 유례는 박나음의 딸 박씨 소생이고, 걸숙은 누구의 소생인지 기록되어 있지 않다.

『삼국사기』는 박씨가 밤길을 가다가 별빛이 입에 들어가 유례를 임신했다고 쓰고 있는데, 이는 박씨와 조분왕의 관계가 은밀하게 이뤄졌다는 것을 은유적으로 표현한 대목이다. 따라서 유례는 적자라고 할 수 없다. 또 조분왕이 죽은 지 37년 후에 유례가 왕위에 오른 것을 볼 때, 조분왕의 사망 시점인 247년에 유례는 갓난아이에 불과했을 것이다.

걸숙은 그 어머니의 출신과 이름이 기록되지 않았는데, 이 사실은 걸숙의 어머니가 귀족 출신이 아니라는 것을 방증한다. 또한 걸숙의 아들 기림이 왕위에 오른 것이 조분왕의 사망 시점에서 51년 뒤인 사실을 감안하면, 걸숙 역시 247년엔 갓난아이에 불과했을 것이다. 조분왕의 아우인 첨해가 왕위를 이었던 것은 바로 이들 왕자가 너무 어렸기 때문임을 알 수 있다.

그런데 혁거세왕 이래 아우가 전 왕을 이어 왕위를 이은 경우는 첨해왕이 처음이다. 신라 사회에서는 아들이 어리면 딸을 대신하여 사위가 왕위를 잇는 것이 그간의 전통이었다.

만약 조분왕이 별다른 유언 없이 죽었다면, 왕위는 조분왕의 맏사위이자 내해왕의 태자인 우로에게 돌아가야 했고, 우로가 마땅치 않으면 다음 서열은 둘째 사위인 미추였다. 그런데 왕위는 엉뚱하게도 계승권자와는 거리가 가장 먼 첨해에게 돌아갔다. 여기엔 아무래도 석연치 않은 구석이 있다. 말하자면 첨해가 힘으로 왕위를 장악했을 가능성이 있다는 것이다. 이 일은 후에 첨해가 갑자기 병사하고, 조분왕의 둘째 사위인 미추가 왕위에 오르는 것과도 밀접한 관련이 있을 것이다.

왕위에 오른 첨해왕은 가장 먼저 자신의 친부 골정의 권위를 세우는 일부터 하였다. 즉위와 동시에 골정을 갈문왕으로 추봉했는데, 이는 그가 조분왕 재위 동안에도 줄곧 이 일을 추진해 왔다는 것을 시사한다. 조분왕은 내해왕의 사위 신분으로 왕위에 올랐기 때문에 쉽사리 골정을 갈문왕으로 추봉할 수 없었다. 첨해는 그 점이 늘 불만이었던 모양이다. 그래서 즉위와 동시에 골정을 세신갈문왕으로 추봉함으로써 자기가 벌휴왕의 적손임을 노골적으로 과시했던 것이다.

그는 외교 관계에서도 조분왕과 전혀 다른 방향으로 움직였다. 영토 분쟁을 겪고 있던 고구려에 사신을 보내 화친을 맺었고, 왜와도 역시 화친 관계를 맺었다. 이런 일들은 그의 즉위와 동시에 추진되었고, 바로 이듬해에 매듭지어졌다. 고구려와의 화친은 첨해왕이 먼저 고구려에 사신을 보내 이뤄졌다. 당시 고구려의 국력을 감안할 때, 이때의 화친은 조공의 형태를 띠었을 것이다. 왜에 대해서도 다소 저자세를 보였는데, 당시 국정을 맡고 있던 석우로는 첨해의 이런 처사가 매우 못마땅했던 모양이다. 그래서 주변 사람들과 어울리면서 왜왕을 모독하는 이런 욕설을 쏟아 냈다.

"조만간에 너희 국왕(왜왕)을 염전의 노비로 만들고, 왕비는 찬부(식모)로 만들 것이다."

그러나 우로의 말이 왜국 사신인 갈나고가의 귀에 들어가면서 문제가 심각해졌다. 왜와 신라의 관계는 급격히 냉각되었고, 급기야 왜왕이 군대를 동원하여 신라를 공격하기에 이른다.

첨해는 이 사태의 원인 제공자인 우로를 몰아세웠고, 결국 우로는 스스로 왜군 장수 우도주군을 찾아가 사과를 해야만 했다. 하지만 왜장 우도는 분을 이기지 못하고 우로를 화형시킨 뒤 본국으로 돌아가 버렸다.

『삼국사기』는 우로가 왜의 사신 앞에서 왜왕을 모독하는 발언을 한 것처럼 기술하고 있으나, 그간 우로의 행적을 볼 때, 직접 면전에서 한 말은 아닐 것이다. 내해왕과 조분왕 대의 우로에 관한 기록을 살펴보면, 그는 치밀하고 후덕하며 주변을 살필 줄 아는 인물이었다. 즉, 홧김에 아무 소리나 지껄일 위인이 아니라는 뜻이다. 왜왕에 대한 우로의 모독적인 언사는 신라 신하들끼리 모인 술자리 같은 데에서 첨해왕의 친왜정책을 비판하기 위해 한 소리였는데, 누군가 고의로 그 내용을 왜국 사신에게 흘려 우로를 궁지로 몰아넣었을지도 모른다. 즉, 249년에 일어난 이 사건은 전적으로 우로의 실수에 의해 일어난 일처럼 보이지만, 실상은 첨해왕이 우로를 제거하기 위해 왜인을 끌어들였을 가능성이 높다는 것이다.

우로는 첨해왕에 의해 왕위를 탈취당한 것이나 마찬가지 신세였기에 첨해의 즉위 자체가 불만이었을 터이고, 첨해는 그런 우로가 눈엣가시였을 것이다. 그런 가운데 우로는 다분히 고의로 왜왕을 모독하는 발언을 하였고, 첨해는 그것을 빌미로 삼아 우로를 제거했던 것이다. 병법으로 치자면 일종의 차도살인계라 할 수 있었다.

우로가 비록 큰 실수를 하긴 했지만, 그는 한 나라의 왕족이요 재상이었다.

그런 사람이 왜장의 손에 화형당했는데도 첨해왕은 아무런 조치도 취하지 않았다. 이는 우로의 죽음을 첨해왕이 방관했다는 뜻이며, 동시에 우로를 사지로 내몬 장본인이 바로 첨해왕이라는 점을 방증한다. 우로의 죽음으로 첨해왕은 왕실과 백성들에게 큰 원망을 들었을 것이다.

시작부터 이렇듯 삐걱거린 터라 첨해왕의 치세는 결코 평탄할 수 없었다. 정치의 불안정과 기근, 그리고 전쟁이 끊이지 않았다.

『삼국사기』는 재위 7년 4월에 '대궐 동쪽 연못에서 용이 나타났다'는 기록을 남기고 있는데, 신라인들의 역사 서술법으로 볼 때, 이는 반란의 흔적이 분명하다. 우로의 죽음을 방관한 것에 불만을 품고 있던 세력이 첨해왕을 제거하려는 움직임을 보이고 있었다는 뜻이다.

그해 5월부터 7월까지 가뭄이 계속되는 바람에 흉년이 들었고, 도둑이 들끓는 사태까지 발생했다. 정치적으로 매우 불안정한 상황에 놓여 있던 첨해왕에겐 이런 현실이 보통 부담스런 일이 아니었을 것이다. 설상가상으로 255년 9월에 백제가 침범해 왔다. 첨해왕은 일길찬 익종을 보내 방어토록 했으나, 익종은 괴곡 서쪽에서 싸우다가 대패하여 전사하고 말았다. 그 바람에 신라군은 점차 밀려 봉산성이 공격당하는 처지에 놓였다. 다행히 봉산성은 무너지지 않았지만, 신라군의 사기는 크게 떨어졌다.

가뭄과 전쟁의 충격에서 좀 벗어날 때쯤인 259년에는 또 한 차례 가뭄이 닥쳐 메뚜기 떼가 창궐하는 바람에 큰 흉년이 들었고, 도둑들이 다시 기승을 부렸다. 260년에는 큰비가 내려 40여 군데의 산이 무너졌고, 불길하게도 그해 7월에는 혜성이 나타나 첨해왕의 불안을 가중시켰다.

그런 어수선한 상황에서 또다시 백제가 침입해 올 것이라는 소문이 파다하게 퍼졌다. 첨해왕은 어떻게 해서든 전쟁을 막기 위해 261년 3월에 백제에 사신을 보내 화친을 요청하였으나, 백제의 고이왕은 일언지하에 거절해 버렸다.

첨해왕이 죽은 것은 그해 12월 28일이었다. 죽음의 원인은 기록되지 않았고, '갑자기 병으로 죽었다'고만 쓰여 있다.

『삼국사기』는 대개 왕들의 사망에 대해 연도와 해당 달만 기록했다. 그런

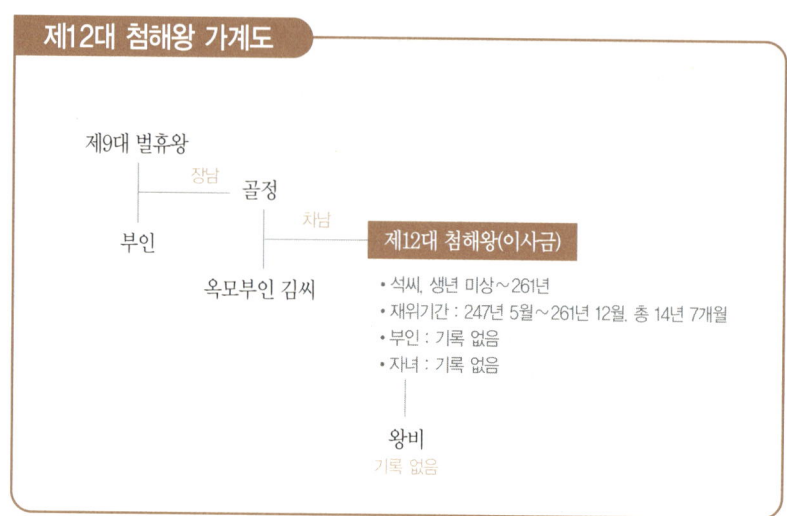

데 유독 첨해왕의 죽음에는 날짜를 정확하게 남겼다. 무슨 까닭일까? 그의 사망일인 12월 28일에 후대에 알리고 싶은 모종의 사건이 발생했기 때문은 아닐까?

당시 사관들은 분명히 그 사건의 전모를 기록했을 것이다. 하지만 그 모종의 사건을 통해 권력을 장악한 사람들은 결코 그 일들이 후세에 알려지길 원하지 않았을 것이다. 그래서 당시 상황에 대한 기록은 일체 삭제되고, 단지 사건이 발생한 날짜만 남게 되었을 것이다.

모종의 사건이란 당연히 반정이나 독살을 의미할 것이고, 그 반정을 통해 권력을 장악한 세력은 왕위를 차지한 미추왕과 그 측근들이었을 것이다. 다시 말해 첨해왕은 우로를 죽음으로 내몰아 민심을 잃었고, 다시 전쟁과 재난이 이어져 권위를 잃고 말았는데, 그 틈을 이용하여 미추가 반란을 일으켰다. 물론 첨해는 살해되었을 것이요, 그의 부인과 자식들도 모두 이때 피살되었을 것이다. 『삼국사기』에 그의 부인과 자식들에 대한 언급이 전혀 없는 것도 이 때문일 것이다.

첨해왕은 재위 3년(249년) 7월에 대궐 남쪽에 남당을 지었는데, 이는 왕이 대신들과 함께 성사를 논의하고 결정하는 곳이었다. 도당으로 불린 남당은 왕과 신하들이 토론을 벌였던 일종의 정치토론장인 셈인데, 이때 시작된 남당의 전통은 신라 말기까지 이어진다.

제13대 미추왕실록

1. 미추왕의 즉위 과정 및 계보

　미추(味鄒)왕은 미조 또는 미고라고도 불렸으며, 김알지의 5대손 김구도의 아들이고, 갈문왕 이칠의 딸 박씨 소생이다.
　『삼국사기』는 미추의 계보에 대해 "알지가 세한을 낳고, 세한이 아도를 낳고, 아도가 수류를 낳고, 수류가 욱보를 낳고, 욱보가 구도를 낳았으니, 구도가 곧 미추의 아버지이다."라고 쓰고 있다(『삼국유사』는 알지의 아들 세한(勢漢)의 이름을 열한(熱漢)으로 기록한 것만 다를 뿐 계보와 그 후손들의 이름은 『삼국사기』와 일치한다. '열한'은 '세한'의 세(勢)자를 옮겨 적는 과정에서 열(熱)자로 잘못 쓴 결과일 것이다). 따라서 미추왕은 신라 왕실을 이끌고 있던 박씨나 석씨가 아닌 김씨로서 최초로 왕위에 오른 인물이다.
　『삼국사기』는 미추의 왕위 계승에 대해 '첨해가 아들이 없었으므로 백성들이 미추를 왕으로 세웠다'고 쓰고 있다. 이 기록에서 주목할 것은 백성들이 미추를 추대하여 왕위를 잇게 했다는 점이다. 백성들이 미추를 추대했다는 것은 미추가 정상적으로 왕위를 계승하지 않았다는 뜻이기도 하기 때문이다. 만약 미추가 정상적으로 왕위를 계승했다면 당연히 첨해의 유언에 따라 왕위에 올랐어야 했다. 첨해에게 아들이 없었다면, 그의 사위 중에 누군가 왕위를 잇는 것이 정상이다. 그런데 조분왕의 둘째 사위인 미추가 왕위를 이었다는 것은 석연찮은 구석이 있다.

'첨해왕실록'에서 이미 밝혔듯이 미추왕의 왕위 계승은 결코 순조롭게 이뤄진 것이 아니다. 첨해왕은 조분왕의 큰사위인 석우로에게 돌아갈 왕위를 탈취하여 왕좌에 오른 인물이었다. 그렇기 때문에 첨해왕에게는 석우로가 몹시 부담스런 존재였다. 결국 첨해왕은 궁리 끝에 우로가 왜왕을 모독한 발언을 핑계 삼아 그를 죽음으로 내몰기에 이르렀다. 이 사건으로 첨해왕은 석씨와 박씨 왕실로부터 심한 반발을 사게 된다. 왜장에 의해 신라 땅에서 재상 격인 우로가 살해되었는데도 첨해왕이 고의로 방치한 사건은 급기야 반정의 소용돌이를 형성하게 되었다. 이때부터 첨해왕의 치세는 한치 앞을 내다볼 수 없는 혼란으로 치닫는다.

첨해왕 7년 4월의 '대궐 동쪽 연못에서 용이 나타나고, 금성 남쪽에 쓰러졌던 버드나무가 저절로 일어났다'는 기사는 당시의 정권 다툼과 반정의 기운을 은유적으로 보여 주는 문장이라고 할 수 있다. 『삼국사기』의 표현에서 용은 항용 왕을 상징하고 있으므로 대궐 연못에서 용이 나타났다는 것은 왕이 될 만한 인물이 출현했다는 의미로 봐도 무방할 것이다. 또 버드나무는 번성의 상징인데, 쓰러졌던 버드나무가 저절로 일어났다는 것은 첨해왕의 힘에 눌려 왕위에 오르지 못한 사람의 세력이 점차 확대되고 있음을 표현한 것으로 해석될 수 있을 것이다.

첨해왕과 그 정적들의 다툼은 그 후로 8년 동안 지속되었으며, 마침내 261년 12월 28일에 첨해왕은 급사하였다. 『삼국사기』는 이날 '왕이 갑자기 병이 나서 죽었다'고 기록하고 있으나, 실상은 살해당했을 것으로 보인다.

첨해왕이 죽은 후, 신하들의 추대로 왕위에 오른 사람이 바로 미추왕이다. 그는 알지의 후예로 그때까지는 왕족이 아닌 김씨 성을 쓰는 귀족 신분이었지만, 아내 광명부인 덕분에 왕위에 올랐다. 광명부인 석씨는 조분왕의 둘째 딸이었고, 미추는 광명부인을 대신하여 조분왕의 사위 자격으로 왕위를 이은 것이다. 여기서 미추왕에게 힘을 실어 준 세력은 당연히 석씨 왕실이었음을 알 수 있다.

2. 백성들의 신앙이 된 성군 미추왕
(?~서기 284년, 재위기간 : 서기 261년 12월~284년 10월, 22년 10개월)

첨해왕을 제거하긴 했으나, 미추왕의 왕위 계승은 그리 쉽지 않았다. 비록 첨해왕은 비명에 갔지만, 그의 추종 세력들이 미추의 즉위를 받아들이지 않았던 것이다. 그 바람에 미추는 곧장 왕위에 오르지 못하다가 262년 초에 왕위에 오를 수 있었다(그러나 첨해왕이 살해된 이후에 신라 조정을 이끈 사람이 미추이므로, 미추의 즉위 시점을 첨해왕이 죽은 261년 12월로 설정했다).

그가 왕위에 오르자, 첨해왕 세력들이 곳곳에서 난을 일으켰다. 『삼국사기』는 이에 대해 자세하게 기록하지 않았으나, 다음의 기사들을 통해 희미하게나마 알려 주고 있다.

원년(262년) 3월, 대궐 동쪽 못에 용이 나타났다.
가을 7월, 금성 서문에 불이 났고, 인가 백여 호가 연이어 불탔다.

이 기사에 나오는 '용'은 첨해왕의 추종 세력들이 내세운 왕일 것이다. 그들 첨해왕파와 미추왕 세력 간의 알력이 계속되던 중 내란이 일어나 금성의 일부가 불타고, 많은 민가가 피해를 입었다.

미추왕 재위 2년(263년) 정월에 이찬 양부를 서불한에 임명하고 내외병마사를 겸하게 했다는 기사가 보이는데, 이는 미추왕파가 첨해왕파를 제거하고 조정을 안정시켰음을 의미한다. 말하자면 미추왕의 왕위 계승과 관련한 내란은 261년 말에서 262년 말까지 약 1년간 지속되다가 미추왕의 승리로 종결되었다는 뜻이다.

　가까스로 정적들을 제거한 미추왕은 263년 2월에 시조묘에 제사를 올리고 정식으로 왕위를 승계했음을 천명했다. 관례대로 죄수들을 크게 사면하고, 자기 아버지 구도를 갈문왕에 봉했다.

　264년 2월엔 직접 동쪽 지방을 순행하며 백성들과 함께 바다에 제사를 지냈다. 3월에는 황산에 행차하여 노인과 가난한 자들을 직접 찾아 위로하고 구제함으로써 험악해진 민심을 달래기도 하였다.

　미추왕이 이렇듯 내정의 안정에 전념을 쏟고 있던 266년 8월에 백제가 봉산성(경북 영주 근방)을 급습해 왔다. 하지만 그곳 성주 직선이 장사 2백 명을 거느리고 맞서 싸워 백제군을 패퇴시켰다. 직선이 2백 명이라는 적은 병력으로 백제군을 물리친 사실로 미뤄 이 싸움은 백제군이 신라군의 방어 능력을 시험해 본 것이라 할 수 있다. 따라서 전면적인 전쟁을 예고하는 사건은 아니었다.

　어쨌든 미추왕은 백제군을 패퇴시킨 직선을 일길찬으로 특진시키고 병졸들에게도 후한 상을 내려 사기를 돋우었다. 그리고 여전히 국정을 안정시키는 데 주력하였다.

　미추왕의 국정안정책은 신하들과 정책을 토론하고, 그 토론장에서 도출된 결정을 직접 정책에 적용하는 형태를 띠었다. 268년에 신하들을 남당에 모아놓고 자신이 직접 정사와 형벌의 잘잘못을 물었는데, 이는 조선 시대의 경연과 비슷한 모습이었다. 말하자면 왕과 신하가 정치 및 법제에 관해 토론을 벌이고, 그 과정에서 합의된 일들을 실천으로 옮기는 매우 혁신적인 정책을 구사했던 것이다. 또한 각 지방에 사신들을 파견하여 전국을 순회토록 하고 백성들의 고통과 근심을 조사해 오도록 함으로써 민심과 민생의 안정에 각별한 노력을 기울였다.

　사신들이 돌아온 뒤, 미추왕은 272년 2월에 '농사에 해가 되는 일을 모두 없애라'는 특명을 내렸다. 당시 지방 귀족이나 관아에서는 사사로이 백성들을 부역에 동원하는 일이 잦았는데, 그 때문에 서민들이 겪는 고통이 컸다. 그 점을 간파한 미추왕은 식량을 생산하는 농사가 그 어떤 것보다 중요하다는 명분을 내세워 귀족과 관리들의 부당한 노동력 착취를 금지했던 것이다.

서민의 생활을 안정시키기 위해서는 무엇보다도 국가가 백성들의 노동력을 함부로 착취하지 않아야 한다는 것이 미추왕의 신념이었다. 이러한 신념은 궁궐을 신축하는 일에도 그대로 적용되었다. 276년 2월에 신하들이 앞장서서 궁궐을 다시 짓기를 청하였지만, 그는 백성들에게 노동을 시키는 것은 국가의 중대사라고 말하면서 한마디로 거부했다.

이렇듯 왕이 철저하게 백성의 입장에 서서 정책을 수립해 나가자, 임금에 대한 백성들의 믿음이 강해져 민심은 물론이고, 정치, 경제, 군사 전반에 걸쳐 매우 안정되었다.

당시 백제의 고이왕은 호시탐탐 신라 공략의 기회를 엿보며 공격을 가해 왔지만, 미추왕은 단 한 번의 패배도 용납하지 않았다.

274년에 백제가 신라 변경을 침입해 왔으나, 신라군의 방어벽을 뚫지 못하고 패퇴하였다. 278년에는 신라의 전초 기지인 괴곡성(충북 괴산 지역)을 포위하였으나 역시 아무 성과도 없이 물러가야만 했다.

백제의 침입이 계속되자, 미추왕은 281년 9월에 양산에서 대대적인 군대 사열을 실시하여 신라 군대의 위용을 과시했다. 그럼에도 백제의 고이왕은 283년 9월에 다시금 변경을 침입하여 노략질하고, 10월에는 괴곡성을 포위하였다. 미추왕은 일길찬 양질을 보내 백제군을 패퇴시켰다.

백제의 계속되는 침입으로 변경의 군대와 백성들이 고통을 당하자, 미추왕은 284년 2월에 변경 지방 순행길에 오른다. 이때 미추왕은 이미 늙은 몸이었지만, 노구를 이끌고 험한 변경을 둘러보며 그곳을 지키는 군졸과 백성들을 위로했다.

그는 그해 10월에 생을 마감했는데, 아마도 노쇠한 몸을 이끌고 변경을 순행하다 병을 얻은 탓인 듯하다.

미추왕은 즉위 초부터 일관되게 백성의 마음을 얻고 달래는 일을 임금의 제일의 소임으로 알던 왕이었다. 그래서 그에 대한 백성들의 신뢰는 대단하였다. 심지어 그가 죽고 난 뒤에도 백성들은 그의 신령이 나라를 지켜 줄 것이라는

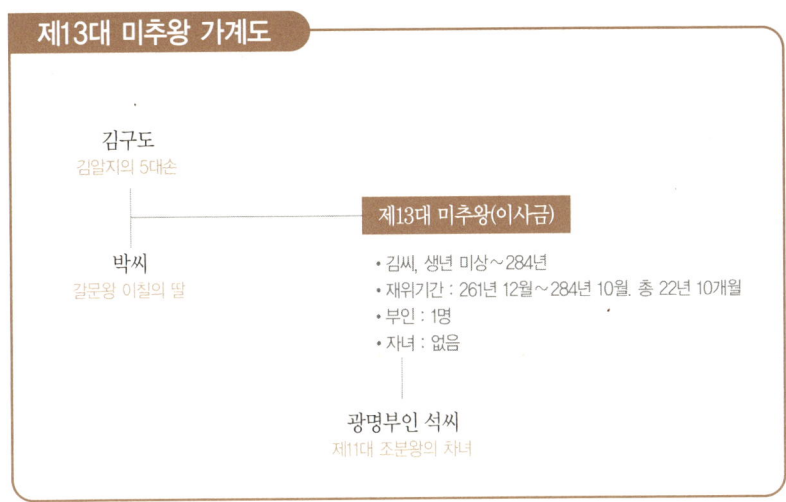

믿음을 가질 정도였다. 미추왕도 전 왕들과 마찬가지로 이사금을 왕호로 사용하였으며, 능은 대릉이다. 대릉은 죽장릉 또는 죽현릉이라고도 하는데, 흥륜사 동쪽에 마련된 것으로 기록되어 있다.

미추왕의 왕비는 조분왕의 차녀 광명부인 석씨이다. 하지만 그녀의 삶에 대한 자세한 기록은 남아 있지 않다. 또 그녀 소생의 자녀들에 관한 기록도 전혀 없다.

『삼국사기』는 내물왕의 왕비와 실성왕의 왕비를 미추왕의 딸이라고 기록하고 있다. 하지만 내물왕은 미추왕 사후 72년 만인 356년에 왕위에 올랐고, 실성왕은 118년 후인 402년에 왕위에 올랐다. 그런데도 그들의 부인이 미추왕의 딸이라는 것은 납득할 수 없는 일이다. 이 두 왕의 왕비가 미추왕의 딸이라고 한 것은 백성들의 절대적인 신뢰를 얻었던 미추왕의 후광에 의지하기 위해 후대에 의도적으로 족보를 조작한 결과일 것이다.

3. 미추왕에 얽힌 설화들

미추왕에 대한 백성들의 믿음이 얼마나 대단했는지는 『삼국유사』「기이」편의 '미추왕과 댓잎군사' 이야기에서 잘 보여 주고 있다. 그 내용을 옮겨 보면 이렇다.

제14대 유리왕(유례왕) 시대에 이서국 사람이 와서 금성을 치니, 신라는 대군을 동원하여 막았으나 오래 버틸 수 없었다. 한데 돌연히 이상한 군사들이 와서 도왔다. 그들은 모두들 댓잎사귀를 귀에 꽂고 신라 군사들과 힘을 합쳐 적을 쳐서 깨뜨렸다.

적군이 물러간 후, 그들은 어디로 갔는지 알 수 없었고 다만 댓잎사귀들이 미추왕의 능 앞에 쌓여 있었다. 이를 보고서야 비로소 선대 임금(미추왕)의 음덕임을 알게 되었다. 따라서 이 왕릉을 죽현릉이라고 불렀다.

이 이야기에 등장하는 이서국은 지금의 경북 청도 지방에 있던 소국이다. 당시 청도는 가야 땅이었으나, 접경 지역인 까닭에 신라로부터 많은 간섭을 받고 있었다. 신라는 유례왕 9년에 가야 땅을 강점하며 영토를 확장하기 시작했고, 이에 반발한 가야는 왜의 힘을 빌려 신라를 공격하였다. 이서국이 신라를 공격한 것은 왜의 잦은 침입으로 신라가 어려움에 처해 있던 유례왕 14년(296년) 정월의 일이다.

신라는 이 전쟁에 앞서 286년에 백제와 화친 관계를 맺어 뒀는데, 아마도 이때 댓잎사귀를 꽂고 신라군을 도운 병력은 백제 병력이었을 것이다. 하지만 당시 백제는 가야와 왜와도 화친을 맺어 둔 상태라 노골적으로 신라 병력을 도울 처지가 못 됐다. 그렇다고 화친을 맺은 신라의 어려움을 그대로 방치할 수도 없었다. 그래서 짜낸 묘안이 댓잎을 꽂은 '이상한 병력'으로 행세한 것일 게다.

백제는 비록 왜와 화친 관계에 있었지만, 왜가 가야 및 신라를 장악하여 지나치게 세력을 확대하는 것을 경계하고 있었을 터였다. 그래서 짜낸 묘안이 댓잎군사였던 것이다.

왜군이 포함된 이서국의 군대가 퇴각한 후 백제군은 돌아가면서 댓잎을 모두 미추왕 무덤에 쌓아 뒀다. 이는 미추왕에 대한 신라인들의 신뢰가 두터움을 알고 취한 조치일 것이다. 즉, 어려움에 처한 신라의 백성들을 죽은 미추왕의 영령이 돌본 것으로 꾸밈으로써 백제가 전쟁에 가담했다는 의심을 피하려 했던 것이다.

재위시에 백성의 안위와 평안만을 추구했던 미추왕은 죽어서도 백성을 저버리지 않을 것이라는 신라 백성들의 신앙 같은 믿음을 이용하여 백제는 왜와 가야의 의심을 떨쳐 버릴 수 있었던 것이다. 이는 신라인들이 미추왕을 얼마나 신뢰하고 따랐는지를 단적으로 보여 주는 사건이라 할 수 있다.

『삼국유사』는 다음과 같은 또 하나의 이야기를 소개하면서 미추왕에 대한 신라인의 경외심을 전해 주고 있다.

제36대 혜공왕 시대인 대력 14년 기미(779년) 4월에 갑자기 회오리바람이 유신 공의 무덤으로부터 일어났다. 회오리바람 속에 웬 사람 하나가 좋은 말을 타고 서 있었다. 그는 장군의 차림을 하였는데, 갑옷 차림에 병장기를 가진 자 40여 명이 뒤를 따라와 죽현릉으로 들어갔다. 잠시 후 왕릉 속에서 왁자지껄하는 소리가 났는데, 울음소리 같기도 하고 하소연하는 소리 같기도 했다.

그 말소리가 이랬다.

"제가 살아생전에 정치를 돕고 환란을 구제하고 나라를 통일한 공을 세웠습니다. 또 죽어 혼백이 되어서도 나라를 수호하며 재앙을 물리치고 환란을 구제하고자 하는 마음이 잠시도 변함이 없었습니다. 그런데 지난 경술년(710년)에 제 자손이 죄 없이 사형을 당하였고, 임금이나 신하들은 나의 공적을 생각하지 않으니, 저는 멀리 다른 곳으로 옮겨가서 다시는 애써 근심하는 생각을 하지 않겠사옵니다. 왕은 허락하소서."

왕이 대답하였다.

"오직 나와 그대가 이 나라를 수호하지 않는다면 저 백성들을 어떻게 할 것이오? 그대는 이전과 다름없이 힘을 써 주시오."

그렇게 세 번을 청하자, 다 듣지도 않고 회오리바람은 그만 돌아갔다.

왕(혜공왕)이 이 말을 듣고 겁이 나서 즉시로 대신 김경신을 보내 김 공의 무덤에 가서 사과하게 하고, 공을 위해 공덕보 밑천으로 밭 30결을 취선사에 맡겨 그의 명복을 빌게 하였다. 이 절은 김 공이 평양을 친 후에 복을 담기 위하여 세운 것이었다.

미추의 영혼이 아니었더라면 김 공의 노여움을 막을 수 없었을 것이니, 왕(미추왕)이 나라를 보호하는 품은 크지 않다고 할 수 없을 것이다. 그리하여 나라 사람들이 그의 덕을 사모하여 삼산(신라에서 가장 큰 제전에 속하는 나림, 골화, 혈례 세 곳의 제사 장소)과 함께 제사를 끊이지 않았고, 제사의 직위를 5릉(혁거세왕의 능)의 위보다 높여 대묘라 일컬었다.

이 이야기는 왜 미추왕의 능을 높여 대묘라고 일컫는지 그 이유를 설명하는 내용이지만, 근본적으론 신라인들이 미추왕을 얼마나 경외하고 신령스럽게 여기는지 잘 보여 주고 있다. 물론 미추왕을 이처럼 높이 평가하게 된 것은 후대의 김씨 왕들이 그를 의도적으로 높인 결과일 수도 있다. 미추왕의 왕릉 속에서 통일신라 시대 이후의 유물들이 대거 발견되는 것을 봐도, 미추왕릉을 대묘로 이장한 것은 확실히 통일 신라 이후임을 알 수 있다. 즉, 미추왕을 높이 추앙하게 된 것은 김씨 왕실이 조정을 완전히 장악한 눌지왕 이후쯤이라는 것이다.

하지만 미추왕의 치적이나 행적을 살펴보면, 그가 백성의 평안한 삶을 정치의 최우선 목표로 삼은 것만은 자명하다. 따라서 다소 과장되고 조작된 측면이 있다손 치더라도 신라 백성들이 미추왕을 성군으로 평가하고 신령스런 마음으로 그를 경외한 것은 사실일 것이다.

▶ 미추왕 시대의 세계 약사

미추왕 시대 중국에선 263년에 촉한이 위에 항복하고, 위에선 사마씨가 득세하여 위를 폐하고 진을 세웠다. 그리고 280년에 진이 오를 멸함으로써 삼국 시대는 완전히 종결된다.

이때 로마에서는 오랫동안 지속되던 기독교도에 대한 박해가 잠시 중지되고, 페르시아에서 마니교가 건너와 전파된다. 갈리아에서 노예와 농민에 의한 바가우다에운동이 일어나고, 로마 철학자 플로티노스가 죽은 것도 이 무렵이다.

제14대 유례왕실록

1. 유례왕의 즉위 배경

　유례(儒禮, 또는 유리)왕은 제11대 조분왕의 장남이며, 갈문왕 나음의 딸 박씨 소생이다. 『삼국사기』는 박씨가 유례왕을 잉태한 배경에 대해 '밤길을 가다가 별빛이 입으로 들어간 일이 있었는데, 이로 인하여 임신이 되었다'는 다소 설화적인 형태의 기록을 남기고 있다. 이는 박씨가 조분왕과 정식으로 혼인하지 않은 상태에서 상간하여 아이를 밴 것을 미화한 내용일 것이다. 즉, 유례왕은 시집가지 않은 처녀의 몸에서 태어난 사생아였다고 할 수 있다.

　조분왕이 박씨와 상간한 것은 재위 말기쯤이었을 것으로 보인다. 따라서 조분왕 사망 당시 유례왕은 기껏해야 돌이 갓 지난 어린아이였을 것이다. 조분왕이 죽은 뒤에 첨해가 14년, 미추가 23년 재위했으니, 유례왕은 조분왕의 사망 시점인 247년으로부터 37년이 지난 뒤에 왕위에 오른 셈이고, 그때 그의 나이는 마흔이 다 되었다.

　미추왕이 유례에게 왕위를 물려준 배경에 대해서는 전혀 기록이 없다. 하지만 그 내막을 추측할 수 없는 것은 아니다.

유례는 조분왕의 아들이고, 미추는 유례의 매형이다. 미추는 조분왕의 사위 자격으로 왕위에 올랐는데, 이는 그의 왕비 광명부인을 대신한 것이다. 따라서 왕위 승계에 대한 실질적인 권한은 광명부인이 쥐고 있었다. 만약 미추왕에게 아들이 있었다면 광명부인은 당연히 자기 아들로 하여금 왕위를 잇게 했을 것이다. 그러나 불행히도 그녀는 아들을 낳지 못했다. 그러면 계승권은 사위에게 돌아가야 하는데, 그녀의 사위에 대해서는 명확한 기록이 남아 있지 않다.

『삼국사기』는 내물왕과 실성왕의 부인들이 미추왕의 딸들이라고 기록하고 있으나, 이는 신빙성이 전혀 없다. 내물왕은 미추왕의 사망 시점으로부터 72년 후에 왕위에 올라 46년간 머물렀다. 만약 내물왕의 부인이 미추왕의 딸이라면 내물은 청년 시절에 팔순 노파와 결혼한 꼴이 된다. 실성왕은 미추왕 사망 시점으로부터 118년 후에 왕위에 오른 인물인데, 그가 미추왕의 딸과 결혼했다고 하는 것은 그야말로 무덤 속에서 썩어 없어진 시신과 결혼한 것이나 진배없다. 내물왕과 실성왕의 부인을 모두 미추왕의 딸로 기록해 놓은 것은 그들이 왕위를 얻기 위한 명분을 만드는 과정에서 조작된 결과일 것이다. 어쨌든 내물왕과 실성왕의 왕비는 미추왕의 딸들이 아닌 게 분명하다.

그렇다고 미추왕에게 딸이 없었다고 단정할 수는 없을 것이다. 내물왕과 실성왕의 왕비를 미추왕의 딸이라고 우긴 것을 보면, 미추왕에겐 적어도 두 명 이상의 딸이 있었을 가능성이 높다. 그렇다면 그 딸들은 어떻게 되었을까?

『삼국사기』는 왕비들의 출신에 대해서는 대부분 명확한 기록을 남기고 있다. 당시 신라 사회는 혈통에 따라 관직의 품계가 결정되는 제도를 둘 정도로 혈통을 중시했다. 특히 혈통의 순수성을 중시하던 신라 왕실은 모계 혈통을 매우 중요하게 생각했기 때문에 왕비의 신분을 반드시 밝혀 놓았다. 이전 왕들 중에서는 남해왕, 벌휴왕, 첨해왕 등 세 왕의 왕비에 대한 언급이 없는데, 이들은 나름대로 모두 이유가 있다. 남해왕 시대는 건국 초기인 데다 골품제도가 확립되지 않은 때였고, 그가 왕족과 혼인하지 않은 까닭에 굳이 왕비의 출신을 밝힐 이유가 없었다. 벌휴왕 또한 왕족과 혼인하지 않았기에 마찬가지다. 첨해왕은 미추왕에 의해 제거되어 가족을 모두 잃었기 때문에 왕비에 대한 기록을 남길 수가 없었다.

그러나 유례왕과 흘해왕의 왕비에 대해서 전혀 언급이 없는 것은 이상한 일이다. 유례왕은 조분왕의 아들이고, 갈문왕 박나음의 외손자였으므로 부계와 모계가 모두 왕족이니 당연히 왕족과 혼인하였을 것이다. 흘해왕 또한 내해왕의 후손이요, 조분왕의 딸 명원부인의 피를 받았으니 당연히 왕족과 혼인하였을 것이다. 말하자면 이들 왕들의 왕비가 기록되지 않을 이유가 없다는 것이다. 그럼에도 이들의 왕비에 대한 기록은 남아 있지 않다.

이미 밝혔듯이 내물왕과 실성왕이 미추왕의 딸들과 혼인했다는 것은 전혀 신뢰할 수 없는 이야기다. 하지만 내물왕과 실성왕이 미추왕의 딸들을 왕비로 삼았다는 기록은 미추왕에게 적어도 두 명 이상의 딸이 있었음을 알게 해 준다. 이 딸들은 필시 차기 왕위 계승권자와 결혼했을 가능성이 높다.

당시 유력한 왕위 계승권자로는 조분왕의 장남인 유례, 내해왕의 태자였던 석우로와 조분왕의 딸 명원부인 사이에서 태어난 아들(아마도 흘해의 아버지였을 것이다) 등 두 사람이었다. 당시의 관습에 따르면 미추왕의 딸들은 이들과 혼인했어야 한다. 그런데 이들의 부인으로 기록되었어야 할 미추왕의 딸들이 엉뚱하게도 내물왕과 실성왕의 왕비로 기록된 것이다. 여기엔 모종의 속임수가 도사리고 있는 것이 분명하다. 말하자면 내물왕과 실성왕이 정상적으로 왕위에 오르지 못했기에 자기의 등극 명분을 세우기 위해 백성들이 신앙처럼 섬기고 있던 미추왕의 사위로 위장했던 것이다. 미추왕의 진짜 사위는 유례왕과 흘해왕의 아버지였을 가능성이 짙다. 따라서 유례왕은 조분왕의 아들이자 미추왕의 사위로서 왕위에 오른 셈이다.

2. 전란에 휩싸인 서라벌과 유례왕의 왜국 정벌 꿈
(?~서기 298년, 재위기간:서기 284년 10월~298년 12월, 14년 2개월)

유례왕이 왕위에 올랐을 땐, 국제 관계가 난마처럼 얽혀 있었다. 최대의 경쟁자인 백제와는 여전히 첨예한 대립을 지속하고 있있고, 실상가상으로 왜와도 갈등을 겪고 있었다. 왜와의 갈등은 곧 왜와 긴밀한 관계를 형성하고 있던 가야와의 관계 악화를 의미하기도 했다. 말하자면 신라는 백제, 왜, 가야 삼국과 동시에 싸워야 하는 난처한 지경에 처해 있었던 것이다.

왜와 관계가 악화된 것은 미추왕 말기에 일어난 명원부인 사건 때문이다. 조분왕의 장녀 명원부인은 내해왕의 장남 석우로의 부인이었다. 우로는 첨해왕 3년(249년)에 왜장 우도주군에 의해 화형되었는데, 이는 첨해왕이 꾸민 모략 때문이었다. 명원부인은 이 일로 왜국에 원한을 품고 있었는데, 미추왕 말기에 왜에서 사신을 보내오자 복수할 기회를 노렸다. 결국, 그녀는 왜국 사신을 죽이기로 결심하고 미추왕에게 왜국 사신을 개인적으로 대접할 기회를 달라고 청했다. 미추왕의 승낙을 받아 낸 그녀는 왜국 사신에게 술을 잔뜩 먹여 취하게 한 다음, 휘하의 장사들을 시켜 남편이 당했던 것과 똑같은 방법으로 그를 태워 죽였다.

이 사건으로 조정은 발칵 뒤집혔고, 신라와 왜국 관계는 급격히 냉각되었다. 왜국 왕은 분을 이기지 못하고 대병을 동원하여 신라를 공격할 움직임을 보였는데, 그 와중에 미추왕이 죽고 유례왕이 즉위했던 것이다.

왜의 침입이 예상되는 가운데, 유례왕은 즉위와 동시에 전쟁에 대비해야 했다. 그가 취한 첫 번째 조치는 백제와의 화해였다. 만약 왜가 쳐들어왔을 때, 백제가 가세한다면 막아 낼 방도가 없었던 것이다.

때마침 백제에서도 신라와의 화친을 원하고 있었다. 당시 백제는 고이왕이 연로한 몸으로 병석에 누워 죽을 날만 기다리고 있는 처지였기 때문에 내정이 매우 불안한 상태였다. 그런 가운데 신라의 새 왕이 화친을 모색하고 있다는 소식을 접했고, 마침내 유례왕 재위 3년(286년)에 금성에 사신을 보내와 화친을 제의하기에 이르렀다.

백제와 화친을 성립시킴으로써 유례왕은 큰 시름을 하나 해결했지만, 여전히 왜의 침략을 염려하고 있었다. 예상대로 왜는 287년 4월에 대군을 이끌고 침입해 왔다. 왜군은 일례군(위치 미상, 경북 선산 근처로 추정됨)을 급습하여 마을을 불태우고 주민 1천여 명을 사로잡아갔다.

하지만 왜군의 공략은 그것으로 끝나지 않았다. 백성들 사이엔 왜군이 다시 쳐들어올 것이라는 소문이 무성했고, 유례왕은 선박과 병기를 수리하여 2차 침입에 대비하였다.

292년에 왜군이 다시 쳐들어왔다. 그해 6월에 왜군이 사도성(경북 영일만 일대)을 공격하여 점령하자, 유례왕은 일길찬 대곡에게 군사를 안겨 사도성을 탈환했다. 왜군은 물러가면서 성을 불태우고 많은 주민을 잡아갔다.

그 무렵, 가야는 은근히 왜를 지원하고 있었는데, 유례왕은 그런 태도를 취한 가야에 대해 몹시 분개하고 있었다. 그래서 왜가 물러가자, 군대를 동원하여 가야를 공격하였다. 신라의 느닷없는 침략으로 가야는 졸지에 전쟁에 휘말렸다. 심지어 가야의 남단인 섬진강변의 다사군(하동) 지역까지 신라군이 점령해 버렸다(신라군이 다사군을 점령했다는 판단은 유례왕 11년(294년) 7월 기사에 '다사군에서 상서로운 벼 이삭을 진상했다'는 기록에 근거한 것이다. 다사군은 원래 가야 영토인데, 그곳에서 벼 이삭을 진상했다는 것은, 당시 신라가 그곳을 장악했다는 의미이기 때문이다).

그러자 왜는 가야를 구원하기 위해 다시 군대를 동원해 294년에 사도성 근처에 있는 장봉성을 공격해 왔다. 유례왕은 293년에 사도성을 개축하고 사벌주(상주) 주민 80여 호를 옮겨 살도록 조치함으로써 사도성 일대를 안정시킨 바 있었다. 덕분에 사도성의 민심이 안정되어 왜군의 장봉성 공략을 가까스로 막아 낼 수 있었다.

장봉성 공략에 실패한 왜군은 일단 바다로 퇴각했지만, 그것으로 전쟁이 끝난 것은 아니었다. 그래서 유례왕은 왜국 본토 공략을 결심하고, 신하들에게 이렇게 말했다.

"짐이 백제와 함께 힘을 합쳐 일시에 바다를 건너 왜국을 공격하려 하는데, 어떻게 생각하는가?"

그 소리를 듣고 재상직을 수행하고 있던 서불한 홍권이 만류했다. 홍권은 신라군이 수전에 익숙지 않아 왜를 정벌하는 것은 무리라고 했다. 거기다 백제

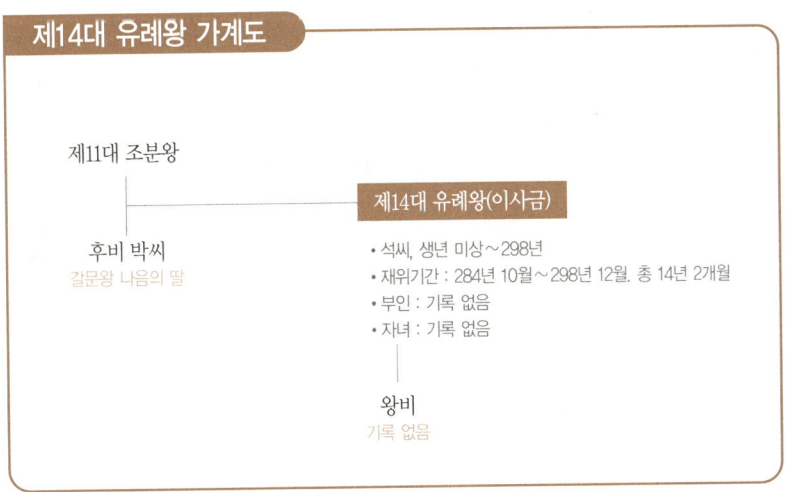

또한 완전히 믿을 수 있는 나라는 아니라고 했다.

유례왕은 홍권의 반대로 왜국 정벌을 포기했으나, 여전히 왜에 대해 강경한 태도를 취했다. 또한 왜와 밀접한 관계를 형성하고 있던 가야에 대해서도 마찬가지였다.

그러나 가야도 마냥 당하고만 있지는 않았다. 297년 정월, 가야는 신라와의 경계인 이서고국(경북 청도)에 병력을 집결하고 과감하게 금성을 공략해 왔다(가야가 이서고국에 병력을 집결할 수 있었다는 것은 이미 남쪽 지역에서 신라군이 발을 뺐다는 의미다. 아마도 신라는 294년에 왜군이 장봉성을 공격해 온 뒤에 왜의 재침을 두려워하여 급히 가야에서 발을 뺀 듯하다).

가야 병력의 공격이 얼마나 거셌던지 신라군은 방어하기에도 역부족이었다. 당시 병력 수준으로 봐서 가야는 신라를 대적할 만한 능력이 없었다. 그런데도 이렇듯 신라를 궁지에 몰아넣은 것을 보면, 당시 가야 병력의 상당수는 왜군이었을 가능성이 높다.

어쨌든 수세를 면치 못한 채 당황하고 있던 신라군은 뜻밖의 원군을 만났다. 어디서 온 병력인지는 알 수 없으나 한결같이 귀에 댓잎을 꽂은 병사들이 나타나 가야군을 패퇴시켰다. 가야군이 물러간 뒤, 수만 개의 댓잎이 죽장릉(죽현릉, 미추왕의 능)에서 발견되었다. 이 때문에 백성들은 미추왕이 하늘의 군대를 보내 전쟁을 도왔다고 믿었다.

그러나 아마도 댓잎군사는 백제의 책계왕이 보낸 군사였을 가능성이 높다. 당시 백제는 신라와 화친조약을 맺고 있었으니, 신라에 원군을 보낼 수 있는 유일한 나라였다. 그러나 가야와 왜 등과의 관계를 생각하여 노골적으로 나서지 못하고 신라군으로 변장하여 도왔던 것이다.

댓잎군사의 도움으로 가야의 역공을 가까스로 막아 낸 뒤에 유례왕은 죽음을 맞이했다. 재위 15년째인 298년 2월에는 경도 서라벌에 닷새 동안이나 사람을 알아볼 수도 없을 정도로 짙은 안개가 끼었다는 기사가 보이고, 그해 12월에 유례왕의 사망 기사가 보인다.

유례왕도 전 왕들과 마찬가지로 이사금을 칭호로 사용했으며, 능과 가족에 대한 기록은 전혀 남아 있지 않다.

제15대 기림왕실록

1. 복잡하게 얽히는 국제 정세와 기림왕의 기민한 대처
(?~서기 310년, 재위기간 : 서기 298년 12월~310년 6월, 11년 6개월)

기림(基臨)왕은 기립이라고도 불리었으며, 조분왕의 차남인 걸숙의 아들이다. 걸숙은 조분왕이 만년에 낳은 아들로 판단되는데, 모계에 대한 기록이 없는 것으로 봐서 어머니가 왕족이 아니었던 모양이다. 일설에는 걸숙이 조분왕의 손자라고도 하는데, 그럴 경우 걸숙의 아버지가 누구인지에 대해서는 알 길이 없어 신빙성이 떨어진다.

『삼국사기』는 기림의 왕위 계승 과정에 대해 어떠한 언급도 하지 않았다. 다만 기림이 '성격이 관대하여 사람들이 모두 칭송하였다'는 기록만 남아 있다.

당시 정황으로 판단하건대, 유례왕에서 기림왕으로 이어지는 과정에서 반란이 일어난 흔적은 없다. 그렇다고 유례왕이 급작스럽게 죽었다는 기록도 없다. 말하자면 기림왕은 유례왕의 지명과 절차에 따라 적법하게 왕위에 오른 인물인 셈이다.

그렇다면 유례왕은 왜 기림을 후계자로 지목했을까? 기림은 유례왕의 이복

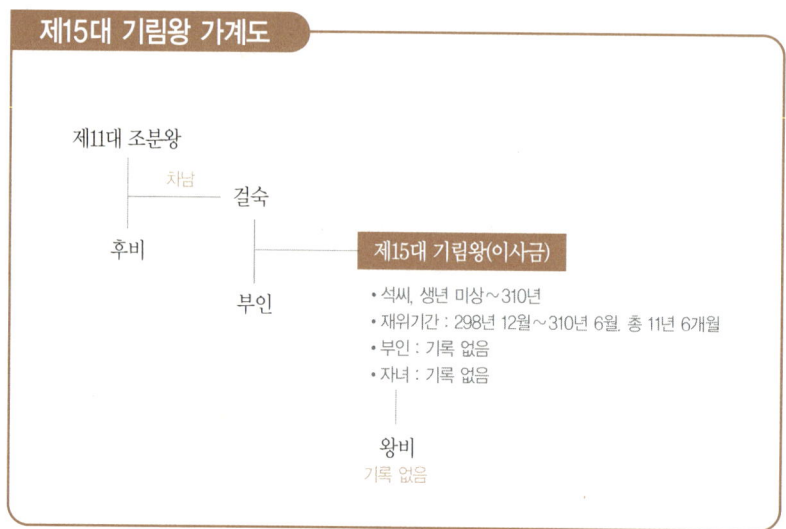

동생인 걸숙의 아들인데, 단순히 그 이유만으로 그를 후계자로 삼았을까?

『삼국사기』는 유례왕의 가족에 대해 어떤 언급도 하지 않고 있다. 이미 밝혔 듯이 이 일은 내물왕과 관련이 있다. 내물의 후예인 김씨 왕족들은 내물왕의 왕위 계승을 합리화하기 위해 유례왕의 부인인 미추왕의 딸을 내물의 부인으로 만들어 놓았다. 이 때문에 유례왕 가족들의 존재를 고의로 삭제했던 것이리라.

그 결과로 유례왕의 자식들에 대해 알 길이 없어졌다. 하지만 유례왕을 이어 조카인 기림이 왕위를 이은 것을 볼 때, 유례왕에겐 아들이 없었던 것이 분명하다. 그렇다고 딸조차 없었다고 단정할 수는 없다.

신라 사회에선 관습적으로 아들이 없으면 사위가 왕위를 이었다. 즉, 유례왕에게 아들이 없었다면 필시 사위가 왕위를 이었을 것이다. 유례왕에 이어 기림이 후계자로 지명되어 왕위를 이었다는 것은 기림이 유례의 사위였을 것이라는 추론을 가능케 한다. 당시 풍습으론 사촌간의 결혼은 다반사였고, 혈통을 중시하던 신라 왕실에선 너무도 당연시되던 일이었다. 따라서 기림은 유례왕의 조카로서가 아니라 사위로서 왕위에 오른 것이 분명하다.

기림은 11년여 동안 왕위에 있었는데, 많은 치적을 남기지는 않았다. 그의 치세에서 가장 주목할 만한 일은 재위 3년(서기 300년) 정월에 왜국과 외교 관계를 맺은 일이다. 유례왕 대엔 왜와 치열한 싸움을 벌였고, 그로 인해 신라 사회는 늘 전쟁 분위기에 휘말려 있어야만 했다. 그렇기 때문에 왜와 화친한 사건은 신라인들에겐 큰 의미가 있었다.

신라인들은 동해를 끼고 살았기 때문에 왜인의 침입만큼 염려스러운 일은 없었다. 백제나 고구려, 말갈 등은 항상 육로를 택해 쳐들어왔고, 그것도 높은 산맥을 넘어오거나 강을 건너와야만 했다. 따라서 그들을 방어하는 것은 그다지 어렵지 않았다. 그러나 왜군은 달랐다. 왜는 항상 수군을 이끌고 와서 상륙 작전을 감행했기 때문에 금성을 포함한 모든 신라 땅이 침입로가 될 수 있었고, 일단 수군이 뚫리면 속수무책으로 당할 가능성이 높았다. 더구나 왜는 수전에 매우 능숙했기 때문에 신라인들이 그들을 두려워하는 것은 당연했다. 유례왕이 그 골칫거리를 해결하기 위해 왜국 원정을 감행하려 했지만, 그 때도 왜군의 탁월한 수전 능력을 무너뜨릴 가능성이 없어 포기했다.

신라인들이 왜를 얼마나 골칫거리로 여기며 두려워했는지는 문무왕의 수중 왕릉에서 잘 엿볼 수 있다. 왜의 침입이 얼마나 염려스러웠으면, 문무왕은 자기가 죽어서 바다의 용이 되어서라도 왜군을 막겠다며 수중 왕릉을 조성하라고 했겠는가?

이런 이유 때문에 신라는 가급적 왜와 화친하려 했다. 왜와 화친하는 것만이 신라의 안정을 유지하는 길이었던 것이다. 기림왕 3년에 성사시킨 왜와의 화친 약조는 바로 그런 안정의 기반을 만드는 일이었다.

기림왕 치세에 또 하나 주목할 만한 것은 재위 3년 2월에 비열홀을 순행하고, 3월에 낙랑과 대방 두 나라가 항복해 왔다는 기사이다. 비열홀은 함경남도 안변이다. 안변은 원산항과 영흥평야를 끼고 있는 곳으로, 북방에서는 비교적 살기 좋은 땅이다. 이 곳은 필시 한반도 낙랑인 동예의 도읍이 되었을 법한 곳인데, 기림왕이 이 곳을 방문했다는 기사는 뜻밖이다. 더구나 바로 다음 달에 낙랑과 대방 두 나라가 항복해 왔다는 기사를 싣고 있다.

대개 학자들은 이 기사들을 터무니없는 기록으로 치부하고 있다. 당시 신라의 북방 경계는 기껏해야 소백산맥 정도였을 것이라는 것이 일반적인 견해이기 때문이다. 그러나 꼭 그렇게 단정할 일은 아니다. 조분왕 때에 석우로가 고구려군과 싸우다가 후퇴하여 마두책에 저지선을 마련했다는 기록이 나오는데, 마두책은 경기도 포천의 옛 이름이다. 즉, 조분왕 대에 신라는 임진강 근처까지 진출했다는 뜻이 된다.

당시 상황을 고려해 보면, 전혀 터무니없는 일도 아니다. 당시 이 땅을 차지하고 있던 세력은 말갈족이었다. 하지만 말갈은 여러 부족이 각기 세력을 형성하고 있던 터라 부족 간에 갈등이 생길 경우엔 전혀 저항력이 없는 집단으로 전락하기 십상이었다. 거기다 당시 말갈을 지배하고 있던 고구려는 중국의 위나라와 패권 다툼을 벌이느라 한반도 쪽을 돌아볼 겨를이 없었다. 신라는 그런 상황을 이용하여 북진을 감행해 임진강까지 진출했다. 뒤늦게 그 사실을 안 고구려가 군대를 동원하여 신라군을 응징한 것이 석우로가 마두책에서 방어진을 형성하고 싸운 전쟁일 것이다. 하지만 고구려는 그 뒤에 위나라와 싸우다가 도성인 환도성이 무너지는 어려움에 봉착하는데, 이 일로 한반도에 대한 고구려의 영향력이 크게 위축되었을 것이다.

기림왕이 비열홀을 순행하던 300년에도 고구려는 내정의 불안으로 몹시 어려움을 겪고 있었다. 봉상왕의 독재와 전횡으로 민심이 크게 격앙되어 있었고, 결국 창조리가 반정을 일으켜 봉상왕을 내쫓고 미천왕을 옹위한 것이 같은 해 9월이다. 더구나 당시 중국은 진이 무너지면서 5호 16국 시대로 접어들고 있었고, 고구려는 중국 대륙의 각축장에 뛰어들어 중원으로 세력을 확대하려 하고 있었다.

당시 비열홀은 고구려의 지배 아래 놓여 있었지만, 고구려는 내정의 불안과 중원의 급격한 변화에 대응하느라 한반도 쪽을 돌아볼 여유가 없었다. 신라는 그런 상황을 이용하여 동예(한반도 낙랑) 왕실의 후예들에게 손을 뻗쳤고, 급기야 기림왕이 직접 동예의 도성인 안변으로 찾아가 그들의 망명을 권유하여 데려온 것이다. 기림왕 재위 3년에 낙랑이 항복해 왔다는 것은 바로 동예의 왕실 후예들이 대거 망명해 온 사실을 기록한 것일 게다. 이로써 소백산맥 이북으로 영토를 확대할 수 있는 기반을 만든 셈이다.

그렇다면 대방이 항복해 왔다는 기록은 어떻게 이해해야 할 것인가? 대방은 지금의 중국 산동 지역에 형성되어 있던 곳으로 247년에 그 곳의 태수 궁준이 백제의 고이왕과 싸우다 패배하여 전사했다. 이후 대방은 백제와 결혼 동맹을 맺고, 대방 왕의 딸 보과를 고이왕의 태자 책계에게 시집보내야 했다. 이로써 백제는 대방을 병합한 꼴이 되었는데, 책계왕 대에 이르러 백제는 완전히 대방을 병합하여 대륙백제를 건설했다. 대륙백제 건설 후, 백제의 행정은 대륙과 한반도로 분리되어 대륙은 왕이 직접 다스렸고, 한반도는 외척이 다스리는 형태를 띠었다. 그러나 한성을 지배하고 있던 외척 진씨들의 전횡으로 반란이 일어나 300년경부터 약 45년간 나라가 양분되는 사태를 맞았다.

대방이 신라에 항복했다고 기록된 300년 당시엔 한성을 지배하고 있던 외척 진씨 세력의 학정에 반발하여 비류가 구수왕의 아들임을 자처하며 반란을 일으켰다. 그리고 진씨 세력을 제거하고 한성을 장악해 버렸다.

이때 한성에는 볼모로 잡혀 온 대방의 왕족들이 머물고 있었을 것이다. 반군에 의해 한성이 무너지자, 이들은 신라 땅으로 달아나 항복했을 것이다. 즉, 기림왕 3년에 대방이 항복해 왔다는 기사는 한성에 머물고 있던 대방의 볼모가 신라로 달아나 망명한 것을 기록한 것이다.

기림왕 치세 중에 또 하나 짚고 넘어갈 것은 10년 기사에 '국호를 다시 신라로 하였다'는 내용이 나오는데, 이는 탈해왕 이후 계림국으로 쓰던 것을 신라로 복구했다는 뜻이다. 원래 신라는 서라, 사로, 신라, 시벌, 계림 등으로 불렀는데, 탈해왕 대에 계림으로 부르다가 기림왕 대에 다시 계림을 폐하고 종전의 명칭으로 되돌렸다는 것이다. 그리고 지증왕 대에 가서 '신라'를 국호로 확정하게 된다.

이외에 몇 가지 재해에 관한 기사도 보인다. 재위 5년에 봄과 여름에 걸쳐 심한 가뭄이 들었고, 7년에는 8월에 지진이 발생하여 샘물이 솟아올랐고, 9월에는 더 큰 지진이 발생하여 금성의 민가가 무너지고 사망자가 발생했다.

기림왕은 재위 내내 병마에 시달렸던 모양이다. 그리고 재위 13년 5월에는 병이 위독해져 죽음을 예고했고, 6월에 생을 마감했다.

기림왕은 이전 왕들과 마찬가지로 이사금을 칭호로 사용했으며, 능과 가족에 관한 기사는 전혀 남아 있지 않다.

제16대 흘해왕실록

1. 흘해왕의 백성 사랑과 위태로운 대왜 관계
(?~서기 356년, 재위기간 : 서기 310년 6월~356년 4월, 45년 10개월)

흘해(訖解)왕은 내해왕의 태자였던 석우로의 후손이다. 『삼국사기』는 그가 석우로와 조분왕의 딸 명원부인 소생이라고 하나, 이는 사실이 아닌 것으로 보인다. 석우로가 사망한 해는 249년이고, 흘해왕이 왕위에 오른 것은 그로부터 61년 뒤인 310년이다. 그런데 『삼국사기』는 흘해의 즉위 과정에 대해 "기림이 죽고 아들이 없어, 여러 신하가 의논하였다. 흘해가 어리기는 하지만 나이 든 사람이 갖출 수 있는 덕을 지녔다면서 그를 받들어 왕으로 세웠다."라고 쓰고 있다. 말하자면 흘해는 왕위에 오를 당시 10대의 소년이었다. 따라서 흘해는 석우로의 아들이 될 수 없고, 손자나 증손자쯤 되어야 정상이다.

왕위에 오른 흘해는 급리를 아찬으로 삼아 정사를 맡기고 내외병마사를 겸하게 했다. 재위 3년(312년)에 왜국 왕이 사신을 보내 자기 아들의 신붓감을 요청하자 급리의 딸을 보냈다.

이때 왜국에서 신라의 왕녀를 요구한 것은 일종의 결혼동맹을 맺자고 한 것이다. 하지만 왜에서 일방적으로 왕녀를 요구한 것을 보면, 당시 신라가 왜에 머리를 숙일 수밖에 없는 입장이었다는 것을 말해 준다. 즉, 신라는 왜와 화친을 맺기는 했으나, 대등한 입장에서가 아니라 저자세에서 맺었던 것을 알 수 있다.

당시 흘해왕에게 공주가 있었다면, 왜는 필시 그 딸을 요구했을 것이다. 하지만 흘해가 어렸기 때문에 시집보낼 만한 딸이 없었다. 그래서 재상직을 수행하고 있던 급리의 딸이 대신 왜로 시집간 것이다.

어쨌든 급리의 딸이 왜로 간 덕분에 왜와 신라는 결혼동맹 형태의 화친을 맺어 한동안 평화를 유지할 수 있었다.

왜와의 화친 관계는 그로부터 32년간 유지되었다. 그러나 재위 35년(344년) 2월에 왜는 다시 한 번 청혼을 해 왔다. 이번에는 흘해왕의 딸을 요구했다. 하지만 흘해왕은 딸이 이미 출가했기 때문에 청혼을 받아들일 수 없다고 거절했다. 그러자 이듬해 2월에 왜왕은 화친을 파기하고 절교한다는 글을 보내왔고, 이로써 신라와 왜의 위태로운 화친은 끝이 났다.

절교를 선언한 왜왕은 이듬해에 대군을 동원하여 신라를 공격해 왔다. 왜군은 일단 풍도(포항 앞바다의 목출도)를 장악하여 민가를 약탈하고, 이어 서라벌로 치고 들어와 순식간에 금성을 포위했다. 흘해왕이 군사를 내보내 접전을 벌이려 하자, 이벌찬 강세가 만류하며 말했다.

"적병은 멀리서 왔으니, 그 예봉을 당할 수 없습니다. 공격 시간을 늦추고 그들이 피로해지기를 기다리는 것이 나을 듯합니다."

흘해왕은 강세의 건의를 받아들여 성문을 닫고 수성전을 펼쳤다. 그러자 시간이 지나면서 왜군의 식량이 떨어졌고, 결국 퇴각하기 시작했다. 흘해왕은 기회를 놓치지 않고 기병을 내보내 왜병의 뒤를 후렸다. 그 결과, 퇴각하던 왜병의 상당수가 신라군의 칼날에 목이 날아갔다.

이 싸움 이후, 왜군은 더 이상 군대를 동원하지 못했다. 하지만 왜와의 관계 악화는 신라 사회를 불안케 하는 불씨로 남아 있었다.

왜와는 화친과 전쟁을 반복하는 관계였지만, 백제와는 여전히 화친 관계를

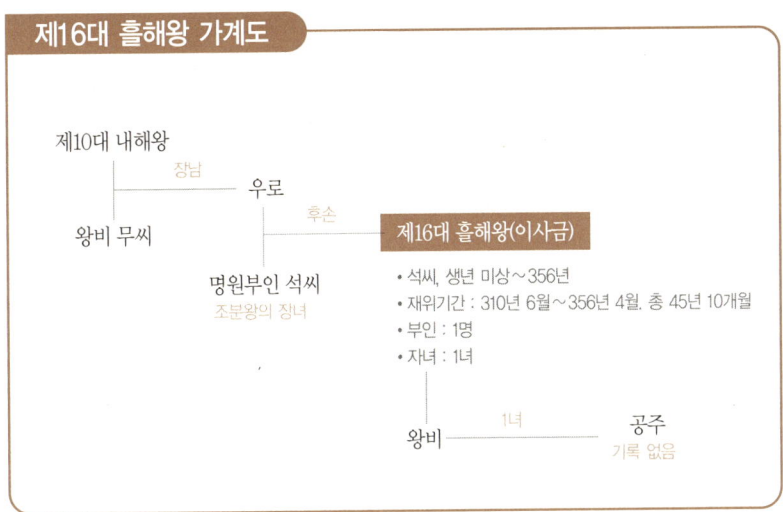

유지하고 있었다. 흘해왕은 337년에 백제의 비류왕에게 사신을 보내 양국의 화친 관계를 확인하기도 하였다.

46년간의 흘해왕 치세는 이러한 외교 관계에 관한 기록 외에는 대부분 천재지변에 관한 것들이다.

재위 4년 7월에 가뭄이 들고 메뚜기 떼가 나타나자, 흘해왕은 지방에 특사를 내보내 굶주린 백성들을 구제하였고, 5년 2월에는 궁궐을 중수하다가 비가 오지 않으므로 이를 중단했다. 8년 봄과 여름에는 가뭄이 들었는데, 왕이 직접 죄수를 재심사하여 많은 사람을 석방하기도 했다.

이러한 기록들은 흘해왕의 정치적 소신을 잘 드러내고 있다. 특히 재위 9년 2월에 내린 조서는 그의 통치관을 단적으로 드러내고 있다.

"지난해에는 가뭄으로 농사 피해가 컸다. 이제 땅이 기름지고 생기가 돌아 바야흐로 농사를 시작할 수 있게 되었으니, 백성들을 노역시키는 일을 모두 중단하라."

이 말 속에는 흘해왕의 백성 사랑이 고스란히 담겨 있다. 여느 왕 같으면 가뭄이 있던 해에만 부역을 금지시켰을 터인데, 흘해왕은 그 이듬해까지 부역을 중단시켜 풍작을 지원한다. 이는 그가 농민의 입장에 서 있지 않았다면 내릴 수 없는 조치이다.

그렇듯 백성을 아끼고 사랑하던 흘해왕은 재위 47년(356년) 4월에 생을 마감했다. 전 왕들과 마찬가지로 이사금을 칭호로 사용했으며, 능과 가족에 관한 기록은 거의 없다. 다만 왜왕이 딸을 요구했을 때, 이미 시집가서 보내지 못한다고 거절했다는 기사가 있는 것을 볼 때, 딸을 한 명 뒀던 것만은 분명하다. 하지만 아들은 없었다.

2. 벽골제(碧骨堤)에 관한 짧은 소고

흘해왕 재위 21년에 "벽골제에 물을 대기 시작했다. 둑의 길이가 1천 8백 보였다."는 기록이 나온다.

이 기사에 대해 학계에선 논란이 많다. 벽골제는 전북 김제에 있는 것인데, 신라에서 그곳에 물을 댔다는 것은 터무니없다는 것이다. 그래서 대개 이 기록은 「백제본기」에 들어갈 것이 편자들의 실수로 「신라본기」에 삽입된 것이라고 결론짓는다.

이는 『삼국사기』 편자들을 지나치게 낮게 평가한 데서 기인한 섣부른 결론일 수 있다. 『삼국사기』는 김부식의 주도 아래 열 명의 학자들이 편찬하여 왕에게 바친 책이다. 말하자면 『삼국사기』 편찬 작업은 김부식 개인의 일이 아니라 국책사업이었다는 뜻이다. 그런데 이런 터무니없는 실수를 했다는 것은 쉽게 납득되지 않는다. 오히려 현대 학자들이 '벽골제'라는 이름을 가진 저수지를 무조건 김제의 벽골제라고 단정한 것이 문제일 수 있다. 당시 신라에는 김제의 벽골제와 맞먹는 크기의 저수지가 세 개 있었는데, 제천의 의림지, 상주의 공검지, 밀양의 수산제 등이 그것이다. 이들은 모두 서기 1세기 이전에 조성된 것으로 시대를 거치면서 여러 차례 보수 과정을 겪었는데, 그때마다 이름이 변했다. 특히 제천의 의림지는 진흥왕 때에 우륵이 처음 쌓았다는 기록이 있고, 그 뒤 700년 후 고려의 박의림이 다시 쌓았다고 해서, 지금 의림지로 불리고 있다고 한다. 하지만 이 저수지는 우륵이 처음 쌓은 것이 아니라 보수했다고 보는 것이 옳으며, 박의림이 다시 보수했다고 보는 것이 옳다. 따라서 의림지는 박의림이 보수하기 이전에는 우륵의 이름을 따서 우륵지라고 불렸을 확률이 높고, 그 이전에는 다른 이름으로 불렸을 것이다.

김제의 벽골제도 처음부터 그 이름으로 불렸는지는 확실치 않다. 확실한 것은 원성왕 6년(790년)에 전주 사람들을 동원하여 벽골제를 중수했다는 기록이 있을 뿐이다. 말하자면 김제의 벽골제도 처음에는 다른 이름으로 부르다가 신라가 통일한 이후에 벽골제라는 이름으로 고쳐졌을 수 있다는 것이다.

상주의 공검지도 쌓은 사람의 이름을 따서 붙인 명칭이라고 전하고 있다. 하지만 공검이 어느 시대의 사람인지는 밝혀지지 않았고, 이 이름도 의림지처럼 중수 과정을 거치면서 개칭되었을 확률이 높다.

밀양의 수산(守山)제는 그 명칭의 기원에 대해서는 전하는 기록이 없다. 그러나 '산을 지킨다'는 뜻을 가진 것으로 봐서 사람의 이름에서 따온 것이 아니라 이 저수지에 대한 주민들의 관념이나 기능에서 따온 것으로 보인다.

김제의 벽골제 역시 '푸른 뼈'라는 이름의 의미로 볼 때, 사람의 이름에서 따온 것이 아니라 그 물의 색깔에서 따온 듯하다.

이렇게 볼 때, 흘해왕 21년 기사에 등장하는 '벽골제'는 반드시 김제의 벽골제를 지칭하는 것으로만 볼 수는 없다. 말하자면 이 벽골제는 당시 신라 땅에 있었던 저수지인 의림지나 공검지, 수산제 가운데 하나를 가리켰을 수도 있다는 뜻이다.

흘해왕 당시의 벽골제 길이가 1천 8백 보나 된다는 기록을 존중한다면, 남한에서 가장 큰 저수지로 알려진 공검지를 지칭했을 가능성이 높다. 상주사록에 따르면 공검지는 제방 길이가 860보였고, 너비가 800보였으며, 둘레는 22리(약 9킬로미터)였다고 한다.

▶ 흘해왕 시대의 세계 약사

흘해왕 시대 중국 진나라에서는 팔왕의 난이 일어나 사마씨 왕조가 흔들렸고, 이에 따라 곳곳에서 흉노, 선비, 강, 저, 갈족 등의 외족들이 세력을 형성하여 이른바 5호 16국 시대가 열린다. 한편 사마 왕조의 후예인 사마예는 317년에 건강에 도읍을 정하고 진을 재건하였으니, 바로 동진이다.

한편, 로마에서는 기독교에 대한 마지막 박해가 있었으나, 310년에 황제에 오른 콘스탄티누스가 기독교 박해 중지령을 발표하고, 313년에 밀라노칙령을 공포했다. 그는 324년에 결국 동부 황제 리키니우스를 격파하고 로마 제국을 재통일한다. 통일 후 그는 로마 수도를 비잔티움으로 옮기고 콘스탄티노플이라고 개칭한다.

제17대 내물왕실록

1. 석씨 왕실의 몰락과 김씨 왕실의 독점

내물(奈勿, 또는 나밀)왕은 구도갈문왕의 아들 말구(또는 미구)와 휴례부인 김씨 사이에서 태어났다. 말구는 미추왕의 아우인데, 유례왕 8년(291년)에 이벌찬에 임명되어 정사를 도왔던 인물이다. 그는 충직하고 지략이 뛰어났기에 유례왕이 자주 그를 찾아가서 정사에 관하여 자문을 구했다고 전한다.

내물왕이 왕위에 오른 경위는 자세히 기록되어 있지 않다. 『삼국사기』는 "흘해가 죽고 아들이 없었으므로 내물이 뒤를 이었다."라고만 쓰고 있다. 또한 왕비를 미추왕의 딸 보반부인 김씨라고 기록하고 있는데, 이는 신뢰하기 힘들다. 미추왕이 사망한 연도는 284년이고, 내물왕이 왕위에 오른 것은 356년이다. 미추왕 사망 시점에서 내물왕 즉위까지는 72년이라는 공백이 있다. 그렇다면 내물왕의 왕비가 미추왕이 사망하던 때에 태어났다고 해도 356년에는 일흔세 살이나 된다. 또 당시 신라 왕실의 결혼 관습으로 볼 때 대개 남성이 여성보다 나이가 많았으므로 내물왕은 적어도 칠십대 중반에 왕위에 올랐다는 뜻이다. 거기에 내물왕의 치세 기간 46년을 더하면, 그는 백이십 살가량 산 셈이

된다. 그가 120년을 살았다면, 그의 자식들도 꽤 나이가 많아야 정상인데, 그의 장남 눌지는 그가 사망할 당시에 너무 어려서 왕위에 오르지 못했다고 하니, 전혀 앞뒤가 맞지 않는다.

내물왕이 죽고 난 뒤에 보반부인 소생인 눌지가 너무 어려 실성이 왕위를 잇는다. 더구나 눌지 아래로 복호나 미사흔 같은 아우들도 있었으니, 그때 보반부인의 나이는 임신이 가능한 때였다는 것을 알 수 있다. 말하자면 내물왕 사망 당시에 보반부인의 나이는 기껏해야 30대 말이나 40대 초반밖에 되지 않았다는 뜻이다. 만약 보반부인이 미추왕의 딸이라면, 이때 이미 백 살을 넘긴 나이였을 것이다. 그러니 비록 살아 있었다고 해도 운신도 제대로 할 수 없는 노파가 아이를 낳는다는 것이 말이나 될 법한 소린가? 따라서 내물왕의 부인 보반부인이 미추왕의 딸이라고 한 것은 조작된 것임을 알 수 있다.

사실, 보반부인과 내물왕은 나이 차이가 많이 난다. 내물왕은 왕위에 오를 당시에 이미 20대 이상의 성년이었다. 그리고 46년간 왕위에 있었으니, 사망 무렵에는 칠십이 다 된 노인이었다. 그런데 보반부인은 이때 채 사십이 안 된 나이였다. 말하자면 보반부인과 내물왕은 약 서른 살 정도 차이가 나는 부부였다. 이는 보반부인이 내물왕의 첫부인이 아니었다는 것을 말해 준다.

미추왕에게는 아들이 없었으므로 보반부인은 미추왕의 손녀이거나 증손녀일 수도 없다. 보반부인을 굳이 미추왕과 관련을 짓자면, 미추왕의 딸에게서 태어났을 수는 있다. 하지만 그것도 추측에 지나지 않는다. 확연한 것은 보반부인이 미추왕의 딸이 아니라는 것과 내물이 미추왕의 사위가 아니라는 것이다.

그렇다면 왜 보반부인을 미추왕의 딸로 기록했을까? 아마도 이것은 내물왕의 즉위 명분을 세우기 위해 고의적으로 조작한 결과가 아닐까 싶다. 내물왕은 미추왕의 아우인 말구의 아들이다. 미추왕은 조분왕의 사위 자격으로 왕위에 올랐지만, 말구의 아들인 내물은 왕위를 이을 어떠한 명분도 없었다. 그는 전 왕의 사위도 아니었고, 직계 왕손도 아니었다. 그래서 고안해 낸 것이 그의 부인 보반부인을 미추왕의 딸로 둔갑시키는 일이었을 것이다.

보반부인을 미추왕의 딸로 둔갑시킨 것은 내물왕 즉위 이후의 일이다. 그것도 보반부인을 왕비로 맞은 이후의 발상이다. 보반부인이 내물왕보나 30년 징도 연하인 점을 감안할 때, 보반부인이 내물에게 시집온 것은 적어도 재위 20년 이후일 것이다. 내물은 일단 왕위를 차지하고 20년이나 흐른 뒤에 왕위 계승의 명분을 세웠다는 말인데, 이는 내물이 순조롭게 왕위를 차지한 것이 아니라는 사실을 반증해 준다.

왕위 승계의 명분이 전혀 없는 내물이 왕위에 올랐다는 것은 그가 힘으로 왕위를 차지했다는 것을 의미한다. 즉, 흘해왕이 죽고 후계자가 없자, 신라 왕실에서는 왕위 다툼이 벌어졌다. 그 와중에 내물과 그 지지 세력이 무력을 동원하여 왕위를 차지했다는 것이다.

그렇다면 내물왕과 왕권을 다투던 자는 누구였을까?

내물왕 이후로 석씨 왕실은 완전히 사라진다. 내물왕에 의해 김씨 중심의 왕실이 세워지면서 석씨가 왕족에서 완전히 밀려난 것이다. 심지어 석씨 가문에서는 왕비도 배출하지 못했다. 왕을 배출하지 않은 지 오래된 박씨 가문에서 여전히 왕비들을 배출했던 것과는 극히 대조적이다. 이는 내물왕이 즉위한 뒤로 석씨 왕실이 완전히 몰락해 버렸음을 의미한다.

내물왕과 왕권을 다투던 사람들이 누구였는지는 저절로 밝혀진 셈이다. 흘해왕이 후계자 없이 죽은 뒤에 석씨와 김씨 사이에 왕권 다툼이 일어났고, 김씨가 승리하여 내물왕을 왕위에 앉힌 것이다. 그리고 정적인 석씨 세력을 완전히 제거하고, 왕실의 또 하나의 축인 박씨를 끌어안아 외척으로 삼았다. 이로써 신라 왕실은 김씨가 독점하게 되었고, 석씨는 왕실 계보에서 완전히 사라졌다.

2. 계속되는 각축전과 내물왕의 수난
(?~서기 402년, 재위기간: 서기 356년 4월~402년 2월, 45년 10개월)

석씨 세력을 제거하고 왕위에 오른 내물왕은 일단 민심을 달래는 데 매달렸다. 재위 2년(357년)에 각 지역에 특사를 내보내 홀아비, 과부, 고아, 자식 없는 노인들을 위문하도록 하고 그들에게 곡식을 나눠 줬다. 또한 효성이 깊고 우애가 돈독한 관리들을 천거토록 하여 그들의 직급을 올려 주기도 했다. 재위 3년에는 시조묘에 직접 제사를 지내는 것으로 왕위를 이었음을 정식으로 공포하였다.

그러나 내물왕 치세는 결코 평탄치 않았다. 가장 골칫거리는 역시 왜군이었다. 왜군은 재위 9년(364년) 4월에 대병을 이끌고 신라 땅에 상륙하여 금성을 공략하였다. 왜군의 기세를 쉽게 꺾을 수 없다고 판단한 내물왕은 고심 끝에 속임수를 써서 적을 무찔렀는데, 이것이 이른바 '허수아비 계책'이었다.

내물왕은 풀로 허수아비 수천 개를 만들어 옷을 입히고, 허수아비마다 병기를 들게 하여 토함산에 나열해 놓았다. 그리고 정예병 1천 명을 부현 동쪽 벌판에 매복시켜 두고 왜군이 오길 기다렸다. 왜군은 병력이 많은 것을 믿고 무작정 토함산으로 진격하였는데, 그 길목인 부현에서 느닷없이 출현한 신라의 복병을 만나 크게 혼쭐이 났다. 혼비백산한 왜군이 급히 퇴각하자, 내물왕은 군대를 대거 동원하여 그 뒤를 후렸다. 결국 왜군은 엄청난 병력을 잃고 돌아갔다.

이 사건 이후, 왜와 신라 관계는 한층 악화되었다. 그러나 왜는 크게 패한 뒤끝이라 쉽게 다시 침략하지 못했다. 그간 신라는 백제와 화친을 유지하며 국력을 다져 나갔다. 368년에는 백제의 근초고왕이 사신을 보내 좋은 말 두 필을 내물왕에게 선물했다.

당시 신라는 366년에 닥친 홍수의 후유증으로 크게 곤란을 겪고 있었다. 이때의 홍수로 산이 열 군데나 무너졌다고 하니, 민가의 피해가 대단했음을 짐작할 수 있다. 그런 차에 백제 왕이 선물을 보내오자, 내물왕은 백제의 성의를 흔쾌히 받아들였다.

그러나 이때 근초고왕이 신라에 말을 선물한 것은 다른 의도가 있었다. 당시 백제는 왜와 국교를 맺으려 했는데, 화친 관계에 있던 신라가 마음에 걸렸다. 그래서 신라를 달래기 위해 내물왕에게 선물을 안겼던 것이다.

이렇듯 신라와 백제 관계는 미묘해지고 있었는데, 373년에 양국 관계를 냉각시키는 중대한 사태가 발생했다. 백제의 독산 성주가 백성 3백 명을 이끌고 신라에 투항한 사건이 벌어진 것이다. 당시 신라는 한 해 전에 발생한 기근과 흉년으로 백성들이 굶주리고 유랑자가 늘어나 불안정한 상황이었다. 하지만 내물왕은 주변 상황을 고려하지 않고 독산 성주와 그 백성들을 기꺼이 받아들여 6부에 나눠 살도록 했다. 근초고왕이 이 일로 불같이 화를 내며 신라에 항의 서한을 보내왔다.

"두 나라가 화목하여 형제처럼 지내기로 약속했는데, 지금 대왕께서 우리나라에서 도망간 백성들을 받아들이니, 이는 화친하자는 뜻과 크게 어긋나는 것입니다. 이번 일은 대왕께 기대하는 바가 아니니, 속히 우리 백성들을 돌려보내기 바라오."

그러자 내물왕도 사신 편에 답신을 보냈다.

"백성이란 항시 같은 마음을 갖는 게 아닙니다. 왕이 그들을 생각해 주면 오고 힘들게 하면 가나니, 백성이란 원래 그런 것 아니겠소. 대왕께서 백성들을 편안하게 해 주지 않은 것은 반성하지 않고, 과인을 책망함이 어찌 이토록 심할 수 있소이까?"

이 사건으로 백제와 신라는 한동안 옥신각신하였고, 관계도 소원해졌다.

그 무렵, 백제와 고구려 관계는 급격히 악화되고 있었다. 중국 북방에서는 모용 선비가 쇠락하고 있었는데, 고구려와 백제는 그 기회를 이용하여 영토 확장을 꾀하였다. 결과는 두 나라가 세력을 다투는 양상으로 치달았다. 369년 9월에 고구려의 고국원왕이 2만 군대를 동원하여 백제의 치양을 공격하면서 양국 관계는 급격히 냉각되었다. 이후 고국원왕과 근초고왕 사이에 국가의 자존심을 건 치열한 접전이 이어졌다. 급기야 371년에는 백제의 근초고왕이 3만의 군대를 이끌고 평양성을 습격하여 고국원왕을 전사시키는 큰 성과를 거두기에 이르렀다. 이로 인해 고구려와 백제는 돌이킬 수 없는 원수지간이 되었다.

백제의 독산 성주가 백성들을 이끌고 신라에 투항한 사건은 이런 경황 중에 발생했다. 백제는 신라의 처신이 못마땅했지만 노골적으로 적대감을 드러내지는 못했다. 당시 백제는 근초고왕이 노환으로 병상에 누워 있는 처지였는데, 그 사실을 알아낸 고구려가 375년에 백제의 북쪽 요새인 수곡성을 공격하여 함락시켰다. 근초고왕은 그런 와중에 생을 마감하였고, 이어 왕위에 오른 근구수왕이 377년에 평양성을 재차 공격하였다. 이 전쟁으로 고구려는 막대한 피해를 입었지만, 고구려의 역습을 받아 패퇴한 백제의 피해도 대단했다. 따라서 양국은 이 전쟁 이후 함부로 군대를 동원하지 못했다.

그렇다고 전쟁이 끝난 것은 아니었다. 양국은 국력이 회복되면 언제라도 침입할 수 있다는 태도로 서로 창날을 겨누고 있었다. 그래서 백제는 가야를 통해 왜와 동맹을 맺었고, 고구려도 신라와 관계를 강화하고자 했다. 신라 역시 독산 성주 사건으로 백제와 등을 진 데다가 왜의 침입에 대비할 양으로 고구려와 화친을 맺어 둘 필요가 있었다. 그래서 급속히 고구려와 가까워졌다. 이에 따라 국제 관계는 백제, 가야, 왜 삼국 연합군과 고구려가 대결하고, 신라는 양쪽의 눈치를 보는 형태를 띠었다.

그런 까닭에 쉽게 서로에 대해 침략을 감행하지 못했는데, 391년에 고구려의 광개토왕이 등장하면서 상황은 급변하였다. 호방한 성격의 광개토왕은 즉위하자마자 과감한 팽창정책을 추진하였다. 이때 백제는 진사왕과 아신왕이 정권 다툼을 벌이는 바람에 내정이 불안한 상태였다. 광개토왕은 기회를 놓치지 않고 말갈군을 동원하여 백제의 적현성을 급습하여 무너뜨렸다. 그러나 백제는 내정이 수습되지 않아 적절한 대응을 하지 못했다.

그 무렵, 왜는 신라를 공격하기 위해 전쟁 준비에 혈안이 되어 있었다. 그 일로 내물왕이 불안에 떨고 있었는데, 392년 정월에 고구려에서 사신을 보내왔다. 광개토왕은 사신을 통해 신라를 도와주겠다며 동맹을 요구했고, 신라는 고구려의 제의를 수용하는 의미로 이찬 대서지의 아들 실성을 고구려에 볼모로 보냈다.

신라의 협조 의지를 확인한 광개토왕은 392년 7월에 병력 4만을 이끌고 백제의 대륙기지를 공격하였고, 순식간에 열 개 성을 함락시켰다. 또 10월에는 백제의 북방 요새인 관미성을 공격하여 20일 만에 함락시켜 버렸다.

그러나 백제는 여전히 내정이 불안한 탓에 별다른 대응을 하지 못했다. 그러다가 392년 11월에 아신왕이 진사왕을 제거하고 왕위에 오르면서 백제의 정권 다툼은 종식되었다. 이후 아신왕은 광개토왕에게 잃은 땅을 되찾기 위해 반격을 개시했고, 때를 같이하여 왜는 대병을 동원하여 신라를 공격해 왔다.

왜군이 신라 땅에 진주한 것은 내물왕 재위 38년인 393년 5월이었다. 대군을 이끌고 온 왜는 불과 며칠 만에 신라 전역을 장악하고 금성을 포위하였다. 내물왕은 병력의 열세를 감안하고 철저하게 성문을 닫고 수성전으로 버텼다. 내물왕의 작전은 주효했다. 시간이 흐르면서 왜군은 피로에 지쳤고 군량도 떨어졌다. 그래서 왜군은 바다로 퇴각할 기세를 보였다. 그 사실을 눈치 챈 내물왕은 급히 정예 기병 2백 명을 내보내 퇴로의 관문을 지키도록 했다. 일단 퇴로를 차단하는 데 성공한 내물왕은 다시 보병 1천을 내보내 달아나는 왜군의 뒤를 후리도록 했다.

왜군은 독산 길을 이용하여 바다의 함선으로 빠져나가려 했는데, 이미 신라가 독산의 퇴로를 장악하고 있었다. 하지만 주변 지리에 어두운 왜군은 그 사실을 모르고 무조건 바다 쪽으로 몰려가다가 신라의 기병과 보병의 협공에 휘말려 대패했다.

신라는 가까스로 왜군을 몰아내긴 했지만, 금성을 제외한 거의 전 지역이 왜군에게 짓밟힌 만큼 그 피해는 막대하였다. 그 때문에 신라 전역은 복구 작업에 매달려 있었는데, 395년 8월에 갑자기 말갈군이 북쪽 변경을 노략질하였다. 말갈은 신라가 강성해지자 움츠려 있었다. 그런데 백제와 신라, 고구려, 가야가 모두 전쟁에 휘말리자, 그 기회를 이용하여 잃었던 영토를 되찾으려 했던 것이다. 다행히 신라군이 실직벌(강원도 삼척)에서 말갈군을 대파한 덕분에 말갈의 재침입은 없었다.

이렇듯 누차에 걸친 전쟁으로 백성들이 고통을 겪고 있는데, 설상가상으로 이번에는 가뭄이 닥쳤다. 397년 7월에 하슬라(강릉) 지역에 큰 가뭄이 들더니, 메뚜기 떼가 극성을 부렸다. 이 때문에 큰 흉년이 들고 백성들이 굶주림에 허덕였다. 내물왕은 각 지방의 죄수를 석방하고 1년간 세금을 면제하는 특단의 조치를 내려 겨우 난국을 타개했다.

그러나 399년 7월에 또 한 번 메뚜기 떼가 극성을 부려 하늘을 메우고 들을 뒤덮었다. 이로 인해 극심한 흉년을 맞아 어려움을 겪고 있는데, 엎친 데 덮친 격으로 왜가 대선단을 띄워 신라를 공격해 왔다.

신라는 흉년으로 나라 안이 어수선하고 민심이 극도로 악화되어 있었다. 그런 상황에서 왜군의 대병을 맞아 싸우자니, 버텨 낼 재간이 없었다. 신라 전역이 왜군의 발아래 짓밟혀 초토화되었고, 금성도 거의 함락 직전에 있었다. 유일한 희망은 고구려의 원군뿐이었다. 내물왕은 급히 고구려에 사신을 보내 도움을 청했고, 다행히 400년 초에 광개토왕이 병력 5만을 원군으로 보내왔다.

금성 함락에 혈안이 되어 있던 왜군은 고구려의 5만 대병이 몰려오고 있다는 소식을 듣고 스스로 퇴각하기 시작했다. 그간 왜군은 신라군과 접전을 벌인 탓에 많이 지쳐 있었기에 고구려의 5만 병력과 맞서 싸울 여력이 없었던 것이다.

밀물처럼 밀려든 고구려군은 순식간에 신라 땅에서 왜군을 몰아냈고, 한 발 더 나아가서 가야 땅으로 쳐들어가 가야로 몸을 피했던 왜병들까지 내쫓았다.

고구려군은 거의 싸우지 않고 왜군을 물리쳤고, 내물왕은 그에 대한 보답으로 고구려에 조공을 맹세했다.

이때의 상황은 『삼국사기』에는 거의 기록이 없고, 광개토왕릉비문을 통해서만 알 수 있다(그에 대한 자세한 내용은 『한권으로 읽는 고구려왕조실록』 참조). 그러나 『삼국사기』에도 당시 내물왕의 심정을 은유적으로 표현한 기록이 남아 있다.

45년 10월, 왕이 타고 다니던 궁중의 말이 무릎을 꿇고 눈물을 흘리며 슬프게 울었다.

이 기록은 왕의 심정을 말에 이입시켜 표현한 것으로 보인다. 당시 내물왕의 나이는 일흔에 가까웠다. 그 연로한 몸으로 광개토왕의 사신에게 무릎을 꿇고 고구려의 속국이 되겠다고 맹세했으니, 눈물을 흘리며 슬프게 울었을 법한 일이다.

이 사건 이후, 내물왕은 건강을 잃고 몸져누운 듯하다. 이듬해인 401년 7월에 고구려에 인질로 갔던 실성이 돌아왔는데, 이는 내물왕의 건강이 극도로 악화되었음을 의미한다. 당시 내물왕의 장남 눌지가 어린 소년이었기 때문에 실성이 왕위를 이을 적임자로 지목되고 있었다. 따라서 실성이 돌아왔다는 것은 이때 내물왕이 이미 죽음을 앞둔 채 병상에 누워 있었다는 뜻이다.

내물왕은 실성이 돌아온 지 7개월 만인 402년 5월에 생을 마감했다. 칭호는 전 왕들과 마찬가지로 이사금을 사용했으며, 능은 첨성대 서남쪽에 마련되었다(『삼국유사』에는 내물왕의 칭호가 마립간으로 되어 있으나, 『삼국사기』는 눌지왕부터 마립간을 사용한 것으로 기록하고 있다. 아마도 마립간이라는 용어는 내물왕 대부터 사용되긴 했으나, 정식 칭호로 채택된 것은 눌지왕 대부터인 것으로 보인다).

3. 내물왕의 가족들

내물왕의 부인은 보반부인 김씨이며, 누구의 딸인지는 분명치 않다(이에 대해서는 내물왕의 즉위 과정에서 자세히 언급한 바 있다). 『삼국사기』는 그녀가 미추왕의 딸이라고 하나, 신뢰할 만한 기록이 아니다. 보반부인 소생으로는 눌지왕(제19대)과 복호, 미사흔 등 세 아들이 있다. 이들 중 눌지왕은 해당 실록에서 따로 다루고, 여기서는 복호와 미사흔에 대해서만 간단히 언급한다(복호와 미사흔의 귀환 경위에 대해서는 「눌지왕실록」의 '충절의 대명사 박제상' 편에 자세하게 다루게 될 것이므로 여기서는 구체적인 내용을 생략한다).

복호 (생몰년 미상)

복호(卜好, 또는 보해)는 내물왕의 차남이며, 보반부인 김씨 소생이다. 실성왕은 재위 11년(412년)에 고구려의 요구에 따라 그를 인질로 보냈다. 그의 형 눌지는 417년에 실성왕을 제거하고 왕위에 올랐는데, 눌지왕은 아우들이 타국

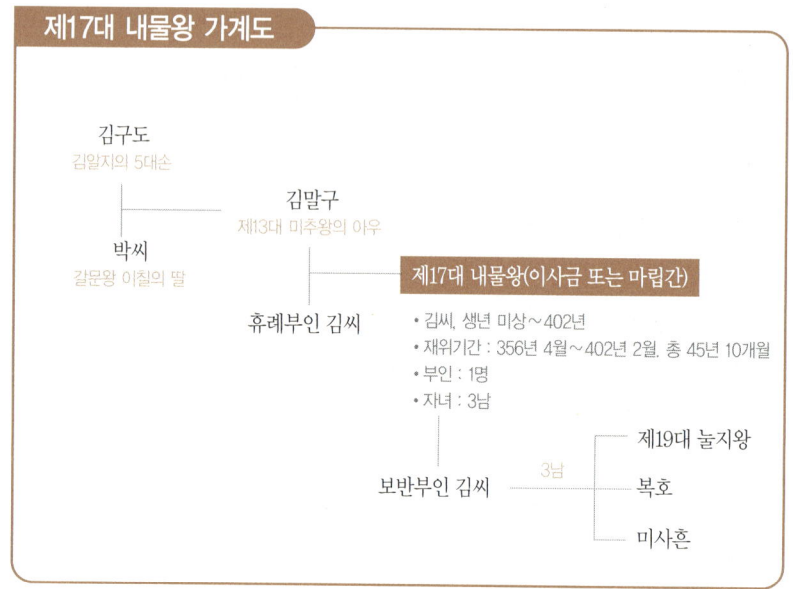

에 인질로 잡혀 있는 것을 몹시 고통스러워했다. 그래서 먼저 복호를 귀환시킬 생각으로 적임자를 물색했는데, 신하들이 입을 모아 삽량주 간을 맡고 있던 박제상을 천거했다. 이에 눌지가 박제상을 불러 복호를 데려와 달라는 특명을 내렸다.

제상이 고구려로 가서 장수왕에게 복호를 돌려보내 줄 것을 요청하자, 장수왕은 그의 논리와 설득이 옳다고 판단하여 복호를 귀환시켰다. 이때가 418년 정월이었다.

미사흔 (?~433년)

미사흔(未斯欣, 또는 미해)은 내물왕의 삼남이며, 보반부인 김씨 소생이다. 실성왕은 즉위 원년인 402년에 왜의 요구에 따라 그를 인질로 보냈다.

미사흔의 큰형 눌지가 417년에 실성왕을 제거하고 왕위에 오른 뒤에 인질로 잡혀 있던 미사흔을 귀환시키고자 했다. 그래서 그 적임자를 찾았는데, 복호를 귀환시킨 바 있던 박제상이 자저하고 나섰다.

박제상은 모반을 도모하다가 실패하여 왜에 망명한 것처럼 꾸민 뒤에 왜왕에게 신라가 고구려와 연합하여 왜를 침략하려 한다고 말했다. 그 무렵, 눌지왕은 제상의 계책을 돕기 위해 제상과 미사흔의 가족을 감옥에 가둬 버렸다. 그래서 왜왕은 제상의 말을 믿고 미사흔과 제상을 향도로 삼아 신라를 공격하려 했다. 왜인들을 안심시킨 제상의 도움으로 미사흔은 배를 타고 도망쳐 신라로 돌아올 수 있었다. 이때가 418년 가을이다.

이후 미사흔에 대한 기록은 거의 없다. 다만 눌지왕 17년(433년) 5월에 사망하여 서불한을 추증했다는 기록이 있을 뿐이다.

▶ 내물왕 시대의 세계 약사

내물왕 시대, 중국에선 5호 16국 시대가 절정에 이르렀다. 이들 다섯 외족들은 성한, 전조, 후조, 전연, 후량, 전진, 후연 등으로 불리며 400년대 초까지 지속적으로 건국과 멸망을 거듭했다. 그 한쪽에선 사마씨의 동진이 세력을 형성하고, 그들과 각축전을 벌이고 있었다.

이 무렵, 로마에서도 게르만족의 대이동이 시작되고, 프랑크족, 훈족, 고트족 등이 힘을 형성하고 있었다. 또한 364년에 로마는 동서로 분리되었다가 394년에 테오도시우스 황제에 의해 재통일된다. 그러나 395년에 테오도시우스가 죽자, 다시 동서로 분열되어 다른 길을 걷는다.

테오도시우스는 392년에 기독교를 국교로 정하였고, 394년에는 기독교 이외의 이교를 완전히 금지시켰다.

제18대 실성왕실록

1. 잦은 왜란과 살해되는 실성왕
(?~서기 417년, 재위기간 : 서기 402년 2월~417년 5월, 15년 3개월)

실성(實聖)왕은 김대서지의 아들이며, 이리부인 석씨 소생이다. 대서지는 미추왕의 아우이므로 내물왕의 숙부가 되며, 실성왕은 내물왕의 사촌 아우이다. 내물왕은 392년에 그를 고구려에 인질로 보냈는데, 이는 당시 내물왕의 왕자들이 너무 어렸기 때문에 왕자들을 대신해서 보냈다.

고구려에 인질로 잡혀 있던 그는 9년 뒤인 401년에야 신라로 돌아올 수 있었다. 그리고 402년 2월에 내물왕이 죽자, 태자 눌지가 너무 어려 그가 왕위를 이었다. 그는 키가 7척 5촌의 거구이고, 미래를 예견하는 식견이 있었다고 전한다.

실성왕은 즉위와 동시에 왜와 우호 관계를 맺고, 내물왕의 삼남 미사흔을 왜에 인질로 보냈다. 이는 내물왕이 줄곧 왜와 적대 관계를 유지했던 것과는 완전히 상반된 정책이었다. 그렇다고 왜와 오랫동안 화친을 유지한 것도 아니었다. 두 나라의 화친 관계는 화의 약조가 있은 지 불과 3년 뒤에 깨졌다. 왜와 신라의 화친 관계가 깨진 원인에 대해서는 사세한 기록이 없지만, 아마도 백제와 관련이 있는 듯하다. 403년 7월에 백제가 신라의 변경을 침입했는데, 당시 백제는 아신왕의 태자 영을 왜에 볼모로 보내 둔 상태였다. 아신왕이 태자를 볼모로 보낸 것은 왜의 군사적 후원을 받기 위해서였다. 즉, 당시 백제는 왜와 연합전선을 형성하고 있었던 것이다. 따라서 백제가 신라를 침입했다면, 거기에는 왜의 동조가 뒤따를 수밖에 없었다. 신라는 그 점을 문제 삼아 일방적으로 화친 관계를 폐기한 듯하다.

이는 결과적으로 실성이 미사흔을 제거한 것이나 다름없다. 인질을 매개로 화친을 맺었는데, 일방적으로 화친을 깨 버리면 인질의 목숨이 위태로워지는 것은 당연하기 때문이다. 말하자면 실성은 미사흔을 왜에 인질로 보냄으로써 미래의 화근을 제거했다는 뜻이다.

이 사건으로 왜와 신라의 관계는 다시 악화되었고, 왜는 그에 대한 보복으로 405년 4월에 신라를 다시 침략했다. 하지만 왜는 별다른 성과를 거두지 못했다. 함선을 이끌고 온 왜군은 상륙하여 명활산성(경주의 외곽 산성)을 공격했지만, 신라군의 저지선을 뚫지 못하고 패퇴했다. 실성왕은 자신이 직접 기병을 이끌고 참전하여 독산 남쪽에서 왜군을 요격하였으며, 왜군은 3백여 명의 군사를 잃고 쫓겨갔다.

가까스로 왜병을 퇴치하자, 이번에는 재해가 신라인들을 괴롭혔다. 406년 7월에는 서쪽 지역에 메뚜기 떼가 나타나 곡식에 큰 피해를 안겼고, 10월에는 서라벌에 지진이 일어나 또 한 번 백성들을 놀라게 했다.

신라 사회가 어수선하자, 407년 3월에 왜군이 다시 동쪽 변경으로 밀려들었다. 또 6월에는 남쪽 해안으로 상륙하여 민가를 약탈하고 백성 1백 명을 잡아갔다.

당시 왜는 대마도에 병영을 설치하고 신라 공략의 기회를 엿보고 있었는데, 실성왕은 대마도를 정벌하려는 마음을 품었다. 그래서 408년 2월에 이를 위해 회의를 소집하고 신하들의 의견을 물었다. 그러자 서불한 미사품이 만류했다. 미사품은 만약 대마도 정벌이 실패할 경우 돌이킬 수 없는 사태를 맞이할 수도

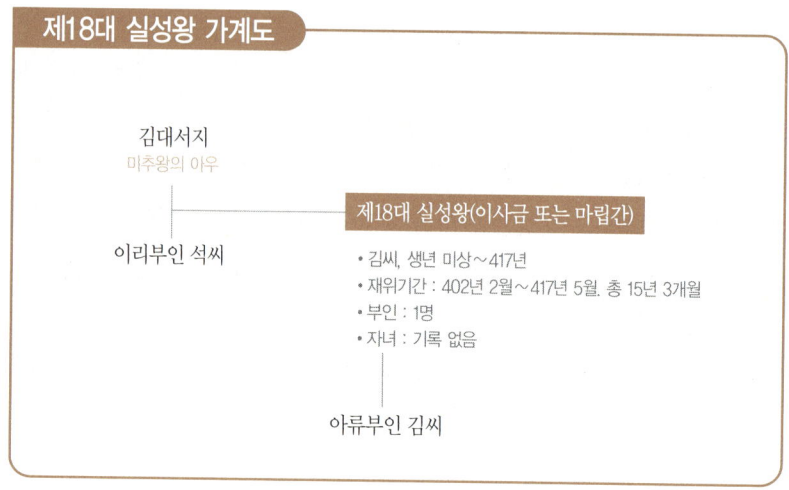

있다고 말하면서 차라리 험한 지역에 요새를 설치하여 적을 막는 것이 낫다고 설파했다. 미사품의 주장을 받아들인 실성왕은 대마도 정벌을 포기했는데, 사실 당시 대마도를 정벌하겠다는 실성왕의 계획은 무리가 따르는 것이었다. 왜의 수군은 언제든지 신라의 도성인 금성을 공략할 능력이 있었는데, 만약 신라군이 대마도를 정벌할 목적으로 군대를 모두 남쪽에 집결시켰다가는 도성을 송두리째 뺏길 우려가 있었던 것이다.

신라가 의지할 수 있는 것은 역시 고구려뿐이었다. 그래서 실성왕은 유사시에 고구려에 원군을 요청할 요량으로 412년에 미사흔의 형 복호를 인질로 고구려에 보냈다.

그런 가운데 여전히 왜는 신라 변경을 노략질하며 침략의 기회를 엿보고 있었다. 415년 여름에 실성왕은 조만간에 왜가 대군을 이끌고 침입해 올 것이라는 첩보를 접한다. 그래서 그해 7월에 혈성벌에서 대대적인 군대 사열을 실시하고 전쟁에 대비하였다. 그로부터 며칠 후 왜군은 포항 앞바다의 풍도로 쳐들어와 상륙 준비를 하였다. 신라군이 풍도로 다가가 왜군과 한바탕 격전을 벌여 격퇴시켰다.

하지만 왜군의 잦은 침입으로 신라 사회는 크게 흔들리고 있었다. 거기나 내물왕의 태자 눌지가 성장함에 따라 실성왕에게는 점차 불안감이 가중되고 있었다. 고심 끝에 실성왕은 눌지를 고구려에 인질로 보낸 뒤, 고구려인을 동원하여 그를 살해하려는 계획을 세웠다. 417년 봄에 마침내 그는 이 계획을 실행에 옮겼는데, 예기치 않은 사태가 발생하여 계획은 수포로 돌아갔다. 눌지를 죽이기로 한 고구려인들이 눌지의 인물됨을 보고, 눌지에게 실성왕의 음모를 알려 줬던 것이다. 실성왕이 자기를 죽이려 한다는 것을 안 눌지는 고구려군을 설득하여 그들과 함께 금성으로 잠입하였고, 결국 실성왕을 죽여 버렸다(자세한 내용은 「눌지왕실록」 참고).

실성왕도 전 왕들과 마찬가지로 이사금을 칭호로 사용하였고, 능에 대한 기록은 남아 있지 않다.

실성왕의 왕비 아류부인은 미추왕의 딸이라고 기록되어 있으나, 전혀 신빙성이 없는 내용이다. 이는 실성왕이 미추왕이 죽은 지 116년 뒤에 왕위에 올랐다는 사실만으로도 쉽게 확인된다. 실성왕이 내물왕을 이어 왕위에 오른 것을 볼 때, 그의 부인은 아마도 내물왕의 딸일 것이다. 말하자면 그는 내물왕의 사위로서 왕위를 이었다는 뜻이다.

그의 다른 가족에 대한 기록은 전무하다. 아마도 실성왕이 시해될 때, 모두 죽은 것으로 보인다. 실성왕이 내물왕의 사위였다면, 왕비는 눌지왕의 친누나가 된다. 그러나 그녀와 그녀의 자식들은 모두 눌지왕에 의해 죽음을 당했다. 실성왕의 부인을 미추왕의 딸이라고 꾸민 것은 눌지왕이 친누나와 조카를 죽인 사실을 숨기기 위함이었을 것이다.

제19대 눌지왕실록

1. 실성왕의 음모와 눌지의 역공

눌지는 원래 내물왕의 태자였으나 나이가 어린 탓에 실성에게 왕위를 양보해야 했다. 그래서 실성왕은 딸을 시집보내 눌지를 사위로 삼았는데, 이는 그에게 왕위를 물려주기 위한 조치로 보인다. 하지만 이것은 실성왕이 진심으로 원한 일이 아니었다. 실성왕은 내물왕이 자기를 고구려에 인질로 보낸 것을 원망하여 원한을 품고 있었기에 눌지를 좋아하지 않았다. 그럼에도 눌지를 실성왕의 사위로 삼은 것은 김씨 왕실의 결정이었을 것이다. 말하자면 실성왕이 자기 딸을 눌지와 결혼시킨 것은 왕실의 압력에 의한 것이라는 말이다.

사실, 실성왕에게 눌지는 대단히 부담스런 존재였다. 만약 내물왕이 사망했을 당시에 눌지가 성년이었다면, 왕위가 실성왕에게 돌아오지 않았을 것이다. 따라서 실성왕은 눌지의 대리자로서 왕위에 머물고 있는 셈이었다. 이럴 경우, 신라 사회에선 선왕의 태자에게 왕위를 다시 물려주는 것이 관례였다.

탈해왕은 남해왕의 사위로서 왕위에 올랐다가 후에 유리왕의 후손인 파사왕에게 왕위를 물려줬고, 미추왕도 조분왕의 사위로서 왕위를 이었다가 조분왕의 태자인 유례에게 왕위를 물려줬다. 마찬가지로 실성왕도 당연히 눌지에게 왕위를 넘겨줘야 했던 것이다.

그러나 실성왕은 내물왕의 자식들을 싫어했다. 그래서 눌지에게 왕위를 물려주고 싶어 하지 않았다. 더구나 성년이 된 눌지는 덕망이 있고 기상이 높아, 군자의 기풍을 갖췄다는 소리를 듣고 있었다. 은근히 눌지를 부담스러워하고 있던 실성왕에겐 그런 말들이 몹시 거슬릴 수밖에 없었다.

어떻게 해서든 눌지를 제거해 버려야겠다고 생각한 실성왕은 결국 자객을 시켜 죽이기로 결심했다. 내물왕의 세 아들 중에서 눌지를 제외한 복호와 미사흔은 이미 왜와 고구려에 인질로 가 있는 처지였으므로 눌지 하나만 죽이면, 왕위는 자연스럽게 자기 아들에게 돌아갈 것이라고 판단했던 것이다.

실성왕은 눌지를 죽일 방도를 모색하다가 한 가지 묘안을 생각해 냈다. 그래서 자기가 고구려에 인질로 머물 때 알고 지내던 고구려인을 은밀히 불러들여 말했다.

"내가 구실을 만들어 고구려 군대를 청하고, 눌지로 하여금 그대를 맞이하게 할 터이니, 도상에서 기다리고 있다가 눌지를 보거든 무조건 죽여 버리시오."

마침내 실성왕은 적당한 구실을 만들어 고구려에 군대를 청했고, 눌지로 하여금 마중을 나가도록 했다. 눌지는 실성왕의 속내를 눈치 채지 못하고 고구려 군대를 맞이하기 위해 떠나, 마침내 고구려 군대와 만났다. 군대를 이끌고 온 고구려인은 바로 실성왕의 사주를 받은 자였다. 하지만 막상 눌지와 대면하게 된 고구려인은 눌지의 기상과 인덕을 알아보고 눌지에게 실성왕의 음모를 털어놓았다.

"그대의 국왕이 나로 하여금 그대를 죽이라고 하였으나, 이제 그대를 보니 차마 죽일 수가 없소이다."

그 말을 듣고 분개한 눌지는 고구려인을 설득하여 자신과 함께 금성으로 가서 실성왕을 제거하자고 하였다. 고구려인은 눌지의 제의를 받아들여 금성으로 군대를 몰아, 실성왕을 제거하고 눌지를 왕위에 앉힌 뒤에 고구려로 돌아갔다. 고구려 군대를 이용하여 눌지를 제거하려 했던 실성왕은 되레 그 고구려

군대에 의해 목숨을 잃었으니, 제 꾀에 제가 넘어간 꼴이었다.

이 이야기에 대해 『삼국사기』와 『삼국유사』의 기록에는 다소 차이가 있다. 『삼국사기』에는 고구려인이 눌지에게 실성왕의 음모를 알려 주고 돌아갔다고 적혀 있으나, 『삼국유사』에는 다음과 같이 기록되어 있다.

고구려인들이 눌지를 만나 그의 어진 행실을 보고 이내 창끝을 돌려 왕을 죽이고, 눌지를 왕으로 세워 놓고 돌아갔다.

당시 눌지에게는 병권이 전혀 없었다. 그래서 비록 실성왕이 자기를 죽이려고 음모를 꾸몄다는 사실을 알았다고 하더라도 실성왕을 제거할 만한 힘이 없었다. 따라서 고구려 군대의 힘을 빌려 실성왕을 제거했다는 『삼국유사』의 기록이 훨씬 설득력이 있다.

실성왕 재위시에 신라는 고구려에 인질을 보내고 조공을 바치는 입장이었다. 이런 관계는 내물왕 때인 392년에 실성을 고구려에 인질로 보내고, 이어 400년에 신라 땅을 거의 장악한 왜군을 광개토왕이 군대 5만을 보내 쫓아내고 구원한 이후부터 지속되었다. 말하자면 이때 고구려는 신라의 상국이었던 것이다.

실성왕은 바로 그 상국 고구려의 군대를 끌어들여 눌지를 제거하려 했다. 실성왕이 어떤 구실을 만들어 고구려 군대를 신라 땅으로 끌어들였는지는 알 수 없다. 하지만 왕이 직접 고구려 군대를 끌어들이고, 그 군대를 영접하기 위해 왕위 계승권자인 눌지를 보낸 것을 보면, 당시 고구려가 신라에 막대한 영향력을 행사했음을 알 수 있다. 그러므로 고구려 군대가 실성왕을 죽이고, 눌지를 왕으로 세운 뒤에 돌아가는 사태는 충분히 가능한 일이다.

2. 뒤엉키는 국제 관계와 눌지왕의 자구책
(?~서기 458년, 재위기간 : 서기 417년 5월~458년 8월, 41년 3개월)

　　눌지(訥祗)왕은 내물왕의 장남이며, 보반(또는 내례희)부인 김씨 소생이다. 내물왕이 죽을 당시 그는 너무 어렸으므로 실성이 왕위를 이었다. 실성왕은 눌지를 사위로 삼아 왕위를 계승하려 했다가 눌지가 성장하여 덕망이 높자, 시기하고 질투하여 그를 죽이려 했다. 하지만 눌지는 오히려 상황을 반전시켜 실성왕을 죽이고 왕위에 올랐으니, 그 때가 417년 5월이었다.

　　왕위에 오른 눌지가 가장 서두른 일은 고구려와 왜에 인질로 가 있는 아우들을 귀환시키는 것이었다. 그래서 신하들과 의논한 끝에 삽라군 태수 박제상으로 하여금 복호와 미사흔을 데려오도록 했다. 박제상은 뛰어난 화술로 고구려의 장수왕을 설득하여 418년 정월에 고구려에 있던 복호를 귀환시켰고, 그해 가을에는 왜에 붙잡혀 있던 미사흔을 탈출시켰다. 하지만 제상은 미사흔의 안전을 위해 함께 도주하지 않아 왜인의 칼날에 목숨을 잃었다.

　　복호가 귀환한 뒤, 신라의 눌지왕이 고구려를 섬기는 자세를 보이지 않아 양국 관계는 소원해졌다. 또한 미사흔이 탈출한 이후 왜는 인질을 빼돌린 신라를 응징하겠다며 전쟁을 선포했다. 왜는 수군을 보내 신라 해안 마을들을 습격하여 백성들을 잡아가는 등 노략질을 일삼기도 했다.

　　이렇듯 인질 문제로 신라는 점점 고립되는 지경으로 내몰렸다. 거기다 420년에는 봄과 여름에 걸쳐 심한 가뭄이 닥쳤고, 7월에는 때 이른 서리가 내려 곡식이 제대로 열매를 맺지 못한 탓에 큰 흉년이 이어졌다. 이로 인해 백성들 중에는 자손을 팔아먹는 자들까지 생겼다.

　　눌지왕은 죄수들을 대거 석방하고 국고를 풀어 이 사태를 수습하려 했다. 하지만 혹독한 흉년의 여파는 그 후로도 3년 동안이나 지속되었다. 다행히 423년에는 풍년이 들어 백성들은 가까스로 굶주림에서 벗어날 수 있었다. 눌지왕은 그해 4월에 노인들을 대거 남당으로 초대하여 대접하면서 자기가 직접 음식을 집어 주고, 곡식과 비단을 하사해 백성들의 마음을 달랬다.

또한 소원해진 대고구려 관계를 회복하기 위해 424년 2월에 고구려에 사신을 파견하고 국교를 재개했다. 하지만 고구려와의 관계는 예전 같지 않았다. 고구려의 장수왕이 눌지왕을 별로 신임하지 않았던 것이다.

거기다 왜군의 노략질은 여전히 계속되고 있었다. 왜는 급기야 431년 4월에 대군을 동원하여 서라벌로 진주해 왔다. 왜군은 한때 금성의 외성인 명활산성을 포위하고 신라군을 압박하였으나, 신라군이 산성에 의지하여 수성전으로 일관하며 버티자, 별 성과를 거두지 못하고 물러갔다.

그렇게 가까스로 왜군을 막아 냈으나, 그해 7월에는 또다시 때 이른 서리와 우박이 내려 곡식을 크게 해쳤다. 이 때문에 신라 백성들은 또 한 차례 혹독한 흉년을 맞이해야만 했다. 곡식이 귀해지자, 백성들은 소나무 껍질을 벗겨 먹으며 연명했는데, 기근은 그 후로도 수년 동안 지속되었다.

눌지왕은 정치, 외교, 경제, 군사, 사회 등 모든 분야에서 악재가 계속 나타나는 바람에 몹시 곤혹스러워했다.

그나마 다행스러운 일이 있다면 백제가 내민 화해의 손길이었다. 당시 백제의 왕은 비유왕이었다. 그는 427년에 구이신왕을 제거하고 왕위에 올랐는데, 그 과정에서 당시 수렴청정을 하고 있던 구이신왕의 모후 팔수태후를 왜로 내쫓았다. 그러자 그녀와 놀아나며 정사를 농단하던 왜인 목만치도 왜로 달아났다. 팔수태후는 왜왕 응신천황의 딸이었으며, 목만치는 왜인 출신으로 임나의 정치에 깊숙이 관여한 인물이었다. 따라서 비유왕이 등장한 이후 백제와 왜, 그리고 임나의 관계는 크게 악화될 수밖에 없었다. 더구나 백제는 고구려와 원수처럼 지내고 있었기에 왜와 임나 등과 등을 졌다는 것은 곧 국제 사회에서 외톨이로 남게 됐다는 뜻이다. 백제가 신라에 화해 의사를 전해 온 것은 바로 그런 처지에서 벗어나기 위함이었다.

눌지왕은 비유왕의 화해 의사를 기꺼이 받아들였다. 사실, 신라와 백제는 공히 외톨이로 전락하였고, 이러한 동병상련은 동맹 관계로 발전하는 원동력이 되었던 것이다.

양국은 서로 화친 의사를 확인하자, 433년 7월에 비유왕이 먼저 사신을 파견하여 화친을 정식으로 요청했다. 눌지왕은 거부할 이유가 없었다. 눌지왕이 쾌히 화친 의사를 받아들이자, 기분이 좋아진 비유왕은 감사의 뜻으로 이듬해 2월에 명마 두 필을 선물로 보내왔다. 이어 9월에는 흰 매를 보내왔다. 이에 10월에 눌지왕은 백제에 황금과 명주로 답례를 했다. 이로써 백제와 신라 양국은 급격히 가까워졌고, 급기야 군사 동맹 관계로 발전하였다. 그야말로 어제의 원수가 오늘의 동지가 된 셈이었다.

백제와 신라의 동맹은 고구려와 왜에도 큰 충격이 아닐 수 없었다. 고구려는 신라를 지렛대로 삼아 한반도에 대한 영향력을 확대하면서 남진 정책을 강화하려는 의도가 강했고, 왜는 백제와의 돈독한 관계를 기반으로 신라에 대한 영향력을 확대하고 무역도시인 임나의 상권을 보호하고 있었다. 하지만 백제가 신라와 동맹을 맺으면서 고구려는 남진 정책에 치명적인 타격을 입었고, 왜는 임나의 상권을 위협받는 처지에 놓였다. 토지는 척박한데 인구는 많아 항상 식량 부족에 허덕이고 있던 왜로서는 가야에서 많은 곡식을 수입해야 했다. 국제 무역도시인 임나(아라가야로 함안에서 섬진강에 이르는 지역)는 바로 그 곡식을 수입하는 통로였던 것이다. 따라서 임나의 상권이 위협받는다는 것은 곧 왜가 식량 부족에 허덕이게 된다는 뜻이었다.

사태의 심각성을 인식한 왜왕 응신천황은 백제와의 관계를 회복하기 위해 비유왕 즉위 초기에 50여 명에 이르는 사신을 대거 파견하며 백제 달래기에 나섰다. 그러나 비유왕은 오히려 신라에 화친의 손길을 뻗어 왜국 조정의 애를 태웠던 것이다. 어차피 왜는 임나의 상권 때문에 백제와 등을 질 수는 없는 처지였다. 그런 사실을 잘 알고 있던 비유왕은 왜에 매달릴 이유가 없다고 판단했던 것이다.

국제 관계가 미묘하게 얽혀 가고 있는 와중에도 신라에 대한 왜의 노략질은 계속되었다. 440년에 왜인이 신라의 남쪽 변경을 침입하여 가축을 대거 약탈하는 사태가 벌어졌고, 6월에는 다시 동쪽 변경을 노략질하였다.

노략질을 일삼는 왜인들은 왜국의 정식 군대라기보다는 이른바 왜구라는 이름으로 불리는 해적이었다. 이들 해적은 신라인들에겐 도적의 무리에 지나지 않았지만, 왜인들에겐 상인으로 인식되었다. 그들은 신라인의 마을을 습격하여 물건을 빼앗고 백성들을 잡아갔는데, 그들이 빼앗은 물건과 붙잡아 간 백성들은 다시 왜인들에게 팔려 갔다. 왜구들이 틈만 보이면 신라를 노략질한 것은 근본적으로 장사할 물건을 노획하고 노비로 팔아먹을 사람을 잡아가기 위함이었던 것이다.

물론 이들의 노략질은 왜국의 승인 아래 이뤄지고 있었다. 그뿐만 아니라, 해적과 왜군은 긴밀한 유대 관계를 갖고 있었다. 말하자면 이들 해적들은 왜국 군대의 하부조직이나 다름없었던 것이다.

그래서 왜구는 백제인을 대상으로 노략질을 하지는 않았다. 백제는 왜와 오랜 우방이었고, 또한 임나의 상권에도 깊숙이 관여하고 있었던 까닭에 왜국 조정은 이들이 백제인에게 피해를 입히지 못하도록 엄하게 감시했던 것이다.

왜국 조정은 늘 이들 해적들을 앞세워 신라 사회를 위협했는데, 이들 해적들은 왜국 조정의 첨병 역할을 하였다. 그들은 해적들을 통해 신라의 형편을 파악한 뒤, 전쟁을 준비할 시간을 벌었고, 마침내 틈이 엿보이면 군대를 동원하여 바로 금성 공략에 나서곤 했던 것이다. 신라인들에겐 이런 왜인들의 공략이 가히 공포에 가까웠다.

444년 4월, 왜는 또 한 번 대군을 동원하여 금성으로 밀려들었다. 밀물처럼 밀려든 왜병은 순식간에 상륙하여 금성의 외곽을 포위했고, 이어 외성을 뚫고 경도로 진입하여 금성을 에워쌌다. 눌지왕은 금성 안에 백성들을 모아 놓고 수성전을 펼쳤다. 왜병은 10일 동안 끈질기게 성문을 두드리다 식량이 떨어지자 스스로 물러갔다.

왜병이 퇴각하자, 눌지왕은 그 뒤를 후리려 했다. 그러자 측근들이 만류하며 말했다.

"병가의 말에 궁한 도적은 추적하지 말라 했습니다. 그들을 내버려두소서."

하지만 눌지왕은 그들의 만류를 뿌리쳤다. 10일 동안 도성 안에 갇혀서 목숨을 걸고 싸워야 했던 분풀이를 하고자 했던 것이다. 이번에 확실히 왜병을 응징하여 다시는 쳐들어오지 못하게 해야 한다는 의지마저 불탔다.

눌지왕은 기병 수천 기를 직접 거느리고 퇴각하는 왜병의 뒤를 추격한 끝에 독산 근처에 이르러 접전을 펼쳤다. 그러나 이 싸움에서 눌지왕은 크게 패하고 말았다. 군대의 절반을 잃은 그는 당황하여 말을 버리고 산으로 달아났는데, 왜군이 그 사실을 알고 전 병력을 동원하여 산을 겹겹이 포위하였다.

다행히 그때, 짙은 안개가 산을 휘감아 왔다. 안개가 태양을 가려 주변이 어두워지자 지척을 분간할 수 없는 지경으로 치달았다. 그러자 왜장은 하늘이 신라군을 돕고 있다고 판단하고 군대를 철수시켰다. 눌지왕은 안개 덕분에, 그야말로 구사일생으로 목숨을 건졌다.

그 사건이 있은 지 6년 후, 450년 7월에 예기치 못한 사태가 발생했다. 실직(강원도 삼척) 벌판에서 고구려 장수 한 사람이 사냥을 하는 것을 하슬라(강릉) 성주 삼직이 습격하여 죽였다.

당시 고구려는 신라의 상국이었고, 실직은 신라 땅이었다. 그런데 상국인 고구려 병사들이 신라 땅에서 마음대로 사냥을 즐기자, 이에 분개한 하슬라 성주가 고구려 장수를 살해하는 중대한 사태가 발생한 것이다.

그 소식을 듣고 고구려의 장수왕은 노발대발했다. 그래서 신라에 사신을 보내 이렇게 말했다.

"내가 대왕과 더불어 우호 관계를 맺어 매우 기뻐하였는데, 이제 군사를 보내 우리 변경의 장수를 죽였으니, 이는 무슨 도리인가?"

이 사건 이전부터 눌지왕을 못마땅하게 생각하던 장수왕은 곧 군대를 동원하여 신라의 서쪽 변경을 공격해 왔다. 그러자 눌지왕은 직접 고구려 군대를 영접하며 사과하고, 다시는 그런 일이 일어나지 않도록 하겠다는 약조를 했다. 고구려군은 물러갔지만, 고구려와 신라의 관계는 이미 꼬일 대로 꼬인 뒤였다.

아마 이때 고구려는 필시 하슬라 성주 삼직을 고구려로 압송하려 했을 것이다. 그러나 신라 측에서는 삼직을 내줄 수가 없었다. 그래서 왕이 직접 나서서 사과를 하는 것으로 사태를 수습한 듯하다.

그러나 장수왕은 눌지왕의 사과만으로는 분이 풀리지 않았다. 그는 눌지왕이 백제의 비유왕과 동맹을 맺은 것 자체를 고구려와 등을 지겠다는 처사로 판

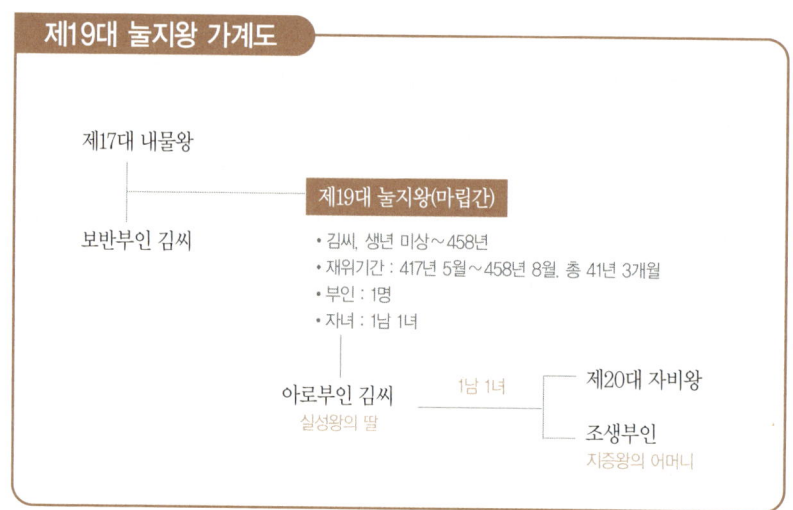

단하고 있었다. 그러던 차에 고구려의 장수가 신라 군대에 목숨까지 잃자, 신라를 적국으로 간주하기에 이른 것이다.

장수왕은 그 분을 이기지 못하고 마침내 454년 7월에 신라의 북쪽 변경을 침범하였다. 아마도 이때 고구려의 공격을 받은 신라의 북쪽 변경은 삼직이 머물고 있던 하슬라 지역일 것으로 판단된다. 말하자면 신라가 삼직을 넘겨 주지 않자, 직접 군대를 동원하여 그를 체포하려 했던 것이다. 그러나 고구려군은 별다른 성과를 거두지 못하고 물러나야만 했다. 이에 장수왕은 이듬해 10월에 다시 군대를 동원하여 이번에는 백제를 공격하였다.

이쯤 되자, 눌지왕도 더 이상 고구려의 태도를 지켜볼 수 없었던 모양이다. 그는 군대를 동원하여 백제와 함께 고구려군을 물리치도록 했다. 이로써 신라와 백제의 동맹 관계는 굳어지고, 고구려는 적대 관계로 변해 버렸다.

이렇듯 눌지왕 시대의 외교 관계는 각국의 이해 관계가 미묘하게 얽히면서 급격한 변화를 겪고 있었다.

그런 거대한 변화의 소용돌이가 일고 있는 가운데, 눌지왕은 죽음의 순간을 맞이했다. 457년 2월에는 폭풍이 불어 나무가 뿌리째 뽑혀 나가는 일이 일어났고, 4월에는 때 아닌 서리가 내려 보리를 상하게 했고, 이듬해 2월에는 지진이 발생하여 금성 남문이 무너졌다. 그렇게 신라 백성들이 천재로 두려움에 떨고 있던 와중인 458년 8월에 눌지왕은 명줄을 놓았다.

눌지왕의 부인은 실성왕의 딸 아로부인 김씨이다. 그녀 소생으로는 자비왕(제20대)과 지증왕의 어머니 조생부인이 있다. 조생부인은 사촌인 김습보와 결혼하여 지증왕을 낳았으나, 그녀의 삶에 대한 자세한 기록은 남아 있지 않다. 자비왕에 대해선 해당 실록에서 따로 다루기로 한다.

눌지왕 대에 이르러 왕에 대한 칭호가 이사금에서 마립간(麻立干)으로 변경되었다. 김대문에 따르면 마립이란 말뚝을 의미하는데, 이것은 직위에 따라 놓는 것이니 조선 시대의 품석(品石, 품계를 새겨 나열한 돌)과 같은 것이다. 다른 것이 있다면 조선의 품석은 임금의 것이 없지만, 신라의 마립엔 임금의 것도 있다는 점이다. 즉, 신라 조정에는 왕의 마립이 최상석 한가운데 있고, 그 아래로 신하들의 마립이 나열되어 있는 형태였다. 따라서 마립간이란 마립의 우두머리라는 뜻으로 곧 임금을 의미했다.

언어학적으로 볼 때, 마립은 '마루'나 '마리' 등과 어원이 같다. 이 말들은 꼭대기 또는 정상을 지칭한다. 사람의 신체에서 가장 높은 곳에 있는 부위를 '머리'라고 하는 것도 이와 무관하지 않다. 또 마당보다 높은 곳에 있으면서 마당과 연결되어 있는 곳을 '마루'라고 부르는 것도 마찬가지다.

백제 초기 왕들의 묘호인 '다루', '기루', '개루' 등에 공통적으로 '루(婁)'가 들어가는 것도 이와 관련이 있다. 이때 '루'는 하늘에 떠 있는 별을 가리키거나, 집의 제일 꼭대기인 다락을 의미한다. 별이든 다락이든 모두 꼭대기를 의미한다는 점에서 '마루'와 의미가 상통한다.

마립간을 왕의 칭호로 쓴 시기에 대해 『삼국유사』는 내물왕 대부터, 『삼국사기』는 눌지왕 대부터라고 기록하고 있다. 아마도 내물왕 대에 이 칭호가 쓰이기 시작하여 눌지왕 대에 이르러서야 정식으로 채택된 것으로 보인다.

3. 충절의 대명사 박제상

　신라의 대표적인 충신으로 불리는 박제상에 대해 『삼국사기』는 박혁거세의 후손이며, 파사이사금의 5세손으로 조부는 아도갈문왕이고, 아버지는 물품 파진찬이라고 기록하고 있다. 하지만 『삼국유사』는 제상의 성(姓)을 김씨로 기록하고 있다. 그의 성이 김씨라는 것은 그가 혁거세의 후손이 아니라 김알지의 후손이라는 뜻이다. 이런 혼란이 생긴 것은 그의 조부로 기록된 아도갈문왕의 성씨 때문이다. 즉, 갈문왕 아도의 성씨가 김인지 박인지 분명치 않다는 뜻이다. 따라서 제상의 성씨 또한 분명치 않다.

　어쨌든 제상은 눌지왕 즉위시에 삽량주 간(干)으로 있었다. 눌지왕은 전 왕인 실성왕을 죽이고 왕위에 올랐는데, 실성왕 시절에 그의 두 아우인 복호와 미사흔이 각각 고구려와 왜에 인질로 가 있었다. 눌지왕은 즉위하자마자 그들 두 아우를 구해 올 인재를 물색했는데, 수주촌 간 벌모말, 일리촌 간 구리내, 이이촌 간 파로, 이 세 사람이 물망에 올랐다. 그런데 이들 세 사람은 이구동성으로 삽량주 간 제상을 천거했다. 인질을 구하러 간다는 것은 목숨을 담보로 한 일이므로 그들은 두려워서 감히 나서지 못했고, 대신 제상을 보내려 했던 것이다.

　그들의 말을 듣고 눌지왕이 제상을 불러 의사를 타진하니, 제상이 대답하였다.

　"신은 비록 어리석고 불초하나 어찌 감히 명을 받들지 않겠습니까?"

　제상은 먼저 고구려로 갔다. 그리고 장수왕을 만나 아뢰었다.

　"제가 듣건대 이웃 나라와 사귀는 도리는 성실과 신뢰뿐이라고 했습니다. 만일 인질을 서로 주고받는다면 이는 오패(五覇, 춘추 시대의 다섯 패자)만도 못한 것이니, 실로 말세의 일로 치부될 것입니다. 지금 우리 임금의 사랑하는 아우가 여기 있은 지 거의 10년입니다. 하지만 우리 임금은 할미새가 벌판에 버려져 있는 듯한 심정으로 영영 잊지 못하고 있습니다. 만약 대왕께서 은혜를 베풀어 돌려보내 주신다면, 이는 대왕께는 아홉 마리 소에게서 떨어지는 터럭 하나만큼도 손해 될 것이 없습니다. 하지만 우리 임금은 대왕의 헤아릴 길 없는 덕으로 여길 것입니다. 왕이시여, 그 점을 헤아려 주소서!"

장수왕은 그 말을 듣고 쾌히 복호를 데리고 돌아갈 것을 허락했다(이 부분에 대해 『삼국유사』는 제상이 변장을 하고 고구려에 잠입하여 복호를 빼돌린 것으로 기록하고 있으나, 당시 정황으로 봐서 설득력이 떨어진다. 만약 신라에서 복호를 몰래 빼돌렸다면, 고구려는 필시 신라를 공격했을 것이다. 하지만 그런 사태는 일어나지 않았다. 또 『삼국유사』는 425년에 제상을 고구려에 보냈다고 했는데, 『삼국사기』엔 418년 정월에 복호가 돌아온 것으로 기록되어 있다. 이 역시 정황으로 봐서 『삼국사기』의 기록이 옳은 것으로 판단된다).

제상이 복호를 데리고 귀환하자, 눌지왕은 즐거워하며 제상에게 이렇게 말했다.

"나는 두 아우를 좌우로 두 팔처럼 여기는데, 이제 겨우 한 팔만 찾았으니, 나머지 팔은 어이할꼬?"

목숨을 걸고 복호를 귀환시킨 제상에게 눌지왕은 염치없게도 왜로 가서 미사흔마저 구해 올 것을 요청했던 것이다. 하지만 제상은 기꺼이 눌지왕의 부탁을 들어 줬다. 그리고 한 가지 계책을 내놓았다.

"고구려는 대국이고 왕도 어진 사람이었기에 신이 한마디 말로써 그를 깨우칠 수 있었지만, 왜인들은 말로써 달랠 수 없습니다. 그렇기 때문에 속임수를 써야만 합니다. 신이 왜로 가거든, 대왕께서는 신에게 반역의 죄를 씌우고, 그 소식이 저들의 귀에 들어가게 하소서."

그런 계책을 남기고 제상은 왜로 떠났다. 떠나면서 그는 이미 죽기를 맹세한 상태였기에 가족들도 만나지 않고 곧장 배에 올랐다.

그 소문을 듣고 그의 아내가 포구로 달려왔다. 하지만 제상이 탄 배는 이미 출항한 뒤였다. 그녀는 남편을 실은 배를 바라보면서 대성통곡을 하면서 소리쳤다.

"잘 다녀오시오! 제발……."

그러나 제상의 대답은 전혀 딴판이었다.

"나는 명을 받들고 적국으로 가는 길이니, 그대는 다시 만날 것을 기대하지

마시오."

그 길로 곧장 왜국에 들어간 제상은 계획대로 자신이 모반을 도모하다가 도망쳐 온 것으로 꾸며 댔다. 하지만 왜왕은 그의 말을 믿으려 하지 않았다. 그런데 제상이 도착하기 얼마 전에 백제인이 왜국에 가서 신라와 고구려가 모의하여 왜를 침입하려 한다는 거짓말을 한 적이 있었다. 그 때문에 왜왕은 은밀히 순라군을 파견하여 신라의 동태를 살피도록 했다. 그러나 그들은 신라에 있던 고구려인들에게 발각되어 모두 죽고 말았다. 이 사건 때문에 왜국은 신라와 고구려가 함께 도모하여 왜를 치고자 한다는 백제인의 말을 사실로 받아들였다. 거기다 신라에서 미사흔과 제상의 가족이 갇혔다는 소식을 듣자, 제상의 말을 믿게 되었다.

그 후 왜왕은 고구려와 신라가 침입하기 전에 먼저 신라를 습격하기로 결심하고 제상과 미사흔에게 길 안내를 맡겼다. 왜군이 신라에서 멀지 않은 섬에 이르자, 왜의 장수들이 은밀히 모여 신라를 멸한 뒤에 제상과 미사흔의 처자를 잡아 오는 문제를 의논했다. 제상은 이 사실을 알고 있었지만, 모르는 척했다. 제상은 그저 미사흔과 함께 배를 타고 놀면서 낚시나 즐기고 오리 사냥이나 하였다. 그런 모습을 본 왜인들은 제상이 전혀 다른 마음을 품고 있지 않다고 판단했다.

왜인들이 의심의 눈초리를 거두자, 제상은 미사흔에게 슬쩍 다가가 본국으로 도주할 것을 권했다. 때마침 안개가 짙게 내려앉아 도망치기엔 좋은 때였다. 미사흔은 도주하기로 마음먹고 제상에게 함께 떠날 것을 권했다.

"내가 장군을 아버지처럼 따르고 있는데, 어찌 나 혼자 가겠소이까?"

그러자 제상이 단호하게 말했다.

"만약 두 사람이 함께 떠난다면 일을 성사시키지 못할 것입니다. 그러니 혼자 떠나셔야 합니다."

결국 미사흔은 제상의 목을 안고 울면서 하직 인사를 하고 떠났다(이 부분에 대해 『삼국유사』의 기록은 조금 다르다. 『삼국유사』는 당시 왜에 와 있던 신라 사람 강구려가 돌아가는 길에 미사흔을 함께 태워 갔다고 되어 있다).

미사흔이 떠난 뒤, 제상은 미사흔의 방 안에서 혼자 자다가 다음날 늦게 일어났다. 이는 시간을 벌어 미사흔이 멀리 도망가도록 하기 위함이었다. 제상이 늦게까지 나오지 않고 잠을 자자, 왜인들이 밖에서 물었다.

"장군은 왜 이렇게 늦게까지 일어나지 않으시오?"

제상이 대답했다.

"전날 배를 너무 많이 탔더니 피곤하여 일어날 수가 없었소."

왜인들은 이상한 생각이 들어 미사흔이 방 안에 있는지 확인하기 위해 문을 열고 안으로 들어가려 했다. 그러자 제상이 그들을 만류하며 말했다.

"왕자님께서 어제 사냥을 하느라 너무 많이 쏘다녔기 때문에 몹시 고단한 상태요. 그래서 일어나지 못하시니, 깨우지 마시오."

저녁 무렵이 되어서 왜인들이 다시 제상에게 와서 미사흔이 어디 있느냐고 물었다. 그러자 제상은 웃으면서 "왕자님은 떠난 지 벌써 오래다." 하고 대답했다.

그 말을 들은 왜인들은 일단 제상을 결박해 놓고, 배를 풀어 미사흔을 추격했다. 그러나 안개가 너무 짙게 끼어 쉽사리 추격할 수 없었다. 덕분에 미사흔은 무사히 신라로 돌아갈 수 있었다.

미사흔을 놓친 왜왕은 몹시 분개하며 제상을 추궁하였다.

"네가 어째서 미사흔을 몰래 빼돌렸느냐?"

제상이 담담한 얼굴로 대답했다.

"나는 신라의 신하이지, 왜의 신하가 아니기 때문이다."

그 말에 분노한 왜왕은 제상을 신라 땅인 목도로 끌고 가 화형시키도록 했다(이 부분에 대해 『삼국유사』는 왜왕이 제상을 회유하여 자신의 신하로 삼고자 했으나, 제상이 "차라리 계림의 개, 돼지가 될지언정 왜국의 신하가 될 수 없고, 계림의 매를 맞을지언정 왜의 벼슬과 녹을 받을 수 없다."고 말했다고 한다. 이 때문에 왜왕이 노하여 제상의 발바닥 가죽을 벗긴 다음, 갈대를 베어 낸 갈대밭 위를 달리라고 했다고 한다. 제상이 날카롭게 베어진 갈대의 줄기를 밟으며 뛰자 갈대엔 제상의 피가 묻어났고, 제상의 발은 피투성이가 되었다. 이 때문에 갈대의 아랫줄기가 붉은데, 사람들은 갈대의 이 붉은 부분을 제상의 피라고 부른다고 했다. 제상이 갈대밭을 뛴 뒤에, 왜왕이 다시 그에게 어느 나라 신하냐고 물었다. 제상이 여전히 계림의 신하라고 대답하자, 왜왕은 그를 설복시킬 수 없음을 깨닫고 화형시켰다고 한다. 그러나 『삼국유사』의 기록은 다분히 소설적인 허구가 가미되어 극적으로 재구성된 듯하다).

제상이 화형당했다는 말을 듣고, 눌지왕은 그에게 대아찬을 추증하고, 그의 가족들에게 많은 재물을 하사했다. 또한 제상의 둘째 딸을 미사흔의 아내로 삼게 했다.

『삼국유사』엔 제상의 가족들과 관련한 일화가 하나 전한다. 제상이 떠날 때 그 부인이 제상의 뒤를 쫓아갔으나 만나지 못하자, 망덕사 남쪽 모래밭에서 목을 길게 늘이고 울었다고 한다. 그 때문에 이곳을 '장사(長沙, 긴 모래밭)'라고 불렀다고 한다. 또 친척 두 사람이 그녀의 양쪽 겨드랑이를 잡고 돌아오는데, 부인이 다리를 늘어뜨린 채 일어서지 않았다 하여 '벌지지'라고도 했다고 한다. 또 얼마 뒤에 제상의 부인이 그 남편을 너무 그리워하여 딸 셋을 데리고 치술령에 올라가 왜국을 바라보며 통곡하다가 죽었다는 말도 전한다. 그래서 그녀는 치술신모가 되었고, 치술령에는 그녀의 당집이 있었다고 전한다.

▶ **눌지왕 시대의 세계 약사**

눌지왕 시대 중국은 5호 16국 시대가 종결되고, 386년에 선비족의 탁발규가 북위를 세운 이래 420년에 유유가 남송을 세움으로써 이른바 남북조 시대로 접어든다. 이에 따라 남송과 북위 사이에 치열한 패권 다툼이 전개된다. 이때 북위에서는 도교가 널리 전파되어 교단의 조직이 확립되면서 444년에는 승려와 무당을 사사로이 양성하는 것을 금지하는 법령이 마련된다.

이때 서양에서는 동로마와 사산조 페르시아가 서로 화해하고, 페르시아에서도 기독교를 인정하는 조치가 내려진다. 로마 변방의 외족들은 날로 성장하여 서고크족이 에스파냐를 정복하고, 반달왕 가이세리크는 카르타고를 정복하여 수도로 삼았으며, 앵글로색슨 및 유트족이 영국에 침입하였다. 그런 가운데 456년에 게르만족의 용병장군 리키메르가 서로마제국의 정권을 장악하는 사태가 벌어진다.

제20대 자비왕실록

1. 잦은 전란을 국방력 강화의 원동력으로 이용한 자비왕
(?~서기 479년, 재위기간:서기 458년 8월~479년 2월, 20년 6개월)

자비(慈悲)왕은 눌지왕의 장남으로 실성왕의 딸 아로부인 김씨 소생이며, 458년 8월에 부왕 눌지왕이 죽자, 신라 제20대 왕에 올랐다.

눌지왕 치세는 거의 해마다 전쟁이 일어나 백성들을 고통스럽게 했다. 특히 왜군의 침입은 즉위 초부터 기승을 부렸다. 왜왕은 인질로 붙잡아간 미사흔이 박제상의 도움으로 탈출한 뒤부터 줄기차게 신라를 공격해 왔는데, 자비왕이 즉위한 뒤부터 공격의 강도는 한층 거세졌다.

왕위에 오른 자비가 처음 왜의 침입을 당한 때는 재위 2년 4월로 즉위한 지 불과 8개월 만이었다. 이때 왜군은 병선 백여 척에 대군을 나눠 싣고 동해를 가로질러 신라 땅에 상륙했다. 그리고 곧장 월성을 포위하고 대대적인 공격을 감행해 왔다. 그러나 신라군이 월성문을 굳게 닫고 수성전으로 일관하자, 결국 성을 무너뜨리지 못하고 군량이 떨어져 퇴각해야 할 처지에 놓였다. 그 낌새를 알아챈 자비왕은 퇴각하는 왜군의 뒤를 쳐 격파하고, 도주하는 적을 해안까지 추격하였다. 그러자 왜군은 다급한 나머지 미처 병사들이 다 타지도 못한 상태에서 배를 띄웠고, 상당수의 병력이 바다에 몸을 날려 헤엄을 쳐서 달아나려 했다. 하지만 그들은 대부분 신라군의 추격을 받아 수장되었는데, 그 수가 무려 침입한 왜군의 절반에 가까웠다.

당시 왜군이 백여 척의 배를 이끌고 왔다는 점을 감안할 때, 신라를 침입한 왜의 병력은 적어도 5천 정도는 되었을 것이다. 이 5천 중에 절반이 수장되었다고 하니, 2천여 명의 왜병이 목숨을 잃은 것이다.

이렇듯 왜군을 몰아내긴 했으나, 그것으로 왜와의 전쟁이 끝난 것은 아니었다. 비록 왜군을 물리쳤다고는 하나, 그것은 쥐구멍에 숨어 있던 쥐들이 굶주림에 지쳐 달아나는 고양이의 꼬리에 상처를 낸 정도에 불과했다. 따라서 왜는 머지않아 또 침입해 올 것이 분명했다.

사정이 그렇다 보니, 조정 내부에서는 왜와 화친을 맺자는 주장이 대두될 법했다. 사실, 왜와 급격히 관계가 악화된 것은 인질로 가 있던 미사흔이 탈출해 온 뒤부터였다. 그러니 왜왕의 분노를 가라앉히기 위해서는 다시 왜에 인질을 보내고 화친을 맺는 길밖에 없었다. 조정 대신들 중에는 그런 논리를 앞세워 왜와의 화친을 추진하는 세력이 있었던 듯하다.

그러나 자비왕의 입장은 단호했다. 그는 오히려 재위 4년(461년)에 미사흔의 딸 김씨를 왕비로 맞아들였다. 당시 자비왕에겐 이미 부인이 둘이나 있었다. 그럼에도 미사흔의 딸을 세 번째 부인으로 맞아들인 것은 왜의 침략에 강력하게 대처하겠다는 결연한 의지의 표출이었다.

자비왕의 태도는 왜왕 웅략을 더욱 자극했다. 또한 왜와 화친하여 정국과 민생을 안정시키자는 화친 세력의 반발을 사기에 충분했다. 그로 인한 사건인지 명확하진 않지만, 미사흔의 딸을 부인으로 맞이한 지 두 달 뒤인 4월에 『삼국사기』는 '금성 우물에 용이 나타났다'는 기록을 남기고 있다. 용이란 의당 왕을 상징하는데 자비왕 이외에 또 하나의 왕이 나타났다면, 이는 필시 반란 사건에 관한 기록일 것이다. 말하자면 미사흔의 딸을 부인으로 맞아 왜에 대하여 강경한 자세를 보인 자비왕의 태도에 불만을 품은 세력이 반정을 도모하여 새로운 왕을 세울 움직임을 보였다는 뜻이다. 다행히 그들의 반정은 성공하지 못했다. 이 사건은 오히려 신라 내부에서 왜에 대한 화친 세력을 대거 축출하는 결과를 낳았다.

이에 자극받은 왜왕 웅략은 462년 5월에 또 한 차례 군대를 파견하여 서라벌을 침입하고, 서라벌의 외성인 활개성(명활산성의 다른 이름)을 습격하여 그곳의 백성 천여 명을 잡아갔다.

463년 2월에는 삽량성(경남 양산)을 공격해 왔다. 하지만 왜군의 동향은 이미 신라군에게 간파된 뒤였다. 자비왕은 장군 벌지와 덕지를 급파하여 복병을 배치하고 기다리게 하였으며, 왜군이 삽량성으로 쳐들어오자 급습하여 크게 물리쳤다.

이 사건 후, 자비왕은 왜인의 침입이 잦은 해안의 국경에 두 개의 성을 쌓아 재침에 대비하였다. 또 7월에는 군대를 사열하여 병사들의 사기를 돋우었다.

신라군의 기세가 예사롭지 않자, 왜군도 함부로 신라 땅을 넘보지 못했다. 그러나 난국은 쉽게 타개되지 않았다. 몇 년간 계속된 전쟁으로 백성들은 극심한 어려움을 겪고 있었는데, 이번에는 천재가 닥쳤다. 465년 4월에는 산이 열일곱 군데나 무너질 정도로 큰 홍수가 있었고, 연이어 5월부터는 사벌(상주) 땅에 메뚜기 떼가 나타나 기승을 부렸다.

그러나 자비왕은 오히려 전함을 수리하여 전쟁에 대비해야만 했다. 그간 왜는 신라 땅에 기근이나 홍수가 닥치면 여지없이 침략을 해 온 터라, 재해 복구에만 매달려 있다간 전국이 왜군의 발 아래 초토화될 것이라 판단했던 것이다.

자비왕의 대비책 때문에 왜는 쉽사리 신라 땅을 침입하지 못했다. 그러나 이번에는 북쪽의 적군이 밀고 내려왔다. 468년 2월에 고구려와 말갈이 군사 1만을 몰고 내려와 실직성(삼척)을 공격하여 함락시켜 버렸다.

당황한 자비왕은 하슬라(강릉) 백성들을 대거 동원하여 니하에 성을 쌓고 고구려군을 공격하였다. 하지만 설상가상으로 469년 4월에 또다시 서라벌에 큰 홍수가 나서 민가가 떠내려가고 많은 집이 허물어지는 사태가 발생했다. 자비왕은 직접 수레를 타고 수해 지역을 돌며 백성들을 위로하는 것으로 민심을 수습했다.

이 무렵 자비왕은 여러 요충지에 계속해서 성을 쌓아 외적의 침입에 대비하고 있었다. 470년엔 삼년산성(충북 보은)이 완공되었다. 삼 년에 걸쳐 성을 쌓았다고 해서 삼년산성이라 이름 붙여진 이 성은 서쪽의 백제와 북쪽의 고구려를 동시에 견제하는 요새였다. 그래서 자비왕은 이 성의 축성에 심혈을 기울여 왔다.

471년 2월에는 모로성을 쌓았고, 2년 뒤인 473년 7월에는 명활산성을 보수했으며, 475년에는 일모성, 사시성, 광석성, 답달성, 구례성, 좌라성 등을 쌓았다.

자비왕이 몇 년 사이에 이렇게 많은 성을 쌓은 것은 고구려의 남하에 대비하기 위함이었다. 고구려는 장수왕 즉위 이래 꾸준히 남하정책을 펴고 있었는데, 특히 이 무렵부터 노골적으로 백제와 신라 땅으로 밀고 내려올 조짐을 보이고 있었다. 그리고 급기야 475년 7월에 장수왕이 직접 대군을 이끌고 남하하여 백제의 한성을 공격했다. 백제의 개로왕은 고구려군에 맞서 전면전을 펼쳤으나, 초반에 기선을 제압당해 패배하였다. 결국 백제는 한성이 무너져 도성을 잃고 개로왕이 장수왕 앞에 끌려가 처형을 당하는 수모를 겪어야만 했다.

개로왕은 도성이 함락될 지경에 이르자, 아우 문주를 시켜 신라에 구원군을 요청했다. 자비왕은 개로왕의 요청을 받아들여 구원군을 파견했지만, 신라군이 도착했을 때는 한성은 이미 잿더미가 되고 개로왕도 처형당한 뒤였다.

이렇듯 상황이 급박하게 돌아가는 와중에 왜군이 침입할 것이라는 소문이 돌기 시작했다. 자비왕은 그 소문이 사실임을 확인하고 476년 정월에 명활산성으로 옮겨 앉아 왜군의 침입에 대비하였다.

소문대로 왜군은 477년 6월에 함대를 이끌고 와 동쪽 해안 지역으로 상륙하였다. 그러나 이미 왜의 침입에 철저하게 대비하고 있던 만큼 신라군은 전혀 당황하지 않았다. 자비왕은 장군 덕지를 시켜 왜군에 맞서 싸우게 했는데, 덕지의 공략에 말린 왜군은 병력 2백을 잃고 도주해야만 했다.

478년 5월에 왜군은 다시 침략을 감행해 왔다. 이번에는 왜군도 작심하고

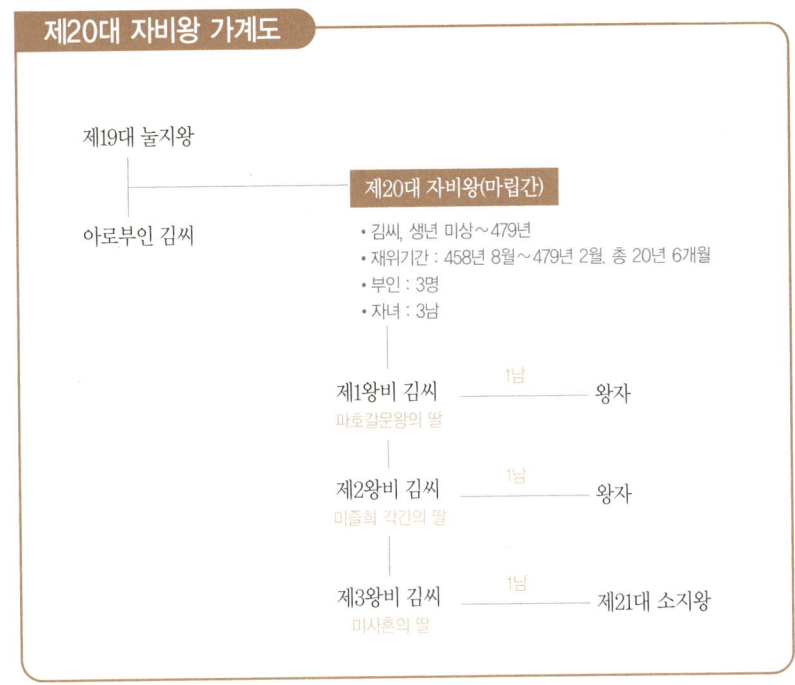

대군을 동원했다. 왜군은 군대를 다섯으로 나눠 사방으로 공략해 왔으나, 역시 이번에도 별다른 성과를 거두지 못했다. 오랜 전쟁으로 이미 신라인들은 싸움에 익숙해 있었고, 군대 또한 항상 전시 상황처럼 움직이고 있었다. 왜군의 신라 공략은 점점 더 어려워졌다.

이렇듯 자비왕 시대는 왜의 계속된 침략으로 신라군의 전투 능력이 배가되는 결과를 가져왔다. 말하자면 왜의 지속적인 침략이 오히려 신라의 국방력을 강화시키는 결과를 낳았던 것이다. 덕분에 신라는 개국 이래 최대의 군사력을 과시하게 되었다.

자비왕은 479년 2월 3일에 생을 마감했다. 왕의 칭호는 마립간이었으며, 능에 관한 기록은 남아 있지 않다(『삼국사기』는 자비왕이 480년에 사망한 것으로 기록하고 있고, 『삼국유사』는 479년으로 기록하고 있다. 여타 사건들과 백제,

고구려의 기록을 대조하여 『삼국유사』의 기록에 더 신뢰를 뒀음을 밝힌다).

자비왕에겐 부인이 셋 있었다. 첫째 부인은 파호갈문왕의 딸이며, 둘째 부인은 미즐희 각간의 딸이고, 셋째 부인은 미사흔 각간의 딸이다. 첫째 부인과 둘째 부인을 언제 맞아들였는지는 기록되지 않았고, 셋째 부인 미사흔의 딸 김씨는 그의 재위 4년(461년) 2월에 맞아들인 것으로 기록되어 있다.

그는 이들 세 부인에게서 아들 셋을 얻었다. 하지만 첫째와 둘째에 관한 기록은 없고, 소지왕(제21대)이 그의 셋째 아들이라는 기록만 남아 있다. 소지왕에 대해서는 해당 실록에서 따로 언급하도록 하겠다.

2. 악성(樂聖) 백결 선생과 방아악

자비왕 대에 음악으로 천하를 풍미한 인물이 있는데, 그가 바로 가야금의 명인 백결(百結)이다.

『삼국사기』는 그에 대해 성도 이름도 알 수 없다고 했고, 언제 태어나고 죽었는지도 모른다고 적고 있다. 그에 관해 분명하게 알려진 것은 경주 낭산 밑에 살았다는 것과 지독하게 가난했다는 사실이다.

하지만 영해(영덕) 박씨 족보에는 그에 대한 상세한 기록이 전하고 있다. 그의 이름은 박문량이며, 414년에 신라의 충절 박제상의 막내로 태어난 것으로 적혀 있다. 눌지왕 2년인 418년에 그의 아버지 박제상이 왜에서 순절하자, 어머니 김씨와 누나인 아기와 아경이 비보를 듣고 자결하였고, 둘째 누나 아영만 살아남아 그를 양육하였다고 한다. 아영은 몇 년 뒤에 박제상이 탈출시킨 미사흔과 결혼하여 궁궐로 들어갔고, 문량도 그녀를 따라 입궐하여 궁중에서 성장했다. 그리고 장성해서는 각간 이수현의 딸과 결혼하여 관직에 머물기도 하였다.

하지만 그는 478년에 관직을 떠나 향리에 머물렀는데, 이때 '낙천악'이라는 귀향곡을 지어 불렀다고 한다.

청렴하고 결백했던 그는 왕실의 그 어떤 도움도 마다하고 스스로 청빈한 삶을 살았다. 그는 너무나 가난했던 나머지 백 번도 더 기운 누더기 옷을 걸치고 다녀야 했는데, 그 모습이 마치 몸에 메추라기가 매달려 있는 것 같았다 한다. 사람들이 그를 '백결 선생'이라고 한 것도 바로 이 누더기 옷에서 유래했다.

백결이 얼마나 가난했는지는 『삼국사기』에 기록된 그의 일화가 잘 알려 주고 있다.

어느 해 세모였다. 사람들은 새해를 앞두고 곡식을 찧어 별식을 마련하느라 분주한데, 백결의 아내는 음식 하나 마련할 수 없었다. 부인이 그 처지를 한탄하며 말했다.

"남들은 명절이라고 모두 곡식을 찧고 있는데, 우리만 곡식이 없으니 무엇으로 설을 쇠리요?"

그러자 백결이 하늘을 우러러보며 아내를 달랬다.

"무릇 죽고 사는 것에는 운명이 있고, 부귀는 하늘에 달려 있어, 그것이 와도 막을 수 없고 그것이 달아나도 좇을 수 없는 법이오. 그런데 그대는 어찌하여 마음 아파하는 거요? 내가 그대를 위하여 방아소리를 내어 위로해 주겠소이다."

백결은 곧 가야금을 타서 방아소리를 연주했다고 한다. 이 음악은 후세에 방아악이라는 이름으로 전해졌다고 한다.

백결이 음악에 심취한 것은 젊은 시절부터 춘추 시대의 대악(大樂) 영계기라는 인물을 흠모했기 때문이다. 영계기는 사슴 가죽 옷에 새끼 띠를 맨 거지 차림으로 늘 금을 타며 노래를 부르고 다닌 것으로 유명한데, 백결 또한 그와 같은 삶을 살았던 것이다.

▶ 자비왕 시대의 세계 약사

자비왕 시대 중국에선 북위와 남송의 치열한 공방전이 지속되었다. 그리고 북위는 469년에 송의 청주를 병합하는 데 성공했고, 송의 유연은 470년에 보복 전쟁을 감행하다 패배하였다. 그러자 남송 내부에서는 불만 세력이 형성되어 몇 차례의 내란이 잇따랐고, 급기야 소도성이 479년에 남송을 멸하고 남제를 건국하였다.

한편, 서로마에서는 게르만 용병대장 출신 리키메르가 정권을 장악하여 황제를 세우지 않고 자신이 직접 통치하는 상황이 전개되었다. 그 후 몇 명의 어린 황제가 즉위했으나 476년에 게르만 용병대장 오도아케르가 황제를 폐함으로써 서로마는 몰락하였다.

제21대 소지왕실록

1. 시련을 먹고 자라는 성군 소지왕과 결혼동맹
(?~서기 500년, 재위기간:서기 479년 2월~500년 11월, 21년 9개월)

소지(炤知)왕은 비처왕이라고도 불리었으며, 자비왕의 셋째 아들로 미사흔의 딸 김씨 소생이다. 그는 어릴 때부터 효성스럽고 겸손하여 타인을 공경하는 자세를 잃지 않았기 때문에 사람들이 모두 탄복하여 성인이라 불렀다고 전한다.

479년 2월에 부왕 자비가 죽자, 왕위에 오른 그는 우선 대사면령을 내려 많은 죄수를 방면하였고, 관리들의 벼슬을 한 급씩 올려 주었다. 그러나 이런 선심책에도 불구하고 그는 즉위 초부터 심한 어려움을 겪어야 했다. 그를 곤경으로 몰아넣은 것은 크게 두 가지였는데, 첫째는 천재지변이었고 둘째는 고구려와 왜, 말갈 등의 외침이었다.

그의 첫 시련은 즉위 이듬해인 480년 봄에 닥친 가뭄이었다. 초봄부터 이어진 가뭄은 여름까지 계속되었고, 이 때문에 큰 흉년이 들어 백성들이 굶주림에 허덕였다. 그는 결국 그해 10월에 국고를 열어 백성들에게 곡식을 나눠 주는 조치를 취해 가까스로 위기를 넘겼다. 그러나 그것도 잠시 호시탐탐 침략의 기회를 노리고 있던 말갈이 11월에 변경을 공격해 왔다.

말갈은 백제와 신라의 북진 정책으로 그간 많은 땅을 잃은 상태였다. 거기다 고구려가 남하정책을 실시하는 바람에 터전을 잃을 처지에 놓여 있었다. 그러자 말갈은 고육지책으로 고구려에 완전히 복속되어 그들의 남하정책을 적극적으로 돕기에 이르렀다. 이때 신라의 변경을 침입한 것도 고구려의 사주에 의해서였다.

심한 가뭄으로 국가적인 어려움을 겪고 있는 상황에서 말갈의 침입에 직면한 소지왕은 481년 2월에 자신이 직접 비열성(함경남도 안변)까지 행차하여 군복을 하사함으로써 변방의 군사를 위로하고 사기를 진작시키는 과감한 면모를 보였다.

하지만 그의 노력에도 불구하고 신라군은 패전을 거듭했다. 신라의 북방 변경을 휘젓고 다니던 고구려군과 말갈군은 순식간에 호명성(강원도 철원 주변) 등 일곱 성을 함락시켰다. 그리고 다시 동쪽 해안선을 따라 남진하여 미질부(경북 영일만 일대)까지 밀고 내려왔다.

미질부에서 금성까지는 불과 수십 리밖에 되지 않았다. 사태가 이쯤 되자, 소지왕은 급히 백제의 동성왕과 가야에 구원을 요청했다. 다행히 백제와 가야는 신라의 요청을 수락하고 군대를 파견하였다. 신라는 그들의 도움에 힘입어 가까스로 고구려군을 몰아낼 수 있었다.

신라, 백제, 가야 삼국의 군대는 달아나는 고구려와 말갈 군대를 추격하여 니하(북한강 일원으로 추측됨) 서쪽에서 후미를 따라잡아 천여 명의 목을 베는 큰 성과를 거뒀다.

겨우 고구려와 말갈 군대를 내쫓긴 했으나 신라는 큰 타격을 입었다. 우선 자력으로 그들을 막아 내지 못해 백제와 가야에 구원군을 요청함으로써 국가의 위상에 큰 타격을 입었다. 다음으로 북방의 성들이 차례로 함락되어 민심이 동요되고 군대의 신뢰성이 크게 실추되었다.

그런 와중에 또 한 번 천재가 닥쳐왔다. 이듬해 2월에 엄청난 바람이 불어 나무가 뿌리째 뽑히는 이변이 일어났고, 금성 남문에서 화재마저 발생했다. 또 4월까지 비가 내리지 않아 또다시 흉작을 예고했다. 소지왕은 중앙과 지방 관리들에게 죄수를 재심하여 가벼운 죄인들은 방면해 줘 농사를 돕도록 명령했다.

그러나 악재는 이어졌다. 5월부터 왜군이 쳐들어와 민가를 노략질하기 시작했던 것이다. 왜군의 노략질은 해안 마을을 중심으로 계속 이어졌는데, 그 와중인 483년 4월에는 큰 홍수가 닥쳐 많은 백성이 수재민이 되었다. 홍수는 한 차례에 그치지 않고 7월에 다시 닥쳐 신라 전역을 혼란의 소용돌이 속으로 몰아넣었다. 특히 낙동강 주변의 민가가 대거 유실되어 많은 백성이 집을 잃고 거리로 내몰렸다.

소지왕은 가을걷이가 끝난 그해 10월에 직접 일선(경북 선산) 지방에 행차하여 수재민들을 위로하고, 재해의 정도에 따라 곡식을 나눠 주며 민심을 안정시키기 위해 안간힘을 썼다.

하지만 홍수의 후유증은 쉽게 사라지지 않았다. 수재를 당한 지역을 중심으로 전염병이 돌기 시작하더니 11월에는 전국적으로 확산되기에 이르렀다.

상황이 상황인 만큼 민심은 극도로 악화되었고, 그 화살은 모두 소지왕에게 집중되었다. 왕이 덕이 없어 재난과 전쟁이 지속된다는 것이었다. 결국, 소지왕은 자비왕 대에 강화된 왕권을 스스로 약화시키는 고육지책으로 난국을 타개하고자 했다.

484년 정월에 오함을 이벌찬에 임명하여 그에게 정치와 군사 업무를 맡기고 자기는 한 발 뒤로 물러났던 것이다.

소지왕의 정치적 결단은 결과적으로 소기의 성과를 거뒀다. 그해 7월에 고구려가 신라의 북쪽 변경을 통과하여 백제 땅으로 밀려들자, 신라와 백제 연합군이 모산성(충북 청원) 아래에서 힘을 합쳐 고구려군을 대파했다. 백제의 동성왕은 이 일에 대한 고마움의 표시로 이듬해 5월에 사신을 보내 소지왕을 예방하게 했다. 이로써 신라는 지난날 크게 실추되었던 국가 위상을 되찾고, 군대의 사기도 크게 높였다.

이에 힘입어 소지왕은 여러 성을 쌓아 국방을 강화했다. 485년 2월에는 구벌성을 쌓고, 486년 정월에는 일선 지방의 장정 3천 명을 동원하여 삼년성과 굴산성을 개축하였다. 488년 7월에는 도나성을 쌓았고, 490년 2월에는 비라성을 중수했다. 493년 7월에는 임해와 장령 두 곳에 진을 설치하여 왜적의 침입에 체계적으로 대응할 교두보를 마련했다.

그 무렵, 소지왕은 자신의 측근인 장인 내숙을 이벌찬에 임명하고 국정을 맡김으로써 왕권 회복에 한 발 다가섰다. 그해 4월에 왜인들이 다시 변경을 노략질하였으나, 소지왕은 양산 남쪽에서 대대적으로 군대를 사열하여 왜군의 기를 꺾어 놓았다.

조금씩 자신감을 되찾고 있던 소지왕은 487년 2월에는 내을에 신궁을 설치했다. 내을은 시조가 처음 태어난 곳이었는데, 소지왕은 이곳에 신궁을 세워 민심을 다잡으려 했다. 3월에는 사방에 우역(역말을 설치하여 우편 및 명령 전달 체계를 맡는 역)을 설치하고, 소관 관청을 둬 관도(官道)를 정비하게 하였다.

우역의 설치는 중앙과 지방을 일원화하고, 명령을 빠르게 전달하여 불의의 사태에 대처하는 힘을 강화해 주었다. 이는 곧 왕의 중앙집권화를 강화하고, 재난과 전쟁에 신속하게 대처할 기반을 마련했다는 의미였다.

그리고 그해 7월에는 월성을 수리하여 그곳에 대궁을 설치하고 이듬해인 재위 10년 정월에 월성으로 옮겨 앉았다. 이때부터 월성엔 주로 왕과 왕비 등이 기거하고, 금성엔 왕실의 혈족들이 기거하게 되었다. 말하자면 왕의 위상이 한 단계 높아진 것이다.

즉위 10년 만에 제자리를 찾은 소지왕은 그해 2월에는 일선군에 행차하여 홀아비, 과부, 고아, 자식 없는 노인 등을 찾아 위문하고 어려운 정도에 따라 곡식을 하사했다. 또 3월에는 일선에서 돌아오는 길에 주와 군의 죄수들 가운데 사형수를 제외한 모든 죄수를 석방하는 사면조치도 내렸다. 이듬해 정월에는 유랑하는 백성들을 모아 농촌으로 돌려보내는 행사도 거행했다.

소지왕이 민심 안정책에 주력하고 있던 489년 9월에 고구려가 다시 한 번 북쪽 변경을 침입해 왔다. 고구려 군대는 과현(강원도 회양)을 공격하여 무너뜨리고, 이내 남하하여 10월에는 호산성(강원도 김화)을 점령했다.

이 사건으로 소지왕은 또 한 번 위기를 맞았다. 호산성을 뺏김으로써 비열성(함경남도 안변) 등 함경도 영토가 고립되는 상황이 초래된 것이다. 소지왕은 비라성을 다시 쌓아 호산성 회복을 노렸는데, 그 무렵 신라 내부에서 은밀히 반란 세력이 형성되고 있었다. 이에 대해 『삼국사기』는 재위 12년 3월에 '추라정에 용이 나타났다'는 표현을 썼는데, 이는 왕을 바꾸려는 시도가 있었음을 은유적으로 나타낸 것으로 보인다. 다행히 이런 움직임은 오래가지 않았다.

재위 14년인 492년에는 봄과 여름에 걸쳐 가뭄이 들었고, 소지왕은 이것은 왕이 부덕하여 생긴 일이라고 말하면서 스스로 음식을 줄이고 반성하는 모습을 보여 민심을 달랬다. 또한 백제와 동맹 관계를 강화하기 위해 493년 3월에 백제의 동성왕이 사신을 보내 혼인을 요청해 오자, 이벌찬 비지의 딸을 보내 결혼동맹으로 발전시켰다.

백제와의 동맹을 기반으로 소지왕은 고구려에 빼앗긴 영토를 되찾고자 했다. 그래서 장군 실죽으로 하여금 고구려 지역을 선제 공격하도록 했다. 실죽은 북방으로 진격하여 대동강을 넘고 다시 살수(청천강)로 북상했다. 하지만 살수벌에서 고구려군에게 밀려 퇴각하였고, 결국 견아성(충북 일대)까지 쫓겨 내려와 포위되었다. 그러나 백제의 동성왕이 병력 삼천을 보내 신라군을 돕자, 고구려군은 포위를 풀고 퇴각했다.

돌아가던 고구려군은 이에 대한 보복으로 백제의 치양성(황해도 연백의 배천)을 포위했다. 그러자 이번에는 소지왕이 장군 덕지를 시켜 고구려군의 뒤를 쳤다. 신라군의 급습을 받고 고구려의 대오가 무너졌는데 치양성 안의 백제군까지 가세하자, 고구려군은 궤멸되고 말았다.

신라군 덕분에 치양성이 위기를 모면하자, 동성왕은 소지왕에게 사신을 보내 사례를 했다. 또 이듬해 2월에는 가야 왕이 꼬리가 다섯 자나 되는 희귀한 흰 꿩을 보내와 소지왕의 위상을 한껏 높여 주었다.

그해 3월에 소지왕은 궁실을 중수하는 등 위상 강화에 매진했는데, 불행히도 5월에 큰비가 내려 알천이 넘쳐 민가 2백여 호가 잠기거나 떠내려가는 재난이 일어났다. 또 7월에는 고구려가 우산성(강원도 춘천)을 공격해 왔다. 하지만 장군 실죽이 출동하여 니하에서 물리쳤다. 그러나 그것으로 끝난 것이 아니었다. 497년 4월엔 왜인들이 변경을 침입하여 민심을 흔들어 놓더니, 7월에는 가뭄이 들고 메뚜기 떼가 나타나 흉작을 예고했다. 소지왕은 전국 지방관들에게 능력이 있는 인재를 천거토록 명령하여 정면으로 난관을 돌파하려는 의지를 보였다.

그런 가운데 8월에 고구려군이 또다시 우산성을 공격해 왔고, 결국 함락되고 말았다. 500년 3월에는 왜군이 장봉진(경북 포항 근처)을 공략하여 점령해 버렸다. 그야말로 남북으로 적군이 한꺼번에 몰려오는 형국이었다.

설상가상으로 그해 4월에는 폭풍이 불어 나무가 뽑혀 나가고, 곡식을 해치는 사태가 일어났다. 거기다 또다시 반란 세력이 고개를 들고 일어나, 귀족 사이에선 왕을 교체해야 한다는 여론이 일었다.

그쯤 되자 소지왕도 무력감을 드러냈다. 그 무렵, 소지왕은 벽화라는 한 여인에게 빠져 있었는데, 정사를 제쳐두고 자주 그녀의 집으로 행차하곤 했다. 그리고 기어코 그녀를 임신시켰다. 사람들은 그 일을 두고 말이 많았고, 결국 소지왕은 그녀를 입궁시켜 후궁으로 삼았다. 하지만 소지왕은 벽화를 들어앉힌 지 불과 두 달 만인 500년 11월에 생을 마감했다.

소지왕도 전 왕과 마찬가지로 마립간을 칭호로 사용했으며, 능에 대한 기록은 남아 있지 않다.

2. 소지왕의 가족들

소지왕의 부인은 정비 선혜부인과 후비 벽화부인 두 명이다. 선혜부인은 후에 법흥왕의 왕비가 되는 보도부인을 낳았으며, 벽화부인은 아들을 하나 낳았다. 하지만 벽화부인이 낳은 아들에 대한 자세한 기록은 남아 있지 않다. 선혜부인과 벽화부인에 대해 간단하게 언급하고, 보도부인은 「법흥왕실록」에서 따로 언급하도록 한다.

선혜부인 (생몰년 미상)
– 왕을 제쳐두고 다른 남자의 아이를 낳은 왕비

선혜는 이벌찬 내숙의 딸이다. 언제 소지왕의 부인이 되었는지 알 수 없으나, 신라 왕실의 관례로 봐서 소지왕이 태자로 있을 때 시집온 것으로 보인다.

선혜는 딸을 둘 낳았는데, 첫째는 법흥왕의 왕비가 되는 보도이고, 둘째는 오도이다. 보도는 그녀와 소지왕 사이에서 태어난 딸이며, 오도는 그녀가 소지왕 몰래 묘심이라는 인물과 사통하여 낳은 딸이다.

오도에 대한 기록은 『삼국사기』엔 없고 『화랑세기』에만 전한다. 그리고 그녀가 묘심과 간통한 사건은 『삼국유사』에 다음과 같이 전한다.

제21대 비처왕(소지왕) 즉위 10년 무진(488년)에 왕이 천천전으로 거동하였더니, 이때에 까마귀와 쥐가 와서 울었다. 쥐가 사람의 말로 "이 까마귀가 가는 곳으로 따라가 보소서." 하였다. 왕이 말 탄 군사를 시켜 그 뒤를 밟게 하였다. 말 탄 군사는 남쪽 피촌에 이르러 돼지 두 마리가 싸우고 있는 것을 구경하다가 그만 까마귀가 간 곳을 놓쳐 버렸다. 따르던 군사가 길가에서 방황하고 있을 때에 웬 늙은 노인이 못 한가운데서 나와 편지를 줬다. 편지 겉봉에는 "떼어 보면 둘이 죽고, 떼어 보지 않으면 한 사람이 죽는다."고 쓰여 있었다. 심부름 갔던 자가 돌아와 편지를 바치니 왕이 말하기를 "편지를 떼어 두 사람이 죽는 것보다는 편지를 보지 않고 한 사람이 죽는 것이 낫다."고 하였다.

그러자 점치는 관리가 아뢰기를 "두 사람이란 일반 백성이요, 한 사람이란 임금님이외다." 하였다. 왕이 그 말이 옳다 싶어 편지를 떼어 보니, 그 속에 '거문고집을 활로 쏘라'는 글귀가 쓰여 있었다.

왕이 대궐로 돌아가 거문고집을 쏘고 보니, 그 속에서는 내궁에 머물며 불공을 드리는 중과 궁주가 몰래 간통을 하고 있었다. 왕은 두 사람을 처형하였다.

당시 소지왕에겐 부인이 하나뿐이었다. 따라서 이 이야기에 등장하는 궁주

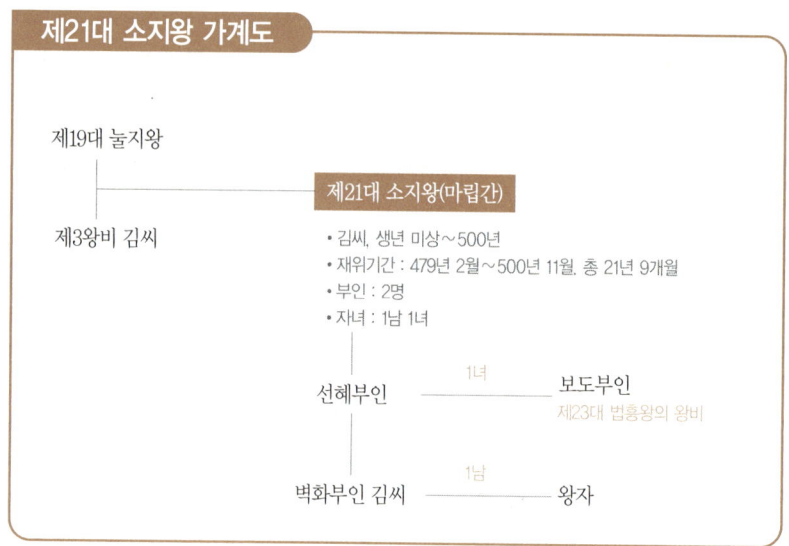

는 바로 왕비 선혜부인이다. 그리고 그녀와 간통했던 중은 묘심이다. 『삼국유사』에는 이들 두 사람의 간통 장면을 목격한 소지왕이 둘을 모두 처형했다고 되어 있지만, 『화랑세기』엔 선혜부인이 묘심과 사통하여 오도라는 딸을 낳았다고 했으니, 선혜는 이때 처형되지 않은 듯하다.

사실, 신라 왕실에서는 왕비가 사통했다고 해서 죽음을 당하는 경우는 거의 없었다. 성적으로 매우 자유분방했던 신라 왕실에서 왕비가 사통하여 아이를 갖는 경우가 종종 있었기 때문이다. 이는 대개 왕비들이 왕의 사촌 또는 이복동생이나 조카였기 때문에 부부이기 이전에 철저하게 혈연으로 맺어진 관계였다. 따라서 이들의 결혼은 사랑에 의한 것이 아니라 혈통의 순수성을 보존하는 차원에서 이뤄졌다. 왕비들이 좋아하는 남자를 발견하여 사통을 일삼은 것은 바로 이런 독특한 결혼 풍습의 한 뒷면이었던 것이다.

왕비가 사통하여 얻은 아이라고 하더라도 대개 그 아이는 왕실의 일원으로 받아들여지는 것이 또한 당시 풍습이었다. 선혜와 묘심이 사통하여 낳은 오도는 후에 화랑의 시조가 되는 위화랑과 사통하여 딸을 낳는데, 그 딸이 법흥왕의 애첩 옥진궁주이다. 옥진은 원래 영실이라는 인물에게 시집갔으나, 법흥왕이 그녀를 총애하여 애첩으로 삼았다. 그녀와 법흥왕 사이에서 태어난 왕자가 비대인데, 이 비대의 왕위 계승 문제를 놓고 신라 왕실은 큰 논란을 벌이게 된다.

이처럼 신라 사회의 남녀 관계는 지금으로선 도저히 상상도 할 수 없을 정도로 복잡하고 자유분방했음을 알 수 있다.

벽화부인 (485년~?)
– 소지왕의 마음을 사로잡은 경국지색

벽화부인은 날이군의 섬신공 파로와 벽아부인 사이에서 485년에 태어났으며, 그녀 밑으로 위화랑이라는 남동생이 있었다. 그녀는 인물이 출중하여 어린 나이에 신라 최고의 미인으로 소문이 날 정도였다.

500년 9월에 소지왕은 몸소 날이군에 행차하였다. 이때 소지왕은 이미 일흔에 가까운 노인이었다. 그럼에도 은근히 벽화의 미모가 보고 싶어 허연 수염을 날리며 직접 날이군에 거둥한 것이다.

소지왕이 온다는 소식을 듣고 파로는 벽화에게 비단옷을 입혀 가마에 태웠다. 그리고 채색비단으로 그녀를 치장하여 소지왕에게 바쳤다. 소지왕은 파로가 음식을 진상하는 것이라 생각하고 가마를 열어젖혔는데, 그 속에 아리따운 벽화가 다소곳이 앉아 있었다.

그러나 소지왕은 주변의 눈을 의식하여 차마 벽화를 취하지 못했다. 소지왕은 성군으로 이름이 높은 왕이었다. 그런 그가 증손녀뻘밖에 되지 않는 열여섯 살 소녀를 후비로 맞아들인다는 것은 쉬운 일이 아니었다. 자칫하면 20여 년 동안 성군으로 추앙받던 그가 하루아침에 추잡한 늙은이로 전락할 수도 있는 일이었다.

소지왕은 그런 생각을 하며 가까스로 욕망을 억제하고 궁궐로 돌아왔다. 그런데 그의 머릿속은 이미 벽화에 대한 생각으로 가득 차 버린 뒤였다. 그는 참고 또 참았지만, 결국 벽화가 보고 싶은 마음을 떨쳐 버리지 못했다. 마침내 그는 평복 차림으로 몰래 대궐을 빠져나가 파로의 집을 찾았다. 그리고 벽화와 관계를 맺었다. 소지왕의 그런 행각은 수차례 계속되었다. 마침내 성안에 그 소문이 파다하게 퍼졌다.

그러던 어느 날이었다. 그날도 소지왕은 벽화에 대한 그리움을 떨치지 못하고 몰래 궁궐을 빠져나왔다. 평상복을 입고 날이군을 향해 가던 그는 도중에 고타군의 한 노파의 집에서 묵게 되었다. 그때까지 소지왕은 백성들이 자신의 미행을 전혀 모르는 것으로 알고 있었다. 그래서 그 노파에게 물었다.

"백성들은 국왕을 어떤 사람이라고 생각하는가?"

노파가 대답했다.

"많은 사람이 그를 성인이라고 말하지만, 나는 그렇게 보지 않습니다. 내가 듣건대, 왕은 날이에 사는 여자와 관계하면서 자주 평복을 입고 나다닌다 하오. 무릇 용의 겉모습이 고기와 같이 생겼다면, 어부의 손에 잡히게 되어 있어요. 지금의 왕은 만승의 지위에 있는데 스스로 신중하지 못하니, 이런 사람을 성인이라고 하면 누가 성인이 아니겠소?"

소지왕은 노파의 말을 듣고 몹시 부끄러웠다. 그렇다고 해도 벽화에 대한 그리움은 어쩔 수 없었다. 그래서 벽화를 몰래 궁궐 별실로 불러들여 후비로 삼았다.

그때 벽화는 이미 소지왕의 아이를 잉태하고 있었다. 하지만 소지왕은 그녀가 입궁한 지 두 달 만에 죽었다. 결국, 벽화는 소지왕이 죽은 뒤에 그의 아이를 낳았다. 벽화가 낳은 소지왕의 아이에 대한 구체적인 기록은 남아 있지 않다. 그러나 『화랑세기』엔 소지왕 사후에 벽화가 어떻게 살았는지 기록되어 있다.

소지왕이 죽자, 벽화는 소지왕을 이어 왕위에 오른 지증왕의 태자인 원종(법흥왕)을 섬겼다. 당시 원종에겐 태자비가 있었는데, 그녀가 바로 소지왕의 딸 보도부인이다. 그런데 원종은 보도부인에게는 관심이 없었다. 원종이 좋아하던 여자는 보도의 동생 오도였다. 그러나 오도는 벽화의 남동생인 위화랑을 좋아하여 서로 사통하고 있었다. 그 사실을 알고 법흥왕은 화가 나서 오도를 아시공에게 줘 버렸다.

그런데 벽화 또한 법흥왕 외에 다른 남자를 좋아하고 있었다. 법흥왕이 총애하던 인물 중에 비량이라는 자가 있었는데, 그는 벽화를 좋아했다. 벽화 또한 그를 몹시 좋아하여 그들은 늘 뒷간에서 몰래 사랑을 나눴다. 비량은 벽화를 너무 사랑하여 궁궐에 오기만 하면 늘 벽화부인의 뒷간으로 가서 그녀와 정사를 나누곤 했다. 법흥왕은 그 사실을 알면서도, 비량을 너무 아낀 나머지 벽화더러 비량에게 시집가도록 했다. 결국, 벽화는 처음에 소지왕의 후비가 되었다가, 다시 법흥왕의 후궁이 되었다가, 비량의 부인이 된 것이다. 그녀는 비량에게 시집가서 아들을 낳았는데, 그가 구리지다. 구리지의 아들은 화랑의 제5세 풍월주 사다함이다.

신라 왕실의 여인들은 이처럼 여러 남자를 거치며 결혼 생활을 유지하였고, 이 때문에 신라 사회에선 여자가 아이를 낳더라도 그 아버지가 누구인지 정확하게 모르는 경우가 많았다. 신라 사회에서 모계를 중시하게 된 이유가 바로 여기에 있다.

▶ 소지왕 시대의 세계 약사

소지왕 시대 중국에선 남조의 유송이 멸망하고, 소도성이 제를 건국하였다. 이에 따라 북위와 남제가 대립하는 형국이 전개되어, 초기엔 남제가 주로 북위를 격파하였다. 이에 자극된 북위는 494년에 낙양으로 천도하여 대대적으로 남제를 공격하기 시작했다. 그 와중에 남제에선 몇 차례 반란 사건이 발생하여 혼란이 야기된다.

이때 서로마를 장악한 오도아케르는 동고트 왕 테오도리쿠스와 전쟁을 벌였고, 테오도리쿠스가 서고트의 후원에 힘입어 오도아케르를 격파했다. 그리고 493년에 테오도리쿠스가 오도아케르를 죽이고, 이탈리아에 동고트 왕국을 건설했다. 프랑크족은 클로비스가 즉위하여 메로빙 왕조를 개창하고, 486년에 프랑크 왕국을 세웠다. 클로비스는 496년에 기독교로 개종하고, 서갈리아를 정복하는 등 세력을 확대한다.

제22대 지증왕실록

1. 철저한 실천주의자 지증왕과 신라 사회의 제도화
(서기 437~514년, 재위기간:서기 500년 11월~514년 7월, 13년 8개월)

지증(智證)왕은 내물왕의 증손이며, 갈문왕 습보의 아들로서 조생부인 김씨 소생이다. 성은 김씨이고 이름은 지대로 혹은 지도로 또는 지철로라고 하였다. 갈문왕 습보는 눌지왕의 아우 미사흔의 아들이다. 또한 조생부인이 눌지왕의 딸이므로 지증왕은 소지왕의 6촌 아우가 되는 셈이다.

500년에 소지왕이 죽었을 때, 지대로의 나이는 예순넷이었다. 따라서 지대로는 서기 437년에 태어났음을 알 수 있다.

소지왕이 죽을 당시 지대로는 이미 왕위 계승권자로 지목되어 있었다. 당시 신라에는 부군(副君)이라는 직위가 있었는데, 이는 왕이 태자를 얻지 못했을 때 그 자리를 대신할 인물을 선정하는 제도였다. 말하자면 부군은 왕의 아들이 아니면서 태자의 임무를 수행하는 왕위 계승권자였던 것이다.

지증왕은 왕위에 오르면서 몇 가지 중요한 정책을 실시했다. 재위 3년인 502년에는 순장을 금지하는 명령을 내렸다. 순장은 당시로서는 전통적인 풍습이었고, 신분의 위상을 드러내는 중요한 장례 절차였다. 하지만 이것은 산 사람을 죽은 사람과 함께 묻어 버리는 비인간적인 풍습이었다. 그럼에도 왕실과 귀족 사회에선 순장으로 무덤 속에 갇히는 노비의 수로써 신분을 구분하려는 의지가 강했기에 이를 금지한다는 것은 쉬운 일이 아니었다. 당시 왕이 죽으면 남녀 각각 다섯 명씩 순장했다. 하지만 지증왕은 왕실과 귀족들의 강한 반발에도 불구하고 과감하게 이 풍습을 금지시켰던 것이다.

그는 또 주주와 군주에게 일일이 명령하여 농사를 권장하도록 지시하였다. 소를 이용해 밭을 가는 경작법을 전국적으로 확산시켜 농사법에 획기적인 전환을 가져왔다.

재위 4년에는 국호를 '신라'로 확정하기도 했다. 그때까지 신라는 사라, 사로, 계림, 시벌, 서라벌, 신라 등 여러 가지로 불리는 바람에 국호가 하나로 통일되지 못했다. 그래서 지증왕은 신하들에게 국호를 하나로 일원화하도록 지시했고, 결국 시대의 추이에 맞게 한자어로 된 '신라'가 정식 국호로 채택되었다. 신라는 '덕업이 나날이 새로워져 사방을 모두 덮는다'는 의미를 지니고 있다.

지증왕은 군주의 칭호도 국제화의 흐름에 맞게 왕으로 변경하였다. 그때까지 신라는 거서간, 이사금, 마립간 등 족장을 의미하는 신라 방언을 군주의 칭호로 사용했는데, 이때부터 국제어인 왕을 칭호로 확정했다.

재위 5년에는 상복법을 제정하여 반포하고 시행했다. 그때까지 신라는 지방마다 풍습이 달라 상례의 절차가 일원화되지 않아 상복도 제각각이었다. 그 때문에 왕실의 상례도 일정하지 않았다. 지증왕은 이 문제를 해결하기 위해 상복법을 제정했다.

재위 6년 봄에는 전국의 주와 군의 경계를 확정하고 군의 수령을 군주로 삼았는데, 군주라는 용어를 사용한 것은 이때가 처음이었다. 처음으로 군주의 칭호를 쓴 사람은 울릉도를 복속시킨 것으로 유명한 박이사부(혹은 태종)였다. 지증왕은 실직주를 설치하고 그를 초대 실직 군주로 삼았던 것이다.

그해 11월에는 석빙고를 관리하는 소관부서를 설치하고 얼음을 저장하게 하였다. 석빙고가 처음 설치된 것은 제3대 유리왕 때였으나, 그 이후로 관리가 제대로 되지 않았다. 그래서 지증왕은 석빙고를 관장하는 부서를 따로 두고 운영하게 했다.

이때 지증왕은 선박의 이용에 대한 법을 만들어 그 운영 방식을 제도화하기도 했다. 이로써 그때까지 주먹구구식으로 운영되던 해운업이 하나의 제도 속에 편입된 것이다.

재위 10년 정월에는 경주에 동시장을 설치하였다. 경주에 시장이 처음 설치된 것은 소지왕 12년이었다. 당시 소지왕은 도성에 시장을 열어 전국의 물자를 유통시키는 중심으로 삼고자 했는데, 그 규모가 날로 커져 이 시장 하나만으로는 전국에서 몰려드는 물품을 다 소화하지 못했다. 그래서 이때에 와서 시장을 하나 더 연 것이 동시장이다.

그해 3월에는 울타리와 함정을 만들어 맹수의 피해를 없애는 데 주력했다. 당시에는 곰이나 호랑이, 늑대 같은 맹수들이 민가를 습격하는 일이 잦았다. 지증왕은 집집마다 울타리를 치고, 산 어귀에 함정을 만들어 그 피해를 최소화하고자 했다.

재위 15년 정월에는 아시촌에 소경을 설치하고, 가을 7월에 6부와 남쪽 지방의 주민들을 옮겨와 이곳에 거주하도록 했다.

아시촌은 지금의 경상남도 함안 지역인데, 이곳은 원래 아라가야의 땅으로 당시에는 흔히 임나로 불렸다. 임나는 함안을 중심으로 해서 남서쪽으로 섬진강까지 이어져 있었는데, 백제의 동성왕이 488년에 섬진강 주변의 임나 땅을 강제로 병합하는 사태가 일어났다. 이 일로 백제와 가야는 크게 대립하였고, 결국 가야는 백제와 등을 지고 신라에 의존하게 된다. 이 과정에서 신라는 어부지리로 아라가야 땅의 상당 부분을 영토로 편입하게 된다. 지증왕이 함안 지역에 소경을 설치하고 백성들을 이주시킨 것은 그곳에 대해 주인 행세를 하려는 의도였을 것이다. 물론 여기엔 신라에 의존하여 가야를 유지시키려던 금관가야의 암묵적인 동의가 있었을 것이다.

이런 행정적인 조치 이외에 지증왕 대에 주목할 만한 사건이 있다면 박이사부(태종, 태종은 한자식 이름이고 이사부는 향찰식 이름인 듯하다)의 울릉도 복속이다.

처음에 실직주 군주로 있던 박이사부는 지증왕 13년에 하슬라(강릉)주 군주가 되었다. 이때 그는 명주의 동쪽 바다에 있는 우산국이 험준한 지세를 믿고 신라에 항복하지 않는 것을 괘씸하게 여겼다. 하지만 우산국 백성들은 거칠고 사나운 기질을 가졌기에 쉽게 항복할 사람들이 아니었다. 이에 박이사부는 한 가지 꾀를 냈다. 그는 나무로 많은 허수아비를 만들어 여러 배에 나눠 싣고 우산국 해안으로 다가갔다. 그리고 그곳 백성들에게 이렇게 말했다.

"만약 너희들이 항복하지 않는다면 이 맹수들을 모두 풀어 너희들을 밟아 죽이게 하겠다."

우산국 백성들이 그 소리에 겁을 먹고 곧 항복하여 신라에 복속되었다고 한다. 아마도 이때 박이사부가 만든 허수아비는 험악하게 생긴 짐승의 형상을 하고 있었을 것이다.

이렇듯 지증왕의 정책은 매우 구체적이고 섬세했다. 그는 제반 문제를 법의 테두리 안으로 끌어들여 제도화함으로써 국가 기강 확립에 크게 기여했다. 이는 그가 어떤 문제든지 구체적으로 현실화시키는 실천주의자였음을 알려 준다. 지증왕이 이런 업적을 남길 수 있었던 것은 그의 재위 동안 비교적 천재지변이 적었고, 전쟁이 한 번도 일어나지 않았기 때문일 것으로 보인다.

이런 여러 업적을 남긴 그는 재위 15년인 514년 7월에 78세를 일기로 생을 마감했다. 묘호는 지증이라고 하였는데, 이때부터 신라에 시호법이 사용되었다.

지증왕 대에는 칭호를 왕으로 사용하기로 확정하긴 했으나, 여전히 마립간이라는 칭호가 널리 사용되었다.

2. 지증왕의 가족들

지증왕의 왕비는 연제부인이며, 그녀 소생으로는 원종과 입종 두 아들이 있다. 원종은 지증왕을 이어 왕위에 오르는 법흥왕이며, 입종은 법흥왕을 이어

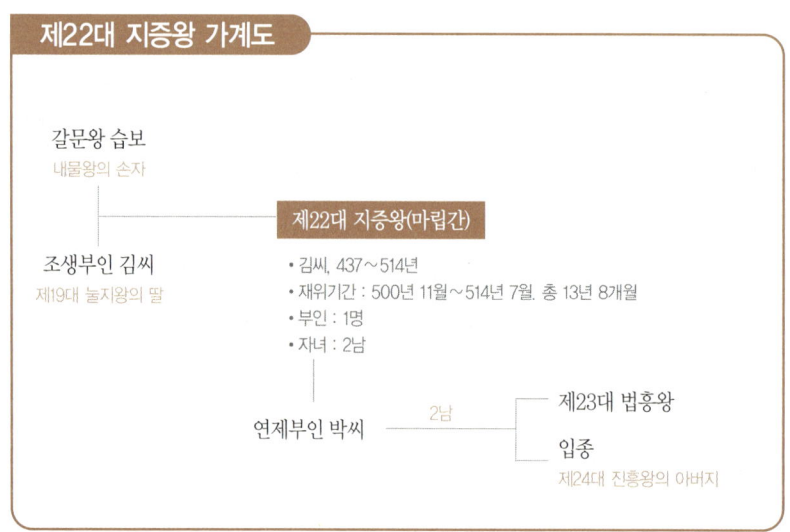

왕위에 오르는 진흥왕의 아버지이다. 법흥왕에 대해서는 해당 실록에서 따로 다루기로 하고, 입종에 대해서는 「진흥왕실록」에서 별도로 언급할 것이므로 여기서는 연제부인만 따로 다룬다.

연제부인 (생몰년 미상)
— 지증왕의 엄청난 생식기 덕분에 왕비가 된 거구의 여인

연제부인은 기형적으로 키가 큰 거인으로 사실 왕비가 될 수 없는 체격 조건을 가진 여자였다. 그러나 지증왕의 독특한 신체 덕분에 왕비가 된 인물이다.
『삼국유사』엔 그녀가 왕비가 된 과정이 기록되어 있는데, 그 내용은 대충 이렇다.

대단한 거구였던 지증왕은 생식기가 굉장히 컸던 모양이다. 그의 생식기는 1자 5치로 약 45센티미터 정도였는데, 이 때문에 웬만한 여자는 그와 관계를

가질 수 없었다. 그래서 배필을 구하지 못해 고민하며 사방으로 사람을 보내 아내 될 여자를 알아보았다.

그러던 중에 배필을 구하는 임무를 맡은 사람이 모량부 동로수 나무 아래에서 엄청나게 큰 똥덩어리를 보았다. 똥덩어리가 얼마나 컸던지 대충 북 크기만 했는데, 개 두 마리가 그것의 두 끝을 물고 서로 다투고 있었다. 그는 주변을 수소문하여 그 똥의 임자를 찾았다. 그러자 웬 계집아이 하나가 나와서 이렇게 말했다.

"이 마을 재상댁 따님이 여기 와서 빨래를 하다가 숲 속에 들어가 숨어서 눈 똥이외다."

그래서 그는 그 재상집을 찾아갔다. 그리고 그 딸을 보니, 키가 자그마치 7척 5치나 되었다. 요즘 수치로 하면 대충 2미터 25센티미터 정도의 엄청난 거인이었다.

그는 이 사실을 왕에게 보고했다. 그러자 지증왕은 그녀에게 수레를 보내 혼인을 청하고 궁중으로 맞아들였으니, 그녀가 법흥왕의 어머니 연제부인이다 (『삼국유사』의 기록대로라면 연제부인이 지증왕에게 시집온 것은 지증왕이 왕위에 오른 뒤이다. 하지만 연제부인 소생인 법흥왕이 지증왕 대에 이미 정치적으로 중요한 역할을 한 것을 감안할 때, 연제부인은 지증왕이 젊었을 때 시집 온 것으로 보아야 한다).

제23대 법흥왕실록

1. 개혁주의자 법흥왕과 불교의 융성
(?~서기 540년, 재위기간 : 서기 514년 7월~540년 7월, 26년)

　법흥(法興)왕은 지증왕의 장남이며, 연제부인 박씨 소생으로 이름은 원종이다. 그는 키가 7척이고 성품이 관대하여 사람들을 좋아했다고 전한다.
　원종이 왕위를 이은 것은 이미 소지왕 대에 결정된 일이었다. 소지왕은 아들이 없었기에 6촌 아우 지대로(지증)를 부군(副君)으로 임명하여 후계자로 삼았는데, 이때 지대로의 아들 원종도 국공(國公)의 위치에 오른 상태였다. 국공은 작위나 품계는 아니지만, 혹여 부군이 죽거나 심각한 병에 걸릴 경우 그 지위에 대한 승계권을 가진 자를 의미했다. 따라서 원종은 지증왕 시대에 이미 왕위 계승권을 확보했음을 알 수 있다.
　소지왕이 죽고 부군이었던 지증이 왕위를 잇자, 원종은 곧바로 태자에 책봉되었다. 지증왕은 64세라는 늦은 나이에 왕위에 올랐기에, 태자 원종은 지증왕 시대의 정치에 깊숙이 관여했을 것으로 짐작된다. 따라서 원종은 지증왕이 실시한 일련의 행정 조직 개혁에 막대한 영향력을 행사했을 것이다. 원종은 이미 태자 시절부터 왕권의 일부를 거머쥔 상태였다는 뜻이다.

514년 7월에 왕위에 오른 법흥왕은 국가 기반 확립을 위한 개혁에 더욱 박차를 가했다. 재위 4년(517년) 4월에는 후에 6조 체제의 근간이 되는 병부(兵部)를 설치하여 국방 및 병력 행정 체계를 일원화했다. 7년(520년) 정월에는 법령을 반포하고 관리들의 관복을 제정했다. 관복은 붉은빛과 자줏빛 두 가지 색으로 구분하여 등급을 표시하도록 했다. 또 18년(534년)에는 상대등이라는 직위를 신설, 이찬 철부를 초대 상대등에 임명하여 국사를 총괄하게 함으로써 이른바 '재상정치' 시대를 열었다. 23년(539년)에는 처음으로 연호를 정하고, '건원(建元)' 원년이라고 했다.

법흥왕은 내적으로는 이 같은 과감한 개혁 정책을 실시하는 한편, 외적으로는 영토 확장에 열을 올렸다. 그가 확장한 영토는 당시 붕괴 직전에 놓여 있는 가야 제국(諸國)들의 땅이었다.

가야는 서기 42년에 변한의 9개국이 모여 연합 국가를 형성했고, 얼마 뒤에 신라에게 3개국을 잃어 6국만 남았다. 가야는 개국 시점에서부터 157년 동안은 이른바 '수로왕 시대'를 구가했는데, 이는 금관가야의 왕이 '머리왕'이 되어 나머지 5개국 왕을 지배하는 형태였다. 서기 199년 무렵에 이와 같은 연합 국가 형태가 무너지자, 6가야는 때론 독립적인 형태로, 때론 몇몇 나라끼리 연합하는 형태로 서로 협조하며 지냈다. 그런 상황에서 왜와 긴밀한 관계를 형성하고 있던 아라가야(임나)는 일본의 구주 지역으로 진출하여 축자국 등에 터전을 마련하는 한편, 왜를 자국으로 끌어들여 섬진강 유역과 그 주변의 남해 일대를 자유 무역 도시로 개발하였다. 덕분에 가야 제국들은 고질적인 문제였던 작은 영토와 취약한 국방력을 극복하는 데 성공했다.

하지만 488년에 백제의 동성왕이 임나의 다사 등 네 개 현을 강제로 점령하여 복속시키는 사태가 발생함으로써 졸지에 임나의 상권이 완전히 붕괴되었다. 가야는 이 일에 반발하여 백제와 일대 전쟁을 벌이며 신라에 도움을 요청했고, 백제는 왜를 압박하여 임나에 대한 영유권을 확보하는 데 혈안이 되었다. 하지만 왜국 내부에서도 백제의 임나 장악에 대해서 강하게 반발하는 세력이 있어 백제의 임나 장악은 쉽지 않았다. 그렇게 백제와 왜, 가야가 서로 힘겨루기를 하고 있는 사이에, 신라의 지증왕은 금관가야의 동조 아래 임나의 중심지인 함안 지역에 병력을 투입하고 백성을 이주시켰다. 그리고 522년에 가야의 구형왕이 신라에 사신을 보내 혼인을 요청하자, 법흥왕이 이찬 비조부의 누이를 보냄으로써 양국은 결혼동맹을 맺었다.

법흥왕은 524년 9월에 직접 가야 땅으로 행차하여 개척한 영토를 둘러보았고, 가야의 구형왕은 그 소식을 듣고 달려와 법흥왕과 회견하였다. 이때 법흥왕과 구형왕이 회견한 내용은 기록되어 있지 않으나, 아마도 자신의 귀순 문제를 협의한 것으로 보인다.

532년에 구형왕은 마침내 왕비 및 노종, 무덕, 무력 등 세 왕자와 함께 금관국 보물을 가지고 신라에 항복했다. 법흥왕은 구형의 귀순을 대대적으로 환영하고, 금관국을 그의 식읍으로 내줬다. 또한 셋째 아들 무력을 신라 조정에 입조시켜 대신으로 삼았다. 이로써 가야는 약 500년 동안 유지된 왕조를 폐하고 신라에 병합되었다.

신라의 가야 병합은 신라의 국력을 신장시켰다. 이에 자신을 얻은 법흥왕은 스스로 황제를 칭하며 534년에 자체적으로 연호를 정했던 것이다.

법흥왕 대에 일어난 또 하나의 중요한 사건은 불교의 공인이다. 눌지왕 때 인도 승려 묵호자가 들어와 신라에 불교를 전한 후로 소지왕 때에 다시 아도화상이 들어와 불법을 퍼뜨렸다. 하지만 신라는 전통적으로 선도(禪道)를 숭상하였기에 불도에 대한 거부감이 심했다. 그러나 불도가 나날이 퍼져 사회 문제로 등장하자, 마침내 신하들이 불교를 강하게 탄압할 것을 주청하기에 이르렀다.

하지만 법흥왕은 불교에 대해 매우 호의적인 인물이었다. 그는 오히려 불교를 공인하고 널리 유포하기를 바랐다. 법흥왕의 불교에 대한 집념은 대단했다. 하지만 조정 대신들의 반발이 만만치 않았다. 마침내 법흥왕은 신하들을 모아 놓고 불도를 흥하게 할 방도를 묻기에 이르렀다. 그러나 여러 신하가 이구동성으로 불교를 반대하며 왕의 명령을 받들지 않았다.

그때 왕의 근신이자 불교 신자였던 박이차돈이 나서서 불교의 심오한 교리에 대해 설파했다. 이 때문에 여러 신하가 그를 죽여야 한다고 간언하자, 결국 법흥왕도 이차돈을 죽일 수밖에 없었다. 그러자 이차돈은 자신이 죽고 나면 이상한 일이 벌어질 것을 예언했는데, 그의 목을 치자 정말 이상한 일이 벌어졌다. 이차돈의 목을 베자, 젖빛처럼 하얀 피가 솟구쳐 올랐던 것이다. 이 일이 있은 뒤로 감히 불도를 비방하는 자가 없었다. 법흥왕은 이 사건이 발생한 직후인 재위 15년(528년)에 공식적으로 불법을 인정하고 시행하였다.

법흥왕은 '법을 흥하게 하다'라는 그의 묘호가 말해 주듯 불교에 매우 심취한 인물이었다.

그는 540년 7월에 생을 마감하였으며, 능은 애공사 북쪽 봉우리에 마련되었다고 전한다.

2. 법흥왕의 가족들

법흥왕의 여자 관계는 대단히 복잡한 편이다. 법흥왕뿐만 아니라 신라 사회는 성적으로 자유 분방하여 왕들의 여자 관계가 매우 복잡하였다. 하지만 그에 대한 자세한 기록이 없어 구체적인 사항은 알 수 없다. 다행히 법흥왕의 여자 관계에 대해서는 『화랑세기』에 비교적 자세하게 서술되어 있어, 그 대략을 여기에 옮긴다.

법흥왕의 정비는 소지왕의 딸 보도부인 김씨이며, 후비로는 위화랑의 딸 옥진궁주와 소지왕의 후비였던 벽화부인, 백제 동성왕의 공주 보과 등이 있다. 이들 이외에 묘도부인도 있었으나, 그녀는 삼엽궁주의 아들 미진부와 사랑에 빠져 사통하였다. 지소태후가 그 사실을 알고 묘도를 미진부에게 출가시켰다(그녀와 법흥왕 사이엔 자식이 없었으므로, 여기서는 그녀를 법흥왕의 부인들 이름에서 제외했다).

법흥왕은 네 명의 부인에게서 아들 둘과 딸 셋을 얻었다. 정비인 보도부인에게서 딸을 하나 얻었는데, 그녀가 곧 진흥왕의 어머니 지소태후이다. 후비 옥진

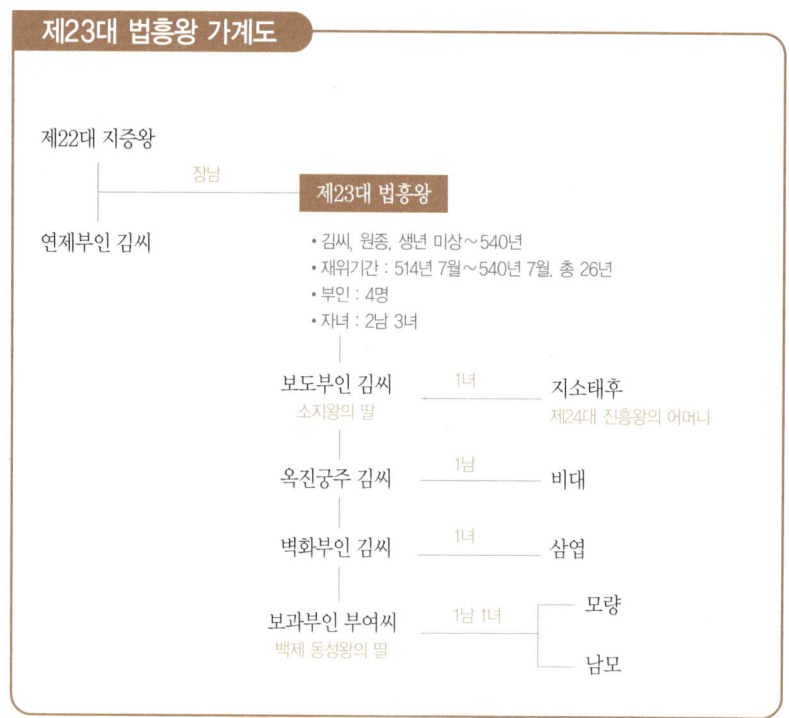

궁주에게서는 아들을 하나 얻었는데, 그의 이름은 비대이다. 후비 벽화부인에게서 딸을 하나 얻었는데 이름은 삼엽이다. 후비 보과부인에게서 1남 1녀를 얻으니 모량과 남모이다. 이들 중에서 보도부인, 옥진궁주, 보과부인, 비대, 모량, 남모, 삼엽에 관해서 언급한다. 벽화부인은 「소지왕실록」에서 이미 다룬 바 있어 생략하고, 지소태후는 「진흥왕실록」에서 별도로 다루기로 한다.

보도부인 김씨 (생몰년 미상)

보도부인은 소지왕과 그의 왕비 선혜부인 사이에서 태어났다(『삼국사기』는 그녀의 성을 박씨로 기록하고 있으며, 『삼국유사』에는 성이 기록되지 않았다. 하지만 『화랑세기』엔 소지왕의 딸로 기록되어 있다. 법흥왕이 소지왕 재위 당시에 태자의 직분에 해당하는 국공의 직위에 있었던 점으로 미뤄 볼 때, 그는 소지왕의 사위가 되었을 확률이 높다. 따라서 보도부인은 『화랑세기』의 기록대로 소지왕의 딸일 가능성이 높다고 판단하여 여기서는 그녀의 성을 김씨로 기록한다). 그녀가 언제 법흥왕과 결혼했는지는 분명하지 않으나, 『화랑세기』에 따르면 법흥왕이 태자 시절에 이미 그녀는 법흥왕의 부인이었다.

비록 그녀가 법흥왕의 정비이긴 했으나, 법흥왕은 그녀에게 별로 관심이 없었다. 법흥왕은 소지왕의 후비였던 벽화부인을 좋아했고, 결국 그녀와 관계하여 딸을 하나 얻었으니, 곧 삼엽궁주다.

법흥왕은 또 다른 여자에게 관심을 두고 있었는데, 그녀는 보도의 씨 다른 동생인 오도였다. 오도는 보도의 어머니 선혜왕후가 정부였던 묘심과 관계하여 낳은 딸인데, 인물이 출중했던 모양이다. 법흥왕은 오도를 몹시 좋아했는데, 정작 오도는 법흥왕보다는 김위화랑을 더 좋아했다(위화랑은 벽화부인의 남동생이며, 화랑도의 제1세 풍월주가 되는 사람으로 『화랑세기』의 저자 김대문의 선조이다). 그래서 그녀는 몰래 위화랑과 정분을 맺고 딸을 낳았는데, 그녀가 옥진궁주이다.

그 뒤로 법흥왕은 정비 보도부인에게 눈을 돌렸고, 덕분에 보도는 한동안 그의 총애를 받을 수 있었다. 그래서 태어난 딸이 지소였다.

하지만 보도에 대한 법흥왕의 관심은 오래 가지 않았다. 보도가 늙어 가자 법흥왕은 어느덧 한 어린 소녀에게 관심을 두었는데, 그녀가 바로 위화랑과 오도 사이에 태어난 옥진이었다.

법흥왕이 옥진을 좋아하자, 법흥왕의 어머니 연제태후는 보도왕후를 출가시켜 비구니가 되게 했다. 이 때문에 보도는 결국 비구니로서 생을 마감했다.

옥진궁주 김씨 (생몰년 미상)

옥진궁주는 김위화랑과 오도부인 사이에서 태어났다. 위화랑은 오도에게서 딸 둘을 얻었는데, 장녀가 옥진이요 차녀가 금진이다.

오도는 원래 법흥왕의 사랑을 받았으나, 그녀가 몰래 위화랑과 정을 통하여 옥진을 낳는 바람에 법흥왕은 위화랑과 오도를 몹시 원망하였다. 그래서 옥진의 어머니였던 오도를 강제로 아시공에게 시집보내 버렸다. 그 때문에 옥진은 어린 시절에 어머니 품에서 자라지 못했다.

세월이 10여 년 흘러 옥진은 어느덧 아리따운 소녀로 성장했다. 그리고 박영실에게 시집갔다. 법흥왕이 어느 날 그녀를 보고 반하여 총애하기 시작했다. 그래서 그녀는 영실의 곁을 떠나 법흥왕의 후비가 되었다. 그 뒤로 법흥왕은 다시 위화랑을 측근에 뒀고, 대신 정비였던 보도부인은 궁에서 내쫓겨 비구니가 되어야 했다.

옥진은 법흥왕과 관계하여 아들을 하나 낳았는데, 그가 비대이다. 그 이후의 옥진의 삶에 대한 기록은 남아 있지 않다.

보과부인 부여씨 (생몰년 미상)

보과는 백제 동성왕의 딸이다. 법흥왕이 소지왕 때에 국공 자격으로 백제에 간 적이 있는데, 그때 보과를 만났다. 당시 신라와 백제는 결혼동맹을 맺은 상태였고, 그래서 신라의 왕족 비지의 딸이 동성왕의 후비로서 백제 왕궁에서 살고 있었다. 보과와 법흥왕의 만남을 주선한 것은 아마도 그녀일 것이다.

법흥왕과 보과는 만나자마자 사랑에 빠져 몰래 관계를 가졌다. 법흥왕이 신라로 돌아간 뒤에 보과는 자신이 임신한 사실을 알았다. 고민 끝에 보과는 백제 왕궁에서 빠져나와 신라로 와서 법흥왕과 살게 되었다.

법흥왕은 보과에게서 1남 1녀를 얻었는데, 그들이 남모공주와 모랑왕자이다.

비대 (생몰년 미상)

비대는 법흥왕의 아들이며, 옥진궁주 소생이다. 법흥왕은 비대를 총애하여 왕위를 물려주려 했으나, 비대의 외조부 위화랑과 법흥왕의 딸 지소의 반대로 무산됐다.

위화랑은 법흥왕이 비대에게 왕위를 물려주려 하자, 반대하며 이렇게 말했다.

"신의 딸 옥진은 골품이 없고 영실과 산 적이 있으니, 옥진에게서 태어난 비대는 왕이 될 수 없다고 생각합니다."

옥진이 골품이 없었던 것은 그의 어머니 오도가 묘심이라는 평민 출신 승려와 관계하여 태어났기 때문이다. 그리고 영실과 먼저 결혼하였으므로 옥진은 법흥왕의 정비가 될 수 없었고, 또 옥진에게서 태어난 왕자인 비대도 태자가 될 수 없었다. 위화랑은 그 점을 지적하며 자기의 외손인 비대가 태자에 오르는 것을 반대하고 지소의 아들 삼맥종을 밀었다.

위화랑이 이런 태도를 취하자, 옥진은 매우 섭섭해하며 위화랑을 몹시 원망했던 것 같다. 하지만 위화랑이 딸을 위로하고 깨우쳐 승복하게 만들었고, 결국 지소의 아들 삼맥종(진흥왕)이 태자에 올랐다.

비대는 이렇듯 위화랑이 대의를 내세워 반대하는 바람에 왕위에 오르지 못하는 불운한 처지가 되었다. 게다가 법흥왕이 죽은 뒤에는 왕자의 신분마저 박탈당하여 일개 귀족 신분으로 전락하였다.

삼엽 (생몰년 미상)

삼엽은 법흥왕과 벽화부인 사이에서 태어난 딸이다. 그녀는 법흥왕이 태자 시절에 태어났으며, 줄곧 궁중에서 자랐다. 성장한 뒤에 그녀가 아시공에게 시집가 아들을 낳으니, 그가 미진부이다. 미진부는 후에 위화랑의 뒤를 이어 화랑의 우두머리인 제2세 풍월주에 오른다.

남모 (생몰년 미상)

남모는 법흥왕과 보과부인 사이에서 태어난 딸이다. 그녀는 어릴 때부터 궁궐에서 자랐으며 대단한 미인이었다. 성장한 뒤에 삼엽궁주의 아들 미진부와 사랑에 빠졌는데, 진흥왕의 어머니 지소태후가 미진부를 총애하였기에 그녀 또한 지소태후의 총애를 받았다.

진흥왕 초기에 신라에서는 인재를 양성하기 위해 원화(源花)제도와 선화(仙花)제도를 뒀다. 원화제도란 귀족 출신의 미녀를 원화로 삼고, 그 휘하에 수백 명의 낭도를 두는 제도였다. 이들 낭도들을 서로 어울리게 하여 그 중에서 뛰어난 자를 선발하기 위함이었다. 선화제도 역시 이와 유사하지만, 선화는 여자가 아닌 남자였다. 즉, 귀족 출신의 한 남자를 선화로 삼고, 그 아래 여러 낭도 무리를 둬서 그 중에서 능력이 탁월한 자를 선발하는 일종의 인재 양성 단체였던 것이다. 선화는 후에 화랑이란 이름으로 변모하는데, 이는 제1대 선화인 위화랑의 이름에서 따온 것이다.

제1대 원화는 삼산공의 딸 준정이라는 여자였다. 그런데 지소태후가 미진부의 아내 남모를 총애하여 준정을 밀어내고 남모를 원화로 삼으려 하였다. 이 사실을 알게 된 준정은 남모를 몹시 미워하였다. 급기야 준정은 남모에게 술을 잔뜩 먹인 뒤 강으로 유인하여 익사시켜 버렸다.

하지만 이 일은 곧 남모의 낭도들에 의해 폭로되었고, 결국 준정은 사형을 당했다. 또한 이 사건의 여파로 원화제도가 폐지되었고, 원화에 속해 있던 낭도들은 모두 선화 밑으로 들어가 통합되었다. 그 뒤 선화는 다시 화랑이라는 이름으로 거듭나게 된다.

모랑 (?~555년)

모랑은 법흥왕과 보과부인 사이에서 태어난 아들이며, 남모의 동생이다. 그 역시 남모와 함께 궁중에서 성장하였으며, 소년으로 자란 뒤에는 화랑의 무리에 들어갔다. 그의 매형인 미진부가 화랑의 풍월주가 되자, 그 덕분에 그는 풍월주의 아래 직위인 부제가 되었다.

화랑의 실질적인 창립자인 지소태후는 모랑을 몹시 총애했다. 그로 인해 그는 진흥왕 9년인 548년에 제3세 풍월주가 되었다.

그는 위화랑의 딸 준화와 결혼하였고, 그녀에게서 딸 준모를 얻었다. 하지만 그는 오래 살지 못했다. 555년에 비사벌(창녕 주변)을 여행하다가 병을 얻어 죽었다.

3. 신라 불교의 성장과 순교자 박이차돈

　신라의 불교 융성을 논하자면 이차돈이라는 인물이 반드시 언급된다. 『삼국유사』와 『삼국사기』가 모두 이차돈의 순교가 신라의 불교 발전에 원동력이 되었다고 언급하고 있기 때문이다. 그렇다고 이차돈 이전에 신라에 불교가 전파되지 않았다는 뜻은 아니다.

　신라에 불교가 처음 전래된 것은 제19대 눌지왕(417~458년) 때에 묵호자에 의해서다. 묵호자(墨胡子)는 이름이라기보다는 생김새를 보고 사람들이 그런 식으로 부른 데서 연유한 것으로 보이는데, 글자대로 풀이하자면 '검은 오랑캐 자식'이다. 이는 묵호자가 피부색이 검은 인도인이라는 사실을 알려 주고 있다.

　고구려와 백제의 불교 유입 시기가 각각 372년(소수림왕 2년)과 384년(침류왕 원년)인 점을 감안할 때, 묵호자가 신라에 온 것은 아마도 눌지왕 초기인 420년 전후일 것이다.

　묵호자가 신라에 잠입하여 처음 거처를 마련한 곳은 일선(경북 선산) 지방이었다. 일선의 모례라는 사람이 집 안에 땅굴을 파고 그를 숨겨 줬던 것이다.

　그 무렵, 중국의 양나라에서 승려 원표를 보내 명단(귀한 향목)과 불경 및 불상을 보내왔는데, 임금은 물론이고 조정 대신 중에 누구도 그 향의 이름과 용도를 알지 못했다(눌지왕 때라면 양나라가 아니라 남조의 송나라가 맞다). 그래서 사람을 시켜 향을 가지고 전국을 두루 돌며 묻게 하였는데, 묵호자가 이것을 보고 이렇게 말했다.

　"이것은 향이라고 하는 것입니다. 이것을 태우면 꽃다운 향기가 피어나는 까닭에 그 정성이 신성(神聖)에 이르게 되오. 신성이란 삼보를 일컫는 것이니 첫째는 불타요, 둘째는 불법이요, 셋째는 승가라 하오. 이것을 태워서 소원을 빈다면 반드시 영험이 있을 것입니다."

　때마침 신라의 왕녀가 병에 걸려 위독하게 되자, 묵호자를 불러 분향을 하고 발원하게 하였더니 왕녀의 병이 곧 나았다. 눌지왕이 기뻐하여 예물을 후하게 주었는데, 얼마 후에 그는 어디로 사라져 버렸다.

그로부터 세월이 흘러 제21대 소지왕(479~500년) 시대에 아도라는 승려가 시자 세 사람과 함께 모례의 집으로 찾아왔는데, 그의 외모도 묵호자와 비슷했다. 『고승전』이 그를 서축 사람이라고 기록한 것을 보면, 아도도 묵호자와 마찬가지로 인도 승려였다.

아도(阿道)는 '我道'로도 쓰는데, 이 또한 이름이 아니라 그가 하는 말을 듣고 신라인들이 붙인 별호로 보인다. '아도'를 문자대로 해석하면 '아름다운 도' 또는 '내가 도다.'라는 뜻이 된다. 즉, 아도는 항상 도를 강조하며 사람들에게 불법을 전파했다는 뜻이다.

아도는 신라에 온 후 수년 동안 불법을 퍼뜨리다가 병도 없이 죽음에 이르렀다고 한다. 그리고 그를 모시고 있던 시자 세 사람이 그대로 머물며 불경과 계율을 강독하니, 이따금 불교를 신봉하는 사람들이 생겨났다.

이차돈이 순교한 것은 아도가 죽은 지 30여 년이 지난 527년이었다. 당시 법흥왕은 불교를 크게 일으켜 국력을 신장시키고자 하였다. 하지만 신라인들은 예로부터 선도(禪道)를 숭상하였기에 불법이 전파되는 것을 우려하는 사람이 많았다. 특히 조정을 장악하고 있던 귀족들의 반발이 심했다. 그러자 법흥왕의 사인(舍人, 비서)으로 있던 박이차돈이 스스로 순교를 결심하고 말했다.

"청컨대, 소신의 목을 베어 사람들의 분분한 말들을 하나로 모으소서."

하지만 법흥왕은 거절했다.

"나는 불법을 흥하게 하려는 것이지, 무고한 사람을 죽이려는 것이 아니다."

이차돈은 끝까지 물러서지 않았다.

"만약 불법이 시행된다면 소신이 죽더라도 전혀 유감이 없을 것입니다."

법흥왕은 여전히 고개를 가로저었다. 그러자 이차돈이 한층 더 간곡한 어조로 말했다.

"나라를 위하여 몸을 희생하는 것은 신하의 절개요, 임금을 위하여 목숨을 바치는 것은 백성의 의리라 했습니다. 저를 그릇된 말을 전한 죄로 형벌하여 머리를 벤다면 만민이 감히 왕명을 어기지 못할 것입니다."

"하지만 어떻게 무죄한 너를 죽이겠느냐!"

"물론 생명보다 귀한 것은 없습니다. 하지만 만약 제가 오늘 저녁에 죽는다면 그 이튿날로 위대한 교리가 시행되어 부처님의 해가 다시 중천에 뜨게 되고, 대왕께서는 길이 평안하시오리다."

그 말에 법흥왕이 감동하여 말했다.

"봉황의 새끼는 어려서부터 대공으로 솟을 마음을 품고, 기러기와 따오기 새끼는 나면서부터 바다를 횡단할 기세를 품나니, 너야말로 그와 같다. 가위 보살 같은 행실이로다."

법흥왕은 신하들을 불러 불법을 일으키려 하는데 의견이 어떠냐고 물었다. 그러자 예상대로 신하들이 한목소리로 반대하며 말했다.

"요즘 중의 무리를 보건대, 머리를 깎고 이상한 복장을 하였으며 말하는 것이 기괴하니 이는 확실히 진실한 도는 아닌 줄 압니다. 만약 그들을 이대로 방치한다면 필시 후회할 일이 생길 것입니다. 신들은 비록 중죄를 당하는 일이 있더라도 결코 어명을 받들 수 없습니다."

그때 왕 옆에 시립하고 있던 이차돈이 나섰다.

"폐하, 지금 여러 신하가 하는 말들은 옳지 않습니다. 무릇 비상한 사람이 있은 연후에야 비상한 일이 생기는 것입니다. 불교는 그 연원이 심오하오니, 이를 믿지 않을 수 없습니다."

그 소리에 대신들이 일제히 이차돈을 비판하며 죽일 것을 간언했다. 그러자 왕이 이차돈에게 이렇게 말했다.

"여러 대신의 의견이 강경하여 이를 꺾을 수 없고, 너만이 홀로 다른 주장을 하니, 두 편을 모두 따를 수 없구나."

결국, 법흥왕은 형리를 불러 이차돈의 목을 베게 했다. 관원들이 그를 묶어 형장으로 끌고 가자, 이차돈은 마지막으로 기도하며 발원한 뒤 이런 예언을 남겼다.

"만일 부처님의 영험이 있다면, 내가 죽고 난 뒤에 이상한 일이 벌어질 것이다."

그의 말대로 그의 목을 치자 이상한 일이 벌어졌다. 목을 벤 자리에서 피가 솟구쳐 올랐는데, 그 색깔이 붉은 것이 아니라 젖빛처럼 흰빛이 아닌가. 또한 갑자기 하늘이 캄캄해지고, 땅이 진동하면서 빗방울이 마치 꽃잎처럼 나부끼며 떨어졌다.

그 소식을 들은 법흥왕은 곤룡포를 적시며 울었고, 신하들은 괴이하게 여겨 다시는 불법을 비방하거나 헐뜯지 못했다. 그런 상황에서 법흥왕은 이듬해인 528년에 마침내 불교를 공인하였다. 법흥왕은 이차돈의 순교로 뜻을 이뤘고, 신라인들은 불법을 새로운 눈으로 대하게 되었다.

이렇듯 목숨을 버려 신라에 불법을 퍼뜨린 순교자 이차돈은 죽을 당시 22세의 젊은 청년이었다. 성은 박씨이며 자는 염촉이다. 그는 궁중에서 자랐으며 조부는 아진찬 박종이요 아버지는 습보갈문왕이다.

염촉(厭髑)의 염은 향찰로는 이차 또는 이처라고도 하는데, 발음이 다를 뿐 번역하면 모두 '싫다'는 뜻이다. 또 촉은 '해골'이라는 뜻으로 사람의 골육을 의미하는데, 여기서는 이름에 붙이는 어조사로 쓰인 까닭에 뚜렷한 뜻이 없으며, 사람들의 편의에 따라 '돈(頓)', '도(道)', '관(觀)', '독(獨)' 등으로 대체할 수 있다. 따라서 염촉과 이차돈은 같은 이름을 다르게 발음한 것이다. 말하자면 염촉은 한자식 발음이고, 이차돈은 향찰식 발음인 것이다. 『삼국사기』나 『삼국유사』에 기록된 신라인들의 이름 중 상당수가 이렇게 한자식 발음과 향찰식 발음으로 기록되어 있다. 지증은 지대로 또는 지철로, 태종은 이사부, 황종은 거칠부 등으로 불린 것도 그 예들이다.

▶ 법흥왕 시대의 세계 약사

법흥왕 시대 중국 남조에선 502년에 제가 멸망하고, 양이 건국되었다. 그러자 북위가 양을 침입하였고, 양과 북위 간에 패권 다툼이 이어졌다. 양은 위를 지속적으로 공격하여 526년에 북위의 수양을 장악하는 개가를 올렸다. 그러자 북위에 내분이 일어나 호태후가 효명제를 죽이는 사태가 발생했다. 그 뒤로 효장제, 절민제, 효무제 등이 몇 년 상간으로 즉위했으나, 534년에 반란이 발생하여 북위는 동위와 서위로 나뉘었다.

이 무렵, 동로마에서는 유스티니아누스 1세가 즉위하여 『유스티니아누스 법전』을 완성하고, 반달 왕국을 멸망시켜 세력을 확대한다. 프랑크도 부르군트 왕국을 병합하여 동로마와 더불어 양대 축을 형성한다. 콘스탄티노플에 성 소피아 대성당과 이레네 성당이 건립된 것도 이 즈음이다.

제24대 진흥왕실록

1. 불법의 전도사 진흥왕과 신라의 무서운 성장
(서기 534~576년, 재위기간 : 서기 540년 7월~576년 8월, 36년 1개월)

진흥(眞興)왕은 법흥왕의 아우 김입종의 아들이며, 법흥왕의 딸 지소태후 김씨 소생으로 이름은 삼맥종이다. 534년에 태어났으며, 일곱 살이 되던 540년 7월에 법흥왕이 죽자 모후 지소의 섭정을 받으며 왕위에 올랐다.

법흥왕은 정비 보도부인에게서는 아들을 얻지 못했고, 후비 옥진궁주와 보과부인에게서 각각 비대와 모랑을 얻었다. 법흥왕은 이 두 사람 중에 비대를 총애하여 왕위를 물려주려 하였으나, 비대의 외조부인 위화랑의 반대로 뜻을 이루지 못했다. 비대는 위화랑의 딸 옥진에게서 태어났는데, 옥진은 소지왕의 왕비 선혜와 묘심이 사통하여 낳은 오도의 딸이었다. 묘심은 골품이 없던 자라 옥진 또한 골품이 없었다. 위화랑은 그런 사실을 피력하며 법흥왕의 뜻을 꺾었다.

대의명분을 내세워 비대의 왕위 계승을 앞장서서 반대한 사람은 위화랑이었으나, 실제 이 일을 주도한 사람은 법흥왕의 딸 지소였다. 그녀는 비록 딸이었으나, 가장 유력한 왕위 계승권자였다. 또한 그녀의 남편은 또 한 명의 유력한 왕위 계승권자인 법흥왕의 동복 아우인 입종이었다. 따라서 설사 지소가 여자라는 이유로 왕위를 잇지 못한다 하더라도 그녀와 입종 사이에서 태어난 삼맥종에게 왕위를 계승할 명분은 충분했다. 지소는 그런 명분을 바탕으로 공평무사한 성격이었던 위화랑을 충동질했고, 결국 왕위는 그녀의 아들 삼맥종이 차지하였다.

진흥왕이 일곱 살이라는 어린 나이로 왕위에 오른 까닭에 실질적으로 왕권을 행사한 사람은 지소태후였다. 따라서 진흥왕 재위 초기 10여 년은 지소태후의 시대라고 해야 할 것이다.

섭정에 오른 지소는 즉위와 동시에 대사면령을 내리고, 각 문무관들의 작위를 한 급씩 올려 주는 선심책을 구사했다. 그리고 곧장 실시한 정책이 인재양성책이었다.

당시 신라 사회에서는 명망 있는 귀족 출신의 남녀들이 휘하에 여러 젊은 남자들을 거느리는 사조직이 유행했다. 지소태후는 이런 형태의 조직을 공인하여 인재 양성을 위한 공적인 국가 조직으로 변모시키고자 했다. 그래서 마련한 것이 선화와 원화 제도였다.

선화제도는 왕족 출신의 남자를 선화로 삼아 그 아래에 여러 낭도를 거느리게 하는 것이고, 원화는 왕족 출신의 여자를 원화로 삼아 그 아래에 여러 낭도를 거느리게 하는 것이었다. 여기에 속한 낭도들은 대개 귀족의 자제들이었는데, 지소태후는 이들 낭도들을 키워 조정의 재목으로 삼고자 했다.

하지만 원화제도 내부에서 알력이 생겨 살인 사건이 벌어지는 바람에 원화는 폐지되었고, 그 아래 있던 낭도들은 흩어지거나 선화에 합쳐졌는데, 이것이 화랑제도의 시초이다. 화랑의 원래 이름은 풍월이었고, 그 우두머리를 풍월주라고 했다. 그런데 초대 풍월주가 위화랑이었던 까닭에 우두머리를 화랑이라 부르고, 그 무리를 화랑도라고 칭했다(『삼국사기』는 화랑제도가 진흥왕 37년인 576년에 시행된 것으로 기록하고 있으나, 『화랑세기』, 『삼국사절요』, 『동국통감』 등에서는 진흥왕 원년에 설치된 것으로 기록하고 있다. 이 제도가 지소태후에 의해서 주도된 것을 감안하면, 진흥왕 초기에 설치되었다고 보는 것이 옳다).

지소태후는 541년 3월에 박이사부를 병부령으로 임명하고 중앙과 지방의 군대에 관한 업무를 맡겼는데, 이는 당시로선 획기적인 조치였다. 신라는 전통적으로 귀족 협의체인 화백회의를 통해서 정책을 결정해 왔다. 그런데 병권을 병부에 일임하고 병부령에게 그 권한을 맡겼다는 것은 왕이 화백회의를 거치지 않고 군대를 직접 지휘할 수 있다는 뜻이었다.

이런 의도는 이미 법흥왕이 재위 4년(517년)에 병부를 설치하면서 드러낸 것이었다. 하지만 법흥왕은 병부만 설치했을 뿐 그 장관을 임명하지는 못했다. 말하자면 병부에 병사에 관한 업무를 맡기긴 했으나, 그것은 일종의 행정상의 편의를 위한 조치에 지나지 않았던 것이다. 따라서 비록 병부가 설치되었다고는 해도, 여전히 병력 운영에 관한 권한은 화백회의의 의장이자 조정 재상인 상대등이 쥐고 있었다. 그러나 지소태후가 병부령을 임명하고 그에게 중앙과 지방의 군대에 관한 업무를 일임함으로써 병권은 상대등 및 화백회의와 거리를 두게 되었다. 이는 병부령을 직접 부리는 왕의 권한을 대폭 강화시키는 결과로 이어졌다.

한편, 지소태후는 불교를 대대적으로 일으켰다. 544년 2월에는 흥륜사를 준공하여 신라 불교의 중심지로 삼았고, 3월에는 출가하여 승려가 되는 것을 합법화하였다. 또한 중국 남조에 부처님의 사리를 요청하였는데, 549년 봄에 양나라에서 사신과 유학승 각덕을 보내 불사리를 가져왔다. 지소태후는 진흥왕과 함께 백관들을 이끌고 나가 그들을 흥륜사 앞길에서 맞이하였다. 또 565년 9월에는 남조의 진(陳)나라에서 사신 유사와 승려 명관을 보내왔는데, 그때 불경 1천 7백여 권이 유입되었다.

이후, 신라 불교는 날로 성장하여 566년에는 지원사와 실제사 두 절을 추가로 지었고, 황룡사도 준공하였다. 진흥왕은 553년에 월성 동쪽에 새 궁궐을 짓도록 했다. 그런데 그 터에서 황룡이 나타나자, 이를 기이하게 여겨 궁궐을 고쳐 절을 짓게 하였다. 이 절이 바로 황룡사이다. 이후 13년 동안 공사를 지속하여 566년에야 준공했다. 573년에는 전쟁에 나가 전사한 사졸들을 위하여 지방에 있는 모든 절에서 7일 동안 팔관회를 열기도 했다. 그리고 574년에는 황룡사에 장륙상을 주조했는데, 거기에 소요된 구리의 중량이 무려 3만 5천 근이고, 도금한 중량이 1만 1백 98푼이나 되었다. 576년엔 안홍법사가 중국에 들어가 불교를 공부하고, 서역 승려 비마라 등 두 명의 승려와 함께 돌아와 『능가승만경』과 석가의 진신사리를 바치기도 했다.

진흥왕 대에 이르러 신라 불교의 발전은 이렇게 급속도로 진행되었다. 여기엔 지소태후의 각별한 노력이 있었고, 진흥왕이 그녀를 이어 심혈을 기울인 결과였다. 진흥왕은 어릴 때부터 지소태후와 더불어 불교를 가까이 했고, 자라면서 독실한 불자가 되었다. 심지어 그는 재위 만년에 몸소 머리를 깎고 가사를 입었으며, 법운이라는 법명을 사용하기까지 했다. 왕비 사도부인도 승려가 되어 영흥사에서 지낼 정도였으니, 신라 왕실에서 불교가 얼마나 큰 비중을 차지했는지 잘 알 수 있다.

신라 불교 발전의 기반을 마련한 사람은 다름 아닌 지소태후였다. 신라 불교는 이렇듯 왕과 왕실이 이끌었기 때문에 자연스럽게 '호국불교' 형태로 발전하게 되었다.

지소태후는 역사서 편찬에도 호의적이었다. 545년 7월에 이찬 이사부가 국사 편찬을 강력하게 권고하자, 태후는 대아찬 거칠부 등에게 명하여 선비들을 널리 모아 그들로 하여금 역사를 편찬하게 했다. 이것이 신라의 국사 편찬의 효시가 되었다.

신라가 화랑과 불교로써 국력을 다지고 있는 동안, 국제 관계는 급속도로 변하고 있었다. 특히 신라와 백제, 고구려의 관계는 이해 관계의 변화에 따라 묘하게 돌아갔다.

사실, 법흥왕 대부터 신라와 백제의 관계는 조금씩 뒤틀리고 있었다. 원인은 가야 문제였다. 백제가 임나 지역 일부를 장악하여 백제와 가야 사이에 전쟁이 일어나자, 신라는 어부지리로 가야를 병합하는 결과를 얻었다. 또한 가야의 왕족 및 귀족들이 대거 신라로 귀부했는데, 이 때문에 신라는 가야 백성들을 의식하여 백제에 호의적인 입장을 취할 수 없었다. 그런 가운데 신라와 백제는 점차 서먹서먹한 관계가 되고 있었고, 백제는 무령왕을 거쳐 성왕이 즉위했다.

성왕은 대단히 현실적인 인물이라 함부로 신라를 자극하지 않았다. 고구려와 등을 지고 있던 백제로선 신라의 도움이 필수적이었다. 그런 탓에 신라의 감정을 건드려서 좋을 것이 없다고 판단했다. 성왕은 그런 기조를 계속 유지하기 위해 541년에 신라에 사신을 보내 화친을 요청했다. 이미 신라와 백제는 동성왕 이후 화친을 유지하고 있었지만, 가야 문제로 서로 묘한 관계가 되고 말았다. 그러나 법흥왕이 죽자, 성왕은 곧 그 미묘한 갈등에서 벗어나기 위한 타개책의 일환으로 신라에 화친을 요청했다.

가야를 완전히 장악한 마당에 더 이상 가야 왕실의 눈치를 볼 필요가 없던 신라로선 백제의 화친 제의를 거절할 이유가 없었다. 그래서 선뜻 백제의 화친을 받아들였다.

성왕이 화친의 덕을 크게 본 것은 548년 2월에 고구려가 동예(한반도 낙랑) 지역 주민들을 앞세워 백제의 독산성(경기도 포천)을 공격했을 때였다. 독산성은 한강 이북의 전진기지로 백제에겐 대단히 중요한 요새였다. 그런데 고구려가 그곳 지리에 밝은 예국 사람들을 앞세워 함락시키려 했던 것이다. 예상치 못한 고구려의 공격으로 독산성이 포위되는 지경에 이르자, 성왕은 곧 신라에 도움을 요청했다. 지소태후는 그 요청을 받아들여 장군 주령에게 병력 삼천을 안겨 백제를 돕도록 했다. 졸지에 뒤에서 적을 맞은 고구려군은 크게 패해 많은 병력을 잃고 퇴각했다.

이 사건 이후로 백제와 신라의 연합군은 기세를 올려 고구려를 몰아붙였다. 그래서 550년 정월에는 백제가 한성을 되찾았고, 다시 고구려의 도살성을 함락시키는 쾌거를 거뒀다. 그러자 고구려의 양원왕은 백제의 금현성을 공략하여 점령해 버렸다. 이렇듯 양쪽 군대가 서로 엉켜 진퇴를 거듭하며 피로감을 더해 가자, 지소태후는 이찬 이사부로 하여금 양쪽 군대를 모두 공격하게 해 금현과 도살 두 성을 차지하고, 병력 1천을 주둔시켜 버렸다.

하지만 성왕은 이 일을 문제 삼지는 않았다. 신라의 행동이 석연치 않았지만, 신라와 감정 다툼을 벌일 여가가 없었던 것이다. 백제와 신라 연합군은 달아나는 고구려군을 계속 몰아붙였다. 결국 백제는 고구려의 여섯 군을 차지했고 신라는 열 개 군을 차지하는 개가를 올렸다.

당시 고구려는 돌궐의 급습으로 신성이 포위되었고 도성이 위협받는 상황이었다. 그렇기 때문에 신라와 백제를 상대로 전면전을 벌일 형편이 되지 않아 무작정 퇴각했던 것이다. 그러나 돌궐군이 물러가자, 고구려는 전열을 정비하여 영토 회복전에 나섰다.

이 무렵, 신라는 은밀히 고구려와 내통하였다. 고구려군이 밀고 내려오자 신라는 그들과 힘을 합쳐 되레 백제를 공격하기 시작했다.

철석같이 믿고 있던 신라군이 창날을 돌리자, 백제는 맥없이 무너졌다. 백제가 우왕좌왕하는 동안 신라군은 지체없이 군대를 몰아 한강 이북의 백제 땅을 장악하고 이어 한성도 차지해 버렸다.

그럼에도 성왕은 쉽사리 보복전을 펼치지 못했다. 오히려 그는 신라 왕실을 달래기 위해 자기의 딸을 신라에 시집보내는 굴욕적인 조치를 취했다. 일단 급한 불은 끄고 보자는 심사였다.

그렇게 해서 겨우 신라의 맹공을 누그러뜨린 성왕은 비통한 심정으로 사비성으로 돌아갔다. 그리고 복수전을 전개할 요량으로 왜에 사신을 보내 군대를 요청했다.

554년 5월에 왜의 수군이 백제에 도착하자, 성왕은 가야의 반 신라 세력까지 끌어들여 신라 공략을 준비했다. 그때 진흥왕은 이미 성년이 되어 친정을 하고 있었다.

마침내 그해 7월에 성왕은 자신이 직접 군대를 이끌고 신라의 관산성(옥천)을 공격해 왔다. 신라에선 각간 우덕과 이찬 탐지가 성왕에 맞서 싸웠으나 상대가 되지 않았다. 그래서 가야 왕자였던 김무력이 한강 북쪽에 주둔하고 있던 신라 병력을 이끌고 와 힘을 보탰다.

당시 백제의 선봉대는 성왕의 태자 위덕이 이끌고 있었다. 성왕은 김무력이 합세했다는 소식을 듣고 위덕이 위축될 것을 염려하여 자신이 직접 선봉대에

진흥왕은 가야를 병합하고 한강 유역을 장악했으며, 옛 동예 땅은 물론이고 옥저 지역에까지 세력을 확대했다. 이로써 신라는 무시할 수 없는 국가로 성장하게 된다.

합류하려 했다. 그래서 친위 군대만 이끌고 밤을 새워 급히 위덕에게 달려갔다. 신라에선 이미 성왕이 선봉대에 합세할 것이라는 예상을 하고 삼년산군의 비장 고간 도도로 하여금 복병을 매복시키도록 했다. 성왕은 그것도 모르고 급히 달려가다가 도도의 복병에 포위되어 목이 달아났다.

성왕이 죽자 백제군은 사기가 떨어져 달아났고, 뒤를 후린 신라군은 약 3만의 백제 병력을 죽이는 대승을 거뒀다.

이 사건 이후, 백제는 궁지에 몰렸다. 성왕이 죽은 지 3개월 만에 고구려의 급습을 받아 옛 도읍인 웅진성이 포위되는 지경에 처하기도 했다. 신라는 그런 백제의 고통을 불구경하듯 바라보며 백제와 고구려로부터 확보한 영토에 주를 설치하고 관리를 파견하기 시작했다. 555년에 비사벌(경남 창녕)에 완산주를 신설하고(이때 설치된 완산주는 565년 9월에 대야주로 변경된다), 그해 10월에는 진흥왕이 직접 북한산을 순행하여 순수비를 설치하고 국경을 정하였다. 이듬해 7월에는 비열홀주(함경남도 안변)를 설치하고 사찬 성종을 군주로 파견하였다. 557년에는 국원(충북 청주)을 소경으로 만들었으며, 사벌주를 없애고 감문주를 설치하고 사찬 기종을 군주로 임명하였다. 또 신주로 삼았던 한강 이북에 북한산주를 설치하였다.

558년 2월에는 귀족의 자제들과 6부의 호민들을 국원으로 이주토록 하여 국원을 완전히 장악했다.

그러는 사이 이를 갈고 있던 백제는 가야의 잔존 세력을 부추겨 신라를 협공했다. 562년 7월에 백제는 신라의 변경을 침략하였고, 그 틈을 이용하여 가야 왕 도설지가 군대를 일으켜 대대적으로 봉기했던 것이다. 그러나 신라 변경을 노략질하던 백제군은 신라군에게 역공을 당해 1천여 명의 사상자를 내고 퇴각했다. 가야의 반란 세력은 신라 장수 이사부와 사다함이 군사 5천을 이끌고 가서 병력 시위를 벌이자, 스스로 겁을 먹고 흩어지거나 항복해 버렸다.

진흥왕 대엔 신라의 영토가 크게 넓어져 가야 땅을 거의 모두 병합했고, 옛 동예 땅은 물론이고 옥저 지역까지 세력을 넓혔다. 그 결과, 신라의 영토는 북쪽으로 함북의 마운령까지 이르러 한반도 땅의 절반 이상을 장악하게 되었다.

이렇듯 진흥왕은 정치와 문화, 국력 등 여러 면에서 다양한 업적을 남기고 576년 8월에 마흔세 살의 나이로 생을 마감했다.

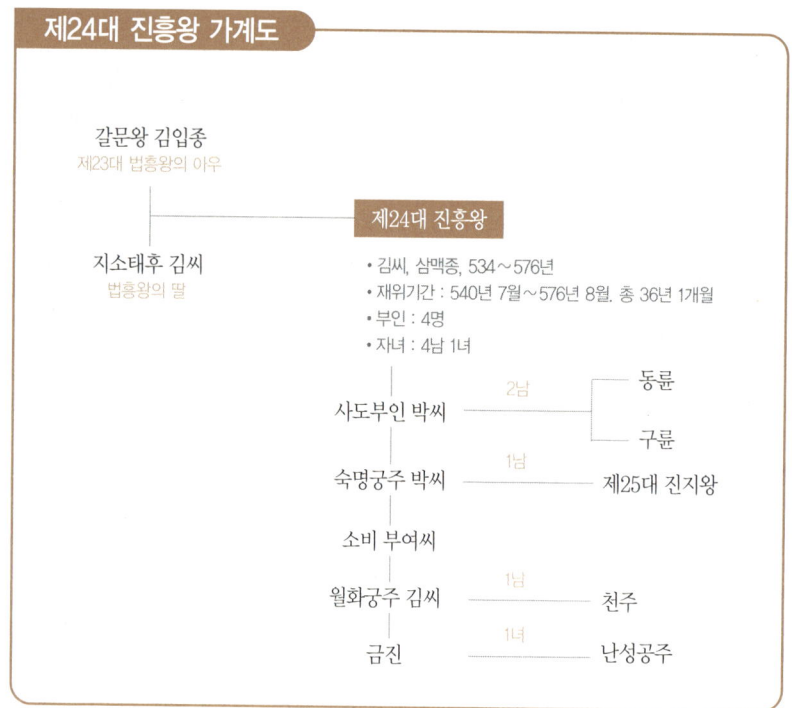

2. 진흥왕의 가족들

진흥왕은 김입종과 지소부인 사이에서 태어났다. 그는 네 부인에게서 아들을 넷 얻었고, 사통하여 딸을 하나 얻었다. 그의 정비는 사도부인이며, 후비로 숙명궁주와 백제 성왕의 딸 소비 부여씨, 가야 이뇌왕의 딸 월화궁주 김씨가 있다. 사도왕후는 동륜태자와 구륜왕자를 낳았으며, 숙명궁주는 금륜(진지왕)을 낳았다. 또 금진과 사통하여 난성공주를 낳았다. 월화궁주는 제17세 풍월주인 염장의 아버지 천주를 낳았다. 하지만 소비 부여씨는 자식을 낳지 못했다.

여기서는 입종과 지소, 숙명, 동륜 등에 관해 다루고, 금륜은 「진지왕실록」에서 별도로 언급한다. 소비 부여씨와, 천주, 구륜에 관해서는 기록이 부족하여 생략한다.

김입종 (생몰년 미상)

입종은 지증왕의 아들이며, 연제부인 소생으로 법흥왕의 동복 아우이다. 법흥왕의 딸이자 조카인 지소를 맞아들여 부인으로 삼았으며, 그녀에게서 삼맥종(진흥왕)을 얻었다. 그는 위화랑과 오도의 둘째 딸 금진과 관계하여 아들을 하나 얻었는데, 그가 숙흘종이다. 숙흘종에 대한 자세한 기록은 전하지 않는다.

입종은 법흥왕보다 먼저 죽었다. 입종이 죽자, 법흥왕은 혼자 된 딸을 염려하여 박영실을 계부(繼夫, 둘째 남편)로 삼도록 했다.

지소태후 김씨 (생몰년 미상)

지소태후는 법흥왕의 공주이며, 보도부인 박씨 소생이다. 삼촌인 입종에게 시집가 삼맥종을 낳았다. 삼맥종이 일곱 살의 나이로 왕위에 오르자 섭정이 되었다. 그렇기 때문에 진흥왕 재위 10여 년 동안의 정치는 그녀에 의해 이뤄진 것으로 보아도 무방하다.

법흥왕이 죽기 전에 자신의 총신인 영실공을 계부로 지정하였기에 그녀는 박영실과 부부연을 맺어야 했다. 하지만 그녀는 영실공을 좋아하지 않았다.

그녀가 좋아한 인물은 박이사부(박태종이라고도 함)였는데, 이사부 또한 그녀를 섬기며 관계하였다. 그녀는 이사부와 관계하여 1남 3녀를 낳았다. 아들은 세종이요, 딸은 황화, 숙명, 송화 궁주이다. 또 이화랑과 사통하여 만호 낭주를 낳았다.

이사부는 신하의 신분으로 그녀를 섬기는 입장이었기에 비록 관계는 하였지만 남편은 아니었다. 따라서 그녀가 낳은 아들과 딸들에게도 아버지로서가 아니라 신하의 입장으로 대해야 했다.

지소태후는 자신과 이사부 사이에서 태어난 숙명궁주를 진흥왕의 왕후로 삼길 원했다. 그래서 진흥왕의 정비인 사도부인 박씨를 내쫓으려고 했지만, 진흥왕의 반대로 뜻을 이루지 못했다.

그럼에도 그녀는 진흥왕을 압박하여 숙명궁주와 진흥왕을 결혼시키려 했다. 진흥왕은 같은 어머니에게서 태어난 숙명을 부인으로 받아들일 수 없다고 하였고, 숙명 또한 진흥왕에게 매력을 느끼지 못했다. 그러나 진흥왕은 지소태후의 압력을 이기지 못하고 숙명을 왕후로 받아들여야만 했다.

숙명이 제2왕후가 된 뒤로 지소태후는 정비 사도부인을 더욱 거세게 몰아치며 쫓아내려 했다. 그러나 그때마다 번번이 진흥왕이 가로막아 뜻을 이루지 못했다. 그 바람에 지소태후와 사도부인 사이에 알력이 생겨 힘겨루기를 하는 양상이 되었다.

이렇듯 지소태후는 진흥왕을 압박하여 정치, 인사, 정책 등 여러 분야를 좌지우지하였다. 그 때문에 왕실은 지소파와 사도파로 나뉘어 대립하는 양상이 전개되었다. 양측은 모든 문제에서 사사건건 대립했다.

지소태후가 언제 죽었는지는 분명치 않다. 그러나 지소태후와 사도부인의 대립이 진흥왕 말기까지 지속된 점을 감안할 때, 그녀는 꽤 오래 산 것으로 보인다.

사도부인 박씨 (534~614년)

사도부인은 박영실과 선혜왕후 소생 오도 사이에서 태어났다. 그녀는 일곱 살이란 어린 나이에 동갑인 진흥왕에게 시집와 왕후에 책봉되었으며, 동륜태자와 구륜왕자를 낳았다.

진흥왕의 어머니 지소태후는 자신의 계부 영실을 좋아하지 않았다. 그래서 사도부인도 몹시 싫어하였다. 심지어 자신과 이사부 사이에서 태어난 숙명궁주를 진흥왕과 결혼시켜 사도부인을 폐하려고도 하였다. 그러나 진흥왕은 사도부인을 몹시 사랑하여 그녀를 결코 내치지 않았다.

시어머니인 지소태후가 사도부인을 미워하여 내쫓으려 한 까닭에 지소태후와 사도부인은 대립 관계에 놓이게 되었는데, 이는 신라 왕실의 커다란 화근이었다. 대개 지소태후의 계열을 진골정통이라고 하고 사도부인의 계열을 대원신통이라고 한다. 이는 왕비를 선택할 때, 처음에는 김알지계와 박혁거세계를 구분한 것을 일컬었는데 지소태후와 사도부인의 대립 이후에는 지소계와 사도계를 구분한 것으로 바뀐 듯하다.

지소태후가 죽은 뒤에 사도부인은 막강한 권력을 형성하여 정사를 좌지우지하였다. 당시 진흥왕은 여색에 빠져 정사를 돌보지 않았다. 그러자 사도부인이 왕을 대신하여 왕권을 행사했다.

사도부인은 진흥왕이 죽은 뒤 숙명궁주의 아들 금륜(진지왕)이 여색에 빠져 정사를 제대로 돌보지 않자, 미실과 힘을 합쳐 진지왕을 내쫓고 자기 소생인 동륜태자의 아들 백정(진평왕)을 왕으로 세웠다.

이렇듯 막강한 권력을 행사하던 그녀도 만년엔 불교에 귀의하여 머리를 깎고 승려가 되어 영흥사에서 살았다. 그녀는 진평왕 36년인 614년에 81세를 일기로 죽었다.

숙명궁주 (생몰년 미상)

숙명은 박이사부와 지소태후 사이에서 태어난 딸이다. 그녀는 지소태후의 강압으로 진흥왕의 후비가 되었고, 금륜태자(진지왕)를 낳은 뒤에는 제2왕비가 되었다.

그러나 그녀는 진흥왕에게 매력을 느끼지 못했다. 그래서 위화랑의 아들 이화랑을 좋아했다. 이화랑 또한 그녀를 좋아하여 두 사람은 사통하는 관계가 되었다. 심지어 두 사람이 관계하다가 진흥왕에게 여러 번 들키기도 하였다. 이 때문에 진흥왕은 그녀를 왕후에서 폐하려 하였는데, 지소태후가 울면서 진흥왕을 만류하는 바람에 시행하지 못했다.

그런데 숙명은 이미 이화랑과 사통하여 아이를 임신한 상태였고, 결국 이화랑과 함께 달아나기에 이르렀다. 이 일로 사람들은 그녀의 아들 금륜이 진흥왕의 아들이 아닐 것이라고 의심하였다. 덕분에 진흥왕은 사도부인 소생인 동륜을 태자로 삼을 수 있었다. 원래 진흥왕은 동륜을 태자로 삼고자 하였으나 지소태후의 반대로 뜻을 이루지 못하고 있었다.

그 후 지소태후는 이화랑과 숙명을 다시 불러들여 부부가 될 것을 허락하였고, 숙명과 이화랑은 원광과 보리 두 아들과 화명과 옥명 두 딸을 낳았다.

만년에 그녀는 이화랑과 함께 영흥사에서 지내며 불도 정진에 전념하였다.

동륜태자 (?~572년)

　동륜은 진흥왕과 사도부인 사이에서 태어났다. 언제 태자에 책봉되었는지는 분명하지 않고, 태자에 책봉된 뒤에는 정숙이라는 시호를 사용하였다.

　진흥왕은 원래부터 그를 태자에 책봉하려 했으나 지소태후의 반대로 쉽게 이뤄지지 않았다. 더욱이 숙명궁주가 금륜을 낳은 뒤로, 지소태후는 금륜을 태자에 책봉할 것을 희망하였다. 그러나 숙명이 이화랑과 사통하여 임신하고, 두 사람이 도주하는 사태가 발생하자 금륜이 진흥의 자식이 아닐 수 있다는 주장이 대두되었다. 그 덕분에 동륜은 태자에 책봉될 수 있었다.

　동륜은 태자에 책봉된 뒤에 '정숙'이라는 시호를 받았으며, 한때 출가하여 흥륜사에 머물기도 했다.

　동륜은 박미진부와 묘도 사이에서 태어난 미실을 좋아했다. 동륜은 그녀를 만난 뒤로 색을 탐닉하다가 진흥왕의 또 다른 첩인 보명궁주에게 마음이 쏠린다. 그래서 보명과 관계를 갖게 되는데, 572년 3월 어느 날 그녀를 만나기 위해 밤에 홀로 보명궁의 담을 넘다가 어처구니없게도 보명궁을 지키던 큰 개에 물려 죽었다.

　그의 부인은 김입종의 딸 만호부인이며, 아들을 하나 두었다. 진지왕에 이어 왕위에 오르는 진평왕이 그의 아들 백정이다.

난성공주 (생몰년 미상)

　난성은 진흥왕과 위화랑의 딸 금진 사이에서 태어난 딸이다. 진흥왕은 원래 정비 사도부인을 사랑하여 다른 여자를 가까이 하지 않았는데, 사도부인이 임신하여 3개월간 관계를 가지지 않은 적이 있었다. 이때 금진이 진흥왕에게 접근하여 관계를 가져 임신을 하였다. 후에 사도부인이 이 일을 알게 되자, 진흥왕은 금진에게 화가 미칠 것을 염려하여 그녀를 궁 밖에 나가 살도록 했다. 그렇게 해서 태어난 아이가 난성이다.

　난성공주의 삶에 대해서는 자세한 기록이 전하지 않는다.

3. 화랑도

화랑도는 진흥왕 대에 조직된 인재 양성 단체로 다분히 사교 집단적인 성향이 강했다. 화랑도의 성립 시기에 대해 『삼국사기』는 진흥왕 37년(576년)이라고 기록하고 있으나, 『삼국사절요』, 『화랑세기』, 『동국통감』 등에서는 진흥왕 원년에 창립된 것으로 적고 있다. 진흥왕의 모후 지소태후가 이 단체의 형성에 깊숙이 관여한 사실을 감안해 볼 때, 그녀가 살아 있을 때 창립된 것이 분명하므로 진흥왕 원년설이 옳을 것이다.

화랑제도가 생길 무렵, 신라 사회에는 유망한 왕족 또는 귀족의 남녀들이 휘하에 여러 젊은 남성을 거느리는 형태의 사교 집단이 많았다. 지소태후가 섭정이 된 뒤로 이들 단체들을 인재 양성을 위한 국가 조직으로 변화시키려는 노력을 하였고, 그래서 탄생한 것이 선화와 원화였다(『삼국사기』는 처음엔 원화만 있다가 원화가 폐지된 뒤에 선화가 창설된 것으로 쓰고 있다. 하지만 원화와 선화는 그 성격이 다르므로 처음부터 병립했던 것으로 보인다. 『화랑세기』의 제2세 미진부 편에 '태후가 이에 원화를 폐지하고 선화로써 화랑을 삼았다'는 구절이 나오는데, 이는 화랑 이전에 선화가 있었음을 확인해 준다).

선화(禪花)제도란 덕망 높은 귀족 남성을 지도자로 삼고, 그 아래에 수백 명의 낭도 조직을 형성한 집단을 일컫는데, 이 남성 지도자를 일컬어 '선화'라고 하였다. 선화는 왕이 지명했으며, 휘하의 낭도들을 지도하고 지휘하는 역할을 했다. 선화제도는 기본적으로 선도(禪道)의 전통에 따라 참선과 무예, 학문을 닦고, 유사시에는 전쟁에도 참여하는 복합적인 기능을 하였다.

원화(源花)제도는 그 우두머리 또는 후견인이 여자였는데, 그 여자를 일컬어 '원화'라고 하였다. 신라 사회에서는 전통적으로 왕의 후궁이나 공주들이 많은 낭도를 거느렸는데, 이것이 발전하여 원화제도가 되었다. '원화'는 반드시 왕이 지명했고 원화의 신분은 왕의 후궁이나 왕실 여자였다. 따라서 그 휘하의 낭도들은 그녀를 보호하고 추종하는 일종의 호위무사 역할을 했음을 알 수 있다.

이렇듯 선화와 원화는 근본적으로 그 기능과 역할이 달랐지만, 나라에서는 여기에 속한 낭도들 가운데서 인재를 선발하여 조정에 등용하였다. 비록 단체의 성격은 달랐지만, 인재를 천거하는 집단이라는 측면에서는 공통점이 있었다.

화랑의 창립과 더불어 성격이 달랐던 이 두 단체가 하나로 통합되었다. 두 단체의 통합은 원화를 폐지함으로써 이뤄졌다. 원화제도가 폐지된 것은 원화를 둘러싼 권력 다툼 때문이었다.

원화제도가 생긴 이후 초대 원화로 지명된 사람은 준정이라는 여자였다. 하지만 지소태후는 준정을 별로 좋아하지 않았다. 지소태후는 법흥왕과 동성왕의 딸 보과공주 사이에서 태어난 남모공주를 좋아하여 원화로 삼고자 했다. 그 사실을 안 준정이 질투심에 사로잡혀 남모에게 술을 먹인 다음 강가로 유인하여 물에 빠뜨려 죽여 버렸다.

이 사건의 전모는 남모를 받들고 있던 낭도들에 의해서 폭로되었다. 이로 인해 준정은 사형되었고, 동시에 원화도 폐지됐다. 그리고 원화에 속해 있던 낭도들은 서로 화합하지 못하여 해산되었고, 낭도들은 선화의 낭도로 편입되었다.

그때부터 선화의 무리들은 '풍월도(風月徒)'라 불리게 되었고, 그 우두머리를 일러 풍월주라고 하였다.

초대 풍월주는 위화랑이라는 인물이었다. 위화랑은 섬신공 김파로의 아들이며, 벽아부인 소생이다. 소지왕의 총애를 받던 벽아부인은 위화랑을 임신하였을 때 입궁하여 소지왕의 보살핌을 받았는데, 이 때문에 위화랑은 마복자의 지위를 부여받았다.

마복자(摩腹子)란 문자 그대로 해석하면 '배를 문질러서 낳은 아이'라는 뜻이다. 이것은 신라 사회에만 있던 풍습인데, 세계사 어디에서도 유례를 찾아보기 힘든 독특한 문화이다.

그 구체적인 내용은 이렇다. 어떤 집단이 있다고 치자. 그 집단의 우두머리는 휘하 부하 중에 임신한 아내가 있을 때 그 부하의 아내를 자기 처소로 불러들여 살게 하면서 살을 맞대고 정을 통함으로써 태어날 아이와 인연을 맺는다.

이는 일종의 의제가족 관계를 맺는 풍습인데, 성적인 접촉을 그 수단으로 삼는다는 사실이 매우 경이로운 점이다.

　이 같은 마복자 풍습은 신라 사회 어느 집단에서나 흔히 있는 일이었다. 왕이 마복자를 얻는 것은 그 대표적인 경우였다.

　왕의 마복자는 아무나 될 수 있는 것이 아니며, 왕과 마복자 관계를 맺는 아이는 대개 왕족이었다. 즉, 왕의 마복자가 될 수 있는 신분은 한정되어 있었다는 뜻이다. 따라서 당시 사회에서 왕의 마복자로 태어났다는 것은 이미 출세가 보장된 것이나 다름없었다. 심지어 법흥왕도 소지왕의 마복자 출신이었음을 감안한다면, 왕의 마복자가 된다는 것이 얼마나 영광스러운 일인지 알 만하다.

　어쨌든 위화랑은 이렇게 대단한 신분인 왕의 마복자로 태어났다. 위화랑에겐 누나가 한 명 있었는데, 그녀의 이름은 벽화였다. 벽화는 인물이 출중하여 소지왕의 사랑을 받다가, 결국 소지왕의 후궁이 되었다. 벽화는 소지왕이 죽은 뒤엔 법흥왕의 후궁이 되어 삼엽궁주를 낳았다. 덕분에 위화랑도 자주 궁을 출입하여 소지왕과 법흥왕의 사랑을 받았고, 궁궐 사람들과도 친분을 쌓았다. 또 후에 위화랑의 딸 옥진도 법흥왕의 후궁이 되어 비대왕자를 낳았다.

　위화랑이 초대 풍월주가 된 것은 이와 같은 배경이 있었기 때문에 가능했다. 하지만 단순히 왕실과의 그런 관계 때문에 위화랑이 풍월주가 된 것은 아니었다.

　『화랑세기』는 그는 얼굴이 백옥과 같고, 입술은 마치 붉은 연지와 같고, 맑은 눈동자와 하얀 이를 가졌다고 했다. 또 그는 성격이 곧고 대의를 알며 공평무사했다. 이런 까닭에 많은 낭도가 그를 존경하여 풍월주의 지위에 오를 수 있었던 것이다.

　진흥왕은 위화랑 이후 풍월주를 화랑이라는 이름으로 부르게 한다. 진흥왕이 위화랑을 총애한 나머지 그의 이름으로 풍월을 대신하게 한 것이다. 따라서 화랑이라는 말은 위화랑의 이름에서 비롯된 것임을 알 수 있다.

　화랑의 조직은 풍월주를 우두머리로 삼고, 그 아래 부제 1인이 있었다. 그 밑으로 내려가면서 좌우전방 대화랑 각 1인씩 3명, 좌우전 화랑 2인씩 6명, 소우전화랑 12명, 묘화랑 84명 등의 화랑들이 상층을 이루고, 화랑 밑으로 중간 계층인 낭두가 있다. 낭두는 가장 아랫계급인 망두에서 제9대 노두까지 총 9계급으로 나뉘며, 그들의 계급에 따라 그들의 아내와 자녀의 계급도 결정된다. 대개 화랑은 왕족 또는 주요 귀족의 자제들이며, 낭두는 일반 귀족 출신들로 구성된다. 그리고 낭두 아래에 있는 낭도들은 대개 소귀족이나 서민들이며, 숫자상으로 가장 많았다. 천민이나 노비 계층은 낭도가 될 수 없었다.

풍월주의 아내는 화주라 하고, 풍월주에서 물러난 사람은 상선이라고 불렀다. 상선은 풍월주나 부제의 지명에 막강한 영향력을 행사했다. 그리고 낭두들은 모두 상선이나 풍월주의 마복자로 구성되며, 만약 자식을 잉태했는데도 그 자식이 상선이나 풍월주의 마복자가 되지 못하면 낭두의 지위를 유지할 수 없었다. 말하자면 화랑과 낭두의 관계는 단순히 상관과 부하의 관계를 넘어서서 일종의 의제가족 관계를 형성하고 있었던 것이다.

낭도의 딸들을 봉화라고 하였는데, 이들은 모두 풍월주가 머무는 선문에 들어가 교육을 받아야 했다. 봉화들 중에서 풍월주의 총애를 받는 여자를 봉로화라고 했으며, 봉로화가 되어야 낭두의 처가 될 수 있었다. 낭두의 처가 되어서 아들을 낳은 여자를 봉옥화라고 했다. 화랑도에 속한 서민의 딸들은 모두 유화라고 했는데, 이들은 낭두나 화랑들의 총애를 받기 위해 화랑도에 들어오며, 주로 화랑이나 낭두들의 시중을 들었고, 때론 육체 관계를 맺기도 했다.

화랑도의 전승기는 위화랑이 제1세 풍월주가 된 540년부터 681년에 김흠돌의 난에 대한 여파로 풍월주가 폐지될 때까지 241년 동안이다. 그 이후로 화랑도는 조직이 약화되고 사병화하는 경향을 띠게 되어, 급기야 신라 말에 이르러서는 일개 수련 단체로 전락하게 된다.

이 과정에서 잠시나마 풍월주가 폐지되고 원화가 부활된 적이 있다. 제6세 풍월주 김세종 때의 일이다. 당시 진흥왕의 후첩으로서 막강한 권력을 행사하던 미실이라는 여자가 강력하게 원화의 복구를 주장하여 풍월주를 물러나게 하고 원화를 부활시켰던 것이다. 그러나 미실은 진흥왕과 관계하면서 동시에 그의 태자 동륜과도 관계하였고, 또 금륜(진지왕)과도 관계하였다. 동륜은 지나치게 색을 밝혔는데, 진흥왕의 또 다른 처인 보명궁주의 처소인 보명궁의 담을 넘다 큰 개에게 물려 죽는 사건이 발생했다. 이 사건을 조사하는 과정에서 동륜의 황음 행각에 미실의 낭도들이 다수 개입하였고, 또한 미실이 색정을 난삽하게 표출한 것이 밝혀졌다. 이로 인해 미실은 원화에서 물러나고, 원화도 폐지되었다. 그리고 다시 풍월주가 복구되어 세종이 그 자리로 돌아왔던 것이다(원화와 풍월주가 함께 있을 수 없었던 것은 풍월주가 과거 원화와 선화의 지위를 함께 누리고 있었기 때문이다).

김대문은 『화랑세기』에서 '어진 재상과 충성스런 신하가 화랑도에서 나왔고, 훌륭한 장수와 용감한 병사가 또한 이에서 생겼다'고 했다. 김대문이 『화랑세기』에서 거론한 풍월주는 총 32명이다. 그는 이 시기의 화랑이야말로 진정한 의미의 화랑이라고 강조하고 있다. 그의 말대로 이때는 뛰어난 인물 중에 화랑도 출신이 많았다. 신라의 삼국 통일에 가장 크게 기여한 김유신이 화랑의 제15세 풍월주이고, 태종무열왕 김춘추가 제18세 풍월주였으며, 김춘추의 아버지 김용춘이 제13세 풍월주였다. 또한 가야 정벌의 영웅 사다함이 제5세 풍월주였고, 화랑 중의 화랑으로 이름을 날린 문노가 제8세 풍월주였다. 그 외에도 일일이 이름을 댈 수 없을 정도로 많은 장수가 화랑도 출신이었다. 김대문의 말대로 6세기 중엽에서 7세기 말엽까지 신라 사회를 떠받친 인물들은 모두 화랑도 출신이라고 해도 과언이 아니다.

그러나 화랑도에도 파벌 싸움은 있었다. 화랑도에 처음으로 파벌이 형성된 것은 제7세 풍월주인 설화랑 때였다. 제6세 풍월주 세종 때에 문노와 그 낭도들이 세종을 따라 출전하여 전공을 세웠는데, 그들은 전공을 인정받지 못했다. 또한 제7세 풍월주 자리는 설화랑이라는 인물에게 돌아갔다. 이에 문노 일파가 설화랑에게 복종하기를 거부하고 새로운 파벌을 만들었는데, 이를 호국선이라고 했다. 그리고 설화랑이 이끌던 파를 운상인이라 했다. 이것이 화랑도에 파벌이 생긴 시초였다. 이후 호국선과 운상인은 다시 파가 쪼개져 나뉘고, 여기에 가야 출신 파벌이 보태진다.

이렇게 되면서 화랑도의 파벌은 대단히 복잡한 양상을 띠게 된다. 우선 출신 성분을 기준으로 지소태후를 추종하는 진골정통, 사도왕후를 추종하는 대원신통, 가야 왕족과 신라 왕족 사이에서 형성된 가야파 등으로 나뉜다. 거기에 귀천을 가리지 않고 인재를 뽑아야 한다고 주장하는 통합원류파, 통합파와 문노파가 섞여 형성된 이화류 등 시간이 지날수록 파벌은 늘어났다. 이들 파벌은 서로 자기 파에서 풍월주를 배출하려고 경쟁을 하였고, 급기야 681년에는 파벌 싸움이 극에 달해 김흠돌의 난이 일어났다. 이에 신문왕은 화랑도를 폐지하는 극단적인 조치를 내렸다.

그 후 화랑도는 부활하지만, 풍월주는 사라지고 국선이 그 자리를 대신하였다. 따라서 풍월주 위주의 화랑도 조직은 커다란 변화를 겪어야 했고, 조직의 힘도 크게 약화되었다.

이렇듯 신라의 통일을 전후해 신라 사회에 엄청난 족적을 남긴 화랑도의 근본 정신은 선도(禪道)였다. 하지만 이후 불교가 확대 보급되면서 불교 사상이 그 한쪽을 차지하게 되었고, 후에 다시 유교가 보태지면서 유불선의 조화를 추구하였다. 그런 까닭에 최치원은 화랑을 '풍류'라고 하면서 '유불선의 세 가지 교를 포괄하여 중생을 교화하는 것'이 목적이라고 해석했다.

그러나 화랑도의 성격을 단순히 도를 숭상하는 수련단체라고 규정하기는 곤란하다. 화랑도는 당시 신라 사회의 권력 구도와 밀접한 관계를 형성하고 있었다는 측면에선 권력집단이요, 그곳에서 인재를 발탁하여 등용했다는 측면에선 인재양성기관이요, 유불선의 도를 추구했다는 측면에선 학문집단이요, 개인 간의 유대 관계를 강화하는 수단이었다는 측면에선 사교집단이었다. 화랑도를 딱히 어떤 단체로 단언하는 것보다는 시대를 반영하는 총체적인 집단이라고 보는 것이 옳을 것이다.

4. 진흥왕 시대를 풍미한 인물들

박이사부 (생몰년 미상)

이사부는 태종 또는 이종으로도 불렸다. 『삼국사기』에서는 주로 향찰식 이름인 이사부를 앞세우고 태종이라고도 불리었다고 쓰고 있고, 내물왕의 4세손으로 기록하고 있다. 『삼국유사』에서는 이종으로 쓰고 박씨 성을 쓴 것으로 기록하고 있으며, 『화랑세기』에서는 한자식 이름인 태종으로만 쓰고 있고, 성씨에 대한 언급은 없다. 『삼국사기』의 기록대로 내물왕의 후손이면 당연히 그의 성은 김씨이다. 하지만 아버지에 대한 언급이 없는 것으로 봐서 그는 내물왕의 외손일 가능성이 높다. 당시 신라 사회에선 외가와 친가 중에 명분을 세우기에 좋은 가문을 앞세웠기 때문에 내물왕의 피를 이어받았다는 점을 강조했을 것이다. 김유신이 가야 왕족이라는 사실보다는 만호태후의 외손이라는 점이 부각되어 풍월주가 된 것도 이와 유사한 경우이다. 따라서 이사부의 성은 『삼국유사』의 기록대로 박씨로 보는 것이 옳을 것이다.

이사부는 지증왕 6년에 주의 장관을 군주로 삼을 때, 최초로 실직주 군주가 되었다. 그 후 지증왕 13년에 하슬라주의 군주가 되어 우산국을 정벌하면서 능력을 인정받았다.

하지만 그가 정계의 거두로 등장한 것은 진흥왕 대에 이르러서였다. 진흥왕이 왕위에 오르면서 왕권은 섭정인 지소태후가 모두 장악했는데, 지소태후는 이사부를 몹시 좋아했다. 그래서 지소태후와 이사부는 서로 관계를 맺는 사이가 됐고, 둘 사이에 자식도 생겼다. 말하자면 이사부는 진흥왕의 양부나 다름없었던 것이다.

당시 지소태후는 법흥왕의 유언으로 박영실을 계부로 받아들였으나, 그녀는 영실을 좋아하지 않았다. 그 대신 이사부를 사랑하여 그와 관계했다.

지소태후와 이사부 사이에서 태어난 자식은 모두 1남 3녀였는데, 아들은 세종이며, 딸은 황화, 숙명, 송화 등이었다. 이 중에서 숙명은 지소태후의 권고로 오빠인 진흥왕의 왕비가 되기도 했다.

이런 까닭에 이사부는 막강한 권력을 누릴 수 있었다. 진흥왕 2년에 초대 병부령에 임명되어 병권을 장악했고, 11년에는 고구려와 백제가 금현성과 도살성을 놓고 싸우다 지친 틈을 이용하여 두 성을 모두 장악하는 큰 전공을 거두기도 했다.

이후 그는 재상의 직위에 올랐고, 진흥왕 23년 9월에 가야에서 반란이 일어나자, 사다함을 휘하에 거느리고 출전하여 평정시켰다.

하지만 그는 함부로 권력을 휘두르지 않았고, 강직하고 공평무사하여 백성들의 존경을 받았다. 학문과 역사에 두루 밝아 진흥왕 6년에는 역사서 편찬을 강력하게 주장하여 관철시키는 등 진흥왕 대의 군사, 문화, 학문 등 여러 방면에서 치적을 남겼다.

김거칠부 (?~579년)

거칠부는 황종(荒宗)이라고도 불렸다. 황종은 향찰식 이름인 거칠부에 대한 한자식 이름으로 뜻은 동일하다. 내물왕의 5세손이며, 조부는 잉숙 각간이요 아버지는 물력 이찬이다.

그는 젊었을 때 머리를 깎고 승려가 되어 전국을 유람했는데, 그때 고구려를 방문하기도 했다. 그는 고구려의 사정을 알고 싶어 국경을 넘었고, 법사 혜량을 찾아가 강의를 들었다.

그리고 얼마간 강론을 들었는데, 하루는 혜량이 그를 불렀다. 혜량은 그가 신라 사람임을 알고 이렇게 말했다.

"잡힐까 염려되어 하는 소리니, 빨리 돌아가라."

그 말을 듣고 거칠부가 돌아갈 채비를 하자, 혜량이 몇 마디 덧붙였다.

"상을 보니, 그대는 앞으로 장수가 될 것이다. 후일 만약 군사를 거느리고 오거든, 내게 해를 끼치지 말라."

거칠부는 혜량에게 그렇게 하겠다고 약속을 하고 귀국하여 관직에 올랐다. 그리고 그가 대아찬 벼슬에 있을 때, 이사부의 제안으로 국사를 편찬하게 되었고, 그 일을 주도했다.

국사 편찬이 끝나자, 그는 그 공으로 파진찬에 올랐다. 그리고 마침내 진흥왕 12년에 백제와 협력하여 고구려를 치라는 명령을 받고 출전했다. 이 싸움에서 백제가 앞장서서 평양으로 진격하고, 거칠부는 다른 신라 장수들과 함께 고현을 포함한 열 개 군을 빼앗았다.

이때 혜량이 무리를 이끌고 길에 나와 있었다. 거칠부가 그를 알아보고, 말에서 내려 예를 갖추고 말했다.

"옛날 유학할 때, 법사님의 은혜를 입어 목숨을 보존했습니다. 그런데 오늘 우연히 이렇게 만나게 되니 무엇으로 감사의 표시를 해야 할지 모르겠습니다."

혜량이 대답했다.

"지금 고구려는 정사가 어지러워 멸망을 눈앞에 두고 있으니, 자네의 나라로 나를 데려가 주게."

거칠부가 혜량을 말에 태워 귀국하여 진흥왕에게 배알시키니, 왕이 혜량의 도가 깊음을 알고 승통으로 삼고 처음으로 백좌강회를 열고 팔관법을 실시하였다.

이후 거칠부는 승진을 거듭하여 진지왕 원년에는 사도태후와 미실의 천거로 상대등에 올라 국사를 도맡았다. 진지왕이 사도태후에 의해 쫓겨나고, 진평왕이 즉위한 뒤에도 그는 상대등의 위치에 있었으나 진평왕 즉위 1개월 만에 상대등이 노리부로 교체된 것을 볼 때, 그는 이때 노환으로 죽은 듯하다.

우륵 (생몰년 미상)

우륵은 가야 사람이다. 가실왕이 열두 달을 음률로 상징하는 12현금을 만들고 우륵으로 하여금 이에 맞는 12곡을 짓게 하였다. 그러나 그 후 가야가 혼란스러워지자, 우륵은 악기를 가지고 신라에 귀순해 버렸다. 이때 우륵이 가져온 악기가 가야금이다.

진흥왕이 재위 12년(551년) 3월에 순행길에 올라 낭성(충북 청원)에 묵었는데, 우륵과 그의 제자 니문이 그곳에 살고 있었다. 진흥왕은 그들을 불러 연주회를 열게 했는데, 이때 두 사람은 진흥왕을 위해 신곡을 지었다.

우륵의 음악에 감탄한 진흥왕은 그를 국원(충주)에 머물게 하고 신라의 악인인 계고, 법지, 만덕 세 사람을 우륵에게 보내 음악을 배우도록 했다. 우륵은 그들의 재능을 평가한 뒤 계고에게는 가야금을 가르치고, 법지에게는 노래를, 만덕에게는 춤을 가르쳤으니 우륵은 그 세 가지에 모두 능했음을 알 수 있다.

이들 세 사람은 우륵이 만든 12곡을 듣고 너무 혼란스럽고 정갈하지 않다며 5곡으로 줄여 버렸다. 우륵은 그 소식을 듣고 매우 진노하였다. 하지만 그들이 줄인 5곡을 듣고 오히려 감탄하며 이렇게 말했다.

"즐거우면서도 음란하지 않고, 슬프면서도 비통하지 않으니, 가히 아름답고 바르다고 하겠다."

자기의 음악을 뜯어고쳤는데도 그 음악의 뛰어남을 인정한 것을 보면, 우륵은 진정 악성(樂聖)이었던 모양이다.

▶ 진흥왕 시대의 세계 약사

진흥왕 시대 중국은 북조의 동위와 서위가 서로 싸우던 와중에 동위의 고양이 효정제를 살해하고 북제를 건국했다. 또 서위의 우문각이 공제를 폐하고 북주를 건국했다. 한편 남조에선 진패선이 양을 멸망시키고 진을 건국했다.

이때 서양에서는 동고트가 동로마 제국에 항복하여 멸망하였고, 동로마는 그 여세를 몰아 이베리아반도의 해안지역까지 점령한다. 또 이탈리아를 장악하고 있던 동고트 세력도 동로마에게 병합되고, 유스티니아누스 2세는 576년에는 페르시아 원정길에 나선다. 한편, 프랑크에서는 로타르 1세가 분리되었던 왕국을 통일하였으나, 프랑크는 561년에 다시 분열된다. 이 시기인 570년에 마호메트가 출생하였다.

제25대 진지왕실록

1. 허수아비 왕 진지왕의 타락한 삶과 비참한 죽음
(?~서기 579년, 재위기간 : 서기 576년 8월~579년 7월, 2년 11개월)

진지(眞智)왕은 진흥왕의 차남이며, 지소태후의 사녀 숙명궁주 소생이다. 이름은 금륜 또는 사륜이라 하였고, 진흥왕 33년에 태자 동륜이 개에 물려 죽는 바람에 태자에 책봉되었다. 576년 8월에 진흥왕이 죽자 왕위에 올랐다.

진지왕의 어머니 숙명궁주는 모후 지소태후의 종용으로 어린 나이에 씨 다른 오빠인 진흥왕과 결혼하였으나, 서로 사랑하지 않았으므로 부부 사이가 원만하지 못했다. 숙명은 위화랑의 아들 이화랑을 좋아하였고, 왕비 신분으로 그와 자주 사통하였다. 그러다가 아이를 임신하여 이화랑과 달아나기에 이르렀는데, 이 때문에 사람들은 그녀 소생인 금륜도 진흥왕의 자식이 아닐 수 있다고 판단했다. 당시 왕권은 지소태후가 장악하고 있었고, 그녀는 숙명의 아들인 금륜을 태자에 앉히려 했다. 비록 진흥왕은 정비 사도왕후 소생인 동륜을 태자에 책봉하고자 했으나 지소태후의 반대로 뜻을 이루지 못하고 있었다. 따라서 태자 자리는 거의 금륜에게 돌아갈 형국이었다. 그런데 숙명과 이화랑이 도주하는 사태가 벌어진 것이다. 이 일로 태자 자리는 진흥왕의 뜻대로 동륜에게 돌아갔다.

그러나 동륜은 예기치 못한 일로 목숨을 잃는다. 당시 신라 사회에는 색공(色供)의 풍습이 있었는데, 이는 유부녀나 처녀에 관계없이 여자가 귀족이나 왕에게 색사로 봉사하는 일이었다. 진흥왕에게도 색공을 드리는 미실이라는 여자가 있었다. 그녀는 가무에 능하고 미모가 출중하여 많은 남자의 눈을 사로잡았는데, 동륜도 아버지의 색공녀인 미실에게 빠져 있었다.

동륜의 정빈은 외조부 김입종이 첩에게서 얻은 딸 만호였다. 하지만 동륜은 만호에게 크게 관심을 보이지 않고, 낭도들과 어울려 다니며 색을 즐겼다. 그러다가 미실과도 관계하게 되는데, 이후로 그는 미실에게 푹 빠져 버린다. 미실은 동륜을 크게 원하지 않았으나, 동륜의 출입을 막을 수는 없었다.

동륜과 미실을 맺어 준 사람은 엉뚱하게도 동륜의 어머니 사도왕비였다. 심지어 사도는 미실에게 동륜과 관계하여 자식을 얻으면 태자빈을 내쫓고 그녀를 빈으로 삼겠다는 약속까지 한다.

이후 동륜은 미실에게 더욱 빠져든다. 미실은 괴로운 나머지 자기가 거느린 유화들 중에 인물이 출중한 아이를 뽑아 동륜과 관계하게 했다. 이에 동륜은 여러 여자와 색을 즐기며 지냈다. 그러던 중에 진흥왕의 또 다른 색공녀인 보명을 좋아하게 되었다. 그래서 밤에 몰래 보명궁의 담을 넘었는데, 불행하게도 보명궁을 지키던 큰 개에게 물려 목숨을 잃었다.

동륜의 죽음으로 태자 자리는 금륜에게 돌아왔고, 진흥왕이 죽자 금륜이 마침내 왕위에 올랐던 것이다.

금륜이 왕위에 오르긴 했으나 왕권은 모두 사도태후와 진흥왕의 애첩 미실이 장악하고 있었다. 진흥왕은 색을 너무 탐한 나머지 그것이 원인이 되어 마흔세 살에 중풍으로 죽는다. 그러나 사도태후와 미실은 진흥왕의 죽음을 숨겼다. 사도태후는 금륜을 불러 미실과 정을 통하도록 했다. 그 후 사도태후는 진흥왕의 죽음을 알려 주고, 왕위에 오른 뒤에 미실을 왕후에 봉할 것을 요구한다. 금륜은 결국 사도태후의 요구를 받아들이고 왕위에 올랐다.

진지왕의 즉위 과정이 이렇다 보니, 그의 즉위 이후에도 왕권은 사도태후와 미실이 장악하였다. 사도태후는 세간에 명망이 있던 거칠부를 상대등으로 세워 내정을 맡기고, 이사부의 아들 세종에게 외치를 맡겼다. 두 사람의 활약 덕분에 내외의 정사는 비교적 안정을 누릴 수 있었다.

세종은 577년 10월에 백제가 서쪽 변경을 침입하자 군대를 이끌고 나가 격파하고, 적군 3천 7백 명을 죽이는 대승을 거두었다. 또 이듬해 7월에는 백제의 알야산성을 점령했다. 579년 2월에는 웅현성과 송술성을 쌓아 국방을 강화하기도 했다.

한편, 왕권을 상실한 진지왕은 정사는 안중에도 없고, 매일 잉첩들과 어울려 색사를 즐겼다. 또한 왕위에 오른 뒤엔 미실을 멀리하고, 그녀를 왕후로 삼지도 않았다.

진지왕의 색욕은 단순히 궁궐의 잉첩들에 한정되지 않았다. 그는 미모가 출중한 여자가 있다는 말만 들으면, 그 대상이 민가의 아낙이든 어린 소녀든 가리지 않고 불러 관계를 요구하였다.

『삼국유사』에 전하는 도화랑 이야기도 이와 관련된 것이다. 도화랑은 사량부의 여자로 처녀 때부터 자색이 곱고 인물이 출중하기로 소문이 나 있었다. 그리고 진지왕이 즉위할 무렵에는 이미 결혼한 몸이었다. 그런데도 진지왕은 그녀를 궁으로 불러들여 자신과 관계할 것을 요구했다. 도화랑은 두 남편을 섬길 수 없다며 버텼고, 진지왕은 목숨을 위협하며 강압하였다. 하지만 그녀는 목숨이 달아나도 정절을 버릴 수 없다며 버텼다. 그러자 진지왕은 남편이 없다면 자신과 관계할 수 있느냐고 물었다. 이에 도화랑이 그럴 수 있다고 대답하자, 결국 그녀의 남편을 죽이고 그녀를 범하였다. 강제로 진지왕과 관계를 가진 도화랑은 임신을 하게 되었고, 그렇게 해서 낳은 아이가 비형이라는 인물이다(『삼국유사』엔 도화랑이 끝까지 정절을 지켰고, 진지왕이 죽은 지 2년 만에 그녀의 남편이 죽자, 진지왕의 귀신이 찾아와 도화랑과 관계하여 얻은 아들이 비형이라고 적혀 있다. 하지만 이는 다분히 설화적으로 꾸며진 이야기로 보인다. 당시 진지왕의 난잡한 행동을 고려할 때, 도화랑의 남편을 죽이고 그녀를 범한 것으로 보는 것이 옳을 것이다).

이렇듯 진지왕이 황음을 일삼으면서, 사도태후와 미실의 말을 듣지 않자, 그들은 진지왕을 폐위시키고 동륜의 아들 백정(진평왕)을 왕으로 세웠다.

그 후 진지왕은 별궁에 유폐된 채 지내다가 죽으니, 이때가 579년 7월 17일이다(『화랑세기』는 진지왕이 폐위된 뒤, 3년 동안 유궁에 유폐되어 있다가 죽었다고 쓰고 있다. 『화랑세기』의 기록이 사실이라면 진지왕은 즉위 초기에 폐위되었고, 왕권은 사도태후의 섭정으로 유지되었다는 뜻이 된다. 하지만 『삼국사기』는 진지왕이 폐위와 동시에 죽은 것으로 기록하고 있다. 어느 기록이 더 정확한지는 알 수 없다).

2. 진지왕의 가족들

진지왕의 왕비는 지도부인 박씨이다. 그녀는 아들 용수와 용춘을 낳았다. 또 진지왕은 민가의 아낙 도화랑을 범하여 아들을 얻었는데, 그가 비형이다.

이에 지도부인, 용수, 용춘, 비형에 대해서 언급한다.

지도부인 (생몰년 미상)

지도부인은 기오공의 딸이며, 기오는 소지왕의 왕비 선혜왕후의 사자(私子, 남편이 아닌 다른 남자와 사통하여 낳은 아들)이다. 기오는 진흥왕의 왕비 사도부인의 자매인 흥도낭주와 결혼하여 지도부인을 낳았다.

지도부인은 원래 진흥왕과 사도왕후 사이에서 태어난 동륜태자와 결혼하였다. 하지만 동륜이 그녀에게 관심을 보이지 않자, 그녀는 금륜(진지왕)과 서로 사통하였다. 동륜이 죽고 금륜이 왕위에 오르자 왕후에 책봉되었다. 왕후에 오르기 전에 그녀는 이미 아이를 낳았는데, 그가 장남 용수이다. 그리고 왕후에 오른 뒤에 아들을 하나 더 낳으니, 그가 김춘추의 아버지 용춘이다.

그 후, 진지왕이 황음을 일삼고 국정을 도외시하여 사도태후와 미실에 의해 쫓겨나 죽자, 이번에는 신왕인 진평왕을 섬기게 되었다. 이때 진평왕은 그녀보

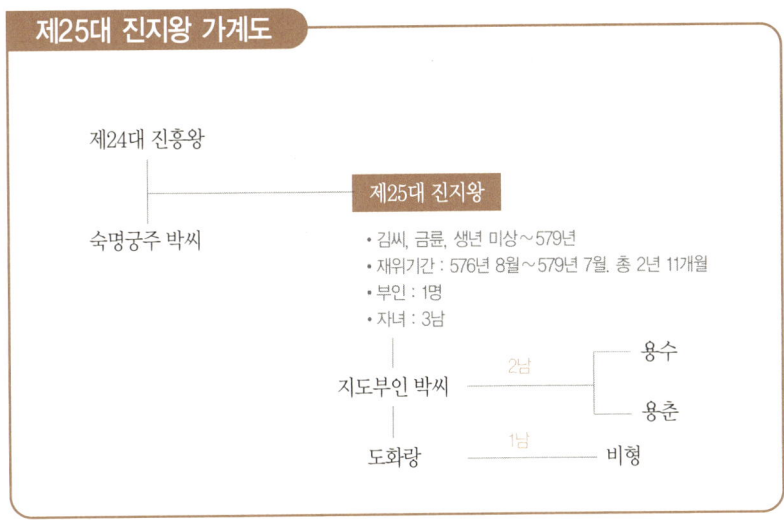

다 한참 어린 열세 살의 소년에 불과했다.

용수 (생몰년 미상)

용수는 지도부인의 아들이다. 그녀가 동륜의 태자빈으로 있을 때 용수를 잉태하였으나, 당시 그녀는 금륜과도 관계하였기에 용수가 누구의 아들인지 분명치 않다.

그는 성장한 뒤에 천화공주와 결혼하였다. 하지만 진평왕과 그의 왕비 마야부인 사이에서 태어난 천명공주(선덕여왕의 언니)와 결혼하게 되면서 그는 아들이 없던 진평왕의 왕위 계승권자가 되었다. 이때 첫 부인이었던 천화공주는 아우 용춘에게 재가하였다.

원래 천명공주는 용수의 아우 용춘을 좋아하였는데, 마야부인이 딸의 말을 제대로 알아듣지 못해 용수와 그녀를 결혼시켰다. 그래서 천명은 용수와 결혼한 뒤에도 늘 용춘에게 마음을 뒀다.

용수가 그런 천명의 속내를 읽고 부마의 자리를 용춘에게 양보하려 했으나, 용춘이 받아들이지 않았다. 하지만 용수는 천명이 자기에게 마음이 없음을 알고, 늘 병을 핑계로 용춘에게 천명공주와 가까이 지내도록 했다. 한편, 천명의 마음을 안 마야왕후는 어느 날 궁중에서 잔치를 벌이면서 용춘을 불러, 천명과 함께 지내도록 했다.

천명과 용수의 관계는 시간이 지날수록 더욱 소원해졌다. 결국 용수는 죽음이 임박하자 그의 아우 용춘에게 천명과 그녀에게서 태어난 아들 춘추를 부탁한다. 용춘은 용수의 유언을 받아들여 천명공주를 아내로 맞이하고, 춘추를 아들로 삼는다.

용춘 (578~647년)

용춘은 578년(진지왕 3년)에 진지왕과 지도부인 사이에서 태어났다. 진지왕이 죽은 뒤, 지도부인이 신왕인 진평왕을 섬겼기 때문에 그는 진평왕을 아버지라고 부르면서 자랐다. 진평왕은 그런 용춘을 불쌍하게 여겨 아끼고 총애하였다.

그는 성장하여 소년이 되었을 때, 화랑의 제8세 풍월주 문노의 문하에 들어갔다. 서제(庶弟, 서출 동생) 비형과 함께 낭도를 모았고, 김유신의 아버지 서현의 양보에 힘입어 제13세 풍월주의 자리에 올랐다.

풍월주에 오른 뒤에 그는 화랑의 인재 등용에 있어 획기적인 변화를 시도했다. 그는 골품에 관계없이 인재를 뽑았는데, 이에 대해 반발이 일자 그는 단호하게 이렇게 말했다.

"골품이란 것은 왕의 신위를 구분하는 것이다. 낭도에게 골품이 무슨 소용이 있단 말인가? 공이 있는 자에게 상을 주는 것은 법의 원칙이다."

그의 이런 가치관은 스승 문노의 가르침에서 비롯되었다. 그렇기 때문에 그가 풍월주로 있던 시절에는 평민 출신의 낭도 중에 낭두의 지위에 오르는 사람도 많았다. 또 그는 풍월주에서 물러난 뒤에 조정에 등용되자, 평민 출신의 낭도들을 여러 명 등용하기도 했다.

그 무렵, 진평왕은 왕위를 둘째 딸 덕만공주(선덕왕)에게 물려줄 생각을 가지고 있었다. 그래서 큰딸 천명에게 그 권리를 양보하도록 권고했다. 천명이 진평왕의 제의를 수용하여 궁궐에서 물러나 생활하자, 덕만은 용춘이 자신을 보필하도록 해 달라고 진평왕에게 청하였다. 진평왕은 덕만의 청을 받아들여 용춘으로 하여금 덕만을 섬기도록 했다. 용춘은 처음엔 거절하였으나 진평왕의 강권을 어기지 못해 받아들였다.

그러나 덕만은 용춘에게서 자식을 얻지 못했다. 용춘이 이를 핑계 삼아 궁궐에서 물러나려 하자 진평왕이 허락하였다.

용춘이 궁궐에서 물러나자 진평왕은 그의 형 용수로 하여금 덕만을 보필하도록 했다. 그래도 여전히 자식은 생기지 않았다.

진평왕이 죽은 뒤, 덕만이 왕위에 오르자 그녀는 다시 용춘을 불러 남편으로 삼았다. 그러나 여전히 자식이 생기지 않자, 용춘은 물러날 것을 청하였다. 결국, 선덕왕은 그의 청을 받아들여 궁궐 밖에 나가 살게 하였다. 용춘은 용수의 유언대로 천명을 처로 삼고 그녀의 아들 춘추를 아들로 삼았다.

용춘은 적자는 얻지 못했고, 서자 다섯과 딸 다섯을 얻었다. 다섯 딸은 모두 호명궁주 소생인데, 그녀가 누구인지는 분명하지 않다.

그는 만년에 천명과 호명 양 궁주와 더불어 산궁을 지어 놓고, 그곳에서 바둑을 두고 거문고를 즐기며 여생을 보냈다고 한다.

비형 (579년~?)

『삼국유사』에 진지왕이 도화랑이란 민가의 아낙에게서 아이를 하나 얻었는데, 그 아이의 이름이 비형이라는 기록이 남아 있다.

비형이 진지왕의 아들이라는 소식을 들은 진평왕은 그를 궁궐로 데려다 길렀다. 그리고 열다섯 살에 집사 벼슬을 내렸다. 비형은 밤마다 성을 빠져나가 귀신들과 벗하여 놀았다고 한다. 그가 벗한 귀신들 중 하나인 길달을 조정에 등용했다는 내용이 있는 것을 보면, 비형이 벗한 것은 귀신이 아니라 산에 묻혀 도를 닦던 야인들이었던 것 같다.

비형을 통해 등용되었던 길달이 달아나자, 비형은 길달을 쫓아가 죽였다고 전한다. 이 때문에 신라 풍속에는 이런 글귀를 붙여 귀신을 내쫓았다고 한다.

성스러운 임금의 영혼이 낳은 아들
비형랑이 있던 방이 여기라오.
날고 뛰는 귀신 무리들아
이곳에 머물지 말지어다.

비형은 이복 형 용춘과 함께 화랑에 들어가기도 하였다. 그때 그는 용춘을 도와 낭도를 모으고 이끌었다고 한다. 하지만 그 이후의 자세한 삶은 전하지 않는다.

제26대 진평왕실록

1. 난국에 휘둘리는 진평왕과 신라의 위축
(서기 567~632년, 재위기간:서기 579년 7월~632년 정월, 52년 6개월)

　진평왕은 진흥왕과 사도부인 사이에서 태어난 동륜태자의 아들이며, 입종의 딸 만호부인 소생으로 이름은 백정이다. 567년에 태어났으며 572년에 아버지 동륜태자가 죽자, 할머니 사도태후의 보살핌 아래 성장했다. 579년 7월에 사도태후가 진지왕을 폐하자 왕위에 올랐으니, 이때 겨우 열세 살이었다.
　진평왕의 왕위 계승은 전적으로 사도태후의 뜻에 따른 것이었다. 진흥왕이 죽을 무렵, 권력은 왕비인 사도부인과 진흥왕의 애첩 미실이 장악하고 있었다. 진흥왕이 죽자 그들은 금륜(진지왕)을 찾아가 자기들에게 충성한다면 왕위를 넘겨 주겠다는 제의를 하였고, 금륜은 그 제의를 받아들여 왕위에 올랐다. 그러나 왕위에 오른 금륜은 사도태후의 말을 듣지 않았다. 이를 괘씸하게 여긴 사도태후는 자기의 오빠인 이찬 노리부와 미실의 남편 세종으로 하여금 반정을 도모토록 하여 진지왕을 제거하고 손자 백정을 왕위에 앉혔다.
　진평왕이 열세 살의 어린 나이로 왕위에 오르자, 사도태후가 왕권을 장악하였다. 사도태후는 자기의 오빠 노리부를 상대등에 임명하여 국정을 맡겼으며, 이찬 후직을 병부령에 임명하여 병권을 맡겼다.

국정을 맡은 노리부는 행정 조직을 개편하여 권력 분립을 시도했다. 581년엔 위화부를 설치하여 인사에 관련한 행정을 맡겼고, 583년엔 선부서를 설치하여 대감과 제감 한 명씩을 두고 병부에 속해 있던 선박과 항해에 관한 업무를 이관시켰다. 584년에는 조부령을 임명하여 납세와 부역에 관한 업무를 관장토록 하였고, 승부령을 임명하여 수레에 관한 일을 맡게 하였다. 또 587년에는 두 명의 예부령을 임명하여 교육 및 의례, 외교에 관한 업무를 일임하였다. 이로써 신라 조정은 병부를 시작으로 위화부, 선부서, 조부, 승부, 예부 등을 설치함으로써 조정 6부 조직의 기반을 형성하였다.

그러나 행정 조직의 기반을 마련한 박노리부는 588년 12월에 생을 마감하였다. 이어 이찬 수을부가 상대등에 임명되어 국정을 맡았다.

그 무렵, 중국 대륙은 거대한 변화의 소용돌이에 휩싸여 있었다. 북주의 외척 양견이 우문 선비의 왕실을 멸하고 수나라를 세웠고, 이어 589년에 남진을 멸망시키고 중원을 통일했다. 통일 이후에도 지방 세력이 대거 일어나 곳곳에서 반란을 일으켰으나, 양견은 그들을 완전히 진압하여 정국을 안정시켰다. 이에 따라 중국 사회는 빠른 속도로 변모하였다.

이에 진평왕은 594년에 수에 사신을 보내 국교를 맺고 '상개부 낙랑군공 신라왕'이라는 시호를 받았다. 또 596년에는 승려 담육을 수나라에 보내 불교를 연구토록 했으며, 사신을 보내 토산물을 바쳤다.

이렇듯 신라가 수나라와의 관계에 공을 들인 것은 진흥왕 대에 영토를 넓히는 과정에서 고구려와 백제 양국과 관계가 크게 악화되어 있었기 때문이다. 만약 그들이 동맹하여 협공을 가해 오면, 신라는 수나라에 의지할 요량이었다.

당시 수나라의 양견은 고구려를 공격할 뜻을 품고 있었는데, 신라는 양견의 그런 의지를 읽어 내고 수나라를 이용하여 고구려를 견제하고자 했다. 호시탐탐 고구려 침략의 기회를 노리고 있던 양견은 은밀히 수륙군 30만을 양성하여 고구려를 치고자 했다. 그 첩보를 입수한 고구려는 말갈병 1만을 앞세워 598

년에 요서 지역을 선제 공격하였다. 급습을 당한 양견은 그에 대한 보복으로 그해 6월에 병력 30만을 동원하여 고구려를 공격하였으나, 장마 중에 고구려 맹장 강이식의 전술에 말려 대패하고 말았다. 그러자 고구려의 영양왕은 즉시 사신을 파견하여 양견에게 화친을 요청하였다. 일거에 30만 대군을 잃은 양견은 영양왕의 화친 제의를 받아들이지 않을 수 없었다.

그러나 양견은 고구려 정벌에 대한 의지를 버리지 않았다. 그런 속내를 읽은 백제는 수나라가 고구려를 공격한다면 스스로 향도가 되어 돕겠다는 뜻을 전했다. 양견은 백제의 제의를 거절했지만, 그 소식을 접한 영양왕은 분을 이기지 못하고 백제를 공격했다. 이로써 한동안 전쟁을 자제하던 고구려, 백제, 신라 삼국 사이에 전쟁 분위기가 고조되었다.

위기 상황임을 직감한 진평왕은 즉시 대나마 상군을 수나라에 보내 토산물을 바침으로써 양국의 관계가 돈독함을 드러냈다. 이는 고구려에 대한 노골적인 견제책이었다. 만약 고구려가 신라를 공격한다면 수나라가 가만히 있지 않을 것이라는 점을 고구려 사신들에게 각인시키려 했던 것이다.

그러는 사이 느닷없이 백제군이 신라를 공격해 왔다. 백제의 무왕은 내정의 안정을 도모하고, 백성들을 단결시킬 목적으로 신라에 잃은 옛 영토를 회복하고자 했다. 이런 의도는 곧 602년 8월의 아막성(아모산성, 충북 음성 일대) 공략으로 드러났다.

백제 장군 해수의 급습을 받자 진평왕은 기병 수천을 내세워 대응했다. 또한 소타, 외석, 천산, 옹잠 등에 각각 성을 쌓고 되레 백제 땅을 공격했다.

신라의 거센 역공이 이어지자, 무왕은 병력 4만을 해수에게 안겨 신라가 새롭게 쌓은 네 개의 성을 공격했다. 신라는 건품과 무은을 앞세워 해수를 상대토록 했다. 그러나 무은은 해수가 숨겨 놓은 복병에 걸려 말에서 떨어졌고, 그의 부하들은 우왕좌왕하며 어쩔 줄을 몰랐다. 그때 무은의 아들 귀산이 소장 추항과 함께 뛰어들어 가까스로 무은의 목숨을 구했다. 그들 두 사람은 죽음을 두려워하지 않고 싸우다 결국 전사하였다. 그 모습을 보고 사기가 오른 신라군은 대오를 수습하여 백제군을 몰아세웠다. 해수는 무섭게 달려드는 신라군의 기세를 꺾지 못하고 크게 패하여 쫓겨가야만 했다.

백제군이 물러가자 이번엔 고구려군이 밀고 내려왔다. 603년 8월, 고구려의 영양왕은 장군 고승을 앞세워 북한산성을 공격해 왔다. 서른일곱의 장년이 된 진평왕은 자신이 직접 군대 1만을 이끌고 출전하여 고구려군을 물리침으로써 위상을 떨쳤다.

하지만 고구려와 백제를 신라 홀로 상대한다는 것은 무리였다. 그래서 진평왕은 귀환과 동시에 대나마 만세와 혜문을 수나라에 사절로 보냈다. 진평왕은 수나라로 하여금 고구려를 치도록 하고, 필요하면 수나라를 도와 협공을 감행할 요량이었다. 또한 605년 8월에는 백제를 공격하여 기선을 제압하려 했다.

그러나 진평왕의 의도는 쉽게 관철되지 않았다. 당시 수나라에선 양견(문제)이 아들 양광(양제)에게 살해되어 새로운 국면이 전개되고 있었다. 양광은 부왕 양견에 비해 치밀하고 주도면밀한 인물이었다. 그는 섣불리 군대를 동원하지 않았다. 그는 정권을 장악한 뒤, 낙양에서 북경에 이르는 대운하 공사를 하는 등 일단 내치에 힘을 쏟으며 외교적으로 고구려를 압박하는 전술을 구사하고 있었다. 고구려도 그런 수의 내부 사정을 잘 알고 있던 터라 당장에 양광이 고구려를 침입하지 못할 것이라고 판단하고 있었다. 고구려는 그런 상황을 틈타 신라를 공격했다. 백제 또한 무왕이 즉위한 이래 병력을 증강하여 신라 공략의 시기를 엿보고 있었다.

그런 처지에 놓이자, 진평왕은 608년에 중국 사정에 밝은 승려 원광을 시켜 수나라에 청병의 글을 쓰게 하였다. 원광은 승려의 신분임에도 진평왕의 강력한 요구를 물리치지 못하고 군대를 청하는 글을 써야만 했다.

그 무렵, 양광은 누차에 걸쳐 고구려에 조공을 요구하고 있었다. 하지만 고구려가 받아들이지 않자, 침략을 결심하고 있던 터였다. 그러는 중에 신라 왕이 청병하는 글을 보내오자, 양광은 한층 힘을 얻었다.

신라가 양광에게 청병하는 글을 보냈다는 소식을 접한 고구려의 영양왕은 즉시 군대를 동원하여 신라를 공격하였고, 변경 지역에서 8천 명의 주민을 포로로 잡아 돌아갔다. 두 달 뒤에는 다시 우명산성(함경남도 안변 근처)을 공격하여 점령해 버렸다.

다급해진 진평왕은 611년에 다시 군대를 청하는 글을 수나라에 보냈다. 그때는 양광도 고구려를 공격하기 위해 군대를 점검하고 있던 중이었다. 양광은 그해 4월에 병력을 탁군(지금의 북경)에 집결시킨 뒤, 612년 정월에 113만 대군을 이끌고 고구려를 공격했지만, 몇 달 지나지 않아 처참한 모습으로 퇴각해야 했다. 그러나 양광의 고구려 공략은 그 이후로도 3년간 계속 이어졌다.

수나라와 고구려의 전쟁이 사실로 드러나자, 먼저 움직인 쪽은 백제였다. 백제는 그간 고구려의 공격을 염려하여 쉽사리 신라를 치지 못했다. 그런데 고구려가 수나라의 침입으로 한반도 쪽을 돌아볼 여력을 잃게 되자, 즉시 신라를 공격해 왔다.

백제는 611년 7월에 신라의 가잠성(충북 괴산)을 포위하였다. 가잠의 현령 찬덕이 백 일 동안 버티며 싸웠으나, 결국 백제의 총공세를 이겨 내지 못하고 가잠성은 함락되었다.

그 후 백제와 신라의 전쟁은 잠시 소강상태를 유지했다. 613년에 수나라가 양현감의 난으로 흔들리자, 고구려는 전쟁에서 벗어나 안정을 되찾고 있었다. 그렇기 때문에 백제는 신라를 공격하다가 고구려에게 뒤를 맞을 수도 있다는 판단을 하고 병력 동원을 자제하고 있었다.

그러다 616년 10월에 백제는 신라의 모산성(전북 남원)을 공격했다. 하지만 전면전은 아니었다. 일단 신라의 반응을 알아보기 위한 전초전이었다. 따라서 전쟁은 오래 가지 않았다.

그 무렵, 중국에선 618년에 양광이 농민군에게 살해되고, 태원의 귀족 이연이 당나라를 건국했다. 당의 건국으로 중국은 다시 안정을 되찾았고, 그것은 곧 신라에게 큰 위안이 되었다.

당의 건국으로 고구려가 함부로 군대를 동원하지 못할 것이라 판단한 진평왕은 북한산주 군주 변품에게 가잠성 수복 명령을 내렸다. 이때 가잠성에서 죽은 찬덕의 아들 해론이 종군하여 싸웠으나 패하여 전사하였다.

가잠성에서 또 한 번 패배의 쓴맛을 본 진평왕은 잠시 전쟁을 접고 당 고조

이연에게 사신을 보내 조공을 하고 국교를 맺었다.

당나라를 의식한 고구려와 백제는 한동안 신라를 공격하지 않았다. 당의 등장으로 국제 정세가 급격하게 변하고 있었고, 당 고조 이연은 고구려, 백제, 신라 삼국이 서로 싸우지 말 것을 희망하고 있었다. 백제와 고구려는 이연의 그런 취지를 함부로 묵살할 수 없었다.

그러나 623년에 백제가 신라의 늑노현을 침입함으로써 5년간의 침묵이 깨졌다. 이후 백제는 파상적으로 신라의 성들을 공격했다. 624년 10월에는 백제가 대대적인 공세를 펼쳐 속함, 앵잠, 기잠, 봉잠, 기현, 혈책 등 여섯 성을 동시에 공격하여 포위하였다. 신라 장군 눌최의 노력에도 불구하고 봉잠, 앵잠, 기현, 세 성이 함락되었다.

진평왕은 625년에 당에 사신을 보내 고구려가 길을 막고 당나라에 조회하지 못하게 하고, 자주 신리 땅을 침략한다며 고구려를 막아 달라고 요청했다. 이에 이연은 고구려에 주자사를 보내 신라와 화친할 것을 권고하였다. 온건주의자인 고구려의 영류왕은 이연의 권고를 받아들여 신라 공격을 자제함으로써 진평왕은 일단 외교적 성과를 거뒀다.

당의 힘을 빌려 고구려의 군사적 위협을 누그러뜨린 진평왕은 백제에 뺏긴 성들을 되찾으려 했다. 그러나 백제가 먼저 선제 공격을 감행해 왔다. 626년 8월에 백제군이 주재성을 공격하여 성주 동소를 죽이고 함락하였다. 그러자 신라는 고허성을 쌓아 방비하였다. 백제군은 전혀 개의치 않고 627년 7월에 장군 사걸을 보내 신라의 서쪽 변경 두 성을 점령하고, 남녀 3백 명을 포로로 잡아갔다.

이렇게 되자, 신라는 다시 가잠성을 회복하기 위해 총력전을 펼쳤고, 628년에 가까스로 가잠성을 되찾았다. 다시 백제군이 가잠성을 포위했지만, 신라군의 반격을 이겨 내지 못하고 물러갔다.

가잠성 회복으로 힘을 얻은 신라는 629년에 과감하게 고구려를 공격했다. 당시 당나라에선 태자 책봉 문제로 이세민이 형 건성을 살해한 뒤 아버지 이연을 폐위시키고 황제의 자리에 올라 있었다. 이세민은 강력한 통일 정책으로 내정을 수습하고, 북방의 돌궐과 고구려에도 압박을 가하였다. 또한 고구려에겐 백제와 신라 양국과 화친하라는 압력을 행사하기도 했다.

이렇듯 당나라의 팽창으로 고구려가 한반도 쪽에 눈을 돌리기 힘들게 되자, 진평왕은 김용춘과 김서현을 시켜 낭비성을 공격했다. 그때 부장으로 서현의 아들 김유신이 함께 출전하여 크게 공을 세우고 낭비성 함락을 주도하였다.

하지만 오랜 전쟁으로 신라 사회는 크게 피폐해져 있었다. 유랑민이 늘어나고 농토는 크게 줄어 굶주린 백성이 많아졌고, 심지어 자식을 팔아먹는 자들도 속출하였다. 이는 자연히 정치적 불안정으로 이어졌고, 급기야 조정은 반란의 소용돌이에 휘말리게 되었다.

631년 5월에 이찬 칠숙과 아찬 석품이 반역을 도모하였는데, 다행히 그 계획이 누설되어 진평왕은 그들을 진압할 수 있었다. 그 결과, 칠숙이 먼저 붙잡혀 시장에서 목이 날아갔고 그의 구족이 함께 처형되었다. 석품은 백제 국경까지 도주하였으나, 처자가 보고 싶어 총산에서 나무꾼과 옷을 바꿔 입고 몰래 집으로 돌아왔다. 하지만 미리 대기하고 있던 군사들에게 체포되어 사형되었다.

이후, 국정이 한층 더 어려워지자 진평왕은 당에 대한 의존도를 강화했다. 심지어 절색의 미인 두 사람을 당 태종에게 보내 아부를 하기까지 했다. 하지만 책사 위징의 권고를 받고 이세민은 그 여자들을 신라로 돌려보냈다.

그렇듯 당의 환심을 사기 위해 자국의 여자들까지 바치며 색공 외교를 펼치던 진평왕은 이듬해인 632년 정월에 생을 마감했다. 그때 그의 나이 66세였다.

2. 진평왕의 가족들

진평왕의 부인은 정비 마야부인과 후비 승만부인, 후궁으로 이화랑의 두 딸 화명과 옥명 등 네 명이다. 마야부인은 천명과 덕만 두 딸을 낳았으며, 승만부인은 아들을 하나 낳았으나 낳은 지 얼마 되지 않아 죽었다. 화명과 옥명도 자녀를 낳은 것으로 기록되어 있으나 그 구체적인 내용은 전하지 않는다.

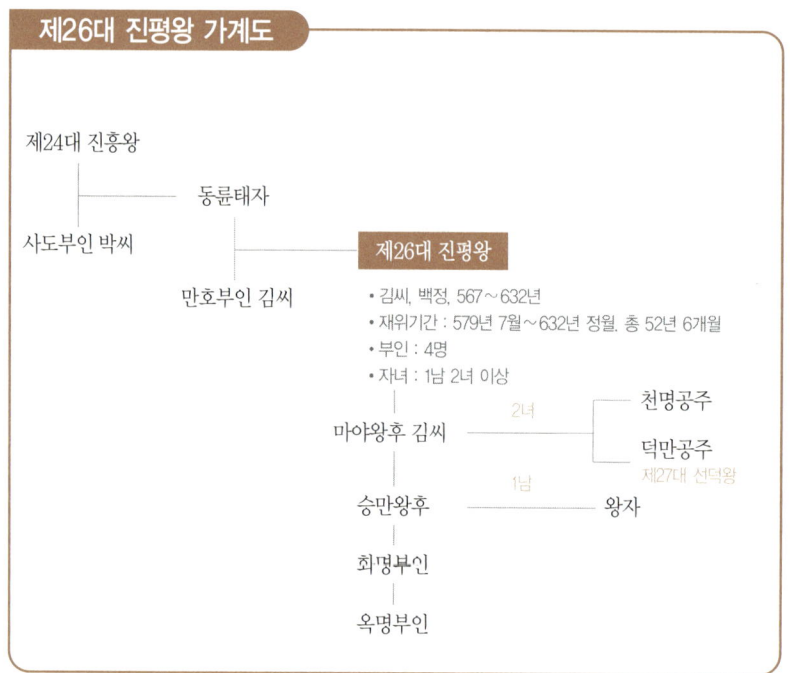

이에 여기서는 마야부인, 승만부인, 천명을 다루고, 화명과 옥명 및 그 자녀들에 대한 언급은 생략한다. 덕만(선덕왕)에 대해서는 「선덕왕실록」에서 별도로 다룬다.

마야부인 김씨 (생몰년 미상)

마야는 갈문왕 복승의 딸이다. 그녀는 천명과 덕만, 두 딸을 낳았으나 아들을 낳지는 못했다. 진평왕이 열세 살의 어린 나이로 왕위에 올랐기에 그녀 또한 어린 나이에 그와 결혼한 것으로 보인다. 언제 죽었는지는 불분명하다.

승만부인 (생몰년 미상)

승만은 누구의 딸인지 기록되어 있지 않다. 『화랑세기』에 그녀가 마야부인이 죽은 후에 왕비의 자리에 올랐고, 아들을 하나 얻었으나 일찍 죽었다는 기록만 남아 있다.

천명공주 (생몰년 미상)

천명은 진평왕의 맏딸이며, 마야부인 소생으로 선덕왕의 동복 언니이다. 장성하여 진지왕의 맏아들 김용수에게 시집갔다. 하지만 그녀는 용수의 동생 용춘을 좋아하였다. 용수가 그녀의 내심을 알고 용춘에게 양보하려 했다. 하지만 용춘이 받아들이지 않았다.

마야왕비가 그 사실을 알고, 천명과 용춘이 관계하도록 자리를 마련하기도 했다. 후에 용수가 죽으면서 유언으로 천명을 받아 줄 것을 요청하자, 용춘은 그 때에야 천명과 그 아들 춘추를 받아들여 부인과 아들로 삼았다.

천명은 원래 왕위 계승권자였지만, 진평왕은 덕만공주를 총애하여 그녀에게 양보하도록 했다. 그래서 천명은 덕만의 입장을 고려하여 월궁에서 물러나 살았다. 노년에는 산에 궁을 지어 놓고 김용춘과 조용히 살며 여생을 마쳤는데, 언제 죽었는지는 밝혀져 있지 않다.

3. 진평왕 시대를 풍미한 인물들

치맛자락 하나로 천하를 뒤덮은 경국지색 미실

진흥왕 중반기에서 진지왕 대를 거쳐 진평왕 초기 10년까지 약 40여 년간의 신라 정치는 미실이라는 한 여자에 의해 좌우되었다고 해도 과언이 아니다. 그렇다면 도대체 이 미실이라는 여자는 어떤 과정을 거쳐 왕을 능가하는 권력을 손에 쥘 수 있었을까? 그 배경엔 신라의 특이한 문화와 신라 여인네들의 독특한 삶, 그리고 미실의 남다른 성장 배경이 자리 잡고 있다.

미실은 제2세 풍월주 미진부의 딸이다. 미진부의 아버지는 아시공이며, 어머니는 법흥왕과 소지왕의 후궁 벽화부인 사이에서 태어난 삼엽궁주이다. 법흥왕은 정비에게서 아들을 얻지 못하고 후비 옥진궁주에게서 아들 비대를 얻었는데, 그는 비대에게 왕위를 계승하려 했다. 하지만 법흥왕의 정비 소생의 딸 지소부인은 비대의 어머니 옥진이 골품이 없기 때문에 비대는 태자가 될 수 없다고 반대하였다. 아시공과 삼엽궁주가 지소부인을 지지하고, 옥진의 아버지 위화랑이 또한 지소를 지지함으로써 비대의 왕위 계승은 이뤄지지 않았다. 그 대신 지소부인과 입종(법흥왕의 동생) 사이에서 태어난 삼맥종(진흥왕)이 왕위를 이었다.

진흥왕이 일곱 살의 어린 나이로 즉위하자, 지소부인은 섭정으로서 정권을 장악하였다. 더불어 진흥왕의 즉위에 지대한 역할을 했던 아시공과 삼엽은 막강한 권력을 쥐게 되었다. 또한 그들 사이에서 태어난 미진부 역시 16세의 어린 나이로 태후의 폐신(총애를 받는 신하)이 되어 막강한 권력을 누릴 수 있었다.

미진부는 법흥왕과 백제 동성왕의 딸 보과공주 사이에서 태어난 딸인 남모와 결혼하였다. 그런데 초대 원화인 준정이 자기가 차지해야 할 원화 자리가 남모에게 넘어가는 것을 질투하여 남모를 물에 빠뜨려 죽이는 바람에 아내를 잃었다. 그 후 미진부는 한동안 아내를 맞이하지 않았다. 미진부는 법흥왕의 후궁이며 위화랑의 손녀인 묘도와 몰래 사통하고 있었다. 지소태후가 그 사실을 알고 묘도를 미진부에게 시집보냈다. 그들 사이에 1남 1녀가 생겼는데, 미실과 남동생 미생이 그들이다.

미실이 아름다운 처녀로 성장한 후 처음으로 만난 남자는 세종이었다. 세종은 지소태후와 박이사부 사이에서 태어난 아들인데, 지소태후는 세종이 성장하자 미녀들을 뽑아 궁중에 모아 두고 세종에게 마음에 드는 여자를 선택하라고 하였다. 그러자 세종은 미실을 택했다.

하지만 지소태후는 미실을 꺼렸다. 지소태후는 법흥왕의 명령으로 박영실을 계부로 맞아들였는데, 지소태후는 그를 좋아하지 않았다. 태자가 없던 법흥왕은 원래 영실을 부군으로 삼아 그에게 왕위를 물려주려 했으나 신하들의 반대로 무산되었다. 그 일 이후, 지소태후는 영실을 몹시 싫어했다. 법흥왕이 그를 계부로 삼으라고 하자 더욱 싫어했다. 그런데 미실이 박영실과 인척 관계였으니, 사도태후가 그녀를 꺼리는 것은 당연했다. 하지만 이사부의 충고로 미실을 받아들여 세종의 아내로 삼았다.

그런데 이때 지소태후는 자신과 이사부 사이에서 태어난 숙명을 진흥왕의 왕비로 삼고, 정비 사도부인 박씨를 내쫓으려 했다. 사도부인 또한 박영실의 딸이어서, 그녀와 미실은 인척 관계였다. 그래서 지소태후는 사도부인에 대한 미움을 미실에게까지 연계했고, 결국 미실을 궁에서 내치기에 이르렀다.

궁궐에서 쫓겨난 미실은 또 한 명의 남자를 만나는데, 유명한 화랑인 사다함이다. 사다함은 구리지의 아들이며 비량의 손자이다. 비량은 위화랑의 누나 벽화를 사랑했는데, 당시 벽화는 소지왕이 죽은 뒤에 법흥왕의 후궁이 되어 있었다. 비량과 벽화는 서로 사랑하여 몰래 사통하였는데, 그들은 늘 벽화궁의 뒷간에서 만나 정을 통하였다. 그래서 낳은 아들을 구리지라 했으니, 이는 '구린 데서 낳은 아이'라는 뜻이다. 구리지는 위화랑의 둘째 딸 금진과 결혼하여 토함, 새달, 사다함을 낳았다.

사다함은 열두 살에 화랑도에 입문하여 문노에게 격검과 학문을 배웠다. 그리고 561년에 열여섯의 어린 나이로 가야 정벌 전쟁에 출전하여 큰 공을 세우고, 제5세 풍월주가 되었다.

미실과 사다함이 사랑에 빠진 것은 사다함이 가야 정벌 전쟁에 출전하기 직전이었다. 그들은 서로를 흠모하며 사통하였다.

그러나 그들의 사랑은 결실을 맺지 못했다. 미실을 잃은 세종은 모후의 명령으로 진종의 딸 융명과 결혼했으나, 마음을 잡지 못했다. 그는 융명은 거들떠보지도 않고 늘 미실만 동경하였다. 그 무렵, 미실과 사다함의 사랑은 더욱 깊어져 마침내 서로 결혼을 약속하는 사이가 되었다. 그리고 미실은 진흥왕을 찾아가 사다함과의 결혼을 허락해 달라고 요청하였고, 결국 허락을 받아 냈다.

그런 상황에서 사다함이 전쟁에 나가게 되었다. 어린 나이임에도 사다함은 용맹이 뛰어나고 무술이 탁월하여 귀당비장에 임명되어 출전했다.

전장으로 떠나는 사다함과의 이별을 슬퍼하며 미실은 다음과 같은 노래를 불렀다.

바람이 불어도 임 앞엔 불지 마오.
물결이 쳐도 임 앞엔 치지 마오.
어서 돌아와 다시 만나 안고 보오.
아아, 임이여 잡은 손을 차마 떼라니요.

하지만 그것이 정말 영영 이별의 노래가 될 줄 그녀는 알지 못했다. 미실과 사다함이 서로 결혼할 것이라는 소문을 들은 세종은 식음을 전폐하고 미실의 이름만 불러 댔다. 결국 아들의 건강을 염려한 지소태후가 미실을 다시 궁으로 불러들였다. 그 명령이 떨어지자 세종은 미친 듯이 좋아하며 미실의 숙소로 달려갔다.

그러나 미실은 세종과의 관계를 거부했다. 이미 세종이 정식으로 융명을 아내로 맞이한 터라 미실은 첩의 신분으로 전락해 버렸던 것이다. 미실은 첩이 된 것을 부끄럽게 여겨 색공에 응하지 않았다.

세종은 지소태후에게 달려가 미실을 부인으로 삼도록 해 달라고 졸랐다. 지소태후는 별수 없이 미실을 정부인으로 삼고, 융명을 후부인으로 삼았다. 그러자 융명이 불만을 표시하며 궁을 나가게 해 달라고 간청했다. 이에 지소태후는 미실에게 향후에라도 세종을 배반하지 않을 것을 약속받은 다음에 융명을 궁 밖에 나가 살도록 허락했다.

그 얼마 뒤에 사다함은 승전보를 안고 돌아왔다. 그는 미실과 결혼할 꿈에 부풀어 있었다.

그러나 막상 돌아와 보니, 미실은 다시 세종의 부인이 되어 있는 것이 아닌가. 사다함은 그 슬픔을 이렇게 노래했다.

파랑새여 파랑새여 저 구름 위의 파랑새여
어이하여 내 콩밭에 내렸는가.
파랑새여 파랑새여 내 콩밭의 파랑새여
어이하여 다시 날아 구름 위로 가는가.

이미 왔으면 가지 말지 또 갈 것을 왜 왔는가.
공연히 눈물 짓게 하고 상심하여 여윈 끝에 죽게 하려는가.
나는 죽어 무슨 귀신이 될까, 나는 죽어 신병(神兵)이 되리.
그래서 그대에게 날아들어 수호신이 되어
아침저녁으로 전군부처(세종과 미실) 보호하리,
만년 천년 죽지 않도록.

사다함은 그녀를 잃은 슬픔을 이기지 못하고 열일곱 살의 어린 나이로 생을 마감했다. 그녀를 잃은 슬픔이 뼈와 살에 사무쳐 그 상심한 마음을 견디지 못하고 날로 여위더니 7일 만에 죽어 버렸다.

사다함이 죽은 뒤에 미실의 남편 세종이 화랑도의 풍월주가 되었다.

한편, 미실은 사다함의 사망 소식을 듣고 몹시 슬퍼하였다. 그래서 천주사에서 사다함의 명복을 빌었는데, 그날 밤 미실의 꿈에 사다함이 나타나 이렇게 말했다.

"나와 네가 부부가 되길 원하였으니, 나는 너의 배를 빌려 다시 태어날 것이다."

그 뒤로 미실이 임신하여 아이를 낳으니, 그가 제11세 풍월주 하종이다. 사람들은 미실이 입궁하기 전에 이미 사다함의 아이를 잉태하고 있었다고 했다.

사다함이 죽은 뒤에 미실은 변하기 시작했다. 이미 사랑을 잃은 그녀에겐 더 이상 순정 같은 것은 남아 있지 않았다. 그녀에게 남은 것은 색정과 권력욕뿐이었다.

미실은 당시 진흥왕의 태자였던 동륜태자와 사통하였는데, 이는 동륜의 어머니 사도왕비가 주선한 일이었다. 사도왕비는 지소태후가 자신의 딸 만호와 동륜태자를 결혼시키려 하자, 미실을 동륜에게 붙여 그 마음을 빼앗고자 했던 것이다. 사도왕비는 미실에게 자식을 잉태하면 태자비가 되게 해 주겠다는 약속까지 하였다. 미실은 크게 기뻐하며 기꺼이 동륜을 가까이 했다. 그리고 마침내 임신을 하였다.

그런데 진흥왕이 그 사실을 알지 못하고 미실을 불러 자신을 섬기도록 명령했다. 미실은 음사에 매우 능하고 음악과 춤에도 뛰어났기 때문에 진흥왕은 그녀에게 쉽게 빠져들었다. 덕분에 그녀는 왕후에 버금가는 지위를 누리게 되었다. 물론 그것은 사도왕비가 원한 일이었다. 사도왕비는 자신은 물론이고, 미실과 보명 등 여러 여자를 동원하여 진흥왕의 마음을 사로잡는 데 주력하고 있었기 때문이다.

진흥왕의 총애를 한몸에 받게 된 미실의 힘은 어느덧 남편인 세종을 능가하게 되었다. 그쯤 되자, 그녀는 세종이 부담스러워졌다. 그래서 진흥왕을 움직여 세종을 전장에 내보내 버렸다.

세종이 떠난 뒤, 미실은 진흥왕에게 원화제도를 부활시켜 달라고 요청했다. 원화는 화랑도가 생기기 전에 풍월주의 위치에 있었던 여자를 지칭하는데, 미실은 스스로 원화의 자리에 오르고자 했다. 그렇게 되면 자연스럽게 풍월주는 없어지고, 원화가 그 자리를 차지하게 되는 것이다.

진흥왕은 미실의 요청대로 풍월주를 폐지하고 원화를 복원하였다. 그리고 그녀를 원화로 삼았다. 이에 전장에 나가 있던 세종의 낭도들이 크게 반발하자, 세종은 미실을 생각하여 그 낭도들을 이렇게 타일렀다.

"새로운 원화는 나의 옛 부인이다. 너희들은 불평하지 말고 잘 섬기도록 하라."

그 뒤로 낭도들이 그녀에게 순종했다. 이렇게 해서 그녀는 궁궐에선 왕후의 권력을 얻었고, 궁 밖에선 풍월주의 권력을 얻었다. 이때가 진흥왕 재위 29년(568년)으로 미실의 나이 스무 살 무렵이었다.

원화가 된 미실은 설원랑과 미생을 봉사랑으로 삼았다. 설원랑은 후에 제7세 풍월주가 되는 설화랑인데, 위화랑의 차녀 금진이 설성이라는 낭도와 사통하여 낳은 아들이다. 또한 미생은 미실의 친동생이다. 미실은 설원랑은 물론이고, 친동생인 미생과도 정을 통하고 있었다.

거기다 미실은 동륜태자와도 계속 관계를 갖고 있었다. 미실은 동륜을 원하지 않았지만, 동륜은 미실과 관계를 가진 뒤로 그녀를 잊지 못하고 늘 합궁할 기회만 노렸다. 미실은 그 사실을 잘 알고 있었지만, 진흥왕이 알게 될까 염려하여 동륜을 피하고 있었다. 하지만 동륜이 무턱대고 찾아와 요구하는 바람에 어쩔 수 없이 관계를 지속하고 있었다.

동륜의 요구는 시간이 지날수록 더욱 심해졌다. 그래서 미실은 자기가 거느린 유화 중에 미인들을 골라 동륜에게 붙여 줬다. 그러자 동륜은 색광이 되어 툭하면 궁궐 밖으로 나가 미생과 어울려 다니며 황음을 일삼았다. 색정에 사로잡힌 동륜은 미인이라는 미인은 모두 찾아다니며 색을 즐겼고, 그러다가 진흥왕의 후궁인 보명궁주까지 넘보게 되었다. 보명은 미실 때문에 그를 가까이 하지 않으려 했으나, 동륜은 막무가내였다. 그래서 결국 관계를 허락하였는데, 그 뒤로 동륜의 출입이 잦았다. 하루는 동륜이 홀로 보명궁의 담을 넘었는데, 그것이 죽음을 재촉한 일이었다. 큰 개들이 보명궁의 담을 지키고 있었는데, 그것도 모르고 동륜이 월담을 하다가 개에게 물려 죽은 것이다. 이때가 572년이었다.

이 일로 궁궐은 발칵 뒤집혔고, 진흥왕은 노발대발하며 사건의 진상을 캐기 시작했다. 그 과정에서 그간 동륜이 낭도들과 어울려 황음을 일삼은 행각들이 들춰졌고, 그 낭도들은 대개 미실의 수하들임이 밝혀졌다.

그 사건으로 분노한 진흥왕은 미실을 궁궐에서 내쫓고 원화의 직위에서도 해임시킨 뒤, 세종을 불러 다시 풍월주에 앉혔다. 하지만 미실은 세종이 다시 풍월주의 자리에 앉는 것을 못마땅하게 여기고, 그에게 풍월주에서 물러나라고 종용했다. 미실은 자기의 정부인 설원랑이 풍월주가 되길 원했던 것이다. 세종은 미실의 강압에 못 이겨 설원랑에게 풍월주의 자리를 내주고 말았다.

미실이 궁궐에서 내쫓기자, 이번에는 진흥왕의 둘째 아들 금륜(진지왕)이 그녀를 찾기 시작했다. 미실은 금륜을 꼬드겨 그가 왕위에 오르면 자신을 다시 궁궐로 불러 줄 것을 약속받았다.

하지만 얼마 지나지 않아 진흥왕이 다시 미실을 궁궐로 불러들였다. 진흥왕은 그녀의 뛰어난 색사를 잊지 못했던 것이다. 그 무렵, 진흥왕은 지나친 정력 소비로 몸이 극도로 약해진 상태였다. 그런 가운데 다시 미실과 색사를 즐기게 되자, 더 이상 몸이 버티지 못하고 풍질에 걸렸다.

　진흥왕이 중풍에 걸린 뒤로 왕권은 사도부인과 미실이 장악했고, 조정의 인사도 그녀들에 의해 좌우되었다. 그리고 진흥왕은 결국 건강을 회복하지 못하고 576년에 마흔세 살의 나이로 죽었다.

　왕이 죽었지만, 사도부인과 미실은 그 사실을 조정에 알리지 않았다. 그들은 일단 권력을 안정시킨 뒤에 진흥왕의 죽음을 알릴 심사였다. 그래서 우선 세종, 미생, 설원랑, 노리부 등을 불러 조정을 안정시킨 뒤, 금륜을 찾아갔다. 그들은 금륜에게 왕위에 오르더라도 자기들을 저버리지 않을 것과 미실을 왕후로 삼을 것을 약속받은 뒤에야 진흥왕의 죽음을 알렸다.

　그러나 금륜(진지왕)은 왕위에 오른 뒤 그들과의 약속을 저버렸다. 미실을 왕후로 삼지도 않았고, 그들의 말에 순종하지도 않았다. 진지왕은 오직 궁궐 밖을 휘젓고 다니며 황음을 일삼았고, 민가의 처자들을 함부로 범하는 추태를 보였다.

　그러자 미실과 사도태후는 그를 폐위하기로 결정하고, 세종을 불러 은밀히 대책을 논의하였다. 문제는 문노의 낭도들이었다. 당시 화랑도는 크게 미실파와 문노파로 나누어져 있었다. 그런데 미실의 사주를 받고 세종이 주도하여 진지왕을 폐위할 경우 문노파의 반발이 예상되었다. 만약 문노가 반발하여 내전이 일어난다면 큰 혼란이 야기될 게 뻔했다. 미실과 사도태후는 이런 혼란을 미연에 방지할 요량으로 한 가지 계책을 마련했다. 원화제도를 복원하여 미실을 원화로 삼고, 세종과 문노의 낭도를 합쳐 하나로 통합하는 것이었다. 그리고 세종을 상선, 문노를 아선, 설원랑과 비보랑을 좌우봉사화랑, 미생을 전방봉사화랑으로 삼았다. 당시 문노의 낭도들은 평민 출신이 많았는데, 이때의 조치로 신분의 제약을 뛰어넘어 고관에 발탁된 인사가 많았다.

　이렇듯 사전 작업을 한 뒤 사도태후는 자기의 오빠인 박노리부를 시켜 거사를 감행하도록 했다. 물론 거사에 앞장선 세력은 세종과 그 낭도들이었다. 반정이 일어나자, 진지왕은 별다른 저항도 못 하고 허무하게 포박되었다. 그리고 별궁에 잠시 유폐되었다가 곧 죽음을 당했다.

진지왕을 죽인 사도태후는 자기의 손자 백정(진평왕)을 왕위에 앉혔다. 당시 진평왕은 열세 살의 어린 나이였는데, 사도태후는 진흥왕의 후궁이었던 보명과 미실로 하여금 진평왕과 관계하도록 하였다. 미실은 당시 서른이 넘은 나이였고, 보명보다 골품이 낮은 터라 보명에게 양보했다. 하지만 보명은 임신 중이었기에 사양하였다. 덕분에 미실은 열세 살의 어린 소년 진평왕에게 첫 경험을 안겨다 주는 영광을 얻었다. 이후 진평왕은 보명과 미실을 좌우 후로 삼았고, 미실은 어린 진평왕을 끼고 정사를 좌지우지했다. 진평왕이 즉위한 579년부터 미실이 죽은 607년까지 20여 년간은 미실의 시대라고 해도 과언이 아니다.

진평왕이 즉위한 후 미실은 원화로 있으면서 화랑도를 원격 조정했다. 당시 화랑도는 최대의 군대 조직이자, 인재양성기관이었기에 미실은 실질적으로 왕권을 장악한 것이나 마찬가지였다. 거기다 미실은 후궁들을 모두 다스리고 있던 터라, 왕 주변의 여자들은 미실의 눈치를 살펴야 했다. 심지어 진평왕의 모후 만호부인이나 왕비 마야부인도 그녀의 영향력 아래 있어야 할 정도였다.

이렇듯 약 40년 동안 신라 조정을 손안에 쥐고 흔들었던 미실은 607년에 원인을 알 수 없는 병에 걸려 몇 달 동안 병석에 누워 있어야만 했다. 그야말로 한 시대를 풍미하며 무소불위의 권력을 누린 그녀였지만, 세월 앞에선 어쩔 수 없었던 것이다. 그러나 60줄의 나이에 접어든 그녀에게 여전히 순애보를 간직한 남자가 있었으니, 바로 설원랑이다.

설원랑은 10대의 어린 나이에 미실을 만나 섬겼고, 그 후로 그녀의 수족이 되어 입 안의 혀처럼 움직였다. 그는 그녀가 풍월주가 되라고 하면 풍월주가 되었고, 풍월주의 자리를 내놓고 문노를 스승으로 섬기라고 하면 거기에도 순종했다. 미실이 죽을병에 걸려 드러눕자, 그녀의 병을 자신이 대신하겠다고 밤낮없이 병석을 지켰다. 그러다 그는 오히려 그녀보다 먼저 죽음을 맞이했다. 40년 동안의 순애보는 그렇게 끝났다.

설원랑이 죽자, 미실은 아픈 몸을 일으켜 슬퍼하며 울었다. 그리고 자기의 속옷을 설원랑의 관에 함께 넣어 장사 지내도록 했다. 마침내 미실도 그의 사랑을 받아들여 구천에서나마 부부애를 맺자는 언약을 한 것이다. 사다함을 보낸 이후 한 번도 열리지 않았던 그녀의 순정이 마침내 40년 동안 지극 정성으로 자신을 보필한 설원랑에 의해 열린 것이다.

그 며칠 뒤, 그녀도 설원랑을 따라 구천으로 갔다. 동생 미생의 친구 설원랑이 죽을 당시에 58살이었으니, 그녀는 예순 살쯤 되었으리라.

화랑도의 대들보 문노

화랑도를 거론하려면 문노라는 이름을 빼놓을 수 없다. 그는 모든 화랑의 스승이자 전범이었고, 화랑도의 토대를 닦은 인물이기 때문이다.

그는 538년에 태어났다. 비조부의 아들이며, 가야 왕 찬실의 딸 문화공주 소생이다. 문화공주는 원래 호조의 첩이었는데, 비조부와 사통하여 아들을 낳았다. 그가 바로 문노였다.

비조부의 정부인은 법흥왕의 손녀 청진공주였는데, 법흥왕이 청진을 몹시 총애한 터라 비조부도 요직에 발탁되었다. 법흥왕에겐 영실을 비롯한 일곱 명의 총신이 있었는데, 그들과 더불어 비조부도 막강한 권력을 누렸다. 당시 법흥왕이 가장 총애하던 인물은 박영실이었다. 법흥왕은 심지어 그를 부군으로 삼아 왕위를 물려주려고까지 했다. 그런 탓에 비조부는 영실을 섬겼는데, 그는 537년에 법흥왕이 영실을 부군으로 삼아 왕위를 넘겨주려 할 때 병부령에 올라 군대를 통솔하기도 했다.

그러나 일곱 명의 총신 중에 영실의 왕위 계승에 반대하는 신하들이 있었고, 그들이 지소부인과 손을 잡는 바람에 영실은 왕이 되지 못했다. 그 뒤로 지소부인이 정권을 장악하자, 영실과 비조부는 찬밥 신세로 전락하였다. 그래서 영실과 비조부는 야인으로 머물며 바둑이나 두면서 여생을 보냈다고 한다.

문노는 아버지 비조부가 권좌에서 밀려난 뒤에 태어났다. 그는 어릴 때부터 검술이 뛰어났고, 용맹이 높고 의로운 일에 앞장서는 일이 많았다. 문노 휘하에는 가야 출신의 낭도들이 모였고, 그도 낭도들을 모아 뜻을 펼치려 했다. 그리고 마침내 554년에 가야 왕자 출신인 김무력이 백제의 성왕을 칠 때, 17세의 나이로 출전하여 공을 세웠다. 그 후로 555년에는 북한산주에서 고구려전에 출전하였고, 557년에는 국원(청주)에 머물면서 북가야의 반란 세력을 소탕하는 전쟁에 나갔다.

그는 많은 공을 세웠으나, 어머니의 출신 성분이 낮은 까닭에 항상 인정받지 못했다. 그래서 휘하 낭도들이 늘 불만을 토로하곤 했는데, 그럴 때마다 그는 부하들을 이렇게 꾸짖었다.

"대저 상벌을 헤아리는 것은 소인이 할 일이다. 그대들은 이미 나를 우두머리로 삼았으면서도, 어찌 내 마음과 같지 않은가?"

문노의 이 같은 대인 기질은 여러 화랑에게 전해져, 제5세 풍월주가 되는 사다함 같은 화랑은 열두 살에 스스로 찾아와 그를 스승으로 섬기기도 하였다. 561년에 사다함이 가야 정벌전에 참전하며 동행을 청하자, 문노는 이렇게 말했다.

"어찌 어미의 아들로서 외할아버지의 백성들을 괴롭히겠는가?"

그러면서 그는 참전하지 않았다. 참전했다면 승리는 불을 보듯 뻔했고, 큰 공을 세울 게 분명했다. 하지만 그는 공을 세우는 것보다 가야에 대한 의리를 지키는 것이 우선이라고 판단했던 것이다. 그 일이 있고 난 뒤로 문노의 명성은 한층 높아져 가야 출신의 낭도들이 대거 그에게 몰렸다. 화랑도의 가야파는 이렇듯 문노를 중심으로 형성되었다.

사다함이 미실의 변절에 절망하여 죽자 미실의 남편 세종이 제6세 풍월주에 올랐는데, 그도 또한 문노를 찾아왔다.

"나는 그대를 신하로 삼을 수 없소. 청컨대, 나의 형이 되어 주시오."

세종은 그의 뛰어남을 인정하고 스스로 고개를 숙임으로써 그를 휘하에 두고자 했다. 그 내심을 파악한 문노가 세종의 청을 받아들여 그를 섬겼다. 그러자 세종은 진흥왕을 찾아가 문노를 위해 간언했다.

"비조부의 아들 문노는 고구려와 백제를 치는 데 여러 번 공을 세웠으나 어미로 인하여 영달하지 못했으니, 나라를 생각할 때에 매우 안타까운 일입니다."

그 말을 듣고 진흥왕은 문노에게 급찬의 직위를 내렸다. 하지만 문노는 받지 않았다. 그 대신 문노는 그때부터 세종에 대한 의리를 저버리지 않았다.

문노의 명성은 어느덧 왕실에도 알려져, 진흥왕의 왕비 사도부인도 그를 은밀히 돕기에 이르렀다. 문노를 자기편으로 끌어들여 세력을 강화하기 위함이었다.

미실이 진흥왕의 총애를 받아 풍월주를 폐지하고 원화를 복원하자, 세종은 전쟁에 출전하였고, 문노 또한 세종을 따라 전장으로 나갔다. 그는 전장에서 여러 차례 공을 세워 명성을 드높였다. 그러자 미실이 그를 불러들여 봉사화랑으로 삼고자 했다. 그러나 문노는 받아들이지 않았다.

진지왕이 즉위한 뒤에 그 왕비 지도부인이 문노를 자기편으로 끌어들이기 위해 진지왕에게 청하여 그를 일길찬으로 삼았으나, 역시 이번에도 문노는 벼슬을 받지 않았다.

진지왕이 폐위된 뒤에 조정에서는 그의 힘을 의식하여 아찬의 벼슬을 내렸는데, 그는 이때에야 비로소 벼슬을 받았다. 그러나 그는 당시의 실권자 미실을 좋아하지 않았다. 미실은 그 사실을 눈치 채고 있었지만, 오히려 그를 국선으로 삼고 제8세 풍월주에 임명함으로써 그의 환심을 사려 하였다. 그만큼 문노는 당시 낭도들에게 큰 신임을 얻고 있었다.

그러나 문노가 풍월주의 지위에 오르기까지는 윤궁이라는 한 여자의 헌신적인 배려와 보살핌이 있었다.

윤궁은 거칠부의 딸이며, 어머니는 미진부의 친누나였다. 윤궁과 미실궁주는 종형제간이었다.

윤궁은 원래 동륜태자를 섬겨 윤실공주를 낳았고, 동륜이 죽은 뒤에는 과부로 5년을 살았다.

그 무렵, 문노는 마흔에 가까운 나이였으나 결혼을 하지 않은 상태였다. 세종이 그의 그런 처지를 안타깝게 여겨 근심하자, 미실이 윤궁을 추천했다.

"내 동생 윤궁이 이 사람과 어울릴 법한데, 지위가 낮은 것이 문제군요."

그런데 정작 당사자인 윤궁은 그 말을 듣고 이렇게 말했다.

"그 사람이 좋다면 그 따위 위품이 문제이겠습니까?"

그때 문노의 부제로 있던 비보랑이 윤궁을 찾아와 문노를 계부로 맞이할 것을 권했다. 비보랑 역시 윤궁과 종형제간이었는데, 문노를 높이 평가하여 그녀와 맺어 주려 했던 것이다.

막상 그렇게 여러 사람이 문노와 결혼할 것을 권하자, 윤궁은 오히려 받아들이지 않았다. 그녀는 먼저 문노의 지위가 낮음을 문제 삼았고, 그것이 자기 집안에 누가 될 것이라고 말했다. 사실, 윤궁은 과부로 지내는 5년 동안 여러 번 재혼 권유를 받았다. 우선 아버지 거칠부가 높은 신분의 남자에게 보내려 했고, 또 진지왕이 그녀를 받아들이려고도 했다. 그러나 그녀는 모두 거절했다. 그런데 지위가 낮은 문노에게 시집가게 되면 진지왕과 거칠부와 동륜태자 그리고 자기 딸 등에게 모두 누를 끼치는 결과가 된다고 생각하였다.

하지만 내심 윤궁은 문노를 그리워하였다. 거기다 시간이 지나면서 문노의 위상이 점점 높아지자, 윤궁은 마침내 미실의 제의를 받아들여 문노와 만났다.

문노를 만난 윤궁은 한눈에 반해 버렸다. 또한 문노도 윤궁을 마음에 들어 하였다. 그래서 문노가 먼저 말했다.

"낭주가 아니면 제게 선모가 없을 것이니, 국선에 나아가지 못할 것입니다."

말인즉, 그녀가 아니면 누구와도 결혼하지 않을 것이며, 그리 될 경우 부인이 없어 국선이 되지 못한다는 말이었다.

그러자 윤궁은 한술 더 떴다.

"내가 군을 그리워한 지 이미 오래되어 창자가 다 끊어졌습니다. 비록 골을 더럽힌다 해도 할 수 있는데, 선모의 귀함을 받아들이지 않겠습니까?"

이렇게 해서 문노와 윤궁은 부부가 되었다. 하지만 윤궁은 골품이 높고, 문노는 골품이 낮은 터라 문노는 늘 윤궁을 상전으로 섬겨야 했다.

문노는 미실을 섬기는 것을 꺼렸다. 또한 미실의 수하인 설원랑도 좋아하지 않았다. 그 때문에 윤궁은 늘 불안했다. 문노가 미실과 대립하면 필시 엄청난 혼란이 초래된다는 점을 그녀는 잘 알고 있었다. 그래서 그녀는 늘 문노를 다독거렸다. 때론 골품의 위엄을 세워 명령하고, 때론 아내의 입장이 되어 구슬리고, 그것도 되지 않으면 뱃속의 아이를 내세워 미래를 도모하자는 말로 그의 성질을 누그러뜨렸다.

그렇게 세월을 보낸 뒤, 진지왕이 폐위되고 문노가 그 공으로 국선의 자리에 오르면서 아찬의 직위을 받자, 비로소 골품이 그녀와 같아졌다. 윤궁은 매우 좋아하며 진평왕을 찾아가 문노의 정처가 되길 청하였다. 말하자면 그간은 후견이었으나, 이제는 정식으로 아내가 되는 것이었다. 진평왕과 미실은 윤궁의 청을 받아들여 포석사에서 문노와 윤궁의 결혼식을 행하였다. 결혼식을 마친 뒤에 윤궁은 이렇게 말했다.

"어제까지는 낭군께서 첩의 신하였으나, 오늘부터는 첩이 낭군의 처가 되었습니다. 그래서 이제까지는 군께서 첩의 명령을 받았으나, 이제부터는 첩이 마땅히 군의 명령을 따르겠습니다."

문노와 윤궁의 관계는 신라 사회에서만 볼 수 있는 매우 독특한 부부 관계였다. 비록 잠자리를 같이하고 아이는 낳았지만 아내의 골품이 높은 관계로 남편이 아내의 신하로 있다가, 남편의 골품이 높아지자 정식으로 혼인하여 신하가 아닌 남편의 자리에 오르는, 참으로 특이한 풍습을 엿볼 수 있는 부분이다.

그 후 윤궁은 국선의 아내인 선모로서 화랑과 낭두의 아내들을 이끌었고, 자기 손으로 직접 옷을 만들어 낭도들에게 나눠 주는 자상한 모습을 보이기도 했다. 또 문노가 종양으로 고생할 때는 입으로 종양을 빨아서 낫게 하는 부부애를 과시하기도 했다.

문노는 윤궁 말고는 그 어떤 여자도 가까이 하지 않았고, 심지어 유화들조차 건드리지 않았다. 그는 술도 마시지 않았고, 색을 즐기지도 않았다. 그런 그의 모습이 안타까웠던지 윤궁이 나서서 첩을 구해 주고 술을 권하기까지 했다. 이를 보고 세상 사람들은 지아비를 얻을 때 문노와 같은 사람을 얻어야 하고, 아내를 얻을 땐 윤궁과 같은 여자를 택해야 한다고 말했다고 한다. 그야말로 이들은 당시 부부상의 전범이었던 것이다.

문노는 풍월주로 있으면서 화랑도의 토대를 세우고 조직을 완성했다. 그 덕분에 신라가 삼한을 통일할 때 화랑이 그 중심에 있을 수 있었다. 후에 통일의 영웅 김유신이 그를 화랑의 으뜸으로 삼은 것을 보면 당시 화랑들이 문노를 얼마나 높게 평가했는지 알 수 있다.

그는 606년에 죽었으며, 향년 69세였다. 그의 아내 윤궁은 그보다 열 살이 어렸는데, 그가 죽던 해에 그녀도 죽었다. 슬하에 대강, 충강, 금강 등 아들 셋과 윤강, 현강, 신강 등 딸 셋을 뒀다. 대강은 후에 재상의 자리에 올랐다.

▶ **진평왕 시대의 세계 약사**

진평왕 시대 중국에선 거대한 변화가 일어난다. 북주의 외척 양견이 주를 멸망시키고, 581년에 수를 세웠다. 그리고 589년에 양을 무너뜨림으로써 중국은 오랜 분열 시대를 종결하고 통일 시대를 맞이하였다. 중원을 통일한 수나라는 돌궐, 거란 등을 무너뜨린 다음 고구려를 공격한다. 그러나 문제와 양제의 무리한 고구려 공략으로 국력이 약해지자 곳곳에서 반란이 일어났고, 결국 618년에 수가 망하고 이연에 의해 당이 건국되었다. 당은 세력을 확대하여 중국 전역에 대한 통일 작업에 박차를 가한다.

이 무렵, 동로마는 페르시아를 격파하고, 이탈리아와 아프리카에 총독부를 설치하는 등 세력을 크게 확대하였다. 하지만 602년에 마우리키우스 황제가 피살되는 바람에 유스티니아누스 왕조가 단절되고 내란이 발생한다. 그러자 사산조 페르시아가 메소포타미아와 아르메니아 지방을 공격해 온다. 그런 가운데 기독교의 힘이 너무 강화되어 그레고리우스 1세가 교황으로 등극하여 교세를 확장하고, 아랍 쪽에선 마호메트가 이슬람교 포교를 시작하였다.

제27대 선덕왕실록

1. 국제 사회에서 따돌림당하는 선덕왕과 신라 내정의 혼란
(?~서기 647년, 재위기간 : 서기 632년 정월~647년 정월, 15년)

선덕(善德)왕은 진평왕의 둘째 딸이고 이름은 덕만이며, 마야부인 김씨 소생이다. 진평왕은 첫 왕비 마야부인에게서 두 딸을 얻었는데 첫째는 천명이고, 둘째는 덕만이다. 천명은 진지왕의 아들 김용수에게 시집을 갔으므로 관례상으론 진평왕을 이어 왕위에 오를 사람은 사위 김용수였다. 하지만 용수는 폐왕의 자식이었으므로 신하들의 지지를 받지 못했다. 진평왕은 화백회의의 지지를 얻어 둘째 딸 덕만을 후계자로 정했다. 덕만이 후계자로 정해진 것은 마야왕후가 죽고 승만부인이 둘째 왕비로 책봉되었을 때였다. 승만은 왕비에 책봉된 후 아들을 하나 낳았다. 그 때문에 왕위 계승권이 그 아이에게 돌아갈 뻔했다. 그러나 그 아이는 태어난 지 얼마 되지 않아 죽고 말았다. 결국 632년 정월에 진평왕이 죽자, 덕만이 왕위에 올랐다.

왕위에 오를 당시 선덕왕의 남편은 김용춘이었다. 그러나 선덕왕이 용춘에게서 자식을 잉태하지 못하자 즉위 후에는 흠반과 을제가 보태져 남편이 세 명으로 늘었다. 이는 삼서(三婿)제도를 따른 것이었다. 삼서제도란 왕녀가 자식을 가지지 못할 때, 남편을 셋 얻게 하는 신라의 전통적인 제도였다. 선덕왕은 즉위년 2월에 그들 중에서 을제를 택해 국정을 맡겼다.

선덕왕 대에 와서 신라는 당과의 유대 관계를 한층 더 강화하였다. 선덕왕은 즉위년 12월에 당에 사신을 보내 자신의 즉위 사실을 알리고 조공하였으며, 이듬해 7월에도 사신을 보내 조공하였다. 그러자 당나라는 635년에 사신에게 이세민의 신임표를 보내 선덕왕을 '주국 낙랑군공 신라왕'으로 책봉함으로써 진평왕의 봉작을 잇게 하였다.

하지만 선덕왕이 진평왕의 봉작을 이은 과정은 결코 순탄하지 않았다. 이세민은 근본적으로 여자가 왕이 되는 것을 용납하지 않는 인물이었다. 그래서 선덕왕의 즉위 이후에도 3년 동안이나 봉작을 내리지 않았다. 봉작을 내리지 않았다는 것은 선덕왕을 왕으로 인정하지 않겠다는 의미였다. 그 때문에 신라에선 줄기차게 사신을 보내 신임표를 내려줄 것을 요청하였고, 이세민은 마지못해 신라의 요청에 응했던 것이다.

신라와 당의 관계는 원만했으나, 이세민과 선덕왕의 관계는 좋지 못했던 것이다. 따라서 선덕왕은 이세민에 대해 감정이 좋지 않았다.

이세민이 선덕왕에게 모란꽃 그림과 꽃씨를 보내왔을 때, 선덕왕이 그림에 나비가 없음을 지적하며 "황제는 내가 혼자 지내는 것을 조롱하기 위해 이 그림을 보내왔다."고 해석한 것도 이세민에 대한 선덕왕의 감정 상태를 잘 나타내 주고 있다. 신왕이 여자임을 트집 잡아 이세민이 봉작 내리는 일을 질질 끌고 있었기 때문에 선덕왕은 몹시 화가 나 있었던 것이다.

하지만 선덕왕은 그런 심사를 드러내 놓고 말할 수 없었다. 오히려 640년에 당나라 국학에 왕실의 자제들을 입학시켜 줄 것을 요청하는 등 관계 회복에 주력하였다.

그럴수록 이세민은 선덕왕을 더 심하게 무시했다. 심지어 그는 643년에 자기를 찾아온 선덕왕의 사신에게 이렇게 말하기도 했다.

"네 나라는 여자를 임금으로 삼았기에 이웃 나라로부터 경멸당하고 있으며, 주인을 잃은 채 도적이 들끓고 있어 편안한 세월이 없다. 내가 나의 친척 한 명을 보내 너희 나라의 임금으로 삼겠다."

그야말로 신라 사신을 농락한 언사였다. 그럼에도 신라는 당나라에 대꾸 한 마디 할 수 없는 처지였다. 당시 신라는 백제의 지속적인 공격에 시달리고 있었고, 또 한편에선 고구려의 위협을 받고 있었기 때문이다.

백제는 선덕왕 재위 2년(633년) 8월에 신라의 서쪽 변경을 침입했고, 636년 5월에는 장군 우소를 앞세워 독산성을 습격해 왔다. 하지만 신라의 맹장 알천의 활약으로 백제군을 전멸시켰다.

이 싸움 이후 백제는 한동안 조용했다. 당시 무왕이 늙은 탓에 전쟁을 자제하고 있었던 것이다. 그 대신 이번에는 고구려가 침략해 왔다. 638년 10월에 고구려가 북쪽 변경을 침입해 왔고, 11월에는 칠중성(임진강변)으로 쳐들어왔다. 하지만 알천에게 패해 물러갔다.

이렇듯 고구려의 침입이 잦아지자, 선덕왕은 하슬라(강릉)를 북소경으로 삼아 사찬 진주로 하여금 지키게 하였다.

그 무렵, 백제에선 무왕이 죽고 그 아들 의자가 왕위에 올랐다. 젊은 왕 의자는 병력을 강화하고 대대적으로 군대를 일으켜 642년 7월에 신라에 총공세를 퍼부었다. 그 결과 단 한 달 만에 신라 서쪽의 40여 성이 함락되는 지경에 처했다. 그 틈을 노려 8월에 고구려가 당항성을 공격하여 함락시켜 버렸다. 또 백제 장군 윤충이 같은 달에 대야성(경남 합천)을 공격하여 점령하고, 그곳 도독 이찬 품석(김춘추의 사위)과 사지 죽죽, 용석 등을 죽였다.

대야성 함락 소식에 놀란 선덕왕은 김춘추를 고구려에 보내 군대 파견을 요청했다. 그러나 고구려의 연개소문은 신라가 죽령 이북의 땅을 내주면 군대를 파견하겠다는 말로 김춘추를 농락하였다. 이에 김춘추가 화를 내며 거절하자, 연개소문은 그를 옥에 가둬 버렸다.

난감해진 김춘추는 일단 땅을 내주겠다고 약속하고, 가까스로 목숨을 구해 신라로 돌아왔다. 이렇게 되자, 선덕왕은 다시 당에 사신을 보내 군대를 지원해 줄 것을 요청했다.

이세민은 선덕왕의 사신에게 세 가지 계책을 내놓았다. 첫째는 당이 거란과 말갈을 시켜 요동을 치면 고구려가 함부로 신라를 공격하지 못할 것이고, 둘째는 신라가 당나라의 옷과 깃발을 사용하면 고구려와 백제가 겁을 먹고 도주할 것이고, 셋째는 여왕을 폐위시키고 그 대신 자기의 친족을 신라의 왕으로 앉히는 것이라고 하였다.

하지만 이 세 가지 계책은 모두 신라 사신을 농락하며 노골적으로 당의 위세를 과시하는 언사였다. 그렇지만 사신은 아무 대답도 하지 못하고 돌아와야만 했다.

선덕왕은 644년 정월에 다시 사신을 보내 군대를 요청하였고, 이세민은 마지못해 고구려에 이현장을 보내 신라를 공격하지 말 것을 종용했다. 여전히 신라는 이세민에게 이용가치가 있었던 것이다.

그러나 고구려의 연개소문은 단호하게 이렇게 말했다.

"고구려와 신라 사이가 나빠진 건 이미 오래된 일이다. 과거 수나라가 침략해 왔을 때, 신라는 그 틈을 타서 고구려 땅 5백여 리를 빼앗고, 그 성읍을 모두 차지했으니, 그 땅과 성을 돌려주지 않으면 전쟁을 그만둘 수 없다."

그 무렵, 신라의 김유신은 백제를 공격하여 일곱 성을 회복하였다. 그에 대한 보복으로 645년 3월에 백제군이 쳐들어오자, 김유신은 다시 출전하여 2천 명을 죽이는 대승을 거뒀다.

그해 5월에 이세민이 고구려를 공격하자, 선덕왕은 군대 3만을 동원하여 협공을 하였다. 그 틈을 노려 백제가 신라 변경을 급습해 와 일곱 성을 점령했다.

이렇듯 계속해서 백제에게 당하자 조정은 크게 흔들렸고, 심지어 반정 세력이 등장하기도 했다. 반정의 명분은 여왕이 정치를 잘못하여 나라가 피폐해졌다는 것이었다. 사실 선덕왕은 즉위 초부터 건강이 좋지 않아 자주 앓아 누웠고, 정사를 잘 챙기지도 못했다. 거기다 전쟁은 계속 이어져 백성은 불안에 떨었고, 그런 와중에 승려 자장의 제안으로 645년에 황룡사 대탑을 건립하였다.

계속되는 전쟁 중에 엄청난 인력과 자원이 드는 대탑을 건립한 것이 반정 세력에게 명분을 주고 말았다. 황룡사 대탑은 규모가 엄청났는데, 그것은 당시 신라 상황에선 무리였다. 그러니 자연히 백성들의 원성과 불만이 뒤따랐다. 비담과 염종의 무리가 그 기회를 이용하여 647년 정월에 명활산성을 장악하고 반란을 일으켰다.

비담은 645년에 상대등에 임명된 인물로 당시 백성들에게 명망이 높았다. 그 때문에 그의 반정엔 많은 군대가 참여하였다. 하지만 쉽사리 도성을 무너뜨리진 못했다. 근왕 세력과 반정 세력이 대치하는 가운데 서라벌은 전쟁의 소용돌이 속에 휘말렸지만, 김유신과 알천 등의 활약으로 비담이 붙잡히고 내란은 종식되었다.

선덕왕은 이미 병을 앓고 있던 몸인 데다 설상가상으로 반정의 소용돌이마저 몰아치자, 병이 악화되어 내란 중인 1월 8일에 생을 마감했다.

선덕왕은 살아 있을 때, 이미 자기가 죽을 시기를 예언하고 무덤의 위치를 정해 뒀다고 한다. 현재 선덕왕릉이 있는 경주시 보문동이 바로 그 곳이다.

대개 선덕왕은 시집을 가지 않은 것으로 알고 있으나 그것은 잘못되었다. 『화랑세기』에 따르면 선덕왕은 공주 시절에 김용춘과 결혼하였고, 그 때문에 용춘의 아내였던 천화공주는 다른 남자에게 시집갔다.

왕위에 오른 뒤에도 선덕왕이 자식을 잉태하지 못하자 용춘은 남편의 자리에서 물러났다. 신하들은 삼서의 제도를 들어 흠반과 을제를 동시에 왕의 남편으로 삼았다.

용춘, 흠반, 을제 등은 모두 유부남이었다. 그러나 당시 선덕왕이 그들을 원했기 때문에 그들은 본부인을 버리고 선덕왕을 섬겨야만 했다.

이렇듯 선덕왕은 남편을 셋이나 얻었지만 자식을 낳지 못했다. 그러나 후에 용춘의 아들 김춘추가 왕위를 잇는 것은 용춘이 한때 선덕왕의 남편이었다는 점이 참작된 것이다.

선덕왕은 꽤 총명한 인물로 전해지고 있는데, 『삼국유사』에 그와 관련한 이야기가 전하고 있다. '선덕왕이 세 가지 일을 미리 알다' 라는 제목으로 전해지고 있는 이 기록의 세 가지 일이란, 첫째, 선덕왕이 이세민이 보낸 모란꽃 그림에 나비가 없다는 점을 들어 모란꽃엔 향기가 없을 것이라고 말했다는 것이고,

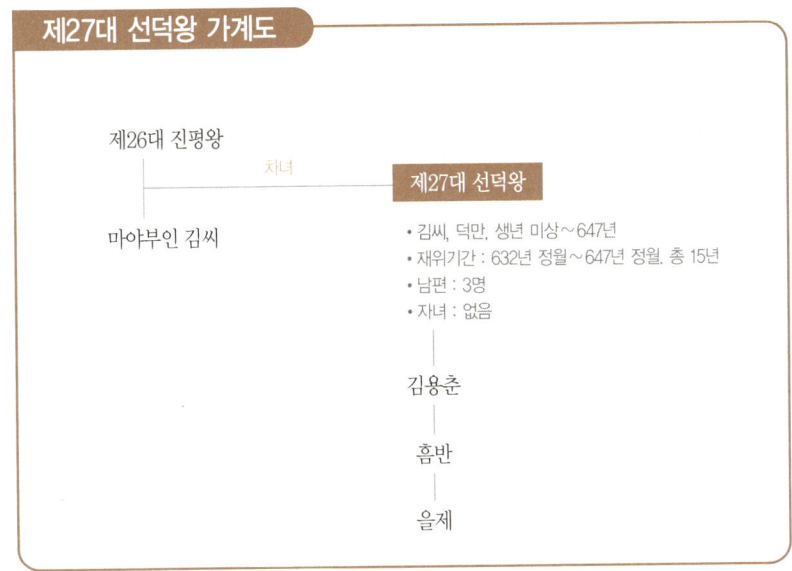

둘째는 옥문지라는 못에서 겨울철에 개구리 떼가 울고 있는 것을 보고 교외의 여근곡을 찾으면 적군이 있을 것이라고 말해 맞췄다는 것이고, 셋째는 자기가 죽을 날과 시를 알고 무덤의 자리를 미리 정했다는 것이다.

그러나 이 세 이야기는 선덕왕을 높이기 위해 다소 과장한 측면이 있는 듯하다. 사실, 여근곡에서 알천이 백제군을 무찌른 일은 알천의 뛰어난 전략에 바탕을 둔 것이었고, 자기의 무덤 자리를 먼저 정한 것도 결코 좋게만 볼 일은 아니다. 거기다 비담의 무리가 일으킨 반정은 당시로선 대의명분이 없지 않았다. 특히 계속되는 전쟁으로 백성들이 큰 고초를 겪고 있었는데, 황룡사 대탑 건립 같은 무리한 공사를 강행한 것은 반정 세력에게 빌미만 제공한 꼴이었다. 따라서 선덕왕을 총명한 인물로만 인식하는 것은 무리가 있다.

▶ 선덕왕 시대의 세계 약사

선덕왕 시대 중국의 당나라는 당 태종이 중원을 통일하고 돌궐 및 거란 등을 무너뜨리고 토번 등 외방 세력의 조공을 받는다. 동북쪽으로 세력을 확대하여 고구려를 압박하여 전쟁을 치르기도 한다.

서양에선 사라센 제국이 무섭게 성장하고 있었다. 사라센은 아라비아를 통일하는 한편, 페르시아군을 격파하여 사산 왕조를 멸망시켰다. 이어 사라센은 알렉산드리아를 점령하고, 아프리카 북부 해안으로 진출한다.

제28대 진덕왕실록

1. 난국 타개책으로 즉위한 진덕왕과 신라의 구애 작전
(?~서기 654년, 재위기간: 서기 647년 정월~654년 3월, 7년 2개월)

　　진덕(眞德)왕은 진평왕의 동복 아우인 갈문왕 국반의 딸이고, 월명부인 박씨 소생으로 이름은 승만이다. 그녀는 자태가 곱고 키가 7척이었으며, 팔을 뻗으면 무릎까지 닿았다고 전한다.
　　선덕왕이 647년 정월에 일어난 비담의 난 중에 죽자 그 와중에 승만이 왕위에 올랐는데, 왜 그녀가 왕이 되었는지는 정확하게 알 길이 없다. 당시 성골로서 왕위를 이을 남자가 없었기 때문에 성골 여자인 승만이 왕이 되었다는 것이 통설인데, 성골이라는 신분에 대한 정확한 규정이 없어 이 또한 가설에 불과하다. 『삼국사기』는 혁거세왕에서 진덕왕까지를 성골 왕으로, 무열왕부터 경순왕까지를 진골 왕으로 구분하고 있다. 그런데 성골과 진골을 구분하는 기준이 모호하여 이 기록의 진의조차 파악되고 있지 않은 실정이다. 따라서 진덕왕의 즉위를 성골과 진골의 구분에 따른 결과로 보는 것은 무리가 있다. 선덕왕의 영험한 지혜를 믿던 백성들을 달래기 위해 실권자 김춘추가 난국 타개를 목적으로 그녀를 왕위에 앉혔다고 보는 것이 옳을 것이다.

진덕왕이 즉위한 지 9일 만에 비담의 난은 종식되었다. 내란을 종식시킨 일등공신은 김유신이었다. 당시 도성 병력은 반군보다 열세에 놓여 있었다. 그러나 김유신의 뛰어난 전술에 밀려 반군은 궤멸되었고, 비담을 비롯한 30여 명의 반군 지휘부가 붙잡혀 처형되었다.

진덕왕은 곧 알천을 상대등에 임명하고 내정을 수습하는 한편 당에 사신을 보내 자신의 즉위 사실을 알렸다. 당 태종은 지절사를 보내 선덕왕을 광록대부에 추증하고, 진덕왕을 주국으로 삼아 낙랑군 왕에 책봉하였다. 이로써 진덕은 즉위 한 달 만에 내정을 안정시키고, 국제적으로 공인도 받았다.

그러나 신라는 여전히 불안한 상태였다. 비담의 난으로 많은 신하와 장수가 죽었고 병력 손실도 컸다. 백제가 그 틈을 노려 그해 10월에 쳐들어왔다. 백제군은 순식간에 무산, 감물, 동잠 등 세 성을 포위하였다. 김유신이 병력 1만을 거느리고 가서 대적했으나, 여전히 열세를 면치 못했다. 그때 김유신 휘하의 비녕자가 아들 거진과 함께 목숨을 내놓고 싸우다 전사했는데, 그들의 용맹에 힘입어 신라군의 사기가 되살아난 덕분에 3천 명의 적병을 죽이는 큰 성과를 올렸다.

648년 3월엔 백제 장군 의직이 신라 서쪽을 유린하며 휩쓸고 다녔는데, 졸지에 요거성을 비롯해 열 개 성이 무너졌다. 김유신이 군대를 이끌고 나가 대적하니, 의직이 길을 막고 선공을 가해 왔다. 하지만 김유신의 전술에 말려든 의직은 부하를 대부분 잃고 쫓겨가야만 했다.

649년 8월엔 백제 장군 은상이 다시 석토 등 일곱 성을 공격하여 점령했다. 진덕왕은 이번에도 김유신을 출전시켰다. 김유신은 열흘 동안 대적하며 고전하다가, 도살성에서 반전의 전기를 마련하여 9천 명에 가까운 적군을 몰살시키는 대승을 거뒀다.

이렇듯 백제와 신라가 각축전을 벌이고 있을 때, 김춘추는 아들 문왕과 함께 당에 들어가 있었다. 김춘추는 당 태종을 만난 자리에서 군대를 파견해 줄 것을 요청하여 허락을 얻어 내고, 스스로 신라의 휘장과 복식을 당의 것으로 바꾸겠다고 약속했다. 또 사신 감질허는 당 태종의 어사가 신라가 당의 연호를 쓰지 않는 것을 문책하자, 신라의 연호를 버리고 당의 연호를 사용하겠다는 약속을 했다. 그래서 649년 정월부터 신라의 백관이 모두 중국의 의관을 착용하였고, 650년부터는 당의 연호를 썼다.

당 태종이 죽고 고종이 즉위하자, 진덕왕은 김춘추의 아들 법민을 사신으로 보내 자기가 직접 지은 시 '태평송'을 올리게 했는데, 그 내용은 이렇다.

위대한 당나라여, 왕업을 열었으니
높고 높은 황제의 앞길 번창하리라.
전쟁을 끝내고 천하를 평정하고,
학문을 닦아 백 대에 이어지리라.
하늘의 뜻 받드니 은혜의 비 내리고,
땅의 만물 다스려 빛나는 이치 얻었네.
어짊 깊고 깊어 일월과 어울리고,
시운도 따라오니, 언제나 태평하네.
큰 깃발 작은 깃발 저리도 빛나며,
징소리 북소리 어찌 저리 쟁쟁한가?
외방의 오랑캐 황제 명령 거역하면,
하늘의 재앙으로 멸망하리라.
시골이나 도시에나 풍속이 순박하고,
멀리서 가까이서 좋은 일 다투어 일어나네.
빛나고 밝은 조화 사계절과 어울리고,
해와 달과 오성이 만방을 도는구나.
산신의 뜻으로 재상이 보필하고,
황제는 충신 인재를 믿으시니,
삼황과 오제의 덕이 하나가 되어
우리 당나라를 밝게 비추리로다.

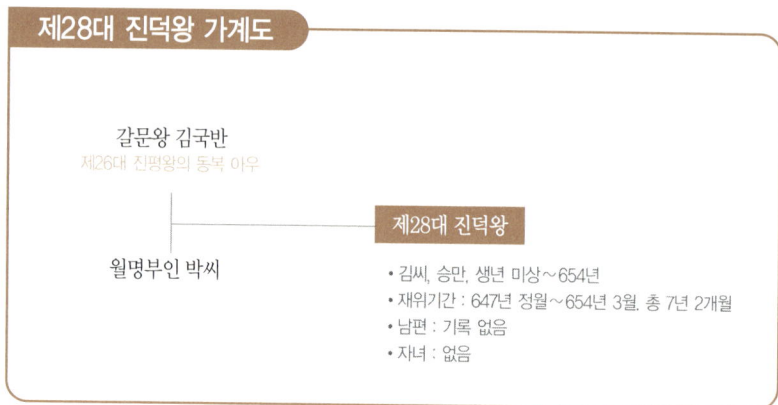

한마디로 '아부가'라고 할 수 있는 이 시는 당시 신라의 사정이 얼마나 급박했는지를 잘 보여 주고 있다. 백제의 지속적인 공략에 밀리며 고전을 면치 못하고 있던 신라는 설상가상으로 고구려가 가세하여 신라를 공격하면 회복할 수 없는 결과가 초래될 수도 있다고 판단하고 있었다. 그래서 어떻게 해서든 당의 군사 지원을 이끌어 내야 한다는 절박한 심정이었다. 김춘추가 스스로 당의 복장을 입겠다고 말한 것이나, 신라가 써 오던 연호를 버리고 당의 연호를 사용한 것도 모두 당의 지원을 얻어 내기 위한 몸부림이었다. 김춘추가 주도한 이 같은 철저한 구애작전은 나중에 나당연합군으로 결실을 맺는다. 김춘추가 자존심마저 내팽개치고 철저하게 무릎을 꿇는 모습은 약소국 신라가 살아남기 위해서 얼마나 발버둥을 쳤는지 잘 보여 주는 대목이다.

진덕왕은 재위 8년으로 접어들던 654년 3월에 죽었고, 사량부에 능이 마련되었다. 당나라 고종은 대상승 장문수를 사절로 보내 조문하였으며, 진덕왕에게 개부의동삼사를 추증하고 비단 3백 필을 보내왔다.

진덕왕의 남편과 자식에 대한 기록은 남아 있지 않다.

제29대 태종무열왕실록

1. 통일의 야망을 이룬 무열왕과 백제의 몰락
(서기 603~661년, 재위기간 : 서기 654년 3월~661년 6월, 7년 3개월)

태종무열(太宗武烈)왕의 이름은 춘추이고, 진지왕의 장남 김용수의 아들이며, 진평왕의 장녀 천명공주 소생이다. 603년에 태어났으며, 아버지 용수가 죽은 뒤에는 어머니 천명부인이 삼촌 용춘에게 재가하였기에 용춘의 양자가 되었다. 24세 되던 626년에 화랑도의 풍월주에 올랐다. 이후 이찬의 벼슬에 올라 진평, 선덕, 진덕왕 대의 정치 및 외교 문제에 중추적인 역할을 하였다.

642년에 백제 장군 윤충이 대야성(합천)을 함락시키고, 맏사위 품석(큰딸 고타소의 남편)을 비롯해 죽죽, 용석 등을 참살하는 사태가 발생하자, 김춘추는 외교 관계를 통하여 백제를 고립시키려는 정책을 수립했다. 그래서 우선 고구려를 방문하여 동맹을 맺고 백제를 공격해 줄 것을 요청했다. 그러자 고구려의 실권자 연개소문은 오히려 죽령 서북 땅을 내놓으라고 하였다. 이에 김춘추는 연개소문의 제의를 거절했고, 그 바람에 옥에 갇히는 신세가 되었다. 위기를 느낀 김춘추는 일단 연개소문의 제의를 거짓으로 수락한 뒤, 간신히 탈출했다.

647년에는 김유신 등과 비담의 난을 진압하고, 진덕왕을 옹립하는 데 주도적인 역할을 했다. 진덕왕 즉위 이후에는 친당 정책을 주도하면서, 여러 차례에 걸쳐 당을 내왕하며 당 태종 이세민에게 병력을 요청하여 승낙을 얻어 냈다.

한편, 당시 화랑도에서 가장 큰 세력을 형성하고 있던 김유신 등의 가야파 군벌과 손을 잡고 막강한 힘을 형성하였다. 그 덕분에 654년에 진덕왕이 죽자, 신하들의 지지를 얻어 52세의 나이로 왕위를 이을 수 있었다.

진덕왕이 죽었을 당시, 신하들은 상대등 알천에게 섭정을 하라고 요청했다. 알천은 김유신보다 앞선 세대로 용맹과 지략이 뛰어나고, 백성에게 추앙받는 인물이었다. 선덕왕 시절에 임종, 술종, 호림, 염장, 유신 등 당시 가장 이름 있던 장수들과 남산 우지암에 모여 국사를 의논하고 있던 중에 호랑이 한 마리가 나타났다. 그러자 다른 사람들은 다 놀라서 일어났으나, 그는 오히려 웃으면서 호랑이를 때려잡았다는 고사가 전할 정도로, 용맹과 기개가 높았다고 한다. 또한 그는 전쟁에 나가 패배한 적이 거의 없는 뛰어난 전략가였고, 진덕왕 시절엔 상대등에 임명된 덕망 있는 정치가이기도 했다.

신하들은 그런 그를 높이 평가하여 왕으로 옹립하려 했다. 그러나 알천은 사심이 없고, 형세 판단이 정확한 인물이었다. 그는 자신은 이미 늙었고, 내세울 덕행도 없다며 김춘추를 추천했던 것이다.

물론, 당시에 김춘추는 막강한 세력을 가진 정치인이었다. 하지만 김춘추는 폐왕 진지왕의 손자라는 사실 때문에 왕위 계승이 쉽지 않은 처지였다. 신하들이 처음부터 그를 배제한 것도 그런 이유에서였다. 그러나 당대 최고의 영걸 알천이 그를 추천하고 덕망이 높던 김유신 또한 지지하자, 대세가 김춘추에게 기울어져 가까스로 왕위를 계승했다.

무열왕이 즉위할 당시, 고구려와 백제는 서로 연합하여 신라를 노리고 있었고, 일본마저 백제와 내왕하며 연합할 움직임을 보이고 있었다. 신라의 희망이라곤 오직 멀리 떨어진 당나라가 군대를 파견해 주는 것뿐이었다.

마침내 655년 정월에 고구려와 백제, 말갈 등의 군사가 연합하여 신라를 공격해 왔고, 졸지에 서른세 개 성이 함락되는 지경에 처했다. 무열왕은 급히 당

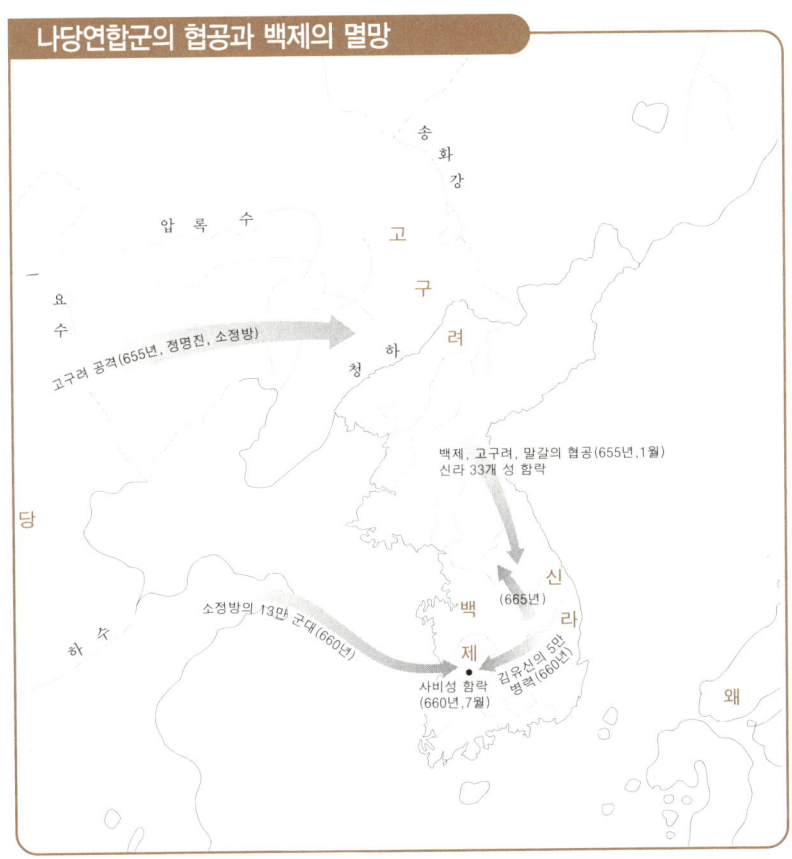

나당연합군의 협공과 백제의 멸망

무열왕 초기인 655년에 고구려, 백제, 말갈 군대가 신라를 공격하여 신라의 성 33개가 함락되었다. 이에 무열왕은 당 고종에게 구원군을 청했다. 당은 정명진과 소정방에게 군대를 안겨 고구려를 공격한다. 660년에는 백제가 나당연합군의 공격을 받아 무너진다.

에 사신을 파견하여 구원을 요청했고, 당 고종은 영주 도독 정명진과 중랑장 소정방을 파견하여 고구려를 공격했다. 덕분에 고구려는 급히 신라 전선에서 발을 뺐고, 백제의 의자왕도 일단 물러섰다.

그 무렵, 백제에서는 임자파와 성충파가 갈려 내분을 일으키고 있었는데, 의자왕이 임자를 지지하는 바람에 성충이 감옥에서 죽는 사건이 발생했다. 당시 의자왕은 승리에 도취되어 술과 향락에 빠졌고, 성충은 의자왕에게 정사를 돌볼 것을 충언으로 간하다가 감옥에 갇혔던 것이다.

그런 가운데 당은 658년에 설인귀와 정명진을 보내 고구려를 재차 공격했고, 659년에도 다시 공격에 나섰다. 하지만 무열왕이 요청한 신라에 대한 당의 원군 파병은 쉽게 이뤄지지 않았다.

무열왕은 660년 정월에 상대등 금강이 죽자 김유신을 상대등에 임명하고, 노심초사 당의 원군 파병 소식을 기다렸다. 마침내 그해 3월에 당 고종은 좌무위 대장군 소정방을 대총관으로 삼고, 당에 숙위하던 무열왕의 아들 김인문을 부총관으로 삼아 13만 군사를 파견하였다. 이에 무열왕은 전 병력을 동원하여 백제를 협공할 계획을 세웠다.

소정방은 7월 10일에 백제 도성을 칠 계획이었다. 무열왕은 태자 법민과 장군 김유신에게 5만 군대를 안겨 소정방과 연합하게 하고, 자신은 금돌성에 머물렀다.

7월 9일에 김유신이 황산벌로 진격하니, 백제 맹장 계백이 오천 결사대와 함께 대적해 왔다. 김유신과 품일 등이 군대를 세 갈래로 나눠 네 번이나 공격을 감행했지만, 적진을 무너뜨리지 못했다. 김유신의 아우 흠순은 자신의 아들 반굴에게 적진을 돌파할 것을 명령했으나, 반굴은 계백을 당해 내지 못하고 죽었다. 이에 좌장군 품일이 아들 관창에게 적진을 뚫을 것을 명령했으나 관창은 되레 계백의 포로가 되고 말았다. 계백은 어린 관창의 용기를 가상하게 여겨 돌려보냈다. 그러자 관창은 돌아온 즉시 다시 말머리를 돌려 계백의 진영으로 뛰어들었다. 계백이 그를 붙잡아 머리를 베어, 벤 머리를 말안장에 매어 신라 진영으로 돌려보냈다.

신라군이 관창의 머리를 보고 비분강개하여 진격하니, 백제군이 크게 패하고 계백도 전사했다(황산벌 싸움에 관한 내용은 『한권으로 읽는 백제왕조실록』 「의자왕실록」 참조).

계백이 무너지자, 백제군은 더 이상 버티지 못했다. 7월 12일에 사비성이 함락되었고 의자왕은 웅진성으로 피했다. 그러자 당과 신라 연합군은 웅진성을 에워싸고 공격을 퍼부었다. 마침내 7월 18일에 의자왕이 태자와 휘하 장수들을 데리고 나와 항복했다.

무열왕은 의자왕이 항복했다는 소식을 듣자, 금돌성에서 나와 주연을 베풀고 병사들을 위로했다. 이때 의자왕과 그의 아들 융이 마루 아래에 앉아 무열왕과 소정방에게 술을 따르니, 백제의 좌평 및 여러 신하가 모두 눈물을 흘리며 흐느껴 울었다.

하지만 백제 병력이 완전히 궤멸된 것은 아니었다. 임존성에는 흑치상지 등이 웅거하고 있었고, 무왕의 조카 복신과 승려 도침이 주류성에 병력을 집결하여 부흥운동을 전개했다. 하지만 백제 왕조는 회복할 힘을 잃고 있었다(백제부흥운동에 관한 것은 『한권으로 읽는 백제왕조실록』 「의자왕실록」 참조).

무열왕은 마침내 일생의 숙원이던 백제 병합에 성공했으나, 백제의 잔병을 완전히 궤멸시키지 못한 때인 661년 6월에 59세를 일기로 생을 마감했다. 시호는 무열이었고, 태종이라는 시호가 추가되었다. 능은 영경사 북쪽에 마련되었다.

2. 무열왕의 가족들

무열왕은 세 부인에게서 많은 자식을 낳았다. 첫 부인은 보량궁주이고, 둘째 부인은 문명부인이다. 또 문명의 언니 보희가 후첩이 되었다.

보량궁주는 장녀 고타소를 낳았고 문명부인은 법민(문무왕)을 비롯하여 인문, 문왕, 노차, 지경, 개원 등의 아들과 딸 지소를 낳았다. 보희는 개지문, 차득령, 마득 외에 딸 둘을 더해 5남매를 낳았다. 여기서는 보량궁주, 문명부인, 보희, 인문 등을 다루고, 법민은 「문무왕실록」에서 별도로 언급한다. 또 지소는 문무왕실록의 김유신 편에서 다루고, 나머지는 기록이 없어 생략한다.

보량궁주 (생몰년 미상)

보량은 김춘추의 첫 부인이며, 보종의 딸이다. 보종은 화랑도의 제16세 풍

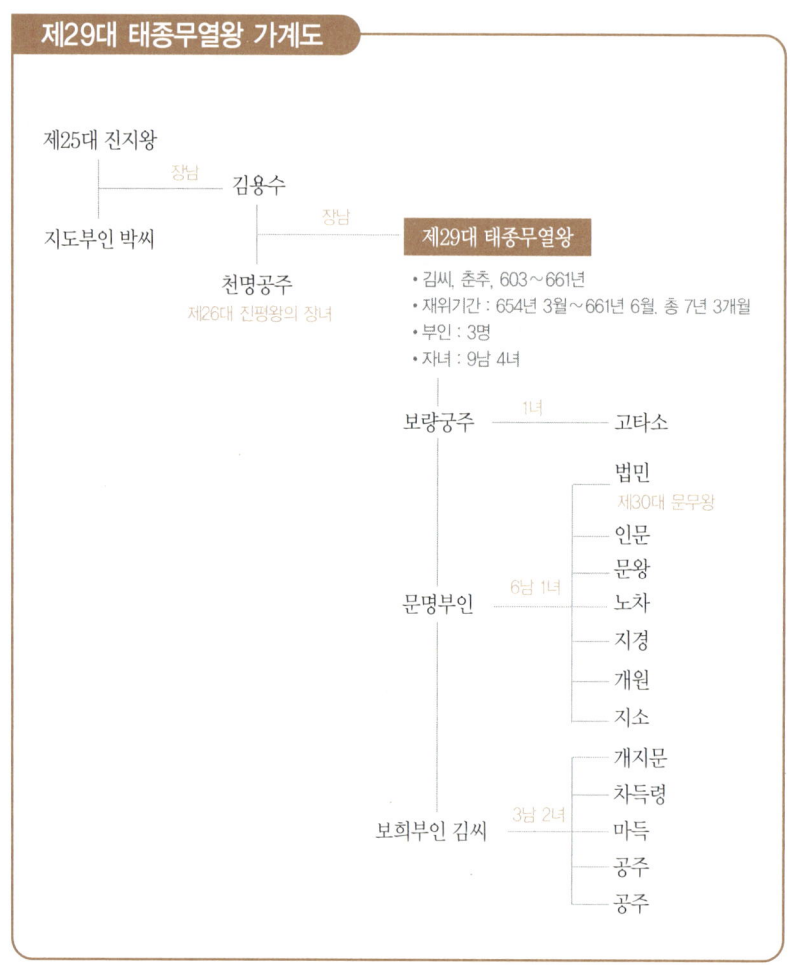

월주이며, 제7세 풍월주인 설화랑과 진흥왕의 애첩이었던 미실 사이에서 태어났다. 따라서 보량은 미실의 손녀이다.

보량은 김춘추가 스무 살이 되기 전에 시집왔으며, 첫딸 고타소를 낳았다. 김춘추와 보량은 몹시 사이가 좋았다. 그러나 보량은 둘째 아이를 낳다가 산고를 이기지 못하고 죽었다. 그녀가 낳은 김춘추의 장녀 고타소는 성장하여 품석에게 시집갔다. 품석은 선덕왕 11년인 642년에 대야성의 성주로 있다가 백제 장군 윤충에게 성이 함락되어 처형되었고, 고타소도 함께 죽었다.

문명부인 (생몰년 미상)

문명의 본명은 문희이며, 김서현과 만명부인의 둘째 딸이다. 서현은 가야의 왕자 출신 무력의 아들이고, 만명은 진평왕의 어머니 만호부인의 딸이다.

문명의 큰오빠는 신라 통일의 영웅 김유신인데, 그는 김춘추와 인척 사이가 되길 원했다. 그래서 하루는 김춘추와 함께 축국을 하다가 고의로 그의 옷을 밟아 옷고름을 찢어 놓았다. 그리고 김춘추에게 자기 집으로 가서 옷고름을 달자고 하였다. 유신이 여동생 보희를 시켜 김춘추의 옷고름을 꿰매게 하려 했지만, 보희는 몸이 아팠기 때문에 그 동생인 문희가 대신 꿰맸다.

문희는 김춘추와 단둘이 앉아 옷고름을 꿰매 줬는데, 그 자리에서 눈이 맞아 정을 통하였다. 유신은 내심으로 그렇게 되길 바라고 있었기 때문에 모른 척하였다.

이 사건이 있기 10일 전에 문희는 언니 보희에게서 꿈을 산 일이 있었다. 보희가 꿈에 서악에 올라가 오줌을 눴는데, 경도가 온통 오줌으로 가득 찼다. 아침에 문희에게 꿈 이야기를 했더니, 문희가 비단 치마로 값을 치르고 그 꿈을 샀다. 말하자면 그 꿈을 산 대가로 김춘추와 관계를 하게 됐다는 이야기다.

그 후 김춘추는 자주 김유신의 집을 들락거리며 문희와 관계하였고, 결국 문희는 김춘추의 아이를 잉태하였다. 하지만 김춘추는 감히 공개하지 못하고 비밀로 하였다.

그러자 유신은 문희를 무섭게 꾸짖은 뒤, 그녀가 아비 없는 아이를 가졌다고 소문을 냈다. 물론 그것은 김춘추를 압박하여 문희를 아내로 받아들이게 하려는 술책이었다.

당시 김춘추는 화랑도의 부제로 있었고 나이는 20세 무렵이었다. 김유신은 왕족인 김춘추와 인척이 되기 위해 누이를 준 것인데, 김춘추는 아내 보량 때문에 쉽사리 문희와의 관계를 공개하지 못했다. 그러자 김유신은 마침내 극약 처방을 내렸다.

하루는 김유신이 장작더미를 마당에 쌓아 놓고 불을 질러 연기를 치솟게 했다. 그날은 덕만공주(선덕왕)가 남산에 나들이 나가는 날이었다. 김유신은 그 사실을 알고 일부러 장작더미에 불을 질러 덕만공주가 그 연기를 볼 수 있도록 했다.

남산에 오른 덕만공주는 연기가 치솟는 것을 보고, 측근에게 그 연유를 물었다. 그러자 측근이 이렇게 대답했다.

"아마도 유신이 그 누이를 불태워 죽이는 모양입니다."

"도대체 무슨 까닭으로 누이를 불태워 죽인단 말이냐?"

"그 누이가 남편도 없이 아이를 뱄기 때문이라고 합니다."

"누구의 소행이라 하더냐?"

그때 김춘추도 덕만공주를 수행하고 있었는데, 고개를 들지 못하고 낯빛이 어두웠다. 덕만공주가 김춘추의 소행임을 알고 말했다.

"네 소행이로구나. 빨리 가서 구하지 않고 뭣 하느냐?"

김춘추는 별수 없이 말을 타고 달려가 덕만공주의 명령을 전달하고 문희를 구했다. 그리고 얼마 뒤에 혼례를 올렸다. 가야계의 김유신이 자기의 누이를 신라 왕실의 여자로 만들기 위해 얼마나 큰 도박을 했는지 잘 보여 주는 대목이다. 김유신은 몰락한 가야 왕조의 후예로서 신분적인 한계를 그렇게 극복해 냈던 것이다.

막상 김춘추와 결혼은 했지만 문희는 정실이 되지 못했다. 당시에도 정실부인은 오직 한 명만 될 수 있었는데, 김춘추에겐 이미 아내 보량궁주가 버티고 있었기 때문이다.

문희는 한동안 첩의 신분으로 지내다가 보량이 죽고 난 뒤에야 정실의 신분을 획득했다.

그 후, 선덕왕과 진덕왕이 죽고 김춘추가 왕위에 오르자, 그녀는 꿈에도 그리던 왕후의 자리에 올랐다. 그녀가 왕후가 되면서 김유신의 입지도 한층 강화되어 상대등의 자리에 오를 수 있었다.

보희부인 (생몰년 미상)

보희 역시 김유신의 동생이고, 문희의 언니이다. 그녀는 김춘추와 자신이 맺어지지 못한 것에 대한 안타까움으로 시집을 가지 않았는데, 결국 그녀도 김춘추의 첩이 되었다. 그리고 아들과 딸 5남매를 낳았다.

인문 (629~694년)

무열왕의 차남이며, 문명왕후 소생이다. 어릴 때부터 학문을 좋아하여 유가의 경전에서 불경, 노장 사상에 이르기까지 두루 섭렵했다. 서예에도 뛰어났으며 궁술과 말타기에도 능하고, 향악에도 조예가 깊은 팔방 미인이었다.

아버지 김춘추는 당과 동맹을 맺는 것만이 신라가 살 길이라고 생각하고, 일찍부터 친당정책을 추진했다. 진덕왕 시절인 648년에 셋째 아들 문왕을 대동하고 당에 들어가 군사 원조의 약속을 얻어 낸 후, 문왕을 당에 머물도록 했다. 말하자면 문왕은 볼모 신분으로 당에 남아 있었다. 651년에는 인문이 동생 문왕과 교대하여 당으로 갔으며, 좌령군위장군이라는 직함을 얻었다.

그 후 5년간 당에 머물다가 656년에 백제 정벌을 논의하기 위해 일시 귀국하자 다시 동생 문왕이 당으로 가서 머물렀다. 신라에 돌아온 인문은 압독주 군주가 되어 장산성 축조를 감독했다.

658년에 다시 당나라로 가서 660년에 당의 백제 정벌군에 소속되어 부사령관 격인 신구도행군부대총관으로 소정방과 함께 13만 대군을 이끌고 돌아왔다. 백제가 무너진 뒤, 다시 소정방과 함께 당으로 갔다. 661년에 귀국하여 고구려 정벌의 시기와 방법 등을 신라에 알려 준 뒤, 662년 7월에 다시 당으로 갔다. 664년에는 백제 왕자 융과 함께 백제부흥군 토벌을 위해 귀국하였고, 결국 백제부흥군의 세력을 무너뜨렸다.

그해 7월에는 품일 등과 함께 고구려 공략에 나섰고, 돌사성을 함락시켰다. 665년에 당에서 숙위하던 동생 문왕이 죽자, 당으로 들어가 당의 우요위대장군이 되었다. 666년에 삼광, 한림과 교체하여 귀국하였다.

668년에는 고구려 정벌에 나선 당나라 장수 유인궤를 맞아들여 고구려를 공략하였다. 그때 그는 대당총관이 되어 김유신과 함께 통일 작전을 진두지휘하였다. 김유신이 풍병으로 출전하지 못하자, 신라군의 사령관이 되어 당나라 장수 이적과 함께 9월에 고구려의 평양성을 함락시켰다.

이적이 고구려의 보장왕과 왕족들을 당으로 붙잡아 갈 때 인문도 함께 갔으며, 이후 발생한 당과 신라의 분쟁을 조정하는 역할을 하였다. 하지만 당나라는 계속해서 고구려와 백제 땅을 장악하려는 야욕을 드러냈고, 신라는 백제와 고구려 백성을 앞세워 당에 대항하였다. 이 때문에 신라에서는 대대적인 배당 운동이 전개되었다. 674년에 신라가 고구려의 반란민을 받아들이고 백제의 고토를 잠식하자, 당나라는 문무왕의 관작을 박탈했다. 또 인문을 신라 왕으로 세우고, 유인궤를 대총관으로 임명하여 신라에 쳐들어왔다. 다행히 문무왕이 형식적이나마 사과를 하여 양국은 전쟁을 피했고, 인문은 당군과 함께 당에 돌아가 임해군에 봉해졌다.

그 뒤, 인문은 당에서 여생을 보냈다. 신라와 당 사이가 좋아져 대우를 받으며 지내다가, 694년 4월에 당나라 수도에서 죽었다. 당에서는 그의 유해를 신라로 호송하였으며, 효소왕은 그에게 태대각간의 벼슬을 추증하였다.

김인문의 묘는 경북 경주시 서악동에 있다.

제2부 통일 시대

제30대 문무왕에서
제50대 정강왕까지

제30대 문무왕실록

1. 지략가 문무왕과 신라의 삼한 통일
(?~서기 681년, 재위기간 : 서기 661년 6월~681년 7월, 20년 1개월)

문무(文武)왕은 무열왕의 장남이며, 문명부인 김씨 소생으로 이름은 법민이다. 태종무열왕 원년인 654년에 파진찬으로서 병부령에 임명되었다가 곧 태자에 책봉되었다. 그는 태자 시절에 통일 전쟁에 참전하여 많은 공을 세웠다. 특히 660년의 백제 정벌 전쟁에선 무열왕을 대신하여 신라군을 직접 지휘하는 과감한 면모를 보였다. 661년 7월에 무열왕이 죽자, 신라 제30대 왕에 올랐다.

그가 즉위할 무렵, 당의 고종은 군대를 동원하여 고구려를 치려 하였다. 당에서 숙위하던 김인문과 유돈이 들어와서 당나라의 공격에 호응하라는 당 고종의 당부를 전하였고, 문무왕은 상중임에도 김유신을 대장군으로 삼아 출전하였다.

백제부흥군은 옹산성에 웅거하며 신라군을 막아섰으나, 오히려 신라군에게 포위당해 궤멸당했다. 그 후 당 고종의 칙지를 받은 문무왕은 김유신으로 하여금 쌀 4천 석과 벼 2만 2천 석을 수레 2천여 대에 싣고 가 평양을 공격하고 있던 소정방을 지원하게 하였다. 하지만 군량을 받은 소정방은 고구려군에게 패배하여 군대를 이끌고 달아났고, 고구려군이 그 틈에 신라군의 뒤를 추격해 왔다. 김유신은 역공을 가해 고구려군 1만을 궤멸시키고, 소형 아달혜 등을 사로잡는 대승을 거뒀다.

이 사건 이후 고구려는 함부로 신라를 공격하지 못했다. 하지만 남쪽에서는 백제부흥군과의 전쟁이 한창이었다. 복신과 도침이 이끄는 백제부흥군이 부여풍을 왕으로 세우고 조직적인 공격을 감행하며 웅진성 탈환을 꾀하고 있었다. 웅진성은 당나라 장수 유인원이 장악하고 있었는데, 백제부흥군에 의해 포위되는 지경에 처했다. 이에 신라군이 당군과 연합하여 웅진성으로 진주하였고, 뒤를 맞은 백제군은 후퇴하여 임존성(홍성)으로 들어가 수성전을 펼쳤다.

그 무렵, 백제부흥군 내부에선 복신이 도침을 살해하고 세력을 확대하고 있었다. 그러나 복신의 권력 독점은 부여풍과의 마찰을 낳았고, 급기야 부여풍에 의해 복신이 죽음을 당하는 사태가 벌어졌다. 이후, 백제부흥군을 장악한 풍왕은 왜군과 연합하여 나당연합군을 공격하였으나, 백강에서 크게 패하여 무너졌다. 그 뒤에 부흥군 잔존 세력이 사비성에 웅거하여 반격을 시도했으나, 역시 나당 연합군에게 패하여 궤멸되었다.

백제부흥군을 완전히 진압하자, 당은 다시 고구려에 대한 공격을 재개했다. 665년에 방효태를 앞세워 공격을 시도했다가 대패하여 전멸하였다. 666년에 연개소문이 죽자, 12월에 이적을 앞세워 재차 공격했다. 이때 고구려는 연개소문의 아들들이 권력 다툼을 벌이고 있었다. 연개소문의 장남 남생이 동생들에게 쫓겨 당군에 항복했고, 개소문의 동생 연정토는 열두 성을 들어 신라에 항복했다. 그러자 고구려군이 크게 흔들렸다. 667년 9월엔 신성과 그 주변의 16개 성이 함락되었다. 다시 부여성과 주변의 40개 성이 함락되었다. 그리고 마침내 668년 9월에는 보장왕이 머물고 있던 하평양성이 함락되어 고구려도 무너졌다. 그 뒤, 안승이 장수 검모잠과 함께 부흥군을 이끌며 고구려 재건을 시도했으나 성공하지 못하고 1년여 만에 검모잠을 죽이고 신라에 투항했다. 신라는 안승을 금마저(익산)에 머물게 했다. 안승을 금마저에 머물게 한 것은 당군과 백제 세력이 손을 잡을 경우 고구려 유민과 힘을 합쳐 대항하겠다는 뜻이었다.

고구려가 무너지자 당은 고구려와 백제 땅은 물론이고 신라 땅까지 모두 장악하려 하였다. 신라는 이에 강력하게 반발하였다. 이 때문에 당과 신라의 갈등이 첨예화되었고, 당은 신라를 압박할 요량으로 당에 간 신라의 사신을 억류하는 추태를 보였다. 이에 따라 신라군과 당군은 곳곳에서 전투를 벌였다.

옛 백제 땅은 당의 웅진도독부가 지배하고 있었는데, 혹 백제 유민과 당군이 결탁할 것을 염려하여 문무왕은 웅진 도독 부여융에게 화친을 청했다. 하지만 융은 힘이 없었고, 도독부 소속 장수인 사마칭이 군대를 보내 신라 진영을 염탐하였다. 이에 문무왕은 670년 7월에 품일 등을 시켜 백제 지역을 공격해 63개의 성을 차지하고, 그곳 백성들을 신라 땅으로 옮겨 살도록 했다. 또 천존, 죽지 등의 장수도 일곱 성을 장악하고 도독부 병력 2천여 명을 죽였다. 군관과 문영도 열두 성을 뺏고, 적병 7천여 명을 죽였다.

당과의 전투는 이듬해에도 계속 이어졌다. 6월에 장군 죽지가 석성에서 당군과 싸워 5천 3백여 명을 궤멸시키자, 당나라 행군 총관 설인귀가 문무왕에게 신라의 행동을 비난하는 글을 보내왔다. 이에 문무왕은 이세민이 과거에 고구려를 얻으면 평양 이남의 백제 땅을 신라에 주겠다고 한 약속을 언급하며 조목조목 설인귀의 글을 반박하고, 신라군의 행동이 정당함을 역설했다.

이렇듯 신라가 한치도 양보하지 않자, 양국은 다시 전쟁으로 치달았다. 전쟁은 그로부터 4년 동안 지속되었다. 671년에 당나라 장수 고간 등이 번병 4만을 거느리고 평양에 도착하여 도랑을 깊이 파고 보루를 높이 쌓은 채 공격을 감행해 왔다. 하지만 신라군이 당나라 수송선 70여 척을 공격하여 궤멸시키자 당군은 군량이 떨어지는 신세가 되었다. 672년 8월에는 평양 근처에서 고구려 유민과 신라군이 연합하여 당군을 크게 격파하였다. 당군이 달아나자, 그 뒤를 쫓다가 석문에서 역습을 당해 패배하기도 했다.

이 외에도 크고 작은 전쟁이 곳곳에서 벌어졌다. 급기야 당 고종은 문무왕의 관작을 삭탈하고, 당나라에 가 있던 왕의 아우 김인문을 신라 왕에 임명하여 유인궤의 군대와 함께 파견하였다. 유인궤는 군대를 동원하여 칠중성을 격파하고, 신라를 압박하였다. 하지만 더 이상 진전이 없자, 이근행에게 칠중성을 맡기고 돌아갔다.

그 기회를 노려 문무왕이 당에 사신을 보내고 조공을 하며 사과하자, 당 고종이 그의 관작을 회복시키고 김인문을 다시 소환해 갔다.

그러나 그해 9월에 설인귀가 천성을 공격해 왔다. 장군 문훈이 설인귀를 맞아 싸워, 적병 1천 4백의 목을 베고 병선 40척을 빼앗는 승리를 거뒀다. 결국 설인귀는 포위를 풀고 퇴각하였는데 그 뒤를 친 신라군은 군마 1천 필을 노획할 수 있었다.

설인귀의 퇴각 이후, 유인궤의 후임으로 칠중성에 머무르던 이근행이 병력 20만을 거느리고 매초성을 공격해 왔다. 그러나 이번에도 신라군에게 패배하여 물러났다.

이렇게 되자, 자연스럽게 백제의 옛 영토와 고구려의 남쪽 영토가 신라에 귀속되었다. 문무왕은 백제 땅과 고구려 땅에 주와 군을 설치하여 기강을 바로잡는 한편, 당에는 계속해서 토산물을 보내며 전쟁을 종식시킬 것을 청하였다.

그런 가운데 설인귀의 공격은 여전히 이어졌다. 676년에 설인귀는 도림성을 공격하여 점령하고, 현령 거시지를 죽였다. 그러나 그해 11월에 설인귀는 신라 장군 시득의 수군과 소부리주 기벌포에서 싸우다 크게 패하였다. 시득은 20여 차례 전투에서 승리하고 적병 4천의 머리를 베었다.

이렇게 되자, 당나라는 676년에 고구려의 옛 땅을 지배하던 안동도호부를 대동강변의 평양에서 요동으로 옮겨갈 수밖에 없었다. 이로써 신라는 대동강 이남의 한반도 땅을 장악하게 되어, 마침내 삼한 통일의 과업을 성취하게 되었다.

문무왕은 정복한 새 영토를 정비하고, 곳곳에 관리를 파견하여 국가 기강을 다잡았다. 678년에 북원(원주)에 북원소경을, 680년에는 옛 가야 도성에 금관소경을 설치하여 신문왕 대에 완성되는 5소경 제도의 기틀을 확립하였다.

이렇듯 통일과 영토 확장에 주력하던 문무왕은 681년 7월에 생을 마감하였으며, 능은 월성군 감포 앞바다의 대왕암에 해중릉으로 마련되었다. 그의 능이

문무왕 즉위 이후 백제는 부흥운동을 전개하여 다각적으로 세력을 구축하고, 왜는 백제부흥군을 지원하기 위해 군대를 파견했다. 그러나 663년에 백강 전투에서 패배하여 백제부흥군은 몰락했다. 한편, 고구려에서는 연개소문이 사망(666년)하자 그 아들들이 내분을 겪다가 나당연합군의 공격을 받아 668년에 무너졌다.

바다에 조성된 것은 그의 뜻이었다고 하는데, 이는 왜군의 침입을 막기 위해 스스로 용이 되고자 함이었다고 한다.

흔히 신라의 통일을 삼국 통일이라고 말하지만, 신라가 장악한 땅은 백제의 한반도 영토와 고구려의 일부 지역에 불과하므로 그렇게 부르는 것은 무리가 있다. 신라는 애초부터 삼국 통일을 외친 것이 아니라 삼한의 통일을 외쳤고, 대개 삼한의 영토가 대동강 이남에 한정된 것을 감안할 때, 그 목표를 이룬 것이라 할 수 있다. 따라서 신라의 통일은 삼국 통일이 아닌, 삼한 통일로 부르는 것이 옳을 것이다.

신라가 삼한을 통일한 것은 우리 민족의 영토를 크게 축소시켰다는 사실 때문에 그 의미가 폄하되는 경우가 많다. 심지어 신라의 통일이 한민족의 활동 영역을 한반도로 축소시킨 원인이라고 말하는 이도 많다.

물론 그것이 사실이라고 할지라도, 그 때문에 신라의 삼한 통일을 무의미한 것으로 평가해서는 곤란하다. 신라가 외세를 끌어들여 통일을 했다는 것이나 통일로 인해 우리 민족의 활동 반경이 좁아졌다고 말하는 것은 어디까지나 민족적 개념이 형성된 고려 이후의 사관에 해당한다.

신라에겐 고구려나 백제, 왜, 당이 모두 외세였다. 국력이 약했던 신라로서는 그들 중 어느 나라와도 연합을 꾀해야 하는 입장이었다. 신라의 입장에서 보면 삼한 통일은 힘겹고 벅찬 작업이었으며, 그들 나름으로는 살아남기 위해 최선의 선택을 한 것이다. 한반도 동쪽의 작은 나라 신라가 북방의 대국 고구려와 숙적 백제, 그리고 대륙의 대국 당, 남방의 강적 왜의 틈바구니에서 살아남아 한반도의 일부나마 통일한 것은 기적에 가까운 일이기 때문이다.

2. 문무왕의 가족들

문무왕의 정비는 자의왕후이며 신광부인, 야명부인 등 후비가 있었다. 자의왕후는 소명, 정명(신문왕) 등의 아들을 낳았고, 야명부인은 아들 인명을 낳았다. 이들 중 자의, 신광, 야명, 인명 등을 언급하고, 소명과 정명은 「신문왕실록」에서 별도로 다룬다.

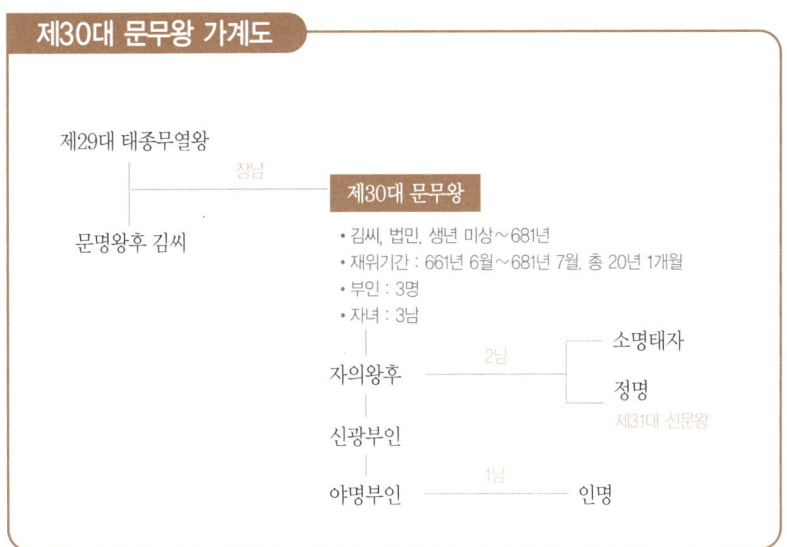

자의왕후 (?~681년)

자의는 파진찬 선품의 딸이며 보룡 소생으로 진골정통 계열이다. 보룡은 선품이 죽은 뒤에 무열왕을 섬겨 당원왕자를 낳았다. 덕분에 자의는 무열왕의 총애를 받아 법민에게 시집갔다.

자의는 인물이 뛰어났는데, 김유신의 외조카 흠돌이 그녀를 탐내어 첩으로 삼고자 했다. 당시 자의의 아버지 선품이 죽고 없었기에 흠돌이 자의의 집안을 얕보고 보룡을 찾아가 딸을 자기 첩으로 달라고 했던 것이다. 하지만 보룡은 이를 거절했다. 그 때문에 흠돌은 보룡에 대한 험담을 늘어놓고 다녔다. 보룡이 무열왕의 아들 당원을 낳자, 노골적으로 그녀의 행실을 비난했다.

그런 가운데 자의는 법민에게 시집갔고, 법민이 태자에 오른 뒤에 태자비에 책봉되었다. 그러자 흠돌은 보복을 당할까 두려워하여 이모인 문명왕후를 찾아가 자의를 견제해야 한다고 말했다. 흠돌은 자의가 진골정통 계열이므로 그녀의 아들이 왕이 되었을 경우, 진골정통이 중용되어 가야파의 힘이 크게 약화될 것이라고 했다. 문명왕후는 흠돌의 말을 옳게 여기고 태자의 후비로 있던 유신의 딸 신광을 태자비로 삼으려 했다. 하지만 태자 법민이 받아들이지 않아 신광은 태자비에 오르지 못했다.

문무왕이 왕위에 오르면서 자의는 왕후가 되었다. 하지만 흠돌에게 복수하지는 못했다. 흠돌은 이모인 문명태후를 극진히 모신 데다, 흠돌의 부인 진광은 김유신의 딸이고, 신광의 언니였기에 자의도 흠돌을 함부로 할 수 없었던 것이다. 오히려 문명태후의 입김으로 흠돌의 딸을 며느리로 맞아들여야 했다.

흠돌의 딸이 태자비가 되면서 자의왕후와 흠돌의 관계는 더욱 악화되었다. 흠돌은 딸을 앞세워 태자의 마음을 사로잡으려 했고, 그것은 다시 자의왕후에 대한 공격으로 이어졌다.

681년에 문무왕이 죽음을 앞두자, 흠돌이 조정을 좌지우지했다. 심지어 그는 태자 정명을 내쫓고 인명을 왕위에 앉히려 했다. 자의왕후는 그런 흠돌을 견제하기 위해 북원경에 있던 오기(김대문의 아버지)를 불러들였고, 그 와중에 문무왕이 죽었다. 문무왕이 죽자, 흠돌은 인명을 왕으로 세우기 위해 혈안이 되었다. 자의왕후는 신경을 곤두세우며 그와 세력 다툼을 벌여야 했다. 그러다가 그녀는 병을 얻어 한 달도 못 돼 죽고 말았다.

신광부인 (생몰년 미상)

신광은 김유신의 딸이며, 법민이 태자에 오르기 전에 시집갔다. 하지만 법민에게 정처 자의가 있었던 까닭에 후첩이 되어야 했다.

한때 흠돌의 계략을 옳게 여긴 문명왕후의 영향력에 힘입어 그녀가 태자비에 오를 뻔하였으나, 법민이 받아들이지 않아 좌절되었다.

그 이후의 삶에 대해선 기록이 남아 있지 않고, 자식에 대한 기록도 없다.

야명부인 (생몰년 미상)

야명은 누구의 딸인지 기록되지 않았다. 태자 법민의 첩이 되어 왕자 인명을 낳았는데, 흠돌이 인명의 폐신이 되길 자청하여 받아들였다. 후에 흠돌은 인명을 내세워 반란을 획책한다.

그녀에 대한 더 이상의 자세한 기록은 남아 있지 않다.

인명 (?~681년)

인명은 문무왕의 아들이며, 후첩 야명부인 소생이다. 흠돌이 그의 폐신이 되어 섬겼다. 681년에 문무왕이 죽자, 흠돌이 그를 왕으로 세워 반란을 일으켰다. 하지만 반란은 실패하였고, 인명은 반란의 괴수로 지목되어 죽었다.

3. 삼한 통일의 영웅 김유신

신라의 삼한 통일에 가장 큰 공을 세운 사람은 단연 김유신이다. 또한 그는 신라사에 가장 뚜렷한 족적을 남긴 인물이기도 하다. 그에 관한 기록이 『삼국사기』 인물 열전의 제일 앞자리에 있는 것이나, 그 분량이 열 권의 열전 중에 무려 세 권이나 되는 것도 신라사에서 그의 비중이 얼마나 지대한지 잘 보여주고 있다.

하지만 그는 정통 신라인이 아니라 가야 왕족의 후예였다. 그래서 그의 성장은 결코 쉽지 않았다. 그의 성장 길목엔 늘 가야인이라는 꼬리표가 따라다녔던 것이다. 그렇다고 그는 순수한 가야인도 아니었다. 정확히 말하자면 그는 가야 왕실의 후예이면서 동시에 신라 왕실의 후예였다.

그의 혈관에 신라인의 피가 섞이기 시작한 것은 유신의 6대조 취희왕부터이다. 취희왕의 아버지 좌지왕은 색을 좋아하여 각국의 여자를 아내로 삼았는데, 그 중에 신라의 아찬 도령의 딸 복수도 섞여 있었다. 복수가 아들 취희를 낳자, 좌지는 그를 태자로 삼고 복수를 왕후로 삼았다. 이후 취희는 신라의 각간 진사의 딸 인덕을 맞아 질지왕을 낳았다. 질지왕은 가야 여인 방원에게서 감지왕을 비롯한 다섯 형제를 뒀는데, 감지왕이 또 신라의 각간 출추의 딸 숙씨에게서 구충(구형왕)을 얻었다. 구충은 가야인 계봉의 딸 계화에게서 무력과 무득을 얻었는데, 무력은 진흥왕의 딸 아양을 아내로 맞아 서현을 낳았다. 서현이 바로 김유신의 아버지이다.

　더구나 할아버지 무력이 진흥왕의 딸과 결혼하여 서현을 낳았고, 아버지 서현 또한 만호태후(진평왕의 어머니)의 딸 만명과 결혼하여 유신을 낳았으니, 신라인의 피가 절반 이상 섞인 셈이다.

　사실, 유신은 서현과 만명이 야합하여 낳은 자식이었다. 만명은 그녀의 어머니 만호가 남편 동륜이 죽자 입종의 아들이자 진흥왕의 동생인 숙흘종과 사통하여 낳은 사녀였다. 만명은 몰래 가야의 후손 서현과 만나고 있었는데, 만호태후는 그녀와 서현의 관계를 인정하지 않았다. 만호는 지소태후의 딸이므로 진골정통이었는데, 서현은 아양의 아들이므로 대원신통류였다. 거기다 서현은 몰락한 가야 왕족이었다. 만호는 딸을 그런 처지의 서현에게 시집보낼 생각이 없었던 것이다. 하지만 야합이 지속되던 중에 만명은 그만 임신을 하고 말았다. 결국 그녀는 서현과 함께 야반도주를 결심한다. 그런 낌새를 눈치 채고 아버지 숙흘종이 그녀를 창고에 가둬 놓았지만, 창고에 벼락이 쳐서 문이 부서진 덕에 탈출하여 도주할 수 있었다. 그렇게 해서 낳은 아이가 유신이니, 이때가 595년이었다.

　그 후로도 오랫동안 만호태후는 서현을 사위로 인정하지 않았다. 그러다가 소문으로 서현과 만명 사이에 아들이 태어났다는 소식을 듣고, 손자를 보고 싶어 하였다. 결국, 외손자를 안아 보고 싶은 마음에 만호는 딸을 용서하고 서현을 사위로 받아들였다. 그리고 손자를 품 안에 안을 수 있었다. 막상 손자를 대하고 보니, 그 위용이 대단하고 인물이 출중하였다. 만호는 만족한 표정으로 "너는 참으로 나의 손자로다." 하고 좋아했다고 한다.

　유신은 성장하면서 스스로 만호태후의 핏줄을 이어받았다는 것에 매우 큰 자부심을 가지고 있었다. 그래서 가야파 낭도들이 찾아와 같은 가야 사람임을 들먹이며 청탁을 하면, "나는 곧 태후의 자손인데, 어찌하여 나더러 가야인이라고 하는가?" 하고 물리쳤다고 한다.

　만호태후의 후광을 입어 그는 가야파의 기대를 한몸에 받았다. 검술에 뛰어나고 지략을 겸비하였으며, 강직하고 용맹하여 많은 낭도가 그를 따랐다. 15세에 화랑에 입문하였으며, 17세 때 홀로 석굴에 들어가 수양을 하였다. 당시 고구려와 말갈, 백제 등이 신라를 침략하곤 했는데, 유신은 그들의 침략을 막는 데 몸을 바치기로 결심한 터였다. 그런데 입굴한 지 4일째 되던 날, 웬 노인이 나타나 물었다.

"이곳은 독충과 맹수가 많아서 무서운 곳인데, 귀소년이 어찌 혼자서 머무는가?"

그 노인은 난승이라는 사람이었다. 유신은 그가 예사로운 사람이 아님을 알고 가르침을 구했다. 난승은 유신의 비범함을 알아보고, 비법을 가르쳐 주면서 의로운 일에 쓰라는 말을 남기고 홀연히 사라졌다.

유신이 석굴에서 돌아왔을 때, 화랑도의 부제는 설원랑의 아들 보종이었다. 하지만 보종의 어머니 미실이 만호태후를 위로하기 위해 보종으로 하여금 풍월주의 승계를 유신에게 양보토록 하여 유신이 풍월주에 올랐다. 이때 그의 나이 18세였다.

그러나 유신은 가야 혈통이라는 한계 때문에 여러 면에서 제약이 많았던 모양이다. 그는 이러한 한계를 극복하기 위해 여동생을 김춘추에게 시집보내려는 계획을 세웠다. 그래서 춘추와 축국을 하다가 의도적으로 그의 옷고름을 찢었다. 춘추를 자기 집으로 데려와 동생 문희로 하여금 춘추의 옷고름을 달게 하고, 자신은 자리를 피했다. 춘추는 유신의 뜻을 알고 문희와 상간하였는데, 문희가 임신을 하였다. 하지만 춘추는 자신의 부인 보량 때문에 문희와의 관계를 발설하지 못했다. 이에 유신은 극단적인 조치를 취해 목적을 달성했다.

하루는 덕만공주(선덕왕)와 춘추가 주변 신하들을 데리고 남산에 나들이를 나섰다. 그때 유신은 주변 사람들에게 자신의 동생 문희가 아버지를 모르는 아이를 임신했기에 그에 대한 벌로 문희를 불에 태워 죽이겠다고 소문을 냈다. 유신은 덕만공주가 나들이 나가는 날을 택해 한바탕 연극을 꾸몄다. 마당에 장작을 쌓아 놓고 남산에서 잘 보일 수 있도록 연기를 피웠는데, 그 광경을 덕만공주가 보고 까닭을 물었다. 그리고 문희가 춘추의 아이를 뺐다는 사실을 알고, 춘추에게 그녀를 구하라고 하였다. 이렇게 해서 문희는 훗날 왕후가 되고,

그녀의 아들 법민이 왕위를 계승하게 된다.

이 기록은 유신이 신라 왕실과 인척지간이 되기 위해서 얼마나 애를 썼는지를 잘 보여 주는 대목이다. 어떻게 보면 치졸하고 음흉하기까지 한 이 사건 덕분에 유신은 가야 혈통의 한계를 극복하고, 신라 왕실에 편입되고자 했던 목적을 달성했다.

그러나 유신을 거목으로 성장시킨 것은 무엇보다 전장에 나가 세운 혁혁한 전공이었다. 유신이 처음으로 크게 공을 세운 것은 진평왕 51년(629년)의 낭비성 공략 때였다. 이때 신라군은 고구려군의 기세에 눌려 매우 불리한 처지였고, 군대의 사기도 말이 아니었다. 그런데 김유신이 적진을 세 번이나 들락거리면서 적장의 목을 베어 오거나 깃대를 뽑아 왔다. 그 덕분에 신라군의 사기가 올라 5천여 명의 적군을 궤멸시키고 낭비성을 함락하였다.

하지만 이때만 해도 김유신은 아버지 서현의 부장에 불과했다. 유신의 활약상이 두드러지기 시작한 것은 선덕왕 13년 이후였다. 당시 유신은 압량주 군주로 있었다. 선덕왕은 그를 상장군에 임명하고, 백제의 성들을 공략하도록 했다. 유신은 가혜성, 성열성, 동화성 등 일곱 성을 공격하여 대승을 거두고 성을 빼앗았다. 그 뒤 회군하여 도성으로 돌아오고 있었는데 백제가 매리포성을 공격해 온다는 소식이 들려왔다. 선덕왕은 즉시 유신에게 출전을 명령했고, 유신은 가족도 만나지 못한 채 곧바로 전장으로 돌아갔다. 이런 유신의 행동은 부하들에게 귀감이 되었고, 사기 진작에도 큰 도움이 되었다. 그런 유신의 군대에게 밀려 백제군은 매리포성을 제대로 치지도 못하고 물러갔다.

그렇듯 전장에서 이름을 날리던 유신은 선덕왕 말년에 일어난 비담의 난을 진압하면서 공신의 위치에 오른다. 당시 비담, 염장 등은 선덕왕이 정사를 제대로 처리하지 못하고, 백성들이 어려움을 겪고 있는데도 황룡사 대탑 건립 같은 큰 공사를 벌여 민심을 잃었다는 이유로 반란을 일으켰다.

비담은 명활산성에 주둔하였고 선덕왕은 월성에 진을 친 채 서로 10일 동안 공방을 벌였는데, 형세는 점점 비담에게 유리하게 돌아가고 있었다. 비담의 군대가 선덕왕의 군대보다 훨씬 많은 데다 한밤중에 유성이 떨어지는 바람에 반군의 사기가 한층 올랐다. 비담은 별이 떨어진 것은 여왕이 패할 징조라고 말하면서 부하들을 독려하였다. 반면에 그것은 월성 군사들의 사기를 바닥으로 떨어뜨렸다.

선덕왕은 그런 형세를 전해 듣고 몹시 불안해했다. 이때 유신이 한 가지 계책을 써서 상황을 역전시켰다. 유신은 다음 날 밤에 허수아비에 불을 붙여서 연에 매달아 띄웠다. 그것은 마치 떨어진 별이 다시 하늘로 솟아오르는 것 같았다. 그 뒤 유신은 "어젯밤에 떨어진 별이 다시 하늘로 올라갔다."는 소문을 내게 하였다. 그 바람에 비담의 군대는 사기가 떨어지고, 선덕왕의 군대는 사기가 올랐다. 그 상황을 놓치지 않고 유신은 비담의 군대를 공격하여 무너뜨렸고, 결국 난은 진압되었다.

이 사건 이후 유신의 입지는 더욱 강화되었다. 또한 그 뒤로 벌어진 여러 전쟁에서 승승장구하여 신이 내린 장수라는 소리를 듣기에 이르렀고, 품계도 이찬에 올랐다.

654년에 춘추가 왕위에 오르자, 그는 정치적으로 최고의 위치에 올랐고, 660년에는 만인지상의 재상직인 상대등에 임명되었다. 또한 그해에 유신은 황산벌에서 계백을 물리치고, 사비성을 함락하여 백제를 무너뜨렸다. 이후로 백제부흥군 토벌을 주도하였고, 668년에 고구려를 무너뜨리는 데 큰 역할을 하였다(백제와 고구려를 무너뜨리는 과정은 「태종무열왕실록」과 「문무왕실록」 앞부분에 자세한 내용이 있어 생략한다).

백제를 무너뜨리는 과정에서 유신은 백제에 포로로 붙잡힌 조미압을 이용하여 백제 좌평 임자를 회유하는 데 성공하였다. 유신이 임자를 회유하면서 혹여 백제가 망하면 임자가 유신에게 의존하고 신라가 망하면 유신이 임자에게 의존하자고 제의했는데, 임자가 그 제의를 받아들였다. 그 덕분에 조미압은 백제와 신라를 오가며 유신에게 백제의 내부 사정을 소상히 알려 줬고, 그것은 유신의 백제 병합 계획의 단초가 되었다.

이렇듯 김유신은 용장과 지장의 면모를 다 갖춘 장수였다. 용맹과 기개가 높고 성품이 대쪽 같았으나, 필요에 따라 암수를 쓰고 흉계를 꾸밀 줄도 아는 음흉함도 갖고 있었다.

　삼한 통일의 대업을 일군 유신은 673년 7월에 79세를 일기로 죽었다. 정부인 셋과 여러 첩을 뒀고, 많은 자녀를 얻었다. 첫째 부인은 영모이며, 제11세 풍월주 하종의 딸이다. 하종은 미실과 세종 사이에서 태어난 아들이다. 둘째 부인은 유모인데, 영모의 동생이었다. 셋째 부인은 지소인데, 무열왕과 문명왕후의 딸이다. 그녀는 유신이 죽은 뒤에 절로 들어가 비구니가 되었다. 이들에게서 삼광, 원술, 원정, 장이, 원망 등의 적자와 서자 군승을 얻었으며, 딸을 넷 얻었다. 후손 중에 적손 윤중이 성덕왕 때 대아찬에 올랐고, 윤중의 서손인 암은 이찬에 올랐으며 음양가의 술법에 능하였다. 현손 장청은 유신의 행록 열 권을 지어 세상에 남겼다고 하는데, 그 내용이 과장된 것이 많아 사가들이 가려서 썼다고 한다.

　흥덕왕 때에 유신에게 흥무대왕이라는 추증 시호를 내렸다.

4. 신라 불교의 양대 산맥 원효와 의상

　문무왕 연간은 원효와 의상이라는, 신라 불교를 대표하는 두 승려가 활동하던 시기였다. 원효는 일심, 화쟁, 무애 사상을 바탕으로 왕과 왕비를 비롯한 왕족들은 물론이고, 일반 귀족, 서민, 천민에 이르기까지 광범위한 계층을 교화하여 사상적인 면에서 신라 불교의 대중화에 획기적인 공헌을 하였다. 의상은 화엄사상을 기반으로 많은 제자를 길러 전국에 거대 사찰을 대거 건립함으로써, 신라 불교의 양적 발전에 크게 기여한 인물이다.

　원효는 진평왕 39년(617년)에 내마 담날의 아들로 태어났으며, 속성은 설씨이다. 그가 태어난 곳은 압량군 남쪽에 자리잡은 불지촌으로, 지금의 경북 경산시 자인면이다. 자인면에는 원효가 노년에 지었다는 금당 자리가 남아 있는데, 이곳은 그의 아들 설총의 태생지라는 말도 전하고 있다.

　속설에 의하면 원효는 집에서 태어난 것이 아니라 불지촌 북쪽의 사라나무

밑에서 태어났다고 한다. 그의 집은 원래 불지촌 서남쪽에 있었는데, 그의 어머니가 만삭의 몸으로 북쪽 골짜기를 지나다가 밤나무 아래서 갑자기 산통을 느껴 해산을 했다. 그의 어머니는 기진한 까닭에 집에 돌아가지 못하여 남편의 옷을 나무에 걸쳐 두고 그 안에 누워 있었다고 한다. 그래서 나무 이름을 사라수(裟羅樹)라 하고, 그 나무에서 열리는 밤은 여느 밤과 달라 사라밤이라고 한다고 전한다. 사라는 산스크리트의 살라(sala)에서 온 말로 '단단한 나무'라는 뜻이다.

원효는 어릴 때부터 명민하여 누구에게 배우지 않고도 스스로 문리를 깨쳤다고 한다. 청년이 되어서는 깨달음을 얻기 위해 홀로 수행하다가 서른두 살이라는 늦은 나이에 스스로 출가하였다. 출가 후 그가 누구에게 배웠는지는 분명하지 않다. 고구려에서 망명하여 완산주에 머물러 있던 보덕에게서 배웠다는 말도 있고, 원광이나 지장에게 배웠을 것이라고 추측하기도 한다. 그러나 늦은 나이에 승려가 된 것을 보면, 홀로 경전을 익혔을 가능성도 높다.

당시엔 많은 신라 승려가 당나라에 유학하여 불경을 배웠기에 원효도 서른네 살에 당나라 유학길에 올랐다. 그러나 육로로 고구려를 통과하다가 고구려군에게 붙잡혀 귀환 조치를 당해야 했다. 그로부터 10년 뒤, 원효는 다시 당나라로 향하였다. 이번에는 육로가 아닌 해로를 택했다.

두 번 모두 도반이 원효와 동행했는데, 원효보다 8년 연하의 도반이 곧 의상이었다. 두 사람 모두 어떻게 해서든 당나라로 가야만 크게 배울 수 있다고 생각했는데, 원효는 불현듯 도상에서 큰 깨달음을 얻고 당나라행을 포기했다.

여행 도중 어느 동굴에서 잠을 자게 되었다. 밤중에 목이 말라 손에 잡히는 대로 물을 마셨는데, 그것은 해골에 괸 물이었다. 아침에 그 사실을 알고, 그는 기겁을 하였다. 그러나 다음 순간 그것은 다시 큰 깨달음으로 변했다. '진리는 밖에 있는 것이 아니라 자기 속에 있다'는 것을 깨달은 것이다.

그 뒤로 원효는 그 어떤 것에도 얽매이지 않는 무애(無㝵)의 삶을 추구하였다. 『화엄경』의 '일체무애인 일도출생사(一切無㝵人 一道出生死)', 즉 '일체에 거리낌이 없는 사람은 단번에 삶과 죽음을 벗어난다'는 깨달음을 얻었던 것이다.

무애의 삶을 살던 원효는 미치광이처럼 세상을 떠돌아다녔다. 그리고 어느 날 이렇게 외쳤다.

"자루 없는 도끼를 누가 내게 맞춰 주면, 하늘을 떠받칠 기둥을 찍을 터이다!"

하지만 사람들은 그 말이 무슨 뜻인지 잘 이해하지 못했다. 그때 무열왕이 이 말을 전해 듣고 말했다.

"이 스님이 아마도 귀한 딸을 얻어 쓸 만한 아들을 낳고 싶은 모양이다. 큰 인물을 얻는 것보다 더 큰 복이 어디 있겠는가?"

그때 무열왕의 둘째 딸이 전쟁에서 남편을 잃고 홀로 요석궁에 머물고 있었는데, 왕은 그녀와 원효를 맺어 주려고 하였다. 그래서 관리를 시켜 원효를 찾아오라고 했다.

관리가 남산 문천교에서 원효를 만나니, 원효는 일부러 물에 옷을 적신 뒤에 궁으로 향했다. 궁에 도착한 원효는 옷을 갈아입고, 젖은 옷을 말렸다. 이 때문에 옷이 마를 때까지 대궐에서 묵게 되었다. 그리고 요석공주와 관계하여 아들을 낳으니, 그가 바로 신라 10현 가운데 한 사람인 설총이다.

원효는 설총을 얻은 뒤로는 환속하여 속인의 옷을 입고 다녔고, 자기 자신을 소성(小姓)거사라고 불렀다.

그러던 어느 날, 원효는 한 광대가 가지고 놀던 큰 표주박을 보고 또 하나의 깨달음을 얻었다. 광대는 그것을 두드리기도 하고, 머리에 쓰기도 하고, 돌리기도 하면서 여러 가지 용도로 사용했다. 원효는 거기서 무애의 삶을 발견한 것이다.

그 뒤로 원효는 광대 복장을 하고 표주박을 빙글빙글 돌리며 노래를 부르고 다녔는데, 그것이 이른바 '무애가'였다. 노래의 제목처럼 그는 정말 아무 거리낌도 없는 삶을 살기 시작했다. 거지들과 어울려 다니며 동냥을 하기도 했고, 광대패와 어울려 춤추고 노래를 하였으며, 악기를 들고 다니며 연주를 하기도 했으며, 한량들과 함께 기생집을 드나들기도 했다. 그러면서도 그는 때와 장소를 가리지 않고 불경을 강의하고 해설을 쓰고 주석을 달았다.

그의 사상은 그렇게 자유로운 삶을 통해 무르익어 갔고, 그 속에서 『대승기신론소』, 『금강반야경소』, 『화엄경』 등 일일이 헤아리기도 어려울 만큼 방대한 양의 저서들을 쏟아 냈다.

원효 사상의 요체는 대개 세 가지로 요약된다. 첫째는 모든 것이 오직 마음에 달렸다는 일심론이요, 둘째는 철저한 자유를 추구한 무애론이요, 셋째는 모든 백가의 설이 옳지 않음이 없고 팔만법문이 모두 이치에 맞다는 화쟁론이다.

원효 사상은 이렇게 세 가지로 구분할 수 있지만, 이 세 가지는 알고 보면 하나이다. 일심론, 무애론, 화쟁론의 본질은 자유이며, 그 자유가 깨달음을 향해 있을 때, 그 어떤 것도 인정될 수 있다는 것이다. 곧 깨달음을 위한 정진이 따로 있는 것이 아니라 세상의 모든 삶이 수행이며 정진이라는 뜻이다. 원효의 위대함은 바로 깨달음을 배움의 대상으로 보지 않고 삶 자체로 보았다는 데 있다.

원효와 함께 신라 불교를 우뚝 세운 또 하나의 인물이 그 시대에 함께 살고 있었으니, 그가 바로 의상이다. 의상은 진평왕 47년인 625년에 김한신의 아들로 태어났으며, 19세에 황복사로 출가하였다. 7년 뒤인 26세 때 원효와 함께 고구려를 통해 당나라 유학길에 올랐는데, 고구려군에게 붙잡혀 억류되었다가 수십 일 만에야 겨우 돌아올 수 있었다. 그로부터 10년 뒤인 661년에 그는 다시 유학길에 올랐다. 이번에도 역시 원효와 함께였다. 그러나 원효는 도중에 생각이 달라져 발길을 돌렸고, 의상 홀로 당나라로 갔다.

그는 종남산 지상사로 가서 당나라 고승 지엄을 찾았다. 지엄은 중국 화엄종의 제2대 조사였다. 의상은 그에게서 화엄사상을 배우고자 했다.

지엄은 전날 밤 꿈에 신라에서 자란 큰 나무 한 그루를 보았는데, 그 가지와 잎이 너무 무성하여 신라를 모두 덮고 그 그늘이 중국까지 뒤덮었다. 나무 위에는 봉황의 둥지가 있어 올라가 보니, 용왕의 머리 속에서 나왔다는 마니구슬 한 개가 있어 그 광명이 온 세상에 퍼졌다.

지엄이 잠을 깬 뒤에 그 상서롭지 않은 꿈 때문에 마음이 들떠 있는데, 의상이 찾아들었다. 지엄은 그를 보자, 이렇게 말했다.

"어젯밤 꿈에 그대가 내게로 올 조짐이 보였노라."

그는 그로부터 9년 동안 당나라에 머물며 배웠다. 그리고 670년에 귀국했다. 그가 귀국할 무렵, 당과 신라 사이는 극도로 악화되어 있었다. 당나라가 백제와 고구려의 옛 땅을 모두 차지하려 하자, 신라가 강력하게 반발하며 백제 땅에 대한 권리를 주장하였다. 이 때문에 당군과 신라군이 백제 땅에서 한바탕 전쟁을 치르고 있었다.

이 일로 당은 신라 사신 김흠순을 억류하고, 김인문을 신라로 보냈다. 당은 문무왕을 폐위하고 볼모로 당에 머물고 있던 그의 아우 김인문을 왕위에 앉히려 했던 것이다.

김흠순은 이 사태를 신라에 알려야 한다고 판단했다. 그래서 택한 사람이 의상이었다. 승려 신분이었던 의상은 별다른 의심을 받지 않고 무사히 귀국하여 문무왕에게 김흠순의 말을 전하였다. 그 덕분에 문무왕은 대응책을 마련할 수 있었다.

귀국 후, 의상은 전국 산천을 두루 다니며 운수행각을 하였고, 676년에 드디어 부석사를 세워 화엄사상을 펼칠 터전을 마련했다. 의상 이전에도 신라 땅에는 화엄사상이 유포되어 있었으나 미미한 상태였다. 그러다가 의상이 비로소 화엄대교를 전국에 널리 알리기 시작했다.

의상은 이를 위해 우선 많은 제자를 양성했고, 그들을 바탕으로 전국 명산에 숱한 사찰을 창건했다. 부석사를 시작으로 팔공산 미리사, 지리산 화엄사, 가야산 해인사, 계룡산 갑사, 금정산 범어사, 비슬산 옥천사 등등 헤아릴 수 없이 많은 절을 세웠다.

그런 가운데 그의 제자는 어느덧 3천 명을 넘겼고, 그들 중에는 『송고승전』에 기록된 도신, 범체 등의 이름도 있었다.

의상은 저술에도 많은 노력을 기울였다. 『화엄일승법계도』, 『입법계품초기』, 『백화도량발원문』 등은 그의 대표적인 저술이다.

의상 사상의 핵심이 된 화엄론은 인도의 고승 용수의 『화엄경』을 기반으로 하고 있다. 우주에 있는 모든 것은 홀로 있거나 홀로 작용하는 것이 없으며, 모두가 한없는 시간과 공간 속에서 서로의 원인이 된다는 내용을 골자로 하고 있다. 이를 설명하는 대표적인 이론이 무진연기론, 즉 모든 것은 끊임없이 서로 연관되어 있으며 서로서로 또 다른 연관관계를 일으킨다는 논리이다.

그러나 화엄의 세계에선 모든 것이 단순히 연관되어 있는 데서 그치는 것이 아니라, 서로가 서로의 원인이 되어 대립을 극복하고 하나로 융합되는 경지에 이른다. 엄밀한 의미에서 보면, 원효의 화쟁사상도 이 화엄의 세계 속에 포함된다고 볼 수 있다.

하지만 원효와 의상의 삶은 극히 달랐다. 원효가 당대의 승려들에겐 이단아이자 아웃사이더였다면, 의상은 당대의 우등생이요 주목받는 주류였다. 원효가 중류층 출신인 것에 비해 의상은 왕족 출신의 상류층인 것부터가 달랐다. 말하자면 그들은 출발부터 다른 처지였다. 그러나 그들은 처지와 방법과 방향이 달랐을 뿐 추구하는 본질은 동일했다. 그들은 우주와 자아의 동일성을 인정했고, 우주의 그 어떤 것도 자기 자신과 무관하지 않다는 것을 깨달은 사람들이었다. 원효의 화쟁론에 따르면 의상의 삶도 팔만법문의 하나로서 이치에 맞는 깨달음의 길이고, 의상의 화엄론에 따르면 원효의 삶도 대립을 초월하여 융합을 구현한 꽃의 세계였던 것이다.

▶ 문무왕 시대의 세계 약사

문무왕 시대는 중국 당나라의 고종 시대였다. 고종은 백제를 멸망시킨 후 고구려를 지속적으로 공격하고 있었다. 그리고 668년에 고구려를 무너뜨렸으며, 이후 고구려 땅은 물론이고 백제 땅까지 장악하려 했으나, 신라의 반발에 밀려 뜻을 이루지 못했다. 이때 일본은 국호를 왜에서 일본으로 고쳤고, 티베트에서는 문자가 창제되었다.

한편, 사라센에서는 내분이 일어나 제4대 칼리프 알리가 피살되었고, 시리아 총독 무아위야가 칼리프가 되었다. 이후로 우마이야 왕조가 건립되어 칼리프는 세습되었다.

이 시기에 동로마에서는 칼리니쿠스가 화약을 발명했으며, 프랑크에서는 에브로인이 왕위 분쟁을 진압하였다. 그러나 681년에 프랑크의 피핀 2세가 에브로인을 살해했다. 이때 동구에서는 불가리아 왕국이 건국되었다.

제31대 신문왕실록

1. 이어지는 내란과 신문왕의 조직 정비
(?~서기 692년, 재위기간 : 서기 681년 7월~692년 7월, 11년)

신문(神文)왕은 문무왕의 둘째 아들이며, 자의부인 소생이다. 이름은 정명이며 문무왕 5년에 태자에 책봉되어, 681년 7월에 문무왕이 죽자 왕위에 올랐다.

정명에겐 원래 형이 한 명 있었는데, 그가 문무왕과 자의왕후의 장남 소명태자이다. 그는 문무왕이 태자 시절에 낳은 아들이었고, 문무왕이 왕위에 오르자 곧 태자에 책봉되었다. 하지만 665년에 병을 얻어 어린 나이에 죽고 말았다. 그래서 정명이 태자에 책봉되어 왕위를 이었다.

신문왕은 왕위에 오르자마자 곧 반란의 소용돌이에 휘말려야 했다. 반란을 일으킨 자는 김흠돌이었다. 흠돌은 김유신의 조카이자 사위로서 화랑도의 거두였으며, 신문왕의 장인이었다. 이모인 문명왕후의 후광을 입은 그는 가야파 출신을 왕후로 세우기 위해 자의부인이 태자비에 책봉되는 것을 적극적으로 반대한 인물이었다. 그런 경향은 자의부인이 왕후가 된 뒤에도 이어졌다. 문무왕은 그런 흠돌을 다독거리기 위해 그의 딸을 태자비로 맞아들여야만 했다. 문무왕의 그런 무마책 덕분에 흠돌의 태도는 다소 누그러졌다.

그런데 태자 정명이 흠돌의 딸을 총애하지 않자 흠돌은 파진찬 흥원, 대아찬 진공 등과 모의하여 야명부인의 소생 인명을 왕으로 세우고 반란을 획책했다. 하지만 김오기의 활약으로 흠돌은 반란에 실패하여 죽음을 당하였다. 이때가 신문왕 즉위년 8월 8일이었으니, 불과 즉위 한 달 만의 일이었다.

즉위 초부터 한 차례 곤욕을 치른 신문왕은 흠돌의 반란에 화랑도의 낭도들이 대거 가담한 죄를 물어 화랑도를 폐지하고, 그 낭도들의 명단을 작성하여 모두 병부에 예속시켰다. 당시 화랑도의 풍월주 자리를 흠돌의 조카 신공이 차지하고 있었기 때문에, 흠돌의 반란에 화랑도의 낭도들이 대거 가담했던 것이다.

하지만 이때 지방의 화랑 조직은 그대로 유지시켰는데, 이것이 점차 성장하여 화랑도를 부활시키는 원동력이 되었다. 그러나 종래의 풍월주 제도는 사라지고, 국선이 그 자리를 대신했다. 그리고 중앙의 조직이 병부와 연계되어 있어서 과거와 같은 독자적인 형태를 이루지는 못했다. 이 때문에 김대문은 풍월주 제도가 유지되던 제32세 풍월주 신광 대까지만 『화랑세기』에 기록하고 있다.

신문왕은 즉위 초에 한 차례 혼란을 겪긴 했지만, 이 혼란이 오히려 전화위복이 되었다. 흠돌의 난을 진압하면서 정적들을 대거 척결할 수 있었고, 그것은 왕권을 강화시키는 결과로 이어졌다.

우선 시위대의 우두머리인 시위감을 없애고, 그 대신 장군 여섯 명을 배치하여 왕이 직접 장군들을 통하여 호위 업무를 지시하는 체계를 세웠다. 위화부령 두 명을 임명하고, 그들로 하여금 관리 선발과 추천을 맡게 함으로써 왕이 직접 인사권에 관여하는 제도를 마련했다. 또 국학을 세워 국가 주도로 인재를 양성함으로써 지방 귀족들의 힘을 약화시키기도 했다.

그러나 신문왕은 거기서 만족하지 않았다. 여전히 지방에는 반란의 불씨들이 도처에 남아 있었기 때문이다. 그래서 683년 10월에는 고구려 보장왕의 아들인 보덕왕 안승을 도성으로 불러들이고, 소판 벼슬을 내렸다. 또 김씨 성을 하사하고 집과 땅을 내려 다독였다.

신문왕은 신라 조정의 혼란을 틈타 고구려 유민과 백제 유민이 손을 잡고 반란을 일으키면 걷잡을 수 없는 혼란이 일어날 수도 있다고 판단했다. 안승은 바로 그 유민들의 대표자였다. 더구나 그는 옛 백제 지역인 금마저(익산)에 머물고 있었다. 신문왕은 그 점이 불안하여 안승을 도성으로 불러들였던 것이다.

하지만 신문왕의 그런 의도는 고구려 유민들의 반발을 불러일으켰고, 급기야 금마저에 머물고 있던 안승의 조카 대문이 병력을 일으켰다. 다행히 대문은 반란 초기에 붙잡혀 처형되었는데, 그의 처형 소식을 들은 고구려 유민들이 금마저의 관리를 죽이고 주변을 장악하는 사태가 일어났다. 신문왕은 토벌대를 보내 그들을 진압하고, 그곳에 살던 주민들을 남쪽으로 옮겨가 살도록 했다.

이 사건 이후, 신문왕은 지방 조직 정비에 한층 박차를 가했다. 685년에 완산주를 설치하고 총관을 파견했다. 또 거열주를 분리하여 청주를 설치하였고, 이후 사비주를 낮춰 군으로 강등했으며, 웅천군을 주로 높였고, 발라주를 군으로 강등했고, 무진군을 주로 높였고, 일선주를 폐지하고 사벌주를 둠으로써 9주를 확립하였다. 남원을 소경으로 삼아 5소경 제도도 확립하였다. 이로써 신라는 통일 시대의 지방 조직 정비를 완성하고 9주 5소경을 정착시켰다.

신문왕은 도성을 옮기려는 계획도 세웠다. 그래서 청주에 서원경을 설치하고 성곽을 쌓았다. 신문왕이 도읍을 옮기려 한 것은 아마도 경주의 지리적 한계 때문이었을 것이다. 경주는 사방이 산으로 둘러싸인 까닭에 요새로서는 손색이 없으나, 통일된 영토의 중심이 되기엔 알맞지 않은 곳이었다. 동남쪽으로 지나치게 치우친 까닭에 서쪽과 북쪽에 대한 통치가 원활하지 않았고, 동쪽의 바다로 왜군이 침입할 경우 속수무책으로 당할 우려도 있었다. 이미 백제 땅을 병합하고, 대동강 이남의 고구려 땅까지 얻은 마당에 그런 위험 부담을 안고 경주 도성을 유지시킬 이유가 없다고 판단했던 것이다. 그래서 영토의 중심지인 청주로 천도하려 했다.

그러나 그의 천도 계획은 실현되지 못했는데, 아마도 서라벌에 터전을 둔 귀족들의 반발에 부딪힌 듯하다.

이렇듯 신문왕은 통일 이후의 조직 정비 작업에 주력하였고, 이는 신라의

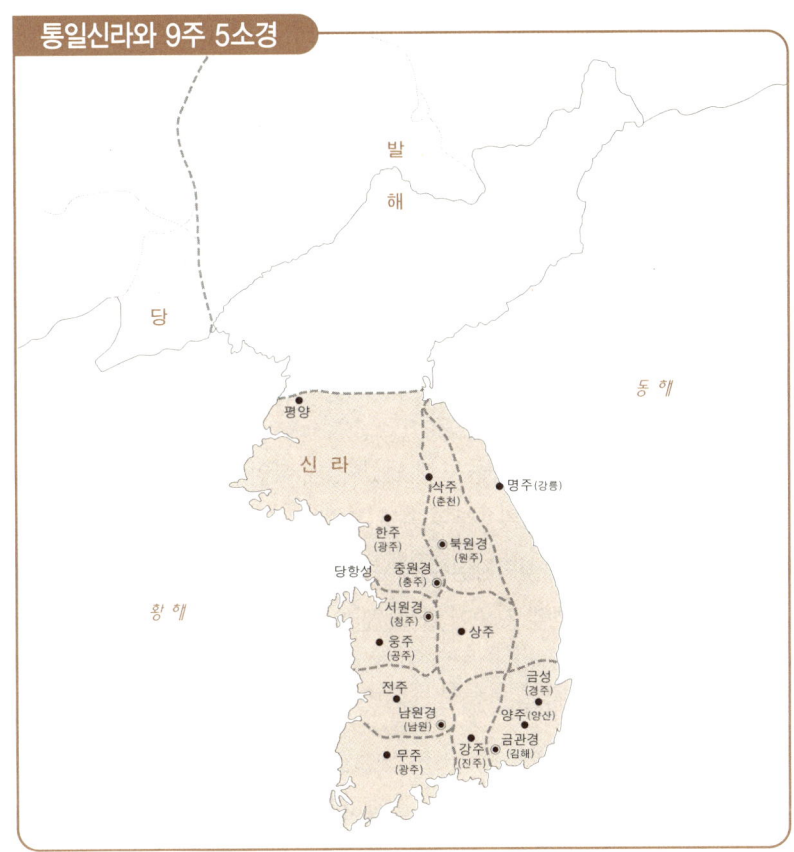

신문왕은 전국을 9주 5소경으로 나누고 지방 행정 조직을 강화했다. 또한 도읍을 서원경(청주)으로 옮겨 중앙집권화를 꾀하려 했다. 하지만 금성에 기반을 둔 귀족들의 조직적인 반발에 밀려 천도 계획을 취소했다.

국력 강화에 큰 도움이 되었다.

신문왕 연간은 최치원, 강수와 더불어 신라의 3대 문장가로 불리는 설총이 활동한 시기이기도 했다. 대승 원효의 아들이자 무열왕의 딸 요석공주 소생인 그는 특히 한학에 심취하여 이두(향찰)를 집대성하는 큰 공적을 남겼다.

신문왕은 기분이 울적하면 설총을 불러 고상한 담론이나 재미있는 이야기를 들려 달라고 요청하곤 했다. 그때마다 설총은 고사를 들려 주면서 왕도가 어떤 것인지 가르치곤 했다고 한다. 그러면 신문왕은 기꺼이 설총의 가르침을 받아들였고, 심지어 그가 들려 준 이야기를 기록으로 남겨 왕자들에게 가르쳐주도록 했다고 전한다.

신문왕은 즉위 12년째인 692년 7월에 생을 마감했으며, 능은 낭산 동쪽에 마련되었다.

2. 신문왕의 가족들

신문왕은 두 부인에게서 아들을 넷 얻었다. 첫 부인 폐비 김씨는 자식을 낳지 못했고, 둘째 부인 신목왕후는 이홍과 흥광, 근질, 사종을 낳았다. 이홍과 흥광은 「효소왕실록」과 「성덕왕실록」에서 별도로 다루기로 하고, 여기에서는 폐비 김씨, 신목왕후, 근질, 사종에 관해서만 언급한다.

폐비 김씨 (생몰년 미상)

폐비 김씨는 흠돌의 딸이며, 시호는 기록되지 않았다. 신문왕이 태자 시절에 부인으로 맞이하였다. 신문왕이 그를 부인으로 맞이한 것은 김씨의 아버지 흠돌이 문명태후의 조카로서 가야파 세력을 장악하고 있었기 때문이다. 문무왕은 문명태후를 위로하고 가야파를 다독거리려고 흠돌의 딸을 며느리로 맞이했다.

하지만 신문왕은 그녀를 별로 좋아하지 않았고, 그 때문에 그녀는 아이를 낳지 못했다. 그녀는 신문왕을 몹시 원망하였다. 그런 가운데 문무왕이 죽자, 흠돌이 인명 왕자를 앞세워 반란을 일으켰다. 하지만 흠돌은 반란에 실패하여 죽음을 당하였고, 그녀 또한 왕비의 자리에서 쫓겨났다.

신목왕후 (생몰년 미상)

신목왕후는 일길찬 김흠운의 딸이다. 그녀는 원래 신문왕의 형 소명태자와

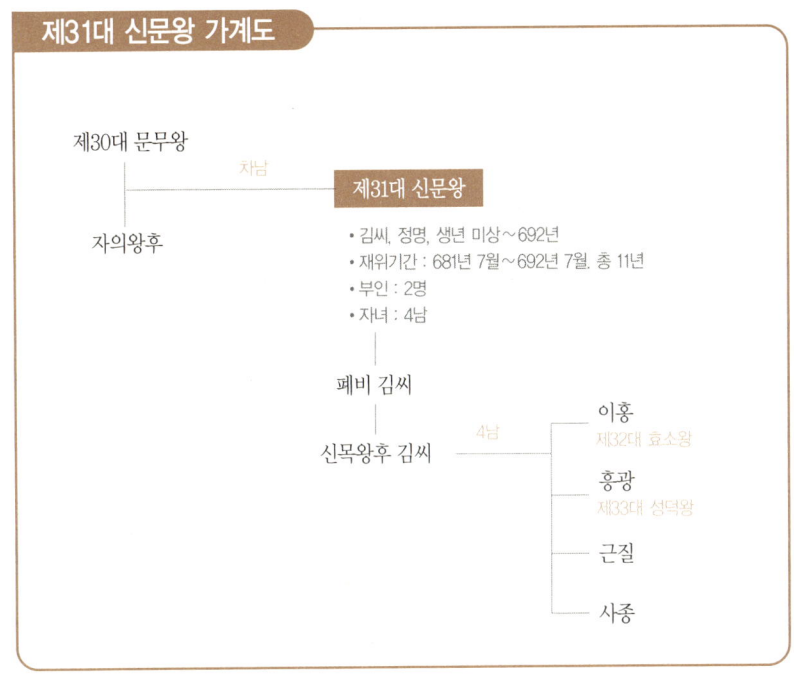

정혼한 사이였다. 그러나 결혼을 앞두고 소명태자가 죽자, 스스로 소명태자의 제주(祭主)가 되길 원하였다. 자의왕후가 이를 허락하여 그녀는 소명의 제주로서 소명궁으로 불리었다.

그 뒤 정명(신문왕)이 태자에 올랐는데, 그는 자의왕후와 함께 자주 소명궁을 찾았다. 그러다 그녀와 가까워져 관계를 하였고, 아이를 낳으니 그 아이가 이홍(효소왕)이다.

당시 정명은 흠돌의 딸을 태자비로 두고 있었기 때문에 신목을 정비로 삼지 못했다. 단지 후궁으로 삼아 선명이라는 시호를 내리고 선명궁이라 불렀다.

신문왕이 즉위한 후, 흠돌의 딸이 그 아비의 반란으로 내쫓기자, 신문왕 3년인 283년에 왕비로 책봉되었다.

그녀의 책봉 장면은 다음과 같이 기록되어 있다.

신문왕 3년 봄 2월, 일길찬 김흠운의 딸을 부인으로 삼기로 하고, 먼저 이찬 문영과 파진찬 삼광을 보내 기일을 정했다. 대아찬 지상을 보내 납채를 하였는데, 폐백이 열다섯 수레, 쌀, 술, 기름, 꿀, 간장, 된장, 포, 식혜가 135수레, 벼가 150수레였다.

5월 7일, 이찬 문영과 개원을 김흠운의 집에 보내 그녀를 부인으로 책봉하였다. 그날 묘시에 파진찬 대상과 손문, 아찬 좌야와 길숙 등으로 하여금 그들의 아내와 딸과 그 밖에 양부와 사량부 여자를 각 30명씩 데리고 가서 부인을 맞아오게 하였다. 부인이 왕궁 북문에 이르러 수레에서 내려 대궐로 들어갔다.

근질 (생몰년 미상)

근질은 신문왕의 셋째 아들이며, 신목왕후 소생이다. 성덕왕 25년인 726년에 당나라에 조공 사절로 간 기록이 있다. 이때 그는 당나라로부터 낭장 벼슬을 받았다. 그 외의 기록은 전혀 없다.

사종 (생몰년 미상)

사종은 신문왕의 넷째 아들이며, 신목왕후 소생이다. 성덕왕 27년인 728년에 당에 토산물을 바치기 위해 조공 사절로 간 기록이 있다. 그는 이때 당나라 국학에 신라 왕실 자제들을 입학시켜 줄 것을 서면으로 요청하여 승낙을 얻어냈다. 당나라에서 과의 벼슬을 받았으며, 숙위로 머물러 있었다. 그 외의 기록은 없다.

3. 흠돌의 난

흠돌의 난은 흠돌을 비롯한 진공, 흥원 등이 김유신 이후에 크게 세력을 확장한 가야파 화랑들을 등에 업고 신문왕을 폐위하고 조정을 장악할 목적으로 일으킨 반란이다. 이 난을 주도한 흠돌은 김유신의 여동생 정희가 낳은 아들이다. 정희는 문희(무열왕의 왕비 문명왕후)의 여동생이므로 흠돌은 문명왕후의 조카가 된다. 흠돌의 아내는 진광인데, 그녀는 김유신의 딸이다. 따라서 흠돌은 김유신의 조카이자, 사위였고, 문명왕후의 조카이기도 했다. 흠돌은 이런 정치적 배경에 힘입어 서른 살이 되던 657년에 제27세 풍월주가 되었다. 그 이후 문명왕후를 등에 업고 막강한 권력을 형성했다.

흠돌과 함께 반란을 주도한 진공은 화랑도의 제26세 풍월주였다. 그의 부인은 흠돌의 누나 흠신이었다. 즉, 진공은 흠돌의 매형이었다. 그 덕분에 흠돌은 진공으로부터 풍월주의 자리를 넘겨받았다.

반란을 주도한 또 한 사람은 흥원이라는 인물인데, 그는 진평왕의 서자인 호원의 아들이다. 흠돌은 호원을 부제로 삼아 휘하에 두고 부렸는데, 풍월주 자리는 오기(김대문의 아버지)에게 물려주었다.

하지만 진공, 흠돌, 흥원은 화랑도를 좌우지하며 낭도들을 사병처럼 부렸다. 그런 까닭에 오기는 물론이고, 그 이후에 풍월주에 오른 원선은 전혀 힘이 없었다. 흠돌이 풍월주가 된 이후로 화랑도 무리는 사실상 흠돌의 사병으로 전락했다. 제30세 풍월주 천관이 그의 사위였고, 제31세 풍월주 흠언이 그의 아들이고, 제32세 풍월주 신공이 그의 조카인 것을 볼 때, 반란 당시에 화랑도는 완전히 흠돌의 손안에 있었음을 알 수 있다. 흠돌은 그 화랑도의 무리를 이끌고 반란을 도모했던 것이다.

문무왕이 태자로 책봉되던 시점에 이미 반란의 불씨가 형성되고 있었다. 문무왕이 태자가 되면서 총애를 받고 있던 자의궁(자의왕후)이 태자비에 책봉되었는데, 이 일은 흠돌을 몹시 난처하게 만들었다.

자의는 한때 흠돌이 첩으로 삼고자 했던 여자였다. 자의의 어머니는 보룡이라는 여자였는데, 그녀는 일찍이 과부가 되어 가세가 기울었다. 그러자 흠돌이 그녀를 업신여겨 보룡의 딸 자의를 첩으로 달라고 한 것이다. 보룡이 화를 내며 그의 제의를 거절하자, 이때부터 흠돌은 보룡에 대한 험담을 늘어놓고 다녔다. 그 뒤, 보룡이 무열왕의 총애를 받아 아이를 낳게 되자, 흠돌의 비난이 한층 심해졌다. 흠돌은 문명왕후의 권세를 믿고 보룡을 힐난하고 다녔던 것이다.

그런데 그녀의 딸 자의가 법민(문무왕)의 총애를 받아 태자비가 되자, 장차 자신에게 화가 미칠 것을 두려워하여 계략을 꾸며 자의를 궁지로 몰아넣었다.

흠돌은 문명왕후를 찾아가 자의의 아들이 왕이 되면 가야파가 몰락하게 될 것이라며 태자비에서 쫓아내라고 건의했다. 당시 김유신의 딸 신광이 법민의 첩으로 있었던 까닭에 흠돌은 신광을 태자비로 세워 가야파의 앞날을 도모해야 한다고 주장했다. 문명왕후가 그 말에 혹하여 신광을 태자비로 세우려 했으나, 법민이 강력하게 반대하여 뜻을 이루지 못했다.

그러자 흠돌은 다른 계획을 세웠다. 태자 법민은 후궁 야명부인에게서 아들을 하나 얻었는데, 그가 인명이다. 흠돌은 몰래 야명부인을 찾아가 스스로 인명의 폐신이 될 것을 청하고, 인명으로 하여금 왕위를 계승토록 하겠다고 다짐했다. 그때만 하더라도 법민이 아직 왕위에 오르지 않은 터라 자의도 왕후가 되지 않은 상황이었다. 흠돌은 야명부인을 지원하여 왕후로 만들 생각이었는데, 문무왕이 자의를 왕후로 책봉하는 바람에 그 계획은 허사가 되고 말았다.

자의가 왕후가 된 뒤로 흠돌과 크게 대립할 기세였다. 하지만 흠돌이 화랑도를 좌지우지하고 있는 까닭에 문무왕은 흠돌을 다독거려야 된다고 판단했다. 그래서 그의 딸을 태자 정명(신문왕)의 비로 맞아들이는 것으로 타협점을 찾았다.

그러나 정명태자는 흠돌의 딸을 좋아하지 않았다. 정명은 형 소명의 제주가 된 흠운의 딸을 총애했다. 이 때문에 흠돌의 딸은 소명궁(신목왕후)을 몹시 질투하였고, 한편으론 정명태자를 원망하였다.

그 무렵, 문무왕은 병으로 누워 있었다. 그의 병은 점점 악화되어 임종이 멀지 않았다. 그러자 자의왕후는 혹 흠돌이 반란을 획책할지 모른다는 판단을 하고 북원에 있던 오기를 불러들여 호성장군으로 삼았다. 호성장군은 대궐의 군무를 책임지는 장수였는데, 당시 호성장군은 흠돌의 매형 진공이었다. 그는 호성장군의 직위를 오기에게 넘겨주지 못하겠다며 이렇게 말했다.

"주상이 병으로 누워 있고, 상대등이 문서를 내리지 않는데, 어찌 중요한 직책을 가벼이 내주겠는가?"

그때 진공과 흠돌은 문무왕이 죽기만 하면, 곧장 군대를 일으켜 정명을 내쫓고 인명을 왕으로 세운다는 계획을 짜둔 상태였다.

진공이 그렇게 버티자, 오기는 도성으로 들어가지 못했다. 그런 가운데 문무왕은 숨을 거두었다. 하지만 진공은 그것을 비밀에 부치고 은밀히 궁 밖의 군대를 불러들여 인명이 머물고 있던 야명궁과 상대등 군관의 집을 포위하고, 난을 획책했다.

낭두로 있던 오기의 심복 한 사람이 그 사실을 알아 와 알려 줬고, 오기는 순지, 개원, 당원, 원수, 용원 등과 더불어 은밀히 사병을 모아 입궐했다. 그리고 흠돌의 편에 서 있던 시위대의 대감들을 모두 파면해 버렸다.

그 소식을 듣고 흠돌이 군대를 이끌고 와서 대궐을 포위하였다. 하지만 이미 오기의 전갈을 받은 서불한 진복이 수군을 이끌고 와서 포위망을 깨뜨렸다. 그리고 도성 밖에 대병력이 와 있다고 외쳐 반군의 사기를 떨어뜨렸다.

하지만 흠돌은 상대등 군관과 각간 진복이 문무왕의 밀조를 받아 인명을 즉위시켰다고 말했다. 군관과 진복을 자기 편으로 끌어들여 대세를 장악하려는 속셈이었다. 그러나 군관은 전혀 호응하지 않았고, 진복은 이미 포위망을 뚫고 진압군이 들어온 터라 흠돌의 말을 신뢰하지 않았다. 그 때문에 반군 내부에서 패가 갈라졌다.

그쯤 되자, 오기와 진복은 반군을 향해 소리쳤다.

"왕에게 충성할 자는 오른쪽으로, 반도를 따를 자는 왼쪽으로 서라!"

그러자 무리들 중 상당수가 오른쪽으로 몰려들었다. 흠돌은 당황하여 포위를 풀고 달아나려 했다. 오기와 진복이 그 기회를 놓치지 않고 공격하여 반란군을 진압하였다. 또 흠돌과 진공, 흥원 등이 사로잡혀 처형됨으로써 흠돌의 난은 완전히 진압되었다.

난이 평정되자, 신문왕은 상대등과 병부령을 겸하고 있으면서 반란을 방관했다는 죄목으로 이찬 군관으로 하여금 자살토록 했다. 또 그 외에 반란에 동조하거나 방관한 신하들을 대거 죽였다. 그리고 반란군의 상당수가 화랑의 무리였다는 사실을 들어 화랑도를 폐지하고, 흠돌의 딸 왕비 김씨를 쫓아냈다.

제32대 효소왕실록

1. 어린 효소왕의 즉위와 공신들의 권력 독점
(?~서기 702년, 재위기간 : 서기 692년 7월~702년 7월, 10년)

효소(孝昭)왕은 신문왕의 장남이며, 신목왕후 김씨 소생으로 이름은 이홍 또는 이공이다. 신문왕 11년(691년)에 태자에 책봉되어, 이듬해인 692년 7월에 신문왕이 죽자 왕위에 올랐다. 그의 태자 책봉 시기가 691년인 것을 고려할 때, 효소왕은 10대의 어린 나이에 왕위에 오른 것으로 판단된다.

신문왕 대에 통일의 후유증이 거의 해소되고, 정국 불안 요소들이 대부분 제거되었기 때문에 효소왕 시대의 정치와 사회는 안정된 편이었다. 하지만 왕이 어린 탓에 정사는 신문왕 대의 공신들에 의해 좌우되었다.

즉위년 8월에 대아찬 원선을 중시로 임명하였는데, 원선은 흠돌의 난을 진압한 공신이었다. 신문왕 대의 공신이 집사부의 장관인 중시로 임명되었다는 것은 효소왕 대의 정치가 공신들에 의해 유지되었음을 보여 주는 것이다(중시는 진덕왕 대인 651년에 처음 실시되어 무열왕과 문무왕을 거치면서 입지가 강화되었고, 신문왕 대엔 정치 권력의 핵심으로 대두되었다. 따라서 효소왕 대에 이르면 상대등은 그저 상징적인 존재로 전락하고, 중시가 조정을 장악하는 형국이 된다. 행정부를 대표하는 집사부의 장관인 중시는 이후로 경덕왕 대에 시중으로 호칭이 바뀌는데, 신라 후반기에 이르면 왕권을 제약하거나 때론 능가하는 존재로 변신하게 된다).

원선을 이어 이찬 당원이 중시가 되고, 당원이 연로하자 대아찬 순원이 중시가 된다. 이들은 모두 신문왕 대의 공신 출신들이었고, 모두 왕족이었다.

당시 권력을 장악하고 있던 신문왕 대의 공신들에겐 그들을 대적할 정적이 거의 없는 상태였으므로 정권은 안정된 편이었다. 그러나 공신들의 힘이 왕권을 능가하는 지경에 이르자, 효소왕은 왕권을 되찾기 위해 공신들과 한바탕 대결을 벌인다.

재위 9년 5월에 이찬 경영이 모반을 꾀하다가 처형되었는데, 이 사건을 이용하여 효소왕은 공신 세력을 권력의 핵심에서 밀어낸다. 우선 중시로 있던 순원을 모반과 연계시켜 쫓아내고, 이듬해엔 영암군 태수로 있던 일길찬 제일을 사익을 탐한 죄를 물어 장형에 처하고 귀양 보내 버렸다.

그러나 효소왕이 마음먹고 치른 일전은 오히려 공신 세력을 단결시키는 결과를 낳았고, 그것은 효소왕의 몰락으로 귀결되었다. 효소왕은 경영의 모반 사건이 발생한 지 2년 만인 702년 7월에 죽었는데, 이때 그의 나이는 불과 20대 초반이었다. 그가 혈기왕성한 나이에 뚜렷한 이유도 없이 죽었다는 것은 권신들에 의해 제거되었을 가능성이 있음을 뜻한다.

정치 문제 외에 효소왕 치세 사건들 중에 눈여겨볼 만한 기록들이 몇 가지 있다.

효소왕 4년에 자월(11월)을 정월로 삼았다가 9년에 다시 인월(1월)을 정월로 삼았다는 기사가 보인다. 이것은 그 당시에도 해가 가장 짧은 동지를 한 해를 가름하는 기준으로 삼으려 했다는 뜻으로 볼 수 있다.

그해 10월에는 서시와 남시를 설치했다고 했는데, 이로써 신라의 서울 서라벌에는 도성 안의 내시와 도성 동쪽의 동시, 그리고 서시와 남시를 합쳐 큰 시장이 넷이나 형성되었음을 알 수 있다.

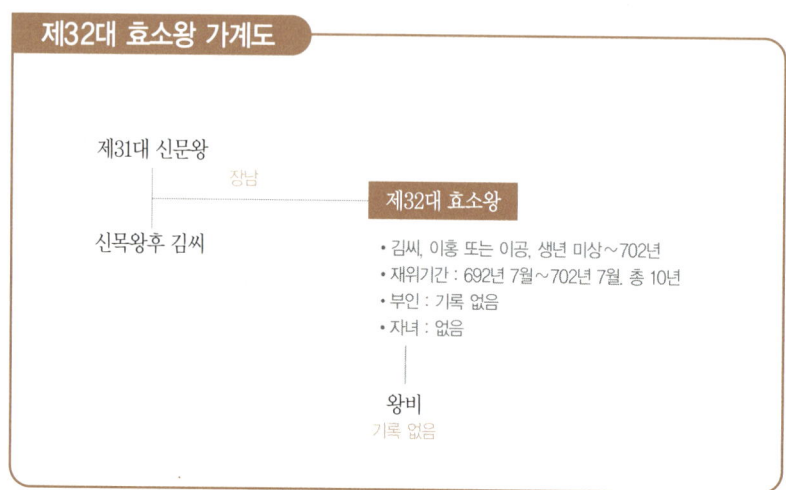

7년 3월 기사에 "일본국 사신이 왔으므로 왕이 숭례전에서 그를 만났다."는 기록이 보인다. 이로써 이즈음에는 신라에서도 왜의 공식 국호를 '일본'으로 사용했다는 점을 알 수 있다. 왜는 문무왕 10년인 670년에 자국의 공식 명칭을 '일본'으로 개칭했다고 통보해 왔는데, 신라에서도 그 점을 인정하여 그들을 왜라 부르지 않고 일본으로 불렀던 것이다.

8년 7월 기사에는 "동해의 물이 핏빛으로 변했다가 5일 만에 회복됐다."는 내용이 보이는데, 이는 당시에도 가끔 바다에 적조 현상이 있었음을 알려 준다.

또 9월에는 "신촌 사람 미흘이 무게 백 푼 되는 황금 한 개를 주워서 바쳤으므로, 그에게 남변 제일의 위품과 벼 1백 석을 내렸다."는 기사가 보이는데, 이는 당시에도 금이 매우 소중한 보석으로 가치를 인정받았다는 사실과 당시 금값이 대략 1푼에 벼 1석 정도였음을 알려 준다. 하지만 1푼이 정확하게 어느 정도의 무게인지는 알 수 없다.

효소왕은 망덕사 동쪽에 묻혔으며, 자식은 한 명도 두지 못한 것으로 전한다. 또한 부인에 대한 언급도 없다. 이는 실제 효소왕에게 부인과 자식이 없었던 것이 아니라, 그가 권신들에 의해 제거될 때, 부인과 자식 또한 함께 살해되었기 때문일 것이다.

제33대 성덕왕실록

1. 성덕왕의 민심 달래기와 이어지는 천재지변
(?~서기 737년, 재위기간:서기 702년 7월~737년 2월, 34년 7개월)

성덕(聖德)왕은 신문왕의 차남이며, 신목왕후 소생으로 효소왕의 동복 아우이다. 본명은 융기였으나, 당나라 현종의 이름과 같았던 탓에 재위 11년 3월에 당의 칙명에 의해 흥광으로 고쳤다. 효소왕이 후계자 없이 죽자, 702년 7월에 왕위에 올랐다.

성덕왕이 즉위년에 가장 중점을 둔 일은 민심 달래기였다. 즉위년 9월에 죄수들을 대거 사면한 것은 일상적인 일이었다. 그런데 문무관 전원의 관작을 한 급씩 올려 주고, 모든 주와 군의 조세를 1년간이나 면제시킨 것은 이전 왕들에게서는 볼 수 없던 지나친 조치였다. 그가 이렇게 민심을 얻기 위해 크나큰 모험을 한 것은 효소왕의 죽음과 무관하지 않았다. 그의 친형 효소왕은 왕권을 되찾기 위해 권신들과 권력 다툼을 벌이던 중에 살해된 것으로 보인다. 그런데 효소왕의 동복 아우인 성덕왕이 형을 죽인 권신들의 추대로 왕위에 올랐다는 것은 권신들과 성덕왕이 결탁하여 효소왕을 죽였다는 뜻이다. 이 때문에 당시 민심은 성덕왕에게서 등을 돌렸을 것이고, 성덕왕은 돌아선 민심을 다시 돌려 놓기 위해 조세를 1년간이나 면제하는 모험적인 조치를 취한 것이다.

어쨌든 성덕왕은 이 조치 덕분에 관리와 백성들의 큰 호응을 얻어 내는 데 성공했고, 그것은 곧 정치적 안정으로 이어졌다. 또한 외교적으로도 안정되었다. 당에서는 그에게 효소왕의 칭호를 그대로 내려 왕위 계승을 인정했고, 일본에서는 이례적으로 204명이나 되는 사신을 보내 그의 즉위를 축하하기도 했다.

그런 가운데 재위 3년인 704년에 승부령 소판 김원태의 딸을 왕비로 받아들여 왕실의 기강을 다잡았고, 당에는 꾸준히 견당사를 파견하여 그들의 선진 문물을 수입했다. 또한 왕실과 귀족 자제들을 당나라 국학에 입학시켜 학문을 배워 오는 일도 병행하였다. 때때로 조공 사절을 보내 당과의 친분을 강화하고, 당과의 관계를 생각하여 새로 일어난 발해와는 일정한 거리를 유지했다.

성덕왕은 당과 밀착 관계를 유지하기 위해 굴욕적인 외교 형태도 보였다. 재위 22년에 중류 귀족층의 미인 두 명을 뽑아 당나라 현종에게 바쳤던 것이다.

한편, 재위 20년경부터 일본과의 관계가 악화되기 시작했다. 그 원인은 기록되지 않았으나, 아마도 일본과의 교역 문제 때문이었던 듯하다. 당시 일본은 발해와 신라 등에서 곡식을 사 가야 하는 처지였다. 그런데 신라가 굳이 일본과 교역할 필요성을 느끼지 못해 곡식을 거래하지 않았던 모양이다. 이 일로 신라와 일본 사이엔 전운이 감돌았다. 성덕왕은 재위 21년(722년) 10월에 일본의 침입을 염려하여 모벌군성을 쌓아 침입로를 막았다.

그 뒤로 신라와 일본의 무역 마찰은 계속되었고, 급기야 731년에 일본은 함대 3백 척에 군대를 나눠 싣고 신라 땅에 상륙 작전을 감행하였다. 그러나 신라는 이미 일본의 침입을 예상하고 침입로를 철저히 수비하고 있던 터였다. 결국 일본군은 크게 패배하여 쫓겨갔다.

이 사건이 있은 뒤로, 성덕왕은 직접 사격장을 방문하여 병사들을 위로하고, 각간과 이찬 품계를 가진 왕족들을 장군으로 임명하는 등 국방에도 심혈을 기울였다. 그런 상황에서 733년에 발해가 바다를 건너 당나라 등주를 공격하는 사태가 벌어졌다. 그러자 당 현종은 신라에서 발해의 남부 지역을 공격해 줄 것을 요청했고, 성덕왕은 그 요청을 받아들여 출전 명령을 내렸다. 그러나 도중에 폭설을 만나 길이 막히고, 많은 동사자가 발생하는 바람에 돌아와야만 했다.

성덕왕은 이 상황을 당에 알리고, 참전이 어렵겠다고 하였다. 아마도 이때 폭설을 만나 출병 병력의 절반 이상이 사망했다고 보고한 것은 과장된 듯하다. 사실, 성덕왕은 발해와 당의 전쟁에 끼어들 생각이 없었다. 그래서 폭설을 핑계로 삼았다고 보는 것이 옳을 것이다.

성덕왕은 결코 폭설이 핑계가 아니라는 점을 피력하기 위해 당 현종에게 사죄의 편지를 보내기도 했다. 하지만 이런 조치는 모두 당의 의심을 피함으로써 외교적인 문제를 일으키지 않으려는 자구책으로 해석된다.

어쨌든 이런 노력 덕분에 당과의 관계는 더욱 돈독해졌고, 734년에는 당 현종으로부터 패강 이남의 땅이 신라 땅임을 확정하는 조칙을 얻어 내는 성과를 올리기도 했다. 이로써 신라는 국제 사회에서 공식적으로 패강 이남의 땅을 영토로 확정하게 되었다.

이렇듯 성덕왕 대는 정치와 외교 면에서는 아주 안정되었다. 그러나 천재지변이 잦아 백성들의 삶은 곤궁하였고, 그로 인해 유랑민이 많았다.

재위 2년인 703년 7월에 영묘사에 불이 난 것을 시작으로 재난이 이어졌다. 같은 달에 서라벌에 홍수가 나서 많은 백성이 익사하는 사태가 일어났다. 705년에는 봄과 여름에 걸쳐 큰 가뭄이 계속되자, 성덕왕은 8월에 굶는 노인들에게 술과 밥을 내려 민심을 달랬다. 또 9월에는 살생을 금지하는 조치를 내리고, 10월에는 흉년으로 많은 유랑민이 발생하자 국고를 열어 그들을 구제했다.

706년에는 냉해가 닥쳐 곡식이 제대로 익지 않아 또 한 번 흉년을 겪었고, 707년에는 흉년의 여파로 많은 사람이 굶어 죽었다. 성덕왕은 결국 국고를 모두 열어 한 사람에게 하루에 조 석 되씩 지급하였는데, 이 일은 무려 6개월 동안 이어졌다. 이때 백성들에게 나눠 준 곡식은 총 30만 5백 석이나 되었다고 한다.

708년에는 지진이 일어났고, 709년에는 다시 심한 가뭄이 들었다. 714년에도 심한 가뭄이 찾아왔고, 이로 인해 전염병이 돌아 많은 사람이 죽었다. 715년에도 큰 가뭄이 들어 정월부터 6월까지 비가 오지 않았다. 성덕왕은 거사 이효를 불러 임천사 연못에서 기우제를 지냈는데, 그 후로 열흘 동안 쉬지 않고 비가 내리기도 했다.

이효라는 인물은 천문을 읽어 내는 능력이 탁월했던 모양이다. 716년 6월에도 가뭄이 심하게 들자, 그를 불러 기우제를 올렸는데 곧 비가 왔다. 그 후로도 성덕왕 연간에 지진과 가뭄, 우박, 메뚜기 떼 등에 의한 천재가 여러 차례 계속되어 사회를 불안하게 하였다.

이 외에 성덕왕 대 기록 중에 주목할 만한 사건으로는 재위 16년 2월에 의박사와 산박사를 각각 한 명씩 둔 일이다. 의박사는 의사를 의미하고, 산박사는 수학자를 의미한다. 이들에게 박사의 칭호를 내린 것은 당시에는 수학자와 의사를 천시하지 않고 국가가 이 분야에 남다른 관심을 가지고 인재를 육성했다는 것을 뜻한다. 신라의 건축술이 대단히 뛰어났던 것은 이와 같은 정책 덕분이었을 것이다.

성덕왕은 재위 36년째인 737년에 죽었다. 능은 이거사 남쪽에 마련되었으니, 현재 경주시 조양동이다.

2. 성덕왕의 가족들

성덕왕의 부인은 두 명이다. 첫째 부인 성정왕후는 중경과 수충을 낳았고, 둘째 부인 소덕왕후는 아들인 승경(효성왕)과 헌영(경덕왕), 딸 사소를 낳았다. 여기에선 이들 중 성정왕후와 소덕왕후, 중경과 수충, 사소에 대해 언급한다. 승경과 헌영은 각 왕의 실록에서 별도로 다룬다.

성정왕후 (생몰년 미상)

성정왕후는 소판 김원태의 딸이며 원래 배소부인으로 불리었고, 후에는 엄정왕후라 불리기도 했다. 그녀는 성덕왕이 왕위에 오르기 전에 시집와서, 성덕왕 3년(704년) 5월에 정식으로 왕비가 되었다. 그러나 성덕왕 15년인 716년 3월에 출궁당했다. 그 원인은 알 수 없으나, 출궁 당시에 그녀에게 비단 5백 필, 밭 2백 결, 벼 1만 석, 저택 한 구역을 내린 것으로 봐서 성덕왕이 다른 왕후를 들이기 위해 내보낸 것으로 보인다. 하지만 그녀는 724년에 소덕왕후가 죽은 후에 다시 궁으로 들어온 듯하다. 경덕왕 7년(748년)에 '태후가 새로 지은 영명궁으로 옮겨 거처하였다.'는 기록이 그 점을 증명한다.

소덕왕후 (?~724년)

소덕왕후는 이찬 김순원의 딸이며, 처음엔 점물부인으로 불리다가 720년에 왕후로 책봉되었다. 그녀는 왕후로 책봉되기 이전에 이미 성덕왕의 후궁이었던 것으로 보인다. 그녀가 왕후가 된 지 4년 만에 그녀 소생 승경이 태자에 책봉된다. 하지만 그녀는 이 해 12월에 죽음을 맞았다.

중경 (?~717년)

중경은 성덕왕의 장남이다. 그는 태자에 올랐으나, 717년 6월에 죽었다. 그의 사인에 대해서는 기록이 없다. 죽은 뒤 시호를 효상이라 하였다.

수충 (생몰년 미상)

수충은 성덕왕의 차남이다. 714년에 당에 가서 숙위하였고, 당나라 현종의 총애를 받았다. 717년에 형 중경태자가 죽자, 귀국하여 대감의 벼슬을 받았다. 이때 그는 당에서 가져온 문선왕, 10철, 72제자의 화상을 성덕왕에게 바쳤다. 이 그림들은 모두 태학에 안치되었다. 하지만 그는 태자의 자리에는 앉지 못했다. 당시 그의 어머니 성정왕후가 출궁당한 상태였기 때문이다.

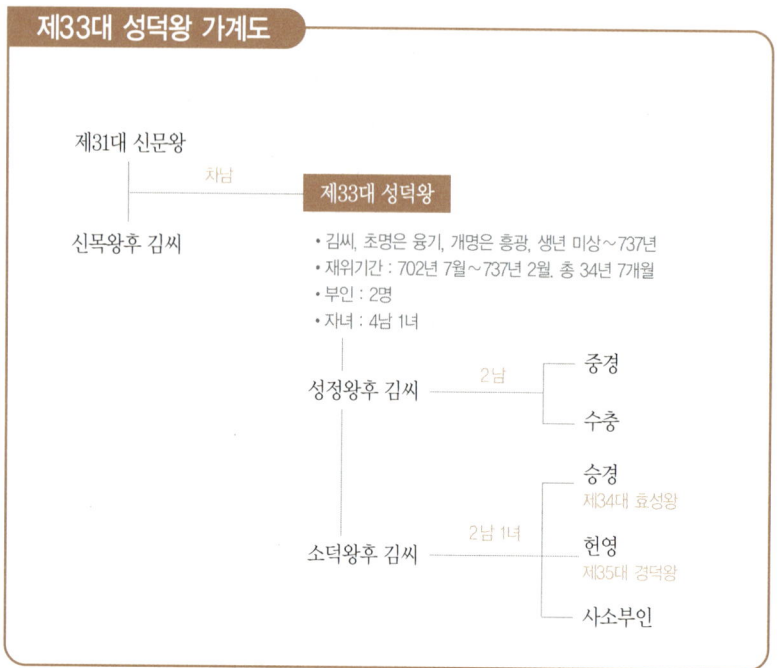

사소 (생몰년 미상)

사소는 성덕왕과 소덕왕후 사이에서 태어났으며, 개성대왕 효방에게 시집갔다. 그의 아들은 혜공왕을 이어 왕위에 오른 김양상(선덕왕)이다. 양상이 왕이 된 후에 그녀는 정의태후에 추존되었다.

▶ 성덕왕 시대의 세계 약사

성덕왕 시대 중국 당나라에서는 측천무후가 690년에 권력을 장악한 이래 15년 동안 통치하였고, 국호를 주(周)라고 하였다가 705년에 장동지에 의해 중종이 복원되어 국호를 당으로 되돌려놓았다. 하지만 중종은 710년에 황후 위씨에게 살해되고 온왕 중무가 권좌에 앉았다. 하지만 곧 중무는 융기(현종)에게 살해되고 예종이 즉위했다. 그리고 712년에 현종이 즉위하여 위씨의 잔여 세력을 제거하고, 한동안 안정을 구가한다.

이때 사라센은 아시아로 세력을 확대하는 한편, 서쪽으로는 이베리아반도로 진출하여 에스파냐를 통치하였다. 또한 서고트를 공격하여 무너뜨렸으며, 소아시아를 공격하기도 했다. 그리고 717년에 동로마의 수도 콘스탄티노플을 포위하기에 이르렀다. 그러나 719년에 비잔틴 제국의 황제 레오 3세에게 크게 패했다. 레오 3세는 우상 숭배를 금지하고 성상을 파괴하라는 명령을 내렸는데, 이 일로 교황 그레고리우스 2세로부터 파문당한다. 그후 그레고리우스 3세가 즉위하여 우상파괴파를 모두 파문해 버린다. 그러자 동로마에서는 736년에 전 제국의 우상을 모두 파괴하라는 명령을 내렸다.

제34대 효성왕실록

1. 왕권 회복을 꿈꾸는 효성왕과 영종의 친위혁명
(?~서기 742년, 재위기간 : 서기 737년 2월~742년 5월, 5년 3개월)

효성(孝成)왕은 성덕왕의 셋째 아들이고, 소덕왕후 소생이며 이름은 승경이다. 성덕왕 23년인 724년에 태자에 책봉되었으며, 737년 2월에 성덕왕이 죽자 왕위에 올랐다.

효성왕의 치세는 5년 남짓한 짧은 기간인 탓에 뚜렷한 업적을 남기지는 못했다. 그의 연간에 가장 중요한 정치적 사건은 재위 4년에 일어난 영종의 반역이었다. 효성왕은 파진찬 영종의 딸을 후궁으로 들였는데, 왕은 그녀를 몹시 총애하여 당시 왕비였던 이찬 순원의 딸 혜명의 질투를 유발했다. 질투를 심하게 하던 혜명은 영종의 딸을 죽이려 했고, 이 때문에 순원파와 영종파가 크게 대립했다. 그런 가운데 영종파가 점점 수세에 몰리자, 극단적인 결정을 내리게 되었다. 그것은 반란으로 이어졌다.

영종의 반란은 근본적으로 순원과 그의 친척들을 제거하기 위한 친위혁명의 성격이 짙었다. 영종의 딸을 총애했던 효성왕의 마음은 영종파에 기울어 있었지만, 순원파의 세력이 워낙 강했기 때문에 효성왕도 어쩔 수가 없는 처지였다. 이에 효성왕은 은밀히 영종파와 손을 잡고 순원파를 제거하려다가 실패하여 오히려 영종파가 대거 척결되는 결과를 초래했던 것이다.

당시 정권을 장악하고 있던 순원은 효성왕의 장인이자, 외조부였다. 효성왕의 어머니 소덕왕후는 순원의 딸이었고, 효성왕의 왕비 혜명도 순원의 딸이었기 때문이다. 물론 소덕왕후와 혜명은 이복 자매였을 것이다.

어쨌든 효성왕은 이모와 결혼한 셈이었다. 이렇듯 2대에 걸쳐서 순원의 딸이 왕비가 되었다는 것은 순원이 당시 조정을 장악하고 있었다는 뜻이다.

그런데 순원의 딸을 왕비로 맞이하기 전에 효성왕에겐 박씨 성을 가진 왕비가 있었다. 그녀는 738년에 당나라에서도 정식으로 신라 왕비로 인정한 인물이었다. 그런데 효성왕은 순원의 압력을 이기지 못하여, 박씨를 출궁시키고 순원의 딸을 왕비로 맞아들였다. 성덕왕이 성정왕후를 출궁시키고, 순원의 딸 소덕왕후를 맞이한 것과 똑같은 상황이었다.

성덕왕이 첫째 왕비인 성정왕후를 출궁시키고 순원의 딸 소덕왕후를 맞아들인 것도 순원의 막강한 정치 권력에 굴복한 결과일 것이다. 그런 미안한 마음 때문에 성덕왕은 출궁당하는 성정왕후에게 많은 땅과 재물 및 노비를 붙여 줬을 것이다.

효성왕이 영종의 딸을 총애하고, 영종파를 지원한 것도 순원을 견제하기 위한 조치였을 것이다. 효성왕이 영종을 지원하자, 자연히 영종파와 순원파 간에 대립이 생겼다. 효성왕은 암묵적으로 영종파의 혁명을 방관하며, 순원파가 제거되길 바랐다.

하지만 영종의 친위 혁명은 실패하였고, 이는 곧 효성왕의 입지를 크게 좁히는 결과로 나타났다. 효성왕의 힘은 영종의 난 이전보다 훨씬 축소되었고, 왕권은 모두 순원일파가 장악해 버렸다. 그는 완전히 허수아비 왕으로 전락한 것이다.

그로부터 채 2년도 되지 않은 742년 5월에 그는 죽었다. 죽기 전에 그는 자신의 유골을 동해에 뿌려 달라고 유언했다는데, 이는 그가 자살했음을 강하게 시사한다.

효성왕 대에 주목할 만한 문화적 사건이 있었다. 다름 아니라, 노자의 『도덕경』이 수입된 일이다. 738년 2월에 당나라 현종은 성덕왕이 죽었다는 소식을 듣고 좌찬선 대부 형도를 홍려소경의 자격으로 신라에 파견하여 조문토록 했다. 이때 형도가 『도덕경』을 가져와 효성왕에게 바쳤다.

형도라는 인물은 학문이 뛰어나고 바둑의 수도 꽤 높았던 모양이다. 당시 신라 백성들이 바둑을 잘 둔다고 하여 형도와 대국하였는데, 아무도 형도를 이기지 못했다고 한다.

효성왕의 묘호는 '효를 이뤘다'는 뜻을 지니고 있다. 이는 아버지 성덕왕처럼 그도 첫 왕비를 출궁시키고, 순원의 딸을 맞아들인 사실에 의거하여 순원파에 의해서 올려진 듯하다. 따지고 보면, '효성(孝成)'이라는 묘호는 효성왕에겐 매우 굴욕적인 이름이다. 효성왕의 유언에 따라 그의 시신은 법류사 남쪽에서 화장되었고, 유골은 동해에 뿌려진 까닭에 능은 조성되지 않았다.

2. 효성왕의 가족들

효성왕은 부인이 셋 있었지만, 자식을 얻지는 못했다. 첫째 부인은 박씨인데, 이름과 가문이 기록되지 않았다. 둘째 부인은 순원의 딸 김씨로 혜명왕후이며, 셋째 부인은 영종의 딸이다.

첫 왕비 박씨는 효성왕이 왕위에 오르기 전에 시집와서 효성왕이 왕이 된 뒤에 곧 왕비에 책봉되었다. 또한 효성왕 재위 2년에 당나라에서도 그녀의 왕비 책봉을 인정하였다. 하지만 그녀는 이듬해인 739년에 출궁당했다.

그녀가 출궁된 뒤, 순원의 딸 김씨가 왕비에 책봉되었는데 바로 혜명이다. 740년 3월에 당나라에서도 사신을 보내 그녀의 신라 왕비 책봉을 인정했다.

효성왕 4년 7월 기사에 "붉은 옷을 입은 여자 한 명이 예교라는 다리 밑에서 나와 조정의 정사를 비방하였다."는 기록이 보인다. 이는 혜명왕후의 책봉

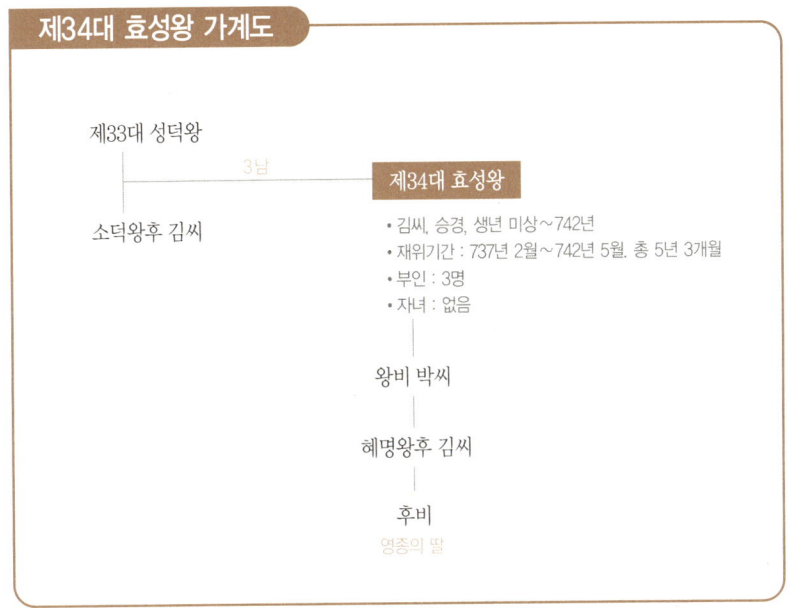

을 반대하는 세력이 있었다는 뜻이다. 아마도 이 세력은 출궁된 첫 왕비 박씨나 그녀의 친인척이었을 것이다.

비록 순원의 압력에 의해 박씨를 내쫓고 순원의 딸 혜명을 왕비로 받아들였지만, 효성왕은 혜명을 좋아하지 않았다. 효성왕은 파진찬 영종의 딸을 후비로 맞아들여 그녀를 총애하였다. 이에 혜명은 영종의 딸을 죽이려 하였고, 영종은 효성왕과 결탁하여 친위혁명을 일으켜 순원의 세력을 제거하려 했다. 하지만 거사가 실패로 돌아가는 바람에 영종과 그 무리들이 죽고, 영종의 딸도 죽었다.

제35대 경덕왕실록

1. 전제정치를 꿈꾸는 경덕왕과 제도 개혁
(?~서기 765년, 재위기간:서기 742년 5월~765년 6월, 23년 1개월)

경덕(景德)왕은 성덕왕의 넷째 아들이며, 소덕왕후 소생으로 이름은 헌영이다. 효성왕의 동복 아우인 그는 파진찬 벼슬에 있다가 효성왕 재위 3년인 739년에 태자로 책봉되었다. 그리고 742년 5월에 효성왕이 죽자 왕위에 올랐다.

경덕왕은 즉위 초부터 왕권을 강화하기 위해 관제를 정비하고, 과감한 제도 개혁을 실시했다. 747년에 중시의 명칭을 시중으로 바꾸었으며, 748년에는 정찰 한 명을 임명하고 백관을 규찰하도록 했다. 이는 성덕왕 대부터 지속적으로 추진되던 전제왕권 체제를 가속화하기 위한 조치였다.

747년에 국학에 제업박사와 조교들을 두었고, 749년에는 천문박사 한 명과 누각박사 여섯 명을 두었다. 이는 성덕왕 대에 산박사와 의박사를 둔 것에 대한 연계 선상에서 이뤄진 일이었다. 이를테면 전문 식견을 갖춘 학자 관료들을 육성하여 성덕왕 이래 추진되던 유교정치 구현의 토대를 형성한 것이다.

경덕왕은 근본적으로 유학 사상에 입각한 전제왕권 정치를 꿈꾸고 있었고,

중국의 한(漢), 당(唐)의 정치를 그 모델로 삼고 있었다. 따라서 이러한 일련의 제도적 장치는 당나라 태종이 그랬듯이 왕권을 강화하면서 동시에 귀족들의 세력을 약화시키는 데 목적이 있었다.

그러나 경덕왕의 개혁 정책은 귀족들의 반발에 부딪혔다. 756년에 귀족 세력의 대표격인 상대등 김사인은 천재지변이 자주 일어나는 사실을 빌미로 삼아 경덕왕의 정치를 극렬하게 비판하는 상소를 올렸다.

당시 사회에선 천재지변이 모두 왕의 부덕 때문에 일어나는 것으로 믿고 있었다. 그런데 경덕왕 즉위 이후에 천재나 천문의 이상 징후가 많았다. 재위 2년 8월에 지진이 일어났는데, 이는 경덕왕이 첫 왕비 삼모부인을 내쫓은 직후였다. 재위 3년 겨울에는 중천에 닷말들이 그릇 크기만 한 엄청난 별이 열흘 동안 떠 있다가 사라지는, 이해 못 할 일도 벌어졌다. 재위 4년에는 달걀만큼 큰 우박이 떨어졌고, 이어 가뭄이 계속되었다. 재위 6년에도 심한 가뭄이 이어졌고, 심지어 겨울에도 눈이 내리지 않았다. 설상가상으로 흉년이 겹쳐 굶주리는 백성이 늘어나고, 전염병마저 돌았다. 재위 7년에는 큰 별똥별이 떨어졌고, 재위 8년에는 폭풍이 불어 나무가 뿌리째 뽑히기도 했다. 재위 13년에는 엄청난 우박이 쏟아지고 가뭄이 들더니 메뚜기 떼가 창궐했다.

이런 사태들은 모두 김사인이 왕의 정치력을 강도 높게 비판하는 데 쓰인 호재들이었다. 그러자 경덕왕도 스스로 잘못을 시인하고 한 발 물러섰다. 그러나 757년 정월에 김사인이 병으로 사직하자, 경덕왕은 이찬 신충을 상대등으로 삼고 다시금 제도 개혁에 나섰다.

우선 그해 3월에 서울과 지방 관리들의 월급제를 폐지하고, 다시 녹읍을 지급했다. 이는 관리들의 경제적 욕구를 충족시키고 동시에 그들의 충성을 요구하는 일이었다. 그리고 8월에 조부에 사(史)를 두 명 더 두어서 세수 업무를 한층 강화시켰다. 12월에는 전국 주의 이름을 대대적으로 바꾸고, 그 휘하의 현과 군을 대폭 정비하였다.

사벌주를 상주로 고치고 1주 10군 10현을 예속시켰고, 상량주를 양주로 고치고 1주 1소경 12군 34현을 예속시켰으며, 청주를 강주로 고치고 1주 11군 27

현을 예속시켰다. 또 한산주를 한주로 고치고 1주 1소경 27군 46현을, 수약주를 삭주로 고치고 1주 1소경 11군 27현을, 웅천주를 웅주로 고치고 1주 1소경 13군 29현을 예속시켰다. 하서주는 명주로 고치고 1주 9군 26현을 예속시켰으며, 완산주를 전주로 고치고 1주 1소경 10군 31현을, 무진주를 무주로 고치고 1주 1소경 14군 44현을 예속시켰다.

전국 9주의 이름을 모두 바꾸거나 간소화하고, 소속된 소경과 군현을 명시했다. 이로써 통일 이래 제대로 정비되지 못한 행정 구역을 확실하게 규정했다.

758년 2월에는 내외의 관원을 막론하고 만 60일 이상 휴가를 얻은 자는 해직으로 간주하라는 교시를 내려 관료들의 기강을 다잡았다. 4월에는 의술을 깊이 연구한 사람들을 관료로 등용해 내공봉에 근무하게 하는 조치를 내렸다. 또 율령박사 두 명을 임명했는데, 이는 유학적 가치관에 바탕을 둔 법치주의를 강화하려는 의도에서였다.

759년에는 757년의 지방 행정 조직 정비에 이어 중앙 관명을 중국식으로 개정함으로써 제도 개혁에 박차를 가했다. 병부와 창부의 경과 감을 시랑으로, 대사를 낭중으로, 집사부의 사지를 집사원외랑으로, 집사사를 집사랑으로 개칭하였다. 각 부서의 대사는 모두 주부나 주서로 개칭하고, 예부의 사지를 사례로, 조부의 사지를 사고로, 영객부의 사지를 사의로, 승부의 사지를 사목으로, 선부의 사지를 사주로, 예작부의 사지를 사례로, 병부의 노사지를 사병으로, 창부의 조사지를 사창으로 개칭했다. 이는 모두 그 고유한 임무를 명시한 것으로, 관리는 그 본분에 충실하라는 교시와 같은 것이었다.

관직과 관명까지 중국의 것을 따랐던 만큼 당나라와 친분을 강화하려는 경덕왕의 노력은 남달랐다. 신년이 닥칠 때마다 조공 사절을 보내는 것은 당연한 일이었는데, 당 현종이 촉 지방을 둘러보고 있을 때도 그곳 행재소까지 사신을 보내 조공하기도 했다. 현종이 거기에 감탄하여 5언 10운 시를 직접 써서 경덕왕에게 보낼 정도였다.

당과의 관계는 이처럼 돈독했는데, 반대로 일본과의 관계는 극도로 악화되어 있었다. 경덕왕이 즉위하자 일본은 즉시 사신을 파견하여 관계를 회복하려 했지만, 경덕왕은 단호하게 거절했다. 성덕왕 대에 일본이 침략을 감행한 것에 대한 분노가 풀리지 않은 탓이었다. 그로부터 11년 뒤인 753년에 일본에서 다시 사신을 파견했다. 그러나 경덕왕은 일본 사람들의 행동이 오만하고 무례하다고 하여 이번에도 만나 주지 않았다. 이후로 일본과는 거의 국교 단절 상태가 되고 말았다.

이렇듯 경덕왕은 정치 외교 면에서 매우 단호하고 분명한 태도를 취했다. 그 덕분에 왕권이 강화되고 정치가 안정되자, 그도 조금씩 딴생각을 하였다. 재위 19년에 대궐 안에 큰 연못을 파고, 대궐 남쪽 문천 위에 월정교와 춘양교를 놓는 공사를 벌이기도 했다. 또 성덕왕을 기리기 위해 신종을 만들도록 했으며, 때로 풍악을 즐겼다.

경덕왕 대에 이순이라는 인물이 있었다. 그는 경덕왕이 총애하는 신하였는데, 대나마의 벼슬에 있다가 갑자기 세상을 등지고 산속으로 자취를 감추었다. 왕은 백방으로 그를 찾아 불렀으나, 그는 오히려 머리를 깎고 중이 되어 버렸다. 그러다가 왕이 풍악을 즐긴다는 소문을 듣고 대궐로 찾아와 간언했다.

"제가 듣건대, 옛날 걸주가 주색에 빠져 황음을 그칠 줄 몰랐습니다. 이로 인하여 정사가 문란하고 국가가 망하였습니다. 앞서 가는 수레의 바퀴가 엎어지면 뒤 수레는 마땅히 이를 경계하여야 합니다. 엎드려 바라옵건대, 대왕은 허물을 고치고 자신을 새롭게 바꿔 국가의 수명을 영구히 하소서."

당시 중국 당나라는 안녹산의 난으로 전국이 혼란에 빠져 있었다. 이순은 당을 앞서 가는 수레에 비유하여 경덕왕에게 충고를 한 것이다.

다행히 경덕왕은 남의 충고를 받아들일 줄 아는 호인이었다. 그는 스스로 반성하며 당장 풍악을 물리치고 이순에게 강의를 청했다. 이순이 세상을 다스리는 방법과 우주의 이치를 설명하자, 경덕왕은 며칠 동안이나 그의 강의를 경청했다. 그 덕분에 경덕왕은 말년까지 별탈없이 조정을 유지시켰다.

경덕왕은 재위 24년 만인 765년 6월에 생을 마감했다. 능은 처음에 경지사 서쪽 봉우리에 마련되었으나, 후에 성덕왕의 능이 있는 양장곡으로 옮겨졌다.

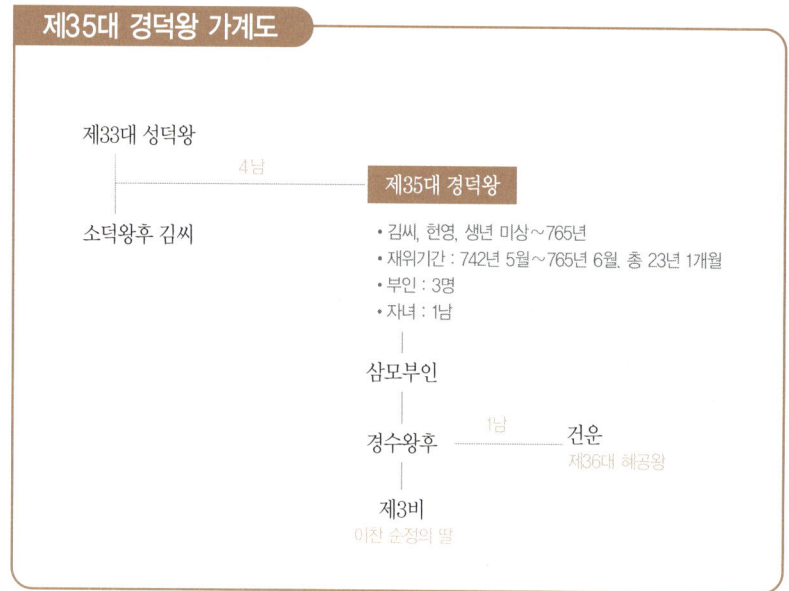

2. 경덕왕의 가족들

경덕왕은 생식기의 길이가 8치(24센티미터)나 될 정도로 정력이 왕성한 인물이었으나 자식 복은 별로 없었다. 부인을 셋이나 얻었으나, 자식은 한 명밖에 두지 못했다.

첫 왕비는 삼모부인이었는데, 자식을 얻지 못해 왕궁에서 쫓겨났다. 쫓겨난 뒤에는 사량부인으로 불리었다.

둘째 왕비는 경수(또는 경목)왕후인데, 각간 의충의 딸이다. 그녀는 처음엔 만월부인으로 불리다가 경덕왕 재위 2년인 743년에 왕비에 책봉되었다. 그러나 오랫동안 임신을 하지 못했다. 그러다가 그로부터 15년 후인 758년에 임신을 하여 왕자 건운(혜공왕)을 낳았다. 건운이 여덟 살 되던 765년에 경덕왕이 사망하자, 그녀는 어린 혜공왕을 대신하여 섭정을 하였다.

셋째 왕비는 이찬 순정의 딸인데, 그녀에 관한 기록은 거의 전무하다. 경수왕후가 초기에 자식을 낳지 못하자, 경덕왕은 그녀에게서 자식을 얻고자 한 듯하다.

경덕왕의 유일한 아들 건운에 관한 것은 「혜공왕실록」에서 별도로 언급한다.

▶ 경덕왕 시대의 세계 약사

경덕왕 시대 중국의 당나라는 현종이 양태진을 귀비로 삼은 이래 안녹산의 힘이 강화되었고, 결국 755년에 안녹산이 반란을 일으켰다. 756년엔 안녹산이 양귀비를 죽이고, 현종을 촉으로 내쫓았다. 그러나 이듬해 안녹산이 죽자, 곽자의에 의해 서경이 회복되어 수습 국면에 접어들었다.

이 무렵, 서양에서는 동로마 함대가 사라센 해군을 격파하고 키프로스섬을 탈환하였다. 이후 사라센 제국은 내분을 겪으며 동서로 분열되었다. 한편, 프랑크 왕국에서는 피핀이 쿠데타를 일으켜 메로빙거 왕조를 무너뜨리고 카롤링거 왕조를 일으켰다. 또 랑고바르드족을 격퇴하여 라벤나와 중부 이탈리아를 교황에게 기증하여 교황령을 성립시켰다.

제36대 혜공왕실록

1. 반란에 시달리는 혜공왕과 안개 속의 신라 정국
(서기 758~780년, 재위기간:서기 765년 6월~780년 4월, 14년 10개월)

혜공(惠恭)왕은 경덕왕의 장남이며, 경수왕후 소생으로 이름은 건운이다. 758년에 태어났으며, 세 살 때인 760년에 태자에 책봉되었고, 765년에 경덕왕이 죽자 여덟 살의 어린 나이로 왕위에 올랐다.

혜공왕은 너무 어린 나이에 왕위에 올랐기 때문에 모후 경수태후의 섭정을 받으며 제왕 수업을 해야 했다. 섭정 기간에 그는 매일같이 태학에 나가 박사들에게 강의를 듣고, 경서와 시문과 역사를 배우며 시간을 보냈다.

하지만 혜공왕 즉위 이후에 여러 불길한 사건이 터졌다. 즉위 이듬해인 766년에는 해가 두 개나 나타나 백성들을 두려움에 떨게 하였다(해가 둘이 되었다는 기록의 정확한 의미는 알 수 없다. 이는 아마도 흐린 날에 해와 달이 동시에 구름 속에서 모습을 드러낸 것을 보고 한 말인 듯하다. 어쨌든 이런 자연 현상은 당시 사람들에게 매우 불길한 것으로 받아들여졌던 모양이다).

경수태후는 이를 무마하기 위해 죄수들을 대거 석방하여 민심을 달랬다. 또

한 왕으로 하여금 신궁에 직접 제사를 지내게 하여 혜공왕의 왕위 승계를 공식화하였다.

그러나 불길한 사건들은 이어졌다. 2월에 양리공의 암소가 새끼를 낳았는데, 다리가 다섯이었다. 그 가운데 하나는 위로 향하였다. 이는 혜공왕 대에 다섯 번의 역모 사건이 발생하여 그 중 한 사건으로 왕이 바뀔 것이라는 점을 예언하는 일이기도 하였다.

그런 불미스런 소문이 도는 가운데 강주에서는 땅이 내려앉아 너비가 50여 척이나 되는 연못이 생기고, 그 물빛이 검푸르게 되는 사건이 발생했다. 거기다 767년 6월에는 지진이 발생했다.

경수태후는 그런 와중에서도 당나라에 이찬 김은거를 파견하여 혜공왕을 책명해 달라고 요청했다.

이달에 하늘에서 별이 세 개나 대궐로 떨어져 서로 부딪치는 일이 일어났다. 그 빛이 마치 불같이 솟아 흩어졌는데, 이것은 몹시 불길한 일이었다.

여러 가지 불미스런 일들이 계속해서 일어나자 신라 사회는 매우 뒤숭숭해졌다. 그러한 상황에서 768년에 당나라 대종이 보낸 책봉사가 도착하여 혜공왕에게 신임표와 책봉서를 안겼다.

그러나 마치 그 일을 반대하기라도 하듯 서라벌에 벼락이 치고, 우박이 쏟아져 혜공왕을 불안하게 하였다. 또 큰 별이 황룡사 남쪽에 떨어져 왕의 죽음을 예고했고, 그와 함께 다시 지진이 발생했다. 우물이나 샘물도 모두 말라 버리는 이상 현상도 일어났다. 호랑이가 대궐에 들어와 사람들이 기겁을 하는 사태도 벌어졌다.

그런 모든 일들은 반역의 빌미가 되기에 좋았고, 기어코 불길한 예언들은 현실로 드러났다. 768년 7월에 일길찬 대공이 그의 아우인 이찬 대렴과 함께 군대를 동원하여 반란을 일으켰다. 그 결과 무려 33일간이나 반란군이 왕궁을 포위하는 사태가 벌어졌다. 그러나 싸움이 장기화되고, 지방 군대가 토벌대를 형성하여 반란군을 공격하는 바람에 대공의 반란은 실패로 돌아가고 말았다.

반란이 종식된 뒤에도 불길한 일들은 계속 이어졌다. 769년 5월에 메뚜기 떼가 대거 창궐하고, 가뭄이 심하게 이어져 흉년이 닥쳤다. 11월에는 치악현에서 쥐 8천여 마리가 한꺼번에 평양 쪽으로 이동하는 기이한 현상도 일어났다. 그리고 그해 겨울에는 아예 눈이 내리지 않아 겨울 가뭄에 시달려야 했다. 770년 3월에는 흙비가 쏟아졌고, 5월에는 북쪽에 혜성이 나타나 한 달간이나 머무는 진풍경이 이어졌다. 또 보름 뒤에는 호랑이가 집사성으로 들어와 군대가 동원되는 사태가 벌어졌다.

이런 호기를 놓칠세라 그해 8월에 대아찬 김융이 반역을 도모하다가 실패하여 사형되었다.

그로부터 5년 후인 775년 6월에 이찬 김은거가 세 번째로 반란을 일으켰다. 그러나 실패하여 처형당했다. 그러자 8월에는 이찬 염상이 시중 정문과 함께 반역을 도모하다가 발각되어 처형당하는 사건이 또 일어났다.

혜공왕은 이렇듯 꼬리를 물고 계속 이어지는 반란을 겪으며 어느덧 성년으로 성장했고, 모후의 섭정에서 벗어나 친정을 시작하였다. 그러나 혜공왕은 정사엔 관심이 없었다. 그는 지나치게 색을 탐하여 늘 음악과 여색에 빠져 있었다.

그런 탓에 법 질서가 문란해져 조정은 한치 앞을 내다볼 수 없는 안개 속에 갇혀 있었다. 설상가상으로 천재지변이 계속 이어져 민심이 이반되고 사직이 위태로운 상황이 전개되었다.

또한 조정은 상대등 양상파와 이찬 지정파로 나누어져 세력을 다투었다. 그 와중에 혜공왕은 지정 편을 들었다. 그런데 이찬 지정은 780년 2월에 다섯 번째로 반란을 일으켰다. 그는 군대를 모아 대궐을 포위하고 정권을 장악하였다. 하지만 혜공왕을 죽이지 않은 것으로 봐서 이는 친위혁명의 성격이 짙었을 것이다.

그러자 4월에 상대등 김양상이 이찬 경신과 함께 군대를 동원하여 지정을 공격하였다. 양쪽 군대는 치열한 공방전을 벌였고, 결국 김양상의 승리로 세력 다툼은 종결되었다. 그리고 혜공왕과 왕비는 김양상에 의해 살해되었다.

이때 혜공왕의 나이는 스물셋이었다.

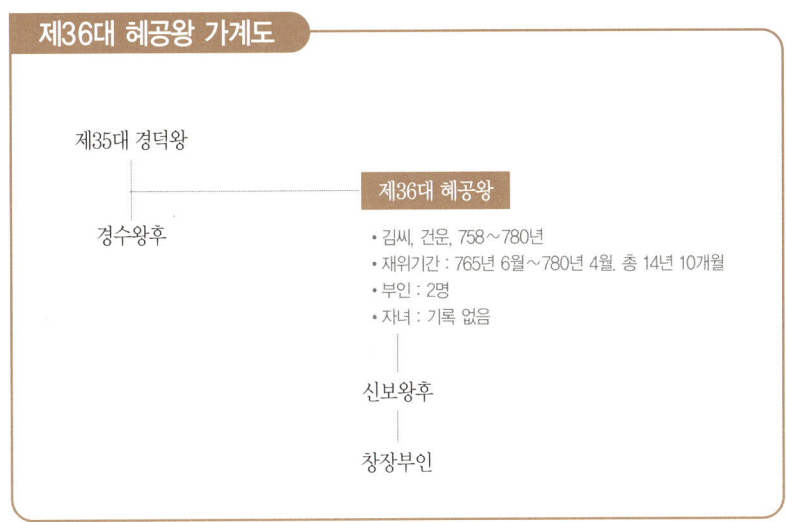

　혜공왕에게는 왕후가 둘 있었는데, 첫째 신보왕후는 이찬 유성의 딸이고, 둘째 창장부인은 이찬 금장의 딸이다. 이들이 언제 왕궁에 들어왔는지는 분명치 않다. 혜공왕이 살해될 때, 이들도 함께 살해되었다.

　혜공왕의 자식들에 대한 기록은 남아 있지 않다.

제37대 선덕왕실록

1. 반란으로 왕위에 오른 선덕왕의 5년 치세
(?~서기 785년, 재위기간: 서기 780년 4월~785년 정월, 4년 9개월)

선덕(宣德)왕은 내물왕의 10대손으로 성은 김씨이며, 이름은 양상이다. 아버지는 개성대왕 효방이고, 어머니는 성덕왕의 딸 사소부인 정의태후이다.

선덕왕은 왕족으로 태어났으나, 왕위를 승계할 신분은 아니었다. 그는 일찍이 이찬의 품계를 받고 성덕대왕신종 제작을 감독하였고, 혜공왕 10년인 764년에는 상대등에 임명되었다. 그가 상대등에 오르기 전에 이미 두 차례의 반란 사건이 일어났다. 특히 혜공왕 4년에 일어난 대공의 난 때에는 33일간이나 궁궐이 포위되는 지경에 처하기도 했다. 이런 탓에 당시 조정은 매우 혼란스런 상황이었고, 정국은 그야말로 안개 속에 갇힌 듯하였다.

반란 사건은 양상이 상대등에 오른 뒤에도 계속되었다. 혜공왕 11년 6월에 국정을 맡고 있던 시중 김은거가 반역죄로 죽었고, 또 8월에는 새로운 시중 정문이 반역죄로 처형되었다. 김은거와 정문은 김양상파와의 정치적 대결에서 희생된 것으로 보이는데, 이는 당시 조정을 김양상파가 장악하고 있었다는 뜻이 된다.

양상은 혜공왕 재위 13년에 상소를 올려 시국을 극렬하게 비판했다. 이는 혜공왕이 양상의 편에 서 있지 않았음을 뜻한다. 당시 혜공왕은 갓 스무 살이 되어 친정을 시작하였는데, 이때부터 혜공왕은 김양상과 대립했던 것으로 보인다. 이에 양상은 혜공왕의 정국 운영을 강력하게 비판하며 왕당파들을 몰아쳤을 것이다.

그러자 혜공왕과 양상의 관계는 더욱 악화되었다. 급기야 왕당파의 영수인 이찬 지정이 780년 2월에 친위혁명을 일으켜 대궐을 장악해 버렸다. 이에 양상은 군벌인 이찬 경신(원성왕)과 결탁하여 역혁명을 일으켰다.

양쪽 군대는 약 두 달간 치열한 공방전을 벌였고, 결과는 양상의 승리로 돌아갔다. 그러자 양상은 혜공왕과 왕비를 죽이고, 스스로 왕위에 올랐다.

그는 자신과 함께 반란을 도모했던 이찬 경신을 상대등으로 임명하고, 아찬 의공을 시중으로 삼아 조정을 꾸렸다. 그리고 민심을 달래기 위해 781년 7월에 몸소 패강 남쪽까지 가서 주와 군의 백성들을 돌아보았다. 또 이듬해 2월에는 한산주를 순행하고, 그곳 주민들을 패강진으로 옮겨 북방의 영토를 안정시켰다. 7월에는 시림벌에서 대규모로 군대를 사열하여 군대의 기강을 다잡았다.

그러나 이때 선덕왕은 이미 노쇠한 몸이었다. 그래서 그는 784년 4월에 왕위에서 물러나고자 했다. 하지만 상대등 경신을 비롯한 여러 신하가 받아들이지 않는 바람에 뜻을 이루지 못했다.

이후 선덕왕은 병상에 누워 말년을 보냈고, 정사는 상대등 경신이 도맡아 처리하였다. 그리고 785년 정월, 선덕왕은 병상에서 일어나지 못하고 임종을 앞두게 되자, 다음과 같은 조서를 내렸다.

"과인은 본래 재능이 없고, 덕이 모자라 왕위에 오를 마음이 없었다. 그러나 추대를 피할 수 없어 왕위에 올랐다. 왕위에 오른 이래 해마다 하는 일이 순조롭지 못하고 백성의 생활이 곤궁해졌으니, 이는 모두 과인의 덕성이 백성들의 소망에 부합하지 못하여 정치가 하늘의 뜻과 일치하지 않은 까닭이다. 과인

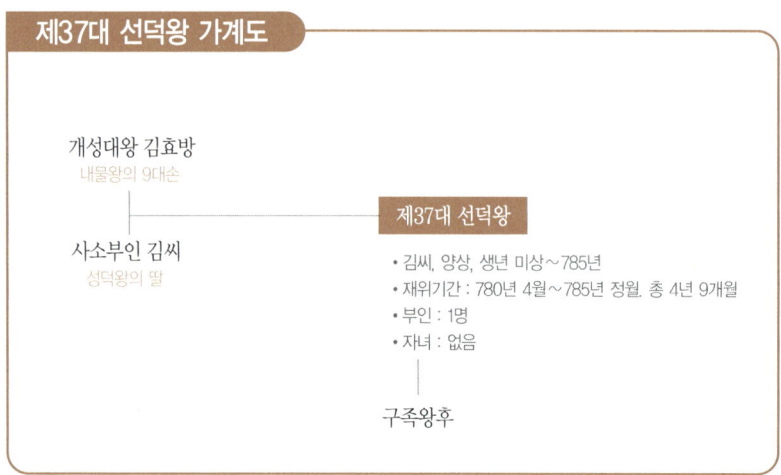

은 항상 왕위에서 물러나 궁궐 밖에서 살고자 하였으나 많은 신하가 매번 지성으로 만류하여 뜻을 이루지 못하고 지금까지 주저하고 있다. 이제 갑자기 병이 들어 다시 회복이 어렵게 되었다. 죽고 사는 것은 천명에 달렸으니 다시 무엇을 원망하겠는가? 과인이 죽은 후에는 불교의 법식대로 화장하여 동해에 유골을 뿌리도록 하라."

선덕왕은 이 해 정월 13일에 죽었다.

선덕왕은 한 명의 부인을 뒀으며, 자식은 없었다. 부인은 구족왕후로 각간 양품의 딸이다. 혹은 의공의 딸이라고도 한다. 그녀는 선덕왕이 왕위에 오르기 전에 시집와서 선덕왕이 왕이 된 뒤에 왕비에 책봉되었다. 그리고 선덕왕이 죽고 경신(원성왕)이 왕위에 오르자, 785년 3월에 외궁으로 보내졌다. 이때 그녀는 벼 3만 4천 석을 받았다.

제38대 원성왕실록

1. 폭우 덕에 왕위에 오른 원성왕과 계속되는 재난
(?~서기 798년, 재위기간:서기 785년 정월~798년 12월, 13년 11개월)

원성(元聖)왕은 내물왕의 12대손으로 김효양과 계오부인 박씨 사이에서 태어났으며, 이름은 경신이다.

혜공왕 말기에 이찬 지정이 친위혁명을 일으키자, 상대등 김양상이 반혁명을 일으켜 지정과 싸웠다. 경신은 이때 양상을 도와 지정을 무너뜨리는 데 결정적인 역할을 했다. 그 덕분에 그는 김양상(선덕왕)이 왕위에 오른 뒤에 상대등이 되었고, 선덕왕이 죽자 측근들의 추대를 받아 왕위에 올랐다.

선덕왕이 죽고 난 뒤에 신하들이 원래 왕으로 추대한 인물은 선덕왕의 족질인 김주원이었다. 당시 주원은 서라벌 도성에서 북쪽으로 20리 떨어진 곳에 살고 있었다. 주원은 불행히도 폭우가 내려 알천을 건너올 수가 없었.

주원이 발을 구르며 알천의 물이 빠지길 기다리고 있는 사이, 조정은 묘한 분위기에 휩싸이고 있었다. 상대등 경신의 측근들이 중심이 되어 주원의 왕위 계승을 취소하려는 시도를 하고 있었던 것이다.

그 논의를 촉발시킨 논지는 이랬다.

"임금이라는 중책은 실로 사람이 마음대로 정하는 것이 아닌데, 오늘 폭우가 내리는 것을 보니 하늘이 혹시 주원을 왕으로 세우는 것을 원하지 않는 것이 아닌가?"

물론 이런 주장을 한 사람은 경신의 측근이었을 것이다. 이어 그는 이렇게 덧붙였다.

"상대등 경신은 전 임금의 아우로서 덕망이 높고 임금의 체통도 가졌으니, 능히 왕으로 추대할 만하다."

결국 조정의 대세는 경신을 왕으로 추대하는 것으로 귀결되었다. 비가 그치고 알천의 물이 줄어든 후에, 주원은 그 소식을 듣고 통탄했지만, 이미 결정된 일을 번복할 수는 없었다. 이때가 서기 785년 정월이었다.

원성왕이 왕위에 오를 당시 그에게는 손자가 여럿 있었다. 이는 경신이 연로한 나이에 왕위에 올랐다는 것을 의미한다.

어쨌든 폭우 덕분에 왕위에 오른 원성왕은 병부령 충렴을 상대등으로, 이찬 세강을 시중으로 임명하여 국사를 꾸렸다. 하지만 그의 치세는 순탄하지 않았다. 하늘이 거의 매년 천재(天災)를 안겼기 때문이다.

천재는 그의 재위 2년(786년) 4월에 내린 우박으로부터 시작되었다. 동쪽 지방에 쏟아진 이 우박으로 뽕나무와 보리가 엄청난 피해를 입었다. 그리고 7월엔 가뭄으로 이어졌고, 이는 백성들이 모두 기근에 허덕이는 사태로 번졌다.

원성왕은 9월에 곡식 3만 3천 2백 40석을 풀어 백성들을 구제하였으나, 그것으로도 모자라 다시 10월에 곡식 3만 3천 석을 풀었다.

그러나 이듬해 2월에 서라벌에 지진이 일어나고, 7월에는 메뚜기 떼가 창궐하여 곡식을 갉아먹는 바람에 또 한 차례 흉년이 닥쳤다. 이런 현상은 788년에도 이어졌다. 이번에는 서쪽의 곡창지대가 가뭄에 허덕이고, 이어 메뚜기 떼가 창궐하였다.

계속되는 가뭄과 흉년, 메뚜기 떼의 창궐에 이어 도적 떼까지 극성을 부리자, 원성왕은 몹시 당황했다. 그러나 하늘에 기우제를 지내거나 국고를 풀어 백성을 구제하는 것 이외에는 별 뾰족한 수가 없었다. 원성왕은 벽골제를 증축하는 등 가뭄에 대한 대비책을 마련하기도 했지만, 거의 한 해도 거르지 않고 닥치는 가뭄 탓에 골머리를 앓았다.

가뭄은 자연스럽게 메뚜기 떼의 창궐로 이어지고, 그것은 또다시 흉년으로 이어져 백성들이 굶주림에 허덕이는 사태로 확대되고, 유랑민과 도적 떼가 늘어나 국정을 흔들어 놓았다. 그 난국을 틈타 791년에 시중을 지낸 이찬 제공이 역모를 획책했다. 다행히 역모는 도중에 발각되어 그 주역들이 처형당하는 선에서 끝났다. 하지만 이를 계기로 국정은 더욱 혼란으로 치달았다.

거기다 원성왕은 자식 복도 없었다. 아들 인겸을 태자로 세웠는데, 그는 791년에 병으로 죽어 버렸다. 또다시 둘째 아들 헌평을 태자로 세웠더니, 그도 794년에 죽어 버렸다.

또한 신하 복도 별로 없었다. 첫 시중 제공은 시중에 임명되자마자 곧 사직했는데, 아마도 세력 다툼에서 밀려난 듯하다. 그는 이에 불만을 품고 있다가 791년에 반역을 도모하다가 처형되었다. 제공의 후임으로 세강을 시중에 임명했는데, 그는 5년 동안 시중의 자리를 지켰다. 그러나 790년에 종기를 시중에 앉혔다가 이듬해에 준옹으로 교체하였고, 또 준옹은 겨우 1년 만에 병으로 사직해야 했다. 준옹의 후임으로 이찬 숭빈을 앉혔으나, 그도 겨우 1년 6개월 만에 사직했다. 그 뒤로 잡찬 언승이 2년, 이찬 지원이 1년 반, 다시 아찬 김삼조가 1년 동안 시중에 있었다. 행정부의 우두머리가 이렇게 자주 교체되었다는 것은 그만큼 국정이 원활하게 이뤄지지 못했다는 뜻이다.

원성왕은 이렇듯 끊임없이 지속되는 천재와 조정의 혼란 속에서도 확실한 업적 하나를 남겼다.

재위 4년에 처음으로 독서삼품과를 설치하여 학문의 깊이와 능력에 따라 벼슬을 내리는 획기적인 조치를 취하였다. 『춘추좌씨전』, 『예기』, 『문선』을 읽어서 능히 그 뜻을 알고, 아울러 『논어』와 『효경』에 밝은 사람을 상등으로, 『곡례』, 『논어』, 『효경』을 읽고 해석하는 사람을 중등으로, 『곡례』와 『효경』에만 지식이 있는 자를 하등으로 하였다.

이 정책이 실시되기 전에는 궁술과 인물만 가지고 관리를 뽑았다는 사실을 감안할 때, 독서삼품과에서 관리를 뽑은 것은 과거제의 시초라고 할 만했다.

이외에도 원성왕 시대의 사건들 중에 눈에 띄는 기사들이 있다.

재위 8년에 당나라에 김정란이라는 미녀를 바쳤다는 내용이 있다. 대개 당나라에 보낸 미녀들은 이름을 기록하지 않았는데, 김정란은 사서에 이름이 기록된 점이 특이한 일이다. 또 그녀에 대해서 『삼국사기』가 "그녀는 국색으로서 몸에서 향기가 났다."고 적고 있는 점도 이채롭다.

재위 7년에 웅천주 향성의 대사(大舍) 아내가 한꺼번에 아들을 세 명 낳았다는 것과, 재위 15년에 굴자군 석남오 대사 아내가 한 번에 3남 1녀를 낳았다는 기록도 언급할 만하다.

원성왕은 재위 14년인 798년 12월 29일에 죽었다. 왕릉은 곡사에 마련되었다가, 그의 유언에 따라 봉덕사 남쪽으로 옮겨 화장되었다.

2. 원성왕의 가족들

원성왕은 한 명의 부인에게서 3남 2녀를 얻었다. 부인은 숙정왕후 김씨인데, 각간 신술의 딸이다. 인겸과 헌평, 예영 등의 아들과 두 딸 대룡과 소룡을 낳았다.

인겸은 원성왕 즉위와 동시에 태자에 책봉되었으나, 791년에 사망하였다. 헌평은 인겸을 이어 태자에 책봉되었으나, 그 역시 794년에 병으로 사망하였다.

인겸은 죽은 뒤에 혜충이라는 시호를 받았고, 아들 준옹(소성왕)이 즉위한 뒤에 혜충대왕에 추존되었다. 둘째 아들은 헌평인데, 헌평은 이름이 아니라 시호이며, 그의 이름은 전하지 않는다.

셋째 아들 예영은 제41대 헌덕왕의 왕비 귀승부인(황아왕후)의 아버지이다. 또 제45대 신무왕이 그의 손자이다. 예영의 아들 균정은 흥덕왕이 죽고 난 뒤,

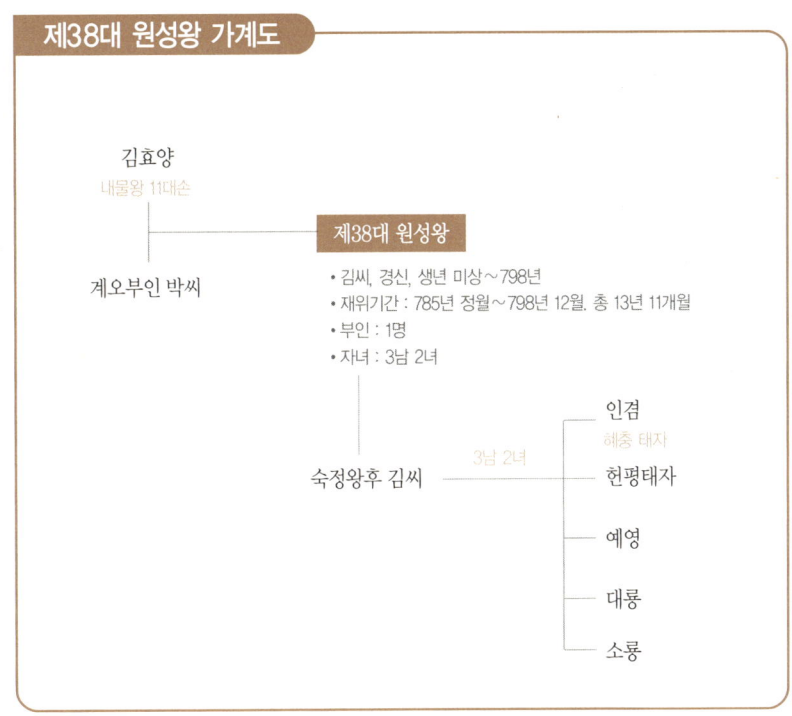

제륭(희강왕) 일파와 권력 다툼을 벌이다 살해되는데, 그의 아들 우징(신무왕)이 아버지의 원수를 갚고 왕위를 차지한다.

대룡, 소룡에 대해서는 이름만 전할 뿐 구체적인 행적은 기록되지 않았다.

제39대 소성왕실록

1. 소성왕의 짧은 치세
(?~서기 800년, 재위기간 : 서기 799년 정월~800년 6월, 1년 5개월)

　소성(昭聖)왕은 원성왕의 태자 인겸의 아들이며, 성목태후 김씨 소생으로 이름은 준옹이다. 원성왕이 아들 인겸을 태자에 책봉했으나 791년에 사망하였고, 다시 아들 헌평을 태자에 책봉했으나 그 역시 794년에 사망했다. 두 아들이 죽고 셋째와 넷째 아들이 남아 있었으나, 원성왕은 장손인 준옹을 태자로 책봉했다.
　준옹은 원래 태자의 아들로서 궁중에서 자랐고, 789년에는 당나라에 사신으로 가서 대아찬 직위를 받았으며, 790년에는 파진찬에 제수되었다. 그리고 791년에 전 시중 이찬 제공이 반란을 일으키자, 이를 제압하여 공을 세우고 시중에 임명되었다. 하지만 병으로 1년 6개월 만에 시중에서 물러났다가 792년에 병부령이 되고, 795년에 태자에 책봉되었다. 그리고 798년 12월 말에 원성왕이 죽자, 이듬해인 799년 정월에 왕위에 올랐다.
　원성왕 재위 5년인 789년에 당나라에 사신으로 갔다 왔다는 것은 이미 그

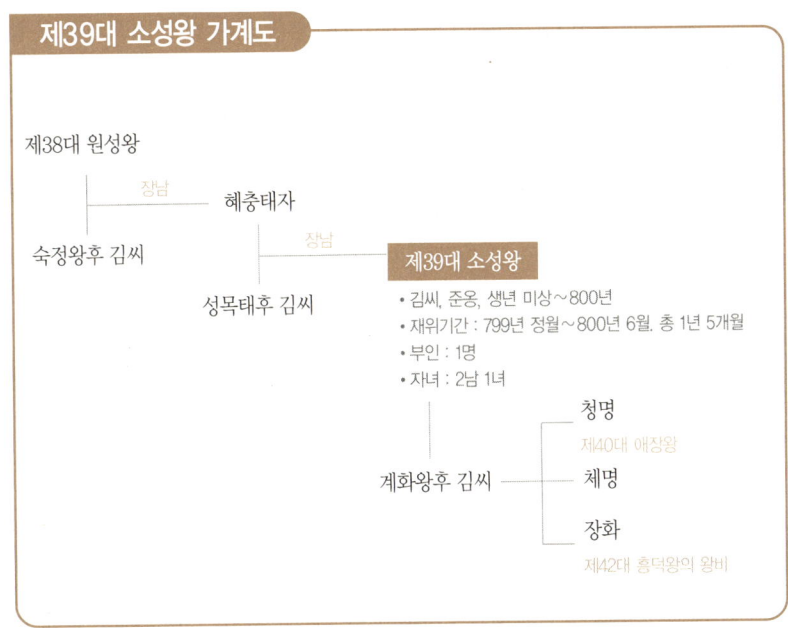

가 이때 성년의 나이였다는 것을 의미한다. 그리고 그로부터 10년 후에 왕위에 올랐으니, 그는 30대였을 것이다.

30대라면 혈기 왕성할 때지만, 그는 이미 지병을 앓고 있는 몸이었으므로 왕위에 오른 지 불과 1년 5개월 만에 사망하였다. 그 때문에 재위 기간이 너무 짧아 그는 주목할 만한 업적을 거의 남기지 못했다. 기껏해야 즉위년 3월에 청주의 노거현을 국학생의 녹읍으로 정한 정도이다. 이는 당시 국학에 입학한 학생들에게 장학금 형태로 녹읍을 지급했다는 뜻이다.

그의 치세 기간에 특이한 기록이 몇 개 있다.

즉위년 5월에 우두주에서 도독이 다음과 같은 보고를 하였다.

"소와 같은 이상한 짐승이 나타났습니다. 그 짐승의 몸체는 길고 크며, 꼬리 길이가 석 자쯤 되고, 털은 없고 코가 길었는데, 현성천에서 나타나 오식양 쪽으로 갔습니다."

얼핏 듣기엔 코끼리를 지칭하는 것 같은데, 당시 신라 땅에 코끼리가 유입됐는지는 의문이다.

또 즉위년 7월에는 길이가 아홉 자나 되는 인삼을 캤다는 기록이 있다. 아홉 자면 거의 3미터에 육박하는 길이이다. 이는 매우 기이하게 여겨져 당나라에 바치게 했는데, 당나라 덕종은 그것이 인삼이 아니라 하여 받지 않았다고 한다.

소성왕은 한 명의 부인에게서 아들 둘과 딸 하나를 얻었다. 부인은 계화왕후 김씨로서 대아찬 숙명의 딸이다. 그녀는 아들 청명과 체명, 딸 장화를 낳았다.

청명은 소성왕이 죽은 뒤에 열세 살의 어린 나이로 왕위에 오른 애장왕이다. 그에 관한 언급은 「애장왕실록」에서 별도로 한다.

체명은 809년에 숙부 언승(헌덕왕)과 그의 조카 제륭이 반란을 일으키자, 애장왕을 호위하다가 애장왕과 함께 반군에게 살해되었다.

장화는 숙부인 수종(제42대 흥덕왕)과 결혼하였고, 수종이 왕위에 오르자 왕후가 되었다. 하지만 흥덕왕이 즉위하던 해에 사망하여 정목왕후에 추봉되었다.

제40대 애장왕실록

1. 어린 애장왕의 즉위와 언승의 반정
(서기 788~809년, 재위기간 : 서기 800년 6월~809년 7월, 9년 1개월)

애장(哀莊)왕은 소성왕의 장남이며, 계화부인 김씨 소생으로 초명은 청명이고, 왕위에 오른 뒤에 중희로 고쳤다. 788년에 태어났으며, 800년 6월에 소성왕이 죽음을 앞두고 태자로 책봉했다. 같은 달에 소성왕이 죽자, 열세 살의 어린 나이로 즉위하였다.

애장왕은 왕위에 오르긴 했지만, 너무 어린 탓에 숙부 언승(헌덕왕)이 섭정을 하였다. 당시 언승은 병부령의 위치에 있었는데, 곧 어룡성 사신으로 임명되었다가 다시 상대등에 올랐다. 이에 따라 조정은 언승이 장악하였다.

하지만 애장왕이 성장하여 친정을 하려 하자, 언승 일파와 근왕 세력 사이에 다툼이 일어났다. 애장왕이 친정을 요구한 때는 재위 6년인 805년인데, 이때 애장왕의 나이는 18세였다. 당시 사회에서 15세 이상부터 성인으로 대접받았던 것을 감안하면 다소 늦은 감이 있었다.

친정을 시작한 애장왕은 우선 자신의 모후 김씨를 태왕후로, 부인 박씨를 왕후로 봉하여 위엄을 세웠다. 또 행정 질서를 개혁하기 위해 새로운 법안 20여 조를 반포하고, 12도에 특사를 파견하여 모든 군과 읍의 경계를 확정하도록 했다. 이 모든 것은 왕권을 신속하게 회복하기 위한 조치였다.

애장왕은 불교에 대해서도 강경한 태도를 보였다. 불교의 사치스런 행사를 막기 위해 일체의 불교 행사에 비단과 금은으로 만든 그릇을 사용하지 못하게 하였다. 또한 일본에서 사신을 보내오자, 사신을 조원전으로 불러 접견하는 등 외교 문제도 손수 챙겼다.

일본과의 관계 회복은 애장왕 즉위 초에 이뤄졌다. 이때 언승 일파는 애장왕의 당숙 균정을 거짓 왕자로 꾸며 대아찬의 벼슬을 주고 왜국에 볼모로 보내려 하였다. 하지만 균정이 이를 거부하는 바람에 성사되지 않았다. 언승 일파가 균정을 왜국에 볼모로 보내려 했다는 것은 균정이 애장왕의 측근이었다는 뜻이다. 언승은 애장왕의 힘을 약화시키기 위해 그에게서 균정을 떼어 놓으려 했던 것이다.

그 뒤, 애장왕 4년(803년)에 정식으로 일본국과 사신을 교환하고 우호 관계를 맺었다. 이로써 성덕왕 30년(731년)에 일본의 침입 사건으로 단절되었던 두 나라의 외교 관계는 72년 만에 회복되었다.

왜왕은 신라와 우호 관계를 맺은 것을 기뻐하며 804년 5월에 사신에게 황금 3백 냥을 안겨 애장왕에게 선물하였다. 그리고 2년 뒤인 806년에 다시 일본에서 사신을 보내오자, 애장왕이 그를 접견하고 일본과의 관계를 더욱 증진시켰다.

일본은 808년에도 사신을 보내왔고, 이번에도 역시 애장왕이 직접 그를 맞이하며 환대하였다.

이렇듯 애장왕이 내외의 정사를 직접 챙기기 시작하자 왕권은 빠르게 회복되었고, 상대적으로 언승 일파의 힘은 약화되었다. 이에 위기감을 느낀 언승과 그의 조카 제륭이 반란을 도모하고, 군대를 일으켜 궁궐을 장악하였다. 반정에 성공한 언승은 곧 애장왕을 죽이고, 왕을 호위하고 있던 왕제 체명도 함께 죽였다. 이때가 애장왕 10년인 809년 7월이었다.

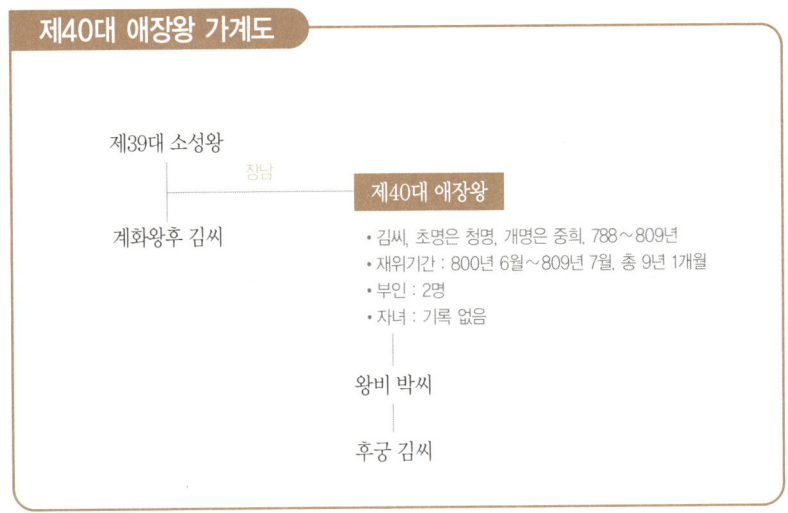

2. 애장왕의 가족들

애장왕은 부인을 둘 뒀으나, 자식에 대한 기록은 남아 있지 않다.

정비 박씨가 언제 애장왕에게 시집왔는지는 기록되지 않았으며, 애장왕 10년에 왕후에 책봉된 사실만 전하고 있다. 그녀의 소생에 대한 기록도 없다. 아마도 그녀와 자식들은 애장왕이 살해될 때, 함께 살해된 것으로 보인다.

후궁 김씨는 아찬 김주벽의 딸이다. 애장왕 3년인 802년에 입궐하였다. 하지만 그 이후의 자세한 기록은 남아 있지 않다.

제41대 헌덕왕실록

1. 헌덕왕의 측근정치와 김헌창의 난
(?~서기 826년, 재위기간 : 서기 809년 7월~826년 10월, 17년 3개월)

헌덕(憲德)왕은 원성왕의 태자 인겸의 아들이며, 성목태후 김씨 소생으로 소성왕의 동복 아우이다. 이름은 언승이며, 소성왕이 죽은 뒤에 어린 애장왕이 왕위에 오르자 섭정이 되었다가, 애장왕 10년(809년)에 조카인 애장왕을 죽이고 왕위에 올랐다.

그는 원성왕 6년에 당나라에 사신으로 갔고, 대아찬에 제수되었다. 이듬해에는 이찬 제공의 역모 사건을 해결하여 공을 세웠으며, 이 일로 잡찬에 올랐다. 원성왕 10년에 시중이 되었고, 11년에는 이찬으로서 재상의 반열에 올랐으며, 12년에는 병부령에 임명되었다. 애장왕 원년에 각간에 올라 섭정을 하였고, 2년에는 어룡성 사신이 되었다가 곧 상대등에 올랐다. 그리고 애장왕이 성장하여 친정을 하려 하자, 조카 제륭, 아우 수종 등과 함께 반란을 일으켜 애장왕을 죽이고 왕위를 찬탈했다.

왕위를 찬탈한 까닭에 헌덕왕의 정치는 함께 반정을 꾀한 친위 세력 위주의 측근정치 형태로 이뤄질 수밖에 없었다. 함께 반정에 가담한 자들은 그의 아우 수종(흥덕왕)을 비롯하여 조카 제륭, 양종, 원흥, 충영, 숭정, 균정, 영공, 헌정 등이었는데, 헌덕왕은 그들을 차례로 시중에 기용하며 조정을 장악하였다. 그 덕분에 헌덕왕 재위 10년까지는 조정이 비교적 안정된 편이었다.

그러나 인사의 편중이 심한 탓에 불만 세력이 늘어났다. 특히 지방으로 방출당한 관리들의 불만이 팽배해져 지방 행정이 급격히 악화되었다. 그 때문에 재위 11년부터 지방 곳곳에서 초적들이 일어났다. 헌덕왕은 모든 주와 군의 도독 및 태수에게 명하여 초적들과 전면전을 벌여 그들을 토벌하도록 했다.

그 무렵, 당나라에서는 이사도의 난이 일어났다. 당시 당나라는 환관들이 조정을 장악하여 권력을 남용하고 있었는데, 이사도가 이에 불만을 품고 봉기한 것이다. 당나라 헌종은 자력으로 이사도의 난을 진압하기 힘들다는 판단을 하고, 신라에 군대를 요청하였다. 그러자 헌덕왕은 군사 3만을 형성하여 당을 돕도록 했다.

이렇듯 당나라가 신라의 도움을 받아야 할 정도로 국정이 문란해지고 있을 무렵, 신라 내부에서도 반역의 싹이 움트고 있었다. 김주원의 아들 헌창이 왕위를 노리고, 혁명을 준비하고 있었던 것이다.

헌창의 아버지 김주원은 선덕왕을 이어 왕으로 추대되었으나, 하필 그날 폭우가 내려 냇물을 건너지 못해 왕위를 원성왕에게 내준 불운한 인물이었다. 헌창은 그 때문에 늘 왕위를 도둑맞았다는 생각을 갖고 있었다.

그는 애장왕 8년에 행정부의 수반인 시중에 임명되었고, 헌덕왕이 반정을 일으킬 당시에도 그 자리에 있었던 인물이다. 그 후 헌덕왕 대에도 벼슬을 유지한 것을 보면, 그도 반정에 가담한 것이 분명하다. 그러나 그는 별로 대접을 받지 못했다. 헌덕왕이 들어서자, 그는 시중의 직위에서 밀려나 무진주 도독으로 가야 했다. 814년에 다시 중앙으로 불려와 시중이 되었으나, 그는 헌덕왕의 총애를 받지 못했다. 그래서 그는 816년에 다시 외직으로 밀려나 청주 도독이 되었고, 821년에 또다시 외직인 웅천주 도독으로 발령이 났다. 말하자면 그는 늘 찬밥 신세였던 것이다.

헌창은 이런 현실에 불만을 품고 822년 3월에 반란을 일으켰다. 그가 반란을 일으키기 직전에 헌덕왕은 아우 수종을 부군(副君, 왕위 계승권자)으로 삼았는데, 헌창은 수종이 부군이 된 것도 몹시 못마땅했던 모양이다. 선덕왕을 이어 아버지 김주원이 왕위에 올랐다면, 헌창은 아마 왕좌에 앉아 있거나 왕위 계승권자가 되어 있어야 했다. 그런데 왕위는커녕 찬밥 신세가 되어 수년 동안 외직을 전전하는 신세가 되었고, 그는 그런 현실을 비통해하며 역모를 획책했던 것이다.

헌창이 외직을 두루 돌아다닌 덕에 그의 봉기에 호응하는 곳이 많았다. 반군의 깃발을 들자 순식간에 무진, 완산, 청주, 사벌 등 네 주가 그의 수중에 떨어졌다. 그는 국호를 장안이라 하고 연호를 경운 원년이라 하여 스스로 왕을 칭하며 반군을 이끌었다.

조정에서 헌창의 반란을 알게 된 것은 3월 18일이었다. 완산주의 장사 최웅과 영충 등이 가까스로 서라벌로 도주해 와 알렸던 것이다.

그 무렵, 헌창의 반란 소식은 각 지역으로 퍼졌다. 한산주, 우두주, 삽량주, 패강진, 북원경 등에서는 헌창에게 호응하지 않고, 자체 수비를 하며 반군과 대치하고 있었다. 이에 헌덕왕은 경군을 동원하여 서라벌 주변을 지키게 하고, 나머지 군대를 위공과 제릉, 균정, 웅원, 우징 등에게 맡겨 헌창의 군대를 진압하도록 하였다.

정부군의 진압 작전이 조직적으로 이뤄지면서 헌창의 부대는 곳곳에서 무너졌다. 그러자 헌창은 웅진성에 웅거하며 수성전을 펼쳤지만, 열흘 만에 성이 함락되었고, 헌창은 패배를 만회할 수 없음을 알고 자결하였다.

헌창이 죽자, 그의 부하가 헌창의 머리와 몸을 베어 각각 따로 묻어 두었다. 한편, 웅진성을 무너뜨린 정부군은 헌창의 무덤을 찾아내 그의 시신을 다시 칼로 베고, 그의 친족과 도당 239명을 죽였다.

하지만 헌창의 아들 범문이 구사일생으로 목숨을 건졌다. 그는 잔병들을 모아 산으로 도주하였고, 825년 정월에 부하들을 이끌고 북한산주를 공격했다. 그는 그곳에 도읍을 세우고 나라를 개국할 생각이었지만, 북한산주 도독 총명

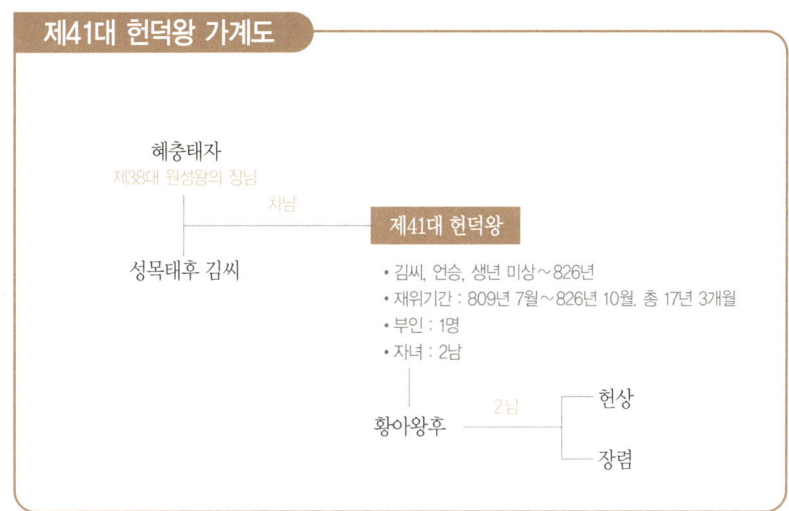

에게 패배하여 처형되고 말았다.

헌덕왕도 그 이듬해 10월에 생을 마감했다. 능은 천림사 북쪽에 마련되었다.

2. 헌덕왕의 가족들

헌덕왕은 황아왕후에게서 아들을 둘 얻었다. 그녀는 원래 귀승부인으로 불리다가 헌덕왕이 왕위에 오른 뒤, 왕비에 책봉되었다. 『삼국사기』는 그녀가 원성왕의 셋째 아들 각간 예영의 딸이라고 쓰고 있으나 『삼국유사』에서는 각간 충공의 딸로 기술하고 있다. 어느 쪽이 맞는지 불분명하나, 여기선 『삼국사기』의 기록을 존중하였다.

그녀는 아들 헌상과 장렴을 낳았다.

헌상에 대해서는 810년에 당으로 가서 금은으로 만든 불상과 불경을 당 순종에게 바쳤다는 기록만 있을 뿐이다.

장렴에 대해서는 817년에 당에 보내져 조공했다는 기록만 남아 있다.

헌덕왕이 이 두 아들을 제쳐두고 동생 수종에게 왕위를 물려줬다는 것은 헌덕왕이 왕위를 차지하는 데 수종의 역할이 지대했고, 헌덕왕 말년에 수종이 조정을 장악하고 있었음을 의미한다.

▶ **헌덕왕 시대의 세계 약사**

헌덕왕 시대 중국의 당나라는 헌종과 목종의 혼란기였다. 곳곳에서 내란이 일어나고, 여러 차례에 걸쳐 토번이 침입해 와 사회가 어수선하였다.

서양에서는 동로마 황제 니케프로스 2세가 불가리아인과 싸우다 죽었다. 이후 동로마는 불가리아인들의 공격에 밀려 고전했다. 그러다가 814년에 레오 5세가 불가리아인을 격퇴하여 위기를 넘긴다. 한편, 프랑크에서는 카를 대제의 아들 카를이 데인족을 격파하고, 817년에 루트비히 1세가 세 아들에게 영토를 분봉한다.

이 시기에 사라센은 과학을 크게 발전시켜 전승기를 이루고, 크레타 섬을 점령하는 개가를 올리기도 했다.

제42대 흥덕왕실록

1. 아내와 자식을 잃은 슬픔으로 병마에 시달리는 흥덕왕
(?~서기 836년, 재위기간 : 서기 826년 10월~836년 12월, 10년 2개월)

흥덕(興德)왕은 원성왕의 태자 인겸의 셋째 아들이며, 성목태후 김씨 소생으로 소성왕과 헌덕왕의 동복 아우이다. 초명은 수종이었다가 왕위에 오른 뒤에 경휘로 고쳤다.

그는 형 헌덕왕과 함께 조카인 애장왕을 죽이는 데 가담하여 이찬이 되었고, 헌덕왕 11년(819년)에 상대등이 되었다. 그리고 822년에는 부군에 책봉되어 왕위 계승권을 확보한 뒤, 826년 10월에 헌덕왕이 죽자 왕위에 올랐다.

당시 헌덕왕은 왕자가 여럿 있었는데도 동생인 그를 부군으로 책봉하여 왕위를 계승토록 했다. 이것은 그가 조정을 장악하고 있었음을 의미한다. 이렇듯 막강한 권력을 배경으로 왕위에 오른 그였지만, 그의 치세는 결코 순탄하지 않았다.

그는 즉위한 지 두 달 만에 사랑하는 아내 장화부인을 잃었다. 그는 그녀에 대한 애틋한 사랑으로 매일같이 슬퍼하며 지냈다. 신하들은 표문을 올려 새로운 왕비를 맞이할 것을 요청했지만, 그는 거부했다.

　그로부터 4년 뒤에 그는 병이 들어 자리에 누웠다. 그러자 왕권은 미약해지고, 조정 대신들 사이에 세력 다툼이 치열해졌다. 흥덕왕은 애장왕을 제거하는 과정에서 공을 세워 왕위를 계승한 만큼, 흥덕왕이 죽은 뒤에도 반정에 가담했던 세력 중에서 왕위를 계승할 가능성이 높았다. 그것은 곧 왕위 계승권 다툼의 불씨가 되고 있었다.

　흥덕왕은 와병 중에도 불행한 일들을 겪어야 했다. 재위 6년에 아들 김능유를 비롯해 승려 아홉 명을 당나라에 보냈다. 그런데 그들은 7월에 돌아오다가 바다에서 풍랑을 만나 모두 죽고 말았다. 아내의 죽음에 이어 또다시 아들의 죽음마저 닥치자, 흥덕왕은 몹시 절망하였다.

　설상가상으로 재위 6년에는 지진이 일어나고, 7년에는 봄과 여름에 걸쳐 심한 가뭄이 계속되어 땅이 붉게 변하고 논바닥이 갈라졌다. 흥덕왕은 정전에 나가지 않고, 음식도 줄이며 기우제를 지냈다. 다행히 그해 7월에 비가 내려 한숨 돌렸지만, 문제는 해결되지 않았다. 오랜 가뭄으로 흉년이 닥쳤고, 그 때문에 곳곳에서 도적 떼가 흥기하여 민가와 관가를 습격했다.

　그 여파로 재위 8년에는 온 나라가 기근에 시달렸고, 많은 사람이 굶어 죽었다. 겨울로 접어드는 10월에 복숭아나무와 오얏나무에 꽃이 피는 이상 기온 현상까지 겹쳤고, 전염병마저 돌아 곳곳에 시체가 늘어져 있는 상황이 되었다.

　이렇듯 혼란이 계속되자, 흥덕왕은 재위 9년 9월에 아픈 몸을 이끌고 직접 서형산 아래로 행차하여 군대를 사열하고, 국가 기강을 다잡는 데 주력했다. 10월에는 기근과 도적 떼로 몸살을 앓고 있던 남쪽 지방의 주와 군을 직접 순행하며 백성들을 위문하고 곡식과 베를 하사하였다. 하지만 이런 노력에도 불구하고 백성들의 동요는 쉽게 가라앉지 않았다. 그래서 재위 10년에 상대등과 시중을 모두 교체하여 조정을 정비하고자 했으나, 그의 몸이 따라 주지 않았다. 결국 그는 병마를 이겨 내지 못하고 재위 11년(836년) 12월에 죽고 말았다.

　그의 치세 중에 주목할 만한 일이 몇 가지 더 있다. 우선 재위 3년인 828년에 당나라에서 군중소장으로 있던 궁복(장보고)이 신라로 돌아와서 청해진(완도)에 터를 잡았다. 흥덕왕은 그를 청해대사에 임명하고 해상을 지키게 하였다. 장보고는 훗날 왕위 계승 전쟁에 깊숙이 가담하게 된다.

이 해에 한산주 표천현에 사는 어떤 자가 빨리 부자가 되는 비법이 있다며 사람들을 현혹하자, 흥덕왕은 그를 먼 섬으로 추방하였다.

또 같은 해 12월에 당에서 귀국한 사신 대렴이 차나무 종자를 가지고 와서 지리산에 심게 하였다. 차는 선덕왕 시절부터 있었지만, 본격적으로 재배되기 시작하여 영호남을 차의 본고장으로 만든 것은 바로 이때부터이다.

흥덕왕의 능은 안강 북쪽 비화양에 마련되었으니, 그의 유언에 따라 정목왕후의 능에 합장된 것이다.

2. 흥덕왕의 가족들

흥덕왕은 두 부인에게서 아들을 하나 얻었다. 첫 부인은 정목왕후 김씨이며 왕자 능유가 그녀 소생이다. 둘째 부인은 박씨인데, 시호는 전하지 않는다. 이에 두 부인과 아들 능유에 대해 간단하게 언급한다.

정목왕후 김씨 (?~826년)

정목왕후는 소성왕의 딸이니, 그녀는 삼촌과 결혼한 셈이다. 흥덕왕이 왕위에 오르기 전에 시집왔으며, 흥덕왕이 왕위에 오르자 왕비에 책봉되었다. 그녀는 원래 장화부인으로 불리다가 죽은 뒤에 정목왕후에 추봉되었다.

흥덕왕은 장화부인을 몹시 사랑했던 모양이다. 그의 즉위 두 달 만인 826년 12월에 그녀가 죽자, 너무 슬퍼하여 매일같이 눈물로 밤을 지새웠다고 한다. 신하들이 새 왕비를 맞아들여야 한다고 주장하자, 흥덕왕은 이렇게 말하며 거부했다.

"짝을 잃은 새도 그 슬픔을 간직하거늘, 어찌 좋은 배필을 잃고 무정하게도 곧바로 부인을 얻겠는가?"

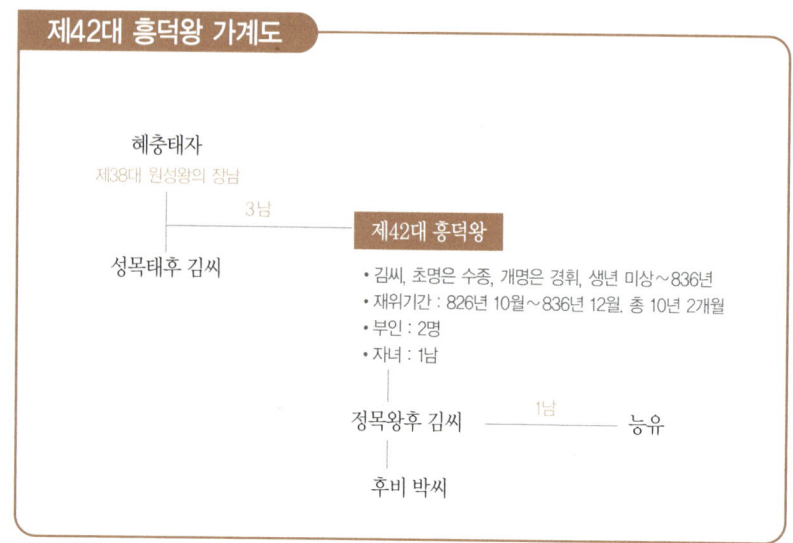

흥덕왕은 심지어 시녀들도 일체 가까이 오지 못하게 하였고, 오직 내시 두 사람만 주변에 머물도록 했다 한다.

그 모습을 애처롭게 여긴 신하 하나가 당나라에 사신으로 갔다 와서 앵무새 한 쌍을 선물했다. 그런데 그만 암놈이 죽고 수놈만 홀로 남아 늘 구슬프게 울었다. 흥덕왕은 거울을 하나 구해 와 수놈 앵무새 앞에 걸어 주었다. 앵무새는 거울 속에 있는 새가 제 짝인 줄 알았다가 거울을 쪼아 보고는 그것이 그림자인 줄 알고 더욱 구슬프게 울다가 죽고 말았다. 흥덕왕이 그 앵무새를 위해 노래를 지었다고 하는데, 내용은 전하지 않는다.

둘째 왕후 박씨 (생몰년 미상)

박씨는 이름도 시호도 전하지 않는다. 다만 흥덕왕 2년 2월에 당나라 문종이 지절사를 보내 '아내 박씨를 왕비로 책봉하였다.'는 구절만 전할 뿐이다.

이 기록은 흥덕왕이 신하들의 강한 요청을 이기지 못하고 결국 새로운 왕비를 맞아들였다는 것을 알려 준다. 그것도 아내가 죽은 지 불과 두 달 만에.

당시 왕실에서 왕비의 역할은 매우 중요했으므로 흥덕왕의 거부에도 불구하고 신하들이 새로운 왕비를 간택했을 것이다.

하지만 왕비의 집안에 대해서는 전혀 언급이 없다.

능유 (?~831년)

능유는 흥덕왕의 장남이며 정목왕후 김씨 소생이다.

그의 출생과 성장에 관한 기록은 없다. 다만 『삼국사기』에 831년 2월에 왕명을 받아 승려 아홉 명을 이끌고 당나라에 진봉사로 갔다가 7월에 돌아오는 길에 바다에 빠져 익사하였다는 기록이 있다.

제43대 희강왕실록

1. 희강왕의 짧은 영화와 김명의 반란

(?~서기 838년, 재위기간:서기 836년 12월~838년 정월, 1년 1개월)

희강(僖康)왕은 원성왕의 손자인 이찬 김헌정의 아들이고, 어머니는 포도부인 박씨이다. 이름은 제륭 또는 제옹이라고 하며, 헌덕왕과 함께 애장을 제거하는 데 가담하여 권좌에 올랐다.

836년 12월에 흥덕왕이 후계자를 정하지 못하고 죽자, 신라 조정은 왕위 계승권 다툼에 휘말렸다. 흥덕왕의 종제 균정과 조카 제륭이 서로 파벌을 형성하여 왕위를 차지하려고 했던 것이다.

당시 시중 김명과 아찬 이홍, 배훤백 등은 제륭을 받들었고, 균정의 아들 우징과 조카 예징, 김양 등은 균정을 받들었다. 그들은 흥덕왕의 죽음이 임박하자, 각기 군대를 이끌고 대궐로 들어가 전쟁을 벌였다. 그 와중에 김양이 화살에 맞아 부상을 입었다. 그 바람에 제륭파가 승세를 굳혔고, 균정은 살해되었으며 김양과 우징은 달아났다. 그리고 제륭이 즉위하게 되었다.

제륭은 왕위에 올라 우선 사형수 이외의 죄수를 모두 사면하여 자기의 왕위

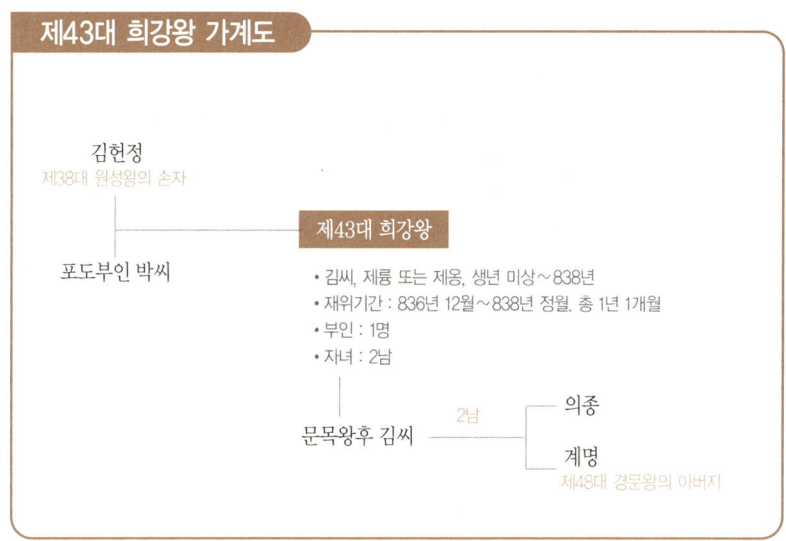

계승을 전국에 알렸다. 또 아버지 김헌정을 익성대왕에, 어머니 박씨를 순성태후에 추봉했다. 또 자기가 즉위하는 데 큰 도움을 준 김명을 상대등에 임명하고, 아찬 이홍을 시중에 임명하여 조정을 장악했다.

그러나 정국은 쉽게 안정되지 않았다. 그와 싸우다 패배하여 달아난 우징이 아버지 균정이 살해된 사실을 백성들에게 알려 반역을 선동하고 있었는데, 김명과 이홍은 그를 잡는 데 혈안이 되었다. 그러나 우징은 처자와 함께 청해진의 장보고에게 몸을 의탁하고 있었기에 함부로 잡아들일 수도 없었다. 또 균정의 매부 예징과 아찬 양순마저 청해진으로 가서 머물렀다.

당시 장보고는 정병 1만을 거느리고 해상권을 장악하고 있었다. 그는 신라 조정의 명령을 듣지 않는 인물이라 김명 등은 어떻게 해 볼 도리가 없었다.

그런 가운데 김명과 이홍은 서로 짜고 군대를 일으켜 희강왕의 측근들을 대거 죽여 버렸다. 이에 겁을 먹은 희강왕은 자기도 살해당할 것을 염려하여 궁중에서 목매어 자살하니, 이때가 재위 3년째인 838년 정월이었다.

능은 소산에 마련되었다.

희강왕의 왕비는 문목부인 김씨이며 갈문왕 충공의 딸이다. 그녀 소생으로 아들 의종과 계명이 있다.

의종은 당나라에 숙위한 적이 있으며, 희강왕 2년인 837년에 돌아왔다. 하지만 그 이후의 행적은 기록되지 않았다.

계명은 제48대 경문왕의 아버지이다. 그 이외의 자세한 기록은 전하지 않는다.

제44대 민애왕실록

1. 민애왕의 왕위 찬탈과 처참한 말로
(?~서기 839년, 재위기간: 서기 838년 정월~839년 윤 정월, 1년 1개월)

민애(閔哀)왕은 원성왕의 손자 대아찬 충공의 아들이며, 귀보부인 박씨 소생이다. 이름은 명이며 헌덕왕 대로부터 여러 벼슬을 거쳐 희강왕을 보좌한 덕으로 상대등에 임명되었다가, 838년 정월에 시중 이홍과 함께 반란을 일으켜 왕위를 찬탈했다.

왕위에 오른 그는 아버지 충공을 선강대왕, 어머니 귀보부인을 선의태후로 추존하고, 김귀를 상대등, 헌중을 시중으로 삼았다.

김명의 반란 소식이 전해지자, 균정파의 김양이 군사를 모집하여 청해진으로 들어갔다. 그리고 우징을 만나 김명이 왕위를 찬탈했다는 소식을 전하고, 그를 응징하자고 제의했다. 이에 우징이 장보고에게 이렇게 말했다.

"김명은 왕을 죽이고 스스로 왕이 되었으며, 이홍도 왕과 아버지를 함부로 살해했으므로 같은 하늘 아래에서 살 수 없는 원수요. 원컨대 장군의 군대를 빌려 임금과 아버지의 원수를 갚고자 합니다."

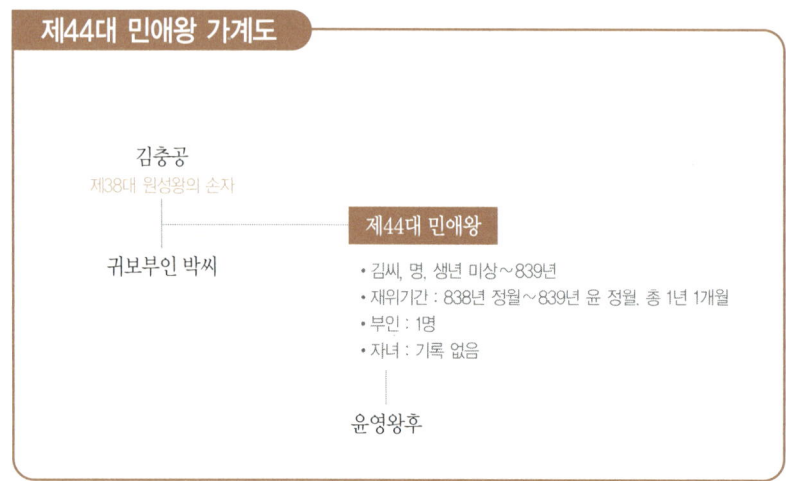

그러자 장보고가 말했다.

"옛 말에 정의를 보고도 실천하지 않는 자는 용기가 없는 자라고 했으니, 내 비록 용렬하나 명령에 따르겠습니다."

장보고는 군사 5천을 동원하여 친구인 정년에게 주며 말했다.

"자네가 아니면 이 난국을 평정치 못할 것이네."

장보고의 군사는 그해 12월에 출병했다. 김양이 평동장군에 임명되어 염장을 비롯해 장변, 정년, 낙금, 장건영, 이순행 등을 거느리고 진주했다.

민애왕이 그 소식을 접하고 대감 김민주에게 군사 3천을 안겨 장보고의 군대를 막도록 했다. 정부군과 청해진 군대는 무주의 철야현에서 한바탕 싸움을 벌였다. 이 싸움에서 김민주는 대패하여 군사를 거의 모두 잃었다.

첫 싸움에서 대승을 거둔 청해진 군대는 기세가 올라 곧장 서라벌로 향하여 이듬해 윤 정월 19일에 달구벌(대구)에 이르렀다. 그 소식에 민애왕은 이찬 대흔과 대아찬 윤린, 의훈에게 군사를 내주고 대응하도록 했다. 그러나 정부군은 청해진 군대의 상대가 되지 않았다. 김양은 단번에 정부군의 절반을 궤멸시키고 서라벌로 달려갔다.

민애왕은 청해진 군대가 밀려오자, 궁궐 서쪽의 교외에 몸을 숨기고 있었다. 그런데 측근들이 겁을 먹고 모두 흩어지자, 혼자 월유택으로 도주하여 숨었다. 하지만 결국 청해진 군대의 수색에 걸려 살해당하고 말았다. 이때가 839년 윤 정월 22일이니, 왕위에 오른 지 불과 13개월 만이었다.

민애왕의 부인은 윤영왕후이다. 그녀는 각간 영공의 딸이다. 그 외에 자세한 기록은 전하지 않는다. 자식들에 대한 기록도 전혀 남아 있지 않다. 민애왕이 살해될 때 부인과 자식들도 함께 죽은 것으로 판단된다.

제45대 신무왕실록

1. 악몽에 시달리는 신무왕과 등에 난 종기
(?~서기 839년, 재위기간: 서기 839년 윤 정월~7월, 6개월)

신무(神武)왕은 원성왕의 손자 균정의 아들이며 진교부인 박씨 소생으로 이름은 우징이다. 헌덕왕 14년인 822년에 김헌창의 난이 일어나자 대아찬의 벼슬을 받고 아버지 균정과 함께 토벌대를 이끌었으며, 흥덕왕 3년인 828년에 시중에 올랐다. 그리고 831년에 시중에서 물러났다가 3년 뒤인 834년에 다시 시중에 기용되었다. 835년에 아버지 균정이 상대등에 오르자, 부자가 함께 재상과 시중에 있을 수 없다는 이유로 물러났다.

836년에 헌덕왕이 죽자, 아버지 균정을 왕위에 앉히려고 노력하였으나, 재종 제륭(희강왕)에게 패배하여 청해진의 장보고에게 의탁하였다. 838년에 희강왕이 김명(민애왕)에게 살해되고, 김명이 왕위에 오르자, 장보고 군대의 도움을 받아 김명을 제거하고 왕위에 올랐으니, 이때가 839년 윤 정월이었다.

즉위와 동시에 할아버지 예영을 혜강대왕, 아버지 김균정을 성덕대왕, 어머니 진교부인 박씨를 헌목태후에 추존하고, 아들 경응을 태자로 삼았다. 그

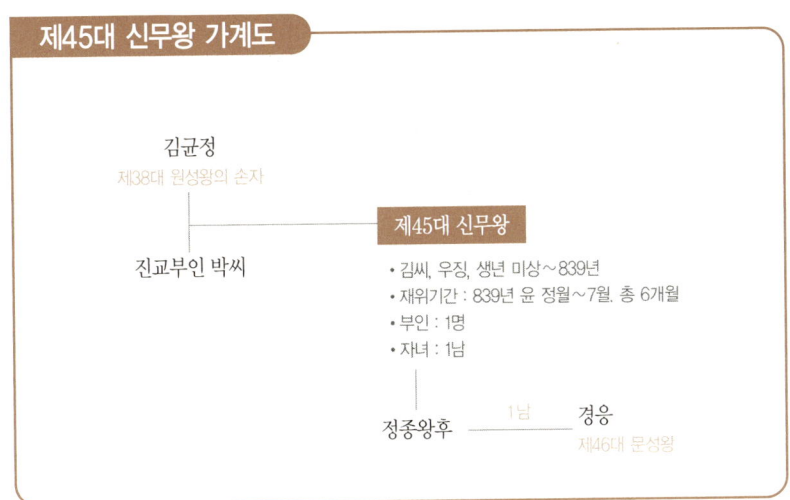

리고 반정에 가장 큰 공을 세운 장보고를 감의군사로 삼고, 식읍 2천 호에 봉하였다.

그때 민애왕을 옹립했던 이홍은 처자를 버리고 산속으로 도주했는데, 신무왕이 병사를 풀어 그를 잡아 죽였다. 그 뒤로 신무왕은 곧잘 이홍이 등장하는 악몽에 시달렸다. 꿈에 이홍이 나타나 그의 등을 활로 쏘아 맞히곤 했던 것이다.

사실, 그 무렵에 신무왕은 이미 중병을 앓고 있었다. 그래서 즉위한 지 몇 달 만에 앓아 누웠는데, 원인은 종기였다. 묘하게도 종기가 난 자리는 꿈에 이홍이 쏜 화살에 맞은 곳이었다.

종기는 순식간에 크게 퍼졌고, 얼마 되지 않아 신무왕은 명을 달리했으니, 이때가 즉위년 7월이었다.

신무왕의 부인은 정종왕후인데, 정계태후라고도 불리었다. 그녀는 명해의 딸이다. 그녀 소생으로는 경응(문성왕)이 있다. 문성왕에 대해서는 해당 실록에서 별도로 언급한다.

제46대 문성왕실록

1. 불안감에 시달리는 문성왕과 해상왕 장보고의 죽음
(?~서기 857년, 재위기간 : 서기 839년 7월~857년 9월, 18년 2개월)

문성(文聖)왕은 신무왕의 장남이며, 정종왕후 소생으로 이름은 경응이다. 839년 윤 정월에 신무왕이 왕위에 오르면서 태자에 책봉되었다가, 7월에 신무왕이 죽자 왕위에 올랐다.

그가 왕위에 오르면서 가장 먼저 한 일은 청해진 대사 장보고(궁복 또는 궁파로도 불림)의 공을 헤아리는 일이었다. 장보고는 신무왕의 즉위에 막중한 역할을 하였고, 휘하에 신라 관군에 맞먹는 강력한 군대를 거느리고 있었던 까닭에 그에 대한 대접을 소홀히 할 수 없었던 것이다. 그래서 교서를 내려 이렇게 말했다.

"청해진 대사 궁복은 일찍이 군사를 거느리고 아버지 신무왕을 도와 선왕의 대적을 격멸하였으니, 그의 공로를 어찌 잊을 수 있겠는가?"

문성왕은 조서와 함께 그를 진해장군으로 임명하고, 동시에 장복을 하사하였다.

장보고를 먼저 챙긴 뒤에 예징을 상대등, 의종을 시중, 양순을 이찬으로 임명하여 조정을 개편하였다. 이들은 모두 신무왕의 즉위에 중추적인 역할을 한 신하들이었다.

하지만 문성왕의 치세는 그다지 평탄하지 않았다. 재위 2년(840년) 4월부터 6월까지 비가 내리지 않아 가뭄에 시달리더니, 그해 겨울에 큰 기근이 닥쳐 백성들을 굶주림에 시달리게 하였다. 거기다 이듬해 봄에는 도성 전역에 전염병이 돌아 많은 사람이 죽어 나갔다.

그런 혼란을 틈타 일길찬 홍필이 반역을 도모하였다. 관군을 동원하여 그를 체포하려 했으나, 그가 섬으로 도주하는 바람에 놓쳐 버리고 말았다. 이미 수년에 걸친 왕위 계승권 다툼으로 인해 지방 조직이 와해되고 있었고, 지방의 인심도 왕실에 등을 돌린 상태였다. 홍필을 체포하지 못한 것은 바로 그런 현실 때문이었다.

그렇게 정국이 뒤숭숭한 상황에서 또 하나의 첨예한 문제가 불거졌다. 문성왕은 왕권을 강화하고 지방의 안정을 도모하기 위해 장보고의 딸을 둘째 왕비로 들이려 하였는데, 조정 대신들이 대거 일어나 반발하는 사태가 벌어졌다. 이유인즉, 장보고의 신분이 미천하다는 것이었다.

사실, 문성왕이 장보고의 딸을 왕비로 맞이하려 한 것은 신무왕의 약속을 이행하기 위한 조치였다. 신무왕은 장보고의 군대를 빌리면서 자신이 왕이 되면, 그의 딸을 왕비로 맞아들이겠다고 약속했던 것이다. 그러나 신무왕이 재위 7개월 만에 죽는 바람에 그 약속은 지켜지지 않았다. 이에 장보고는 문성왕에게 약속 이행을 요구하였고, 문성왕 또한 장보고의 딸을 왕비로 받아들이는 것이 국정 안정에 도움이 될 것으로 판단했다. 하지만 신라는 전통적으로 왕비를 왕족 내부에서 간택해 왔다. 서라벌 귀족 출신들로 구성된 조정 대신들은 그런 전통을 앞세워 장보고의 딸을 왕비로 삼아서는 안 된다고 주장했던 것이다.

귀족들의 반발에 부딪힌 문성왕은 장보고의 딸을 왕비로 받아들이는 것을 포기하기로 결정했다. 그러자 장보고가 강력하게 반발했다. 우징(신무왕)이 왕위에 오르기 전에 약속한 일을 문성왕이 뒤집었으니, 장보고가 발끈하는 것도 무리는 아니었다.

장보고가 약속 이행을 주장하며 불만스러워하자, 문성왕은 그가 군대를 이끌고 도성으로 달려오지 않을까 염려했다. 이미 장보고 군대의 위력을 경험한 만큼 문성왕이 그를 두려워하는 것은 당연했다. 문성왕이 노심초사하며 안절부절못하고 있는데, 염장이라는 장수가 왕을 찾아와 말했다.

"조정에서 저를 믿어 주신다면, 저는 맨손으로 궁복의 목을 베어 가지고 오겠습니다."

염장은 힘이 장사이고, 용맹이 뛰어난 장수였다. 문성왕은 그의 의지를 믿고, 장보고를 죽이라는 밀명을 내렸다.

밀명을 받은 염장은 거짓으로 왕을 배반한 척하고 청해진으로 내려가 장보고의 부하가 되었다. 장보고는 한눈에 염장이 뛰어난 장수임을 알아채고 그를 매우 극진하게 대접하고자 잔치까지 열어 환영하였다. 그런데 그 술자리에서 염장은 불현듯 일어서더니, 그곳에 진열되어 있던 긴 칼을 뽑아 장보고의 목을 쳐 버렸다.

막상 장보고가 죽자, 그의 부하들이 염장에게 굴복하였다. 염장은 장보고의 군대를 이끌고 도성으로 돌아왔다. 이로써 장보고가 애써 가꿔 놓은 해상왕국 청해진이 와해되고 말았으니, 이때가 문성왕 재위 8년(846년)이었다.

장보고가 청해진을 세운 것은 흥덕왕 3년인 828년이었다. 그는 원래 평민 출신으로 남해의 섬에서 태어났는데, 무예가 뛰어나고 바다에 익숙하여 청년 시절에 친구인 정년과 함께 당나라에 건너갔다. 거기서 당나라 서주의 무령군에 머물며 당군의 장교가 되었다가, 당이 혼란에 휩싸이자 신라로 돌아와 완도에 청해진을 세웠다.

바닷가 출신인 그는 당나라에서 해상 무역에 깊은 관심을 가졌는데, 당시 당나라의 혼란으로 인해 선박 관리가 제대로 되지 않아 바다에는 해적이 들끓었다. 그들은 무역선들을 습격하여 물품을 강탈하였는데, 이 때문에 각국은 무역에 큰 차질을 빚고 있었다. 장보고가 청해진을 설치한 목적은 이들 해적들을 소탕하고, 해상 무역의 안전을 도모하는 데 있었다. 이는 곧 당, 신라, 일본의 해상권을 장악하는 일이기도 했다.

장보고는 해안 주변의 장정들을 모아 병력을 형성했고, 그들을 기반으로 해적 소탕전을 펼쳤다. 그 결과 해안에 들끓던 해적들이 거의 사라지고, 장보고의 군대는 날로 늘어 1만으로 불어났다.

세력을 키운 장보고는 중국 산동성에도 거점을 마련하고, 그곳에 이민 가 있던 신라인들의 구심체 역할을 하기도 했다.

그러던 중에 우징(신무왕)의 부탁을 받고 혁명에 가담하여 민애왕을 죽이고 새로운 정권을 탄생시키는 산파 역할을 하게 됐던 것이다.

하지만 그가 중앙 정치에 가담한 것은 실수라면 실수였다. 서라벌의 귀족들은 평민 출신인 그가 조정에 진출하는 것을 꺼렸다. 그런데 장보고는 신무왕의 약속만 믿고 자기 딸을 문성왕의 왕비로 만들려고 하다가 오히려 반역자로 몰려 목숨을 잃는 불행한 결과를 초래했다.

장보고의 죽음은 단순히 서민 출신의 한 인간이 중앙 귀족으로 진출하려다 좌절된 사건 정도로 취급될 일이 아니다. 그의 죽음으로 18년간 유지해 온 청해진이 와해되었고, 그것은 곧 해상 무역의 혼란을 의미했다. 말하자면 신라, 일본, 당을 오가는 해상 무역상들은 청해진이라는 귀중한 안전판을 상실했던 것이다. 이는 세 나라의 경제에 엄청난 피해를 초래했다.

또한 장보고의 힘으로 등장한 문성왕의 지지기반도 약해질 수밖에 없었다. 서라벌 조정엔 이미 양순이나 홍종 같은 장보고 인맥이 진출해 있었는데, 그들은 문성왕의 정치를 떠받치는 기둥 역할을 하고 있었다. 그런데 장보고가 살해됨으로써 양순과 홍종 등은 정치권 밖으로 밀려날 수밖에 없었고, 그것은 또 다른 불만 세력을 키우는 결과를 낳았다.

아니나 다를까, 시중에서 밀려난 양순은 장보고가 살해당했다는 소식을 듣고 홍종과 함께 반란을 일으켰다. 다행히 반란은 진압되어 양순과 홍종 등은 체포되어 처형되었지만, 정국은 한층 더 혼란으로 치달았다.

문성왕은 그런 와중인 재위 9년(847년)에 아들을 태자로 책봉하여 왕실의 위엄을 다졌다. 그러나 849년 9월에 이찬 김식과 대흔이 또 한 차례 반란을 일

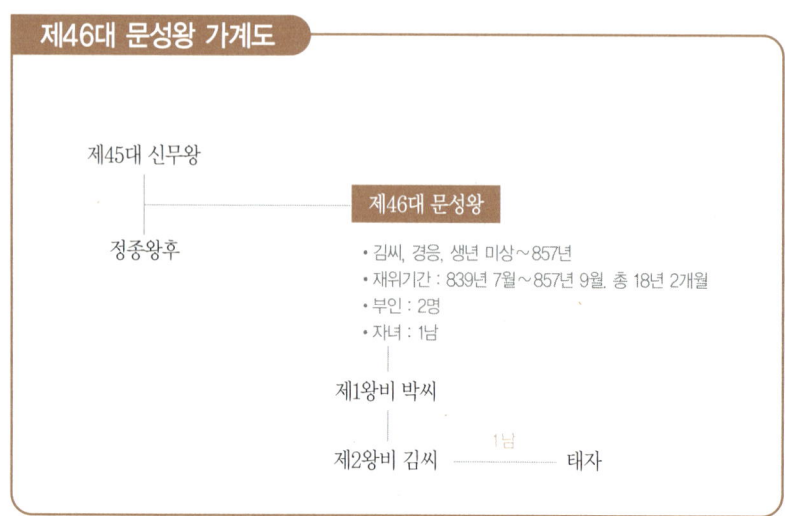

으켰다. 이번에도 반란군은 진압되었고, 주모자들은 모두 처형되었다. 거기다 대아찬 흔린이 연루되어 함께 처벌되었다.

김식, 대흔, 흔린 등도 양순이나 홍종처럼 청해진의 후광을 입어 등용된 인물인 듯하다. 그런 까닭에 문성왕은 851년에 여전히 반란의 불씨로 남아 있던 청해진을 완전히 혁파하고, 그곳 사람들을 모두 벽골군으로 옮겨 살도록 조처했다.

그런 가운데 문성왕은 또 한 번 큰 고통을 경험하게 된다. 852년 11월에 태자가 죽은 것이다. 그리고 5년 뒤인 857년 9월에 그도 세상을 떠났다.

능은 공작지에 마련되었다.

2. 문성왕의 가족들

문성왕은 두 부인에게서 아들을 하나 낳았다.

첫째 왕비는 박씨이다. 하지만 구체적인 내용은 전하지 않고, 문성왕 3년에 당나라 책봉사에 의해 왕비로 책봉된 기사만 남아 있다. 아마도 박씨는 소생이 없었던 것으로 보인다.

둘째 왕비는 문성왕 4년 3월에 입궁한 이찬 위흔의 딸이다. 이때 그녀를 왕비로 맞이한 것을 볼 때, 첫째 왕비 박씨는 이미 죽었거나 방출당한 것으로 보인다.

둘째 왕비는 아들을 하나 낳았는데 그는 문성왕 9년에 왕태자에 책봉된다. 그러나 이 왕태자는 문성왕 14년에 죽었다.

그런데 신라의 마지막 왕 경순왕이 문성왕의 후손이라는 사실을 감안할 때, 이때 죽은 왕태자에게 아들이 있었던 것으로 보인다.

▶ 문성왕 시대의 세계 약사

문성왕 시대 중국의 당나라는 무종과 선종 연간이다. 도교를 숭상하던 무종은 불교를 탄압했다. 그래서 사찰 4만여 곳을 부수고, 승려 26만 명을 환속시키는 극단적인 조치를 내렸다. 그러나 선종이 즉위하여 폐사를 복구하고 안정을 되찾으려 했으나, 곳곳에서 반란이 일어나 국정이 혼란에 빠진다.

이즈음에 서양의 프랑크 왕국에서는 루트비히 1세가 죽고, 아들 셋이 서로 영토 다툼을 벌여 결국 3분되고 말았다. 이때 노르만족이 성장하여 파리를 공격하고, 데인족은 캔터베리와 런던을 침공하였으며, 사라센족은 이탈리아를 침략하여 로마를 포위하기도 했다. 교황 레오 4세가 즉위하여 동맹군을 형성하고 사라센족을 격퇴하였다.

제47대 헌안왕실록

1. 늙은 헌안왕의 왕위 계승
(?~서기 861년, 재위기간 : 서기 857년 9월~861년 정월, 3년 4개월)

헌안(憲安)왕은 신무왕의 아버지 균정의 아들이며, 조명부인 김씨 소생으로 이름은 의정이다. 문성왕 11년에 상대등에 임명되었고, 857년에 문성왕이 죽자 왕위에 올랐다.

균정에겐 부인이 둘 있었는데, 조명부인은 두 번째 부인이다. 따라서 헌안왕은 신무왕의 이복 동생이며, 문성왕의 숙부가 된다. 그런데 헌안왕과 신무왕은 단순히 이복 형제 이상의 다소 복잡한 관계에 놓여 있었다. 헌안왕의 어머니 조명부인은 민애왕(김명)과 남매지간이다. 말하자면 김명과 균정은 처남과 매부 관계였다. 그런데 민애왕은 신무왕의 아버지 균정을 죽였고, 신무왕은 민애왕을 죽였다. 즉, 신무왕과 민애왕은 서로 원수지간인 셈이다. 그리고 그 가운데에 조명부인이 있었다. 조명부인에겐 남편을 죽인 오빠 김명이 원수요, 또 오빠 김명을 죽인 신무왕도 원수였다. 그녀에게는 친정과 시가가 모두 원수였던 것이다. 헌안왕은 그런 이상한 처지에 놓인 조명부인의 아들로 태어났다.

당시 신라 사회에서는 외가의 영향력이 본가에 뒤지지 않았던 점을 감안한다면, 헌안왕은 본가와 외가 어느 쪽 편도 들 수 없는 처지였다. 그런 그에게 뜻밖에도 왕위가 주어졌다. 『삼국사기』는 문성왕이 유언으로 헌안왕을 왕위 계승권자로 지목했다고 기록하고 있다. 그러나 여기엔 석연치 않은 점이 있다. 문성왕이 죽을 당시 경응(헌안왕)은 매우 연로한 상태였다. 그런 그에게 왕위를 물려주는 것보다는 차라리 문성왕의 손자에게 왕위를 물려주고, 태후로 하여금 섭정을 하도록 하는 편이 훨씬 현실적이었을 것이다. 그런데 손자를 제쳐두고 노쇠한 숙부에게 왕위를 넘기도록 유언했다는 것은 잘 납득이 되지 않는 대목이다.

더구나 『삼국사기』에는 문성왕의 유언이 필요 이상으로 길게 기록되어 있다. 그 유언을 옮기면 이렇다.

과인이 미미한 자질로 높은 자리에 처하여, 위로는 하늘에 죄를 짓지 않을까 두려워하고, 아래로는 백성들에게 실망을 주지 않을까 걱정하였으니, 밤낮으로 깊은 물과 얇은 얼음을 건너는 듯 전전긍긍하면서도, 세 명의 재상과 여러 신하의 보좌에 힘입어 왕위를 유지했다.

이제 나는 갑자기 병에 걸린 지 열흘이 지났으니, 정신이 혼몽하여 아침 이슬보다 빨리 세상을 떠날지도 모르겠다. 선조로부터 내려오는 사직에는 주인이 없을 수 없으며, 국가의 정치에 관한 모든 사무는 잠시라도 폐할 수 없다.

돌아보건대, 서불한 의정은 선왕의 손자요 나의 숙부이다. 그는 효성과 우애가 있고 명민하여 관후하고 인자하여, 오래도록 재상의 직에 있으면서 왕의 정사를 도왔으니, 위로는 종묘를 받들 만하고, 아래로는 창생을 기를 만하다. 이에 나는 무거운 책무에서 벗어나 어질고 덕 있는 이에게 그것을 맡기려 하는 바, 그것을 부탁할 적임자를 얻었으니, 다시 무슨 여한이 있으랴? 살고 죽는 것과 시작하고 끝맺는 것은 만물의 위대한 기약이요, 오래 살고 일찍 죽는 것은 천명이 부여하는 정해진 몫이다. 세상을 뜨는 자는 하늘의 이치에 이르는 것이니, 세상에 남는 자가 지나치게 슬퍼할 필요는 없다. 너희 여러 신하는 힘

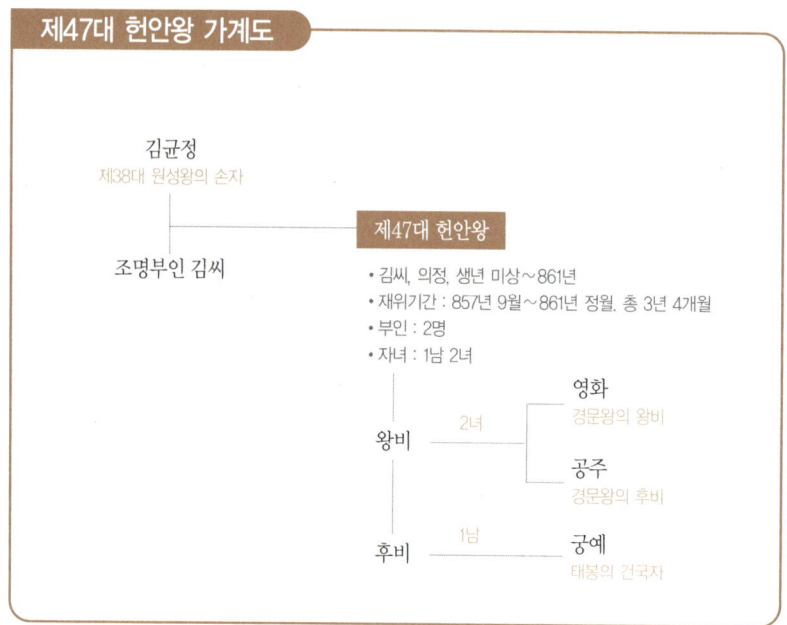

을 다하여 충성할 것이며, 가는 사람을 장례 지내고 살아 있는 사람을 섬김에 있어서도 예절을 어기지 말 것이다. 나라 전체에 포고하여 나의 뜻을 분명히 알게 하라.

문성왕은 이 유언을 남긴 지 7일 만에 죽었다.

의심스러운 것은 이 유언장의 내용이 지나치게 장황하다는 것이다. 더구나 유언장을 작성할 당시에 문성왕은 몹시 위독한 상황이었다. 그런 몸으로 이런 장황한 유언장을 남긴다는 것은 미심쩍은 일이다.

아무래도 이 유언장은 당시 상대등이던 경응 일파에 의해 작성된 듯하다. 그리고 이 과정에서 정파 간에 모종의 결탁이 이뤄진 듯하다.

헌안왕은 별다른 업적을 남기지 못하고 재위 5년 만에 죽는다. 그리고 그를 이어 왕위에 오르는 사람은 사위 김응렴(경문왕)이다.

김응렴은 아찬 계명의 아들이고, 계명은 제륭(희강왕)의 아들이다. 즉, 그는 제륭의 손자인 셈인데, 제륭은 바로 헌안왕의 아버지 균정을 죽인 인물이다. 말하자면 원수의 손자를 사위로 맞은 것이다.
　제륭파와 헌안왕 사이에 모종의 거래가 있지 않고는, 헌안왕이 자기 아비를 죽인 원수의 손자를 사위로 받아들였을 까닭이 없다. 더구나 왕위까지 물려준 걸 보면, 어쩌면 이는 이미 헌안왕이 왕위에 오를 때 약속된 일이 아닌가 싶다. 어쨌든 이 일로 오랫동안 지속되었던 제륭파와 균정파의 정쟁은 일단락된 셈이다.
　헌안왕은 재위 5년인 861년 정월에 죽었으며, 능은 공작지에 마련되었다.

　헌안왕에겐 부인이 둘 있었다. 왕비는 딸을 둘 낳았는데, 그녀의 가문과 이름은 전하지 않는다. 그녀 소생의 두 딸은 모두 경문왕에게 시집갔다. 큰딸은 경문왕의 정비 영화왕후이다.
　헌안왕의 후비는 이름이 기록되지 않았으나, 그녀는 궁예를 낳은 것으로 전한다. 궁예는 후에 후삼국 중의 하나인 태봉을 세운 인물이다. 궁예에 관해서는 「진성왕실록」에서 별도로 다루기로 한다.

제48대 경문왕실록

1. 경문왕의 왕위 계승과 그 배경

경문왕의 이름은 응렴이다. 그는 헌안왕의 맏딸과 결혼하여 왕이 된 인물인데, 헌안왕의 사위가 된 경위는 자세히 밝혀져 있지 않다. 다만 860년 9월에 헌안왕이 임해전에 여러 신하를 모았는데, 응렴이 그 자리에 참석하여 헌안왕의 눈에 든 것이 그를 사위로 받아들인 이유라고 『삼국사기』는 전하고 있다.

이때 헌안왕은 15세의 응렴에게 이렇게 물었다.

"네가 상당 기간 세상을 돌아다니며 견학한 바 있다는데, 착한 사람을 본 일이 없었느냐?"

이 물음에서 알 수 있듯이 헌안왕은 이미 오래전부터 응렴에 대해서 알고 있었다. 『삼국유사』에 따르면 당시 응렴은 화랑도의 우두머리인 국선의 위치에 있었으므로 헌안왕이 그를 모를 리 없었다. 그래서 그 자리에 참석한 것도 이미 예정된 일임이 분명하다. 말하자면 이미 응렴은 헌안왕의 사위로 내정되어 있었고, 헌안왕은 그 자리에서 응렴의 자질을 평가하고자 했던 것이다.

헌안왕의 물음에 응렴은 이렇게 답한다.

"제가 일찍이 세 사람을 보았는데, 적어도 그들은 착한 행동을 한다고 생각했습니다."

"어떤 행동인가?"

"한 사람은 높은 가문의 자제로서 다른 사람과 교제하면서 자신을 내세우지 않고 항상 남보다 아래에 거처하였으며, 다른 한 사람은 재물이 많아 사치스런 의복을 입을 만한데도 언제나 베옷을 입는 것으로 자족하였으며, 나머지 한 사람은 권세와 영화를 누리면서 단 한 번도 다른 사람에게 세도를 부리지 않았습니다."

헌안왕이 그 대답을 듣고 귀엣말로 왕후에게 이렇게 말했다.

"내가 많은 사람을 겪었지만, 응렴만 한 사람은 없었소."

그 뒤에 헌안왕은 자기에게 딸이 둘 있는데, 언니는 스무 살이고 동생은 열아홉 살이라며 누구를 원하느냐고 물었다. 응렴은 즉답을 피하고 집으로 돌아와 부모에게 물었다. 그러자 부모는 언니가 동생보다 못하다는 말을 들었다며, 장가를 들리면 동생에게 들라고 했다.

그러나 응렴은 헌안왕의 둘째 딸에게 장가드는 것을 주저했다. 그는 왕위에 욕심이 있었던 것이다. 그래서 흥륜사 중에게 가서 물었다. 그랬더니 그 중이 이렇게 말했다.

"언니에게 장가를 들면 세 가지 이익을 얻을 것이요, 동생에게 장가를 들면 세 가지 손해를 볼 것입니다."

사실, 응렴은 헌안왕의 둘째 딸에게 마음이 있었다. 그러나 둘째 딸과 결혼하면 왕위를 얻을 수 없었기에 망설이고 있었던 것이다. 또한 헌안왕과 왕비는 응렴을 맏사위로 삼고 싶어 했다. 흥륜사 승려는 그런 내막을 파악하고 그렇게 말하며 다음과 같이 덧붙였다.

"언니와 결혼하면 왕(헌안왕)과 왕비의 뜻을 따르는 것이니, 왕과 왕비가 기뻐하여 당신에 대한 사랑이 점점 깊어질 것이 첫째 이득이오, 그로 인하여 왕이 될 것이니 둘째 이득이오, 왕이 된 뒤에 원하던 둘째 딸을 취하면 될 것이니 셋째 이득이오."

그 말을 듣고 응렴은 헌안왕을 찾아가 말했다.

"제가 감히 결정을 하지 못하겠사오니, 대왕께서 결정해 주십시오."

그 소리에 헌안왕은 기뻐하며 맏딸 영화를 응렴과 결혼시켰다. 그리고 죽음이 임박하자, 헌안왕은 신하들에게 이렇게 유언했다.

"짐이 불행하게도 아들 없이 딸만 두었다. 우리 나라에서는 예전에 선덕, 진덕 두 여왕이 있었지만, 이는 암탉이 새벽을 알리는 일과 비슷하므로 이를 본받을 수 없다. 사위인 응렴은 나이가 비록 어리지만 성숙한 덕성을 갖추고 있다. 그대들이 그를 임금으로 세워 섬긴다면, 반드시 조종의 훌륭한 후계를 잃지 않을 것이다."

헌안왕은 이 말을 남기고 861년 1월 29일에 죽었다. 그리고 곧 응렴이 왕위에 올랐다.

응렴의 왕위 계승은 겉으로 보기엔 자연스러워 보이지만, 그 내막을 알고 보면 석연치 않은 구석이 많다.

우선, 응렴은 희강왕의 아들인 이찬 계명의 아들이다. 희강왕이 누구인가? 바로 균정을 죽이고 왕위에 오른 제륭이 아닌가. 그리고 헌안왕은 균정의 아들이다. 즉, 응렴은 헌안왕의 아비를 죽인 원수의 손자이다. 그럼에도 헌안왕은 그를 사위로 삼았다.

헌안왕의 이 부자연스런 선택의 배경에는 모종의 거래가 도사리고 있을 법하다. 「헌안왕실록」에서 이미 밝혔듯이 이는 헌안왕의 왕위 승계와 관련이 있다. 즉, 헌안왕은 제륭파의 도움으로 왕위에 올랐고, 그 결탁의 대가로 제륭의 자손을 사위로 삼아 그에게 왕위를 계승하게 했던 것이다. 이는 오랫동안 지속되던 제륭파와 균정파의 왕위 계승 다툼의 종결을 의미한다.

2. 경문왕의 과욕과 등 돌리는 민심
(서기 846~875년, 재위기간: 서기 861년 정월~875년 7월, 14년 6개월)

경문(景文)왕은 희강왕의 아들인 이찬 계명의 아들이며, 광화부인 소생으로 이름은 응렴이다. 846년에 태어났으며, 헌안왕 4년인 860년에 15세의 나이로 헌안왕의 큰딸 영화와 결혼하여 부마가 되었다. 그리고 861년 정월에 헌안왕이 죽자, 왕위를 계승하였다.

경문왕은 16세의 어린 나이로 왕위에 올랐기 때문에 초기에는 왕권을 제대로 확보하지 못한 듯하다. 따라서 경문왕 초기의 정치는 경문왕보다 다섯 살이나 많은 왕비 영화부인과 헌안왕의 왕비인 태후가 좌지우지했던 모양이다. 이는 경문왕이 재위 6년에야 비로소 자기 아버지를 의공대왕, 어머니 박씨를 광의왕태후, 부인 김씨를 문의왕비로 봉한 사실에서 확인된다. 대개 왕이 즉위하면 즉위년이나 그 이듬해에 곧바로 자기 부모나 조상에 대해 봉호를 추존한다. 그런데 경문왕의 경우에는 즉위 후 무려 5년이 지난 뒤에야 겨우 아버지와 어머니에게 봉호를 추존했다는 것은 이때에 와서야 비로소 왕권을 인정받았다는 뜻이다.

그러나 경문왕의 왕권 장악에 불만을 품은 세력이 있었다. 비록 제륭파와 균정파의 정치적 결탁으로 경문왕이 왕위에 올랐지만, 이 결탁 자체를 인정하지 않던 세력이 있었다는 뜻이다. 그들에 의해 경문왕 재위 연간에 세 번에 걸쳐 반란 사건이 일어난다.

첫 번째 반란 사건은 경문왕이 자기 부모에게 추존하여 봉호를 올렸던 바로 그해에 일어났다. 경문왕 재위 6년(866년) 10월, 이찬 윤흥과 그의 아우 숙흥, 계흥 등이 함께 역모를 꾀하다가 발각되어 대산군으로 도주하는 사건이 벌어졌다. 경문왕은 군대를 동원하여 그들을 붙잡아 참수하고, 삼족을 멸하는 극단적인 조치를 취하였다.

윤흥 형제는 필시 왕족의 일원이었을 것이다. 그런데 그들의 삼족, 즉 부모와 형제와 처자를 모두 죽이도록 한 것은 경문왕이 역도들에 대해 대단히 강력한 조치를 취했음을 의미한다. 희강왕 이후로 왕족 내부에서 많은 반란 사건이 일어났지만, 삼족을 멸한 경우는 거의 없었기 때문이다.

경문왕이 이토록 강한 조치를 취할 수 있었다는 것은 당시 경문왕의 왕권이 매우 강력했다는 뜻이다. 그러나 반란 사건은 그 이후에도 이어진다. 윤흥의 반란 이후 불과 1년 3개월 만인 868년 정월에 이찬 김예, 김현 등이 반란을 도모하다가 발각되어 처형되었다.

이 사건 이후로 한동안 잠잠하다가 재위 14년(874년)에 또 한 번 반란 사건이 일어난다. 그해 5월에 이찬 근종이 반란을 일으켰는데, 이는 종래의 반란과는 성격이 전혀 달랐다. 윤흥과 김예의 반란 사건은 역모를 도모하는 과정에서 일어난 정치적 사건이라면, 근종의 난은 군대를 일으켜 도성 안에서 전쟁을 유발한 중대 사태였던 것이다.

근종의 난이 일어난 직접적인 원인은 경문왕이 무리하게 황룡사 대탑을 개축하는 공사를 벌였기 때문이다. 868년 6월에 황룡사 대탑이 벼락을 맞아 무너졌다. 그러자 3년 뒤인 871년에 경문왕은 대탑을 개축하도록 명령했다. 그런데 이 공사를 명령하던 시점에 백성들의 삶은 무척 어려웠다. 870년 4월에 서라벌에 큰 지진이 있었고, 7월에는 홍수가 났다.

또한 그해 겨울에는 눈이 내리지 않아 겨울 가뭄으로 고통받았고, 설상가상으로 전염병마저 퍼져 백성들이 무더기로 죽어 나갔다. 경문왕은 그런 백성들의 고통을 헤아리지 않고 황룡사 대탑 공사를 추진했던 것이다.

황룡사 대탑은 그 규모가 너무 엄청나서 선덕여왕이 처음에 그것을 세울 때도 백성들의 불만이 많았다. 대규모 공사에 많은 백성이 동원되었고, 결과적으로 곤궁한 백성들의 삶을 더욱 어렵게 만들었기 때문이다.

선덕(여)왕 때도 대탑 공사로 민심이 흉흉해진 틈을 타서 비담의 무리가 반란을 획책한 선례가 있었는데도, 경문왕은 무리한 공사를 강행했다. 그러자 많은 백성이 부역에 동원되었고, 그것은 민심을 극도로 악화시켰다.

경문왕이 무리한 공사를 강행한 것은 왕비인 영화부인의 죽음과 무관하지 않은 듯하다. 영화부인은 870년 5월에 죽었는데, 경문왕은 황룡사 대탑을 개축하여 영화부인의 명복을 빌려 했던 모양이다.

황룡사 대탑 개축을 명령한 지 한 달 만에 경문왕은 또 월상루를 중수하라는 명령을 내렸다. 기왕 큰 공사를 하는 마당에 낡은 월상루를 함께 고치자는 생각에서였으리라.

황룡사 대탑 공사는 3년간 지속되어 873년 9월에 완성해 낙성식을 거행하였다. 탑의 높이는 9층이었고, 높이는 스물두 장(丈, 10척)이었으니, 지금 수치로 약 66미터 높이의 거대한 건물이었다.

이 공사가 진행되던 3년 동안 서라벌에는 또 한 차례 지진이 발생했다. 또 전국에 메뚜기 떼가 창궐하여 곡식을 해치는 바람에 백성들이 흉년에 시달렸다.

어디 그뿐인가? 전국이 전염병에 휩싸여 숱한 사람이 매일같이 죽어 나갔다. 황룡사 대탑 낙성식은 백성들의 피와 눈물, 그리고 죽음이 횡행하는 가운데 치러졌던 것이다.

그리고 바로 이듬해 5월에 근종이 군대를 일으켜 도성을 공격했다. 그가 이끌었던 군대는 관군이 아닌 백성들이었다. 말하자면 굶주림과 노동력 착취에 지친 백성들이 근종의 선동에 힘입어 들불처럼 일어났던 것이다.

그러나 근종의 병력은 도성을 무너뜨리지 못하고 성 밖으로 밀려났다. 관군은 그들을 끝까지 추격하였고, 결국 근종도 잡혔다. 체포된 그는 수레에 매달려 사지가 찢어진 채 죽었다.

근종의 난으로 민심은 크게 악화되고, 정치 불안이 가속화되고 있었다. 그러던 875년 7월 8일, 경문왕도 서른 살의 젊은 나이로 죽음을 맞이했다.

『삼국유사』에는 경문왕이 왕위에 오른 뒤로 계속해서 귀가 커져 당나귀 귀처럼 되었다는 이야기가 전한다. 그 비밀을 알고 있던 사람은 왕의 두건을 만드는 기술자 한 사람뿐이었다. 그는 평생 그 비밀을 지키다가 죽기 직전에 도림사 대나무 숲에 들어가 아무도 없는 데서 이렇게 소리쳤다고 한다.

"우리 임금 귀는 당나귀 귀 같네!"

그 후 바람만 불면 대숲에서 그 소리가 들려왔다고 한다. 경문왕은 그 소리가 듣기 싫어 그곳의 대나무를 모두 베어 버리고 산수유를 심었다고 한다. 그

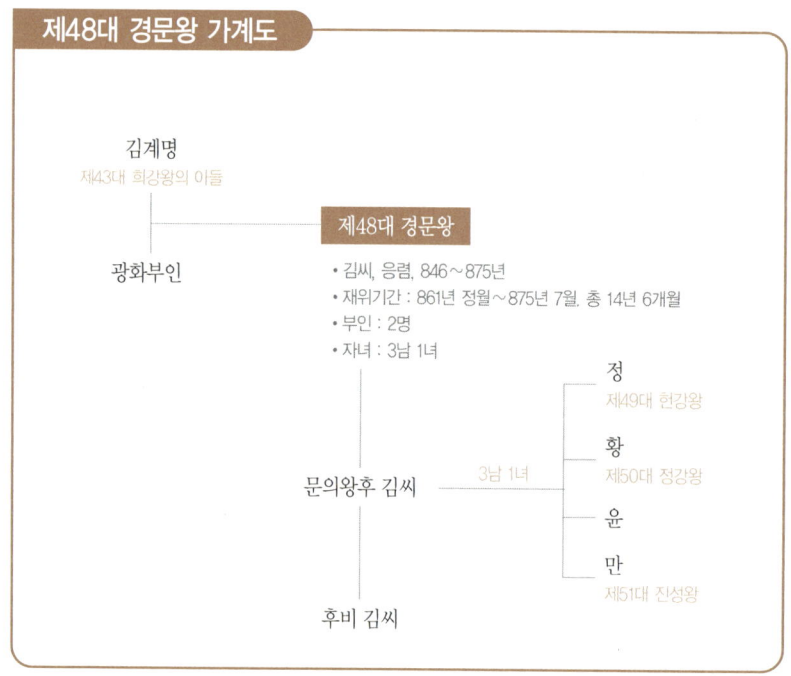

뒤로 바람이 불면 "우리 임금 귀는 크다네." 하는 소리만 났다고 한다.

이 이야기는 경문왕이 귀는 크지만 백성의 소리에는 귀를 기울이지 않는 것을 비꼬아서 누군가가 고의로 지어서 유포한 듯하다.

3. 경문왕의 가족들

경문왕은 두 부인에게서 아들 셋과 딸 하나를 얻었다. 첫째 부인은 헌안왕의 맏딸 영화부인이며, 둘째 부인은 헌안왕의 둘째 딸 김씨이다.

영화부인은 스무 살이던 860년에 경문왕과 결혼하였고, 861년에 경문왕이 왕위에 오르자, 왕비가 되었다. 그리고 866년에 시호를 받아 문의왕비로 봉해졌다가 870년 5월에 죽었다.

그녀 소생으로 아들 정(헌강왕), 황(정강왕), 윤과 딸 만(진성여왕)이 있다.

둘째 왕비 김씨는 이름이 전하지 않으며, 헌안왕의 둘째 딸로 기록되어 있다. 스물두 살 되던 863년에 경문왕의 둘째 왕비에 책봉되었고, 언제 죽었는지는 기록되지 않았으며, 그녀 소생이 누구인지도 기록되지 않았다. 경문왕이 그녀를 받아들인 경위는 경문왕 즉위 배경에서 이미 언급한 바 있다.

경문왕의 자식들 중에 정, 황, 만 등에 관해서는 해당 실록에서 언급하기로 하고, 여기서는 윤에 대해서만 짧게 다룬다.

윤에 대한 기록은 경문왕 9년 7월의 기록이 유일하다. 그는 왕자의 신분으로 소판 벼슬을 받아 당나라에 진봉사신으로 갔다. 그때 그는 어린아이에 불과했는데, 사신으로 갔다는 것이 납득되지 않는 부분이다. 어쩌면 그는 경문왕의 자식이 아니라 경문왕의 왕비 영화부인의 사자(私子)일지도 모르겠다.

영화부인은 경문왕보다 나이가 다섯 살이나 많고, 당시로선 스무 살이라는 늦은 나이에 경문왕과 결혼했다. 이는 이미 영화부인이 다른 남자와 결혼한 경력이 있는 여자일 수도 있다는 뜻이다. 신라 사회에선 왕위 계승권을 가진 공주가 세 명의 남자와 결혼할 수 있었으므로 전혀 엉뚱한 일은 아닐 것이다.

만약 영화부인이 경문왕과 결혼하기 전에 다른 남자에게서 아들을 얻었다면, 경문왕은 그녀가 낳은 아들을 양자로 받아들였을 것이다. 그것은 신라 왕실의 관례였다. 특히 왕자 신분의 윤이 이찬이 아닌 소판 벼슬을 받았다는 것도 그가 경문왕의 친자가 아니라는 점에 설득력을 더해 준다.

▶ 경문왕 시대의 세계 약사

경문왕 시대 당나라는 의종과 희종 연간으로 쇠퇴기로 접어든 때였다. 곳곳에선 민란이 끊이지 않았고, 급기야 계주에서는 군란이 일어나 통치력이 마비되는 사태까지 발생했다. 서양에서는 사라센도 내분이 일어나 칼리프 자리를 두고 서로 다투는 상황이 벌어졌다. 동로마에서는 바실레이오스 1세가 미카엘 3세를 죽이고 자립하는 사태가 벌어졌으며, 로마 교황과 콘스탄티노플 관장이 서로를 파문하는 기이한 사태도 벌어졌다.
이처럼 경문왕 연간은 동서양이 모두 혼란으로 치달았다.

제49대 헌강왕실록

1. 덕치를 펼친 헌강왕과 오랜만에 찾아든 태평성대
(?~서기 886년, 재위기간 : 서기 875년 9월~886년 7월, 10년 10개월)

헌강(憲康)왕은 경문왕의 맏아들이며, 문의왕후 소생으로 이름은 정이다. 경문왕 재위 6년인 866년에 태자에 책봉되었고, 875년 9월에 경문왕이 죽자 왕위에 올랐다. 그는 명민하고 글읽기를 좋아하여 눈으로 한 번 보면 입으로 모두 외웠다고 전한다.

경문왕과 문의왕후가 결혼한 때가 860년이므로 헌강왕은 왕위에 오를 때 불과 15세 안팎의 소년이었을 것이다.

어린 나이에 왕위에 오른 헌강왕은 이찬 위홍을 상대등으로, 대아찬 예겸을 시중으로 임명하여 조정을 꾸렸다. 또 사형수 이하의 모든 죄수들을 사면하고, 황룡사에서 모든 승려에게 음식을 대접하고, 백고좌를 열어 불경을 강론하도록 하고, 자신이 직접 그 자리에 참석하는 등 민심안정책을 구사하였다.

그러나 당시 정세는 여전히 혼미하였다. 특히 국제 정치의 중심이었던 당나라가 황소의 난으로 전란에 휩싸였다. 그 여파로 신라를 비롯한 주변국들의 민심도 동요하고 있었다.

백성들의 그런 불안은 재위 5년(879년) 3월의 다음 기사에도 잘 반영되어 있다.

"3월, 왕이 동쪽의 주군에 순행하였는데, 어디서 왔는지 알 수 없는 사람 넷이 왕 앞에 와서 노래를 부르고 춤을 추었다. 그들의 모양이 무섭고 차림새가 괴이하여 당시 사람들이 그들을 일컬어 산과 바다에 사는 정령이라고 하였다."

사람들은 이 일을 매우 불길한 일로 여겼다. 『삼국사기』는 '옛 사서에는 이 사건이 헌강왕 즉위년의 일로 기록되어 있다.'고 쓰고 있다. 말하자면 헌강왕 즉위년부터 신라의 민심은 매우 불안했음을 내비치고 있는 것이다.

그 점을 반영하듯 879년 6월에 일길찬 신홍이 모반을 일으켰다. 다행히 모반은 실패하고 신홍은 사형을 당했지만, 헌강왕의 가슴을 서늘하게 만든 사건이었다.

그러나 이 사건을 제외하면 헌강왕 치세는 무난했다. 헌강왕 연간에는 단 한 차례도 천재지변에 의한 흉년이 발생하지 않았다. 그 덕분에 백성들은 곤궁한 삶을 면할 수 있었다. 오랜만에 태평성대를 구가하고 있었다.

헌강왕은 그런 현실을 자족하며 사냥과 음악을 즐겼다. 당시 헌강왕의 심정은 재위 6년의 다음 기사에 잘 나타나 있다.

9월 9일, 왕이 좌우의 신하들과 월상루에 올라가 사방을 바라보니, 도성에 민가가 즐비하고, 노랫소리가 연이어 들렸다. 왕이 시중 민공을 돌아보면서 말했다.

"짐이 듣건대, 지금 민간에서는 짚이 아닌 기와로 지붕을 덮고, 나무가 아닌 숯으로 밥을 짓는다고 하니, 과연 그러합니까?"

민공이 대답했다.

"저도 그렇게 들었습니다. 폐하께서 즉위하신 이후로 음양이 조화를 이루고, 바람과 비가 순조로워서 해마다 풍년이 들고, 백성들은 먹을 것이 넉넉합니다. 변경은 안정되고 시정이 즐거우니, 이는 폐하의 어진 덕에 의하여 이뤄진 것입니다."

왕이 즐거워하며 말했다.

"이는 그대들의 도움 덕이지, 나에게 무슨 덕이 있겠소?"

이 대화에서 알 수 있듯이 헌강왕 연간은 비교적 태평한 세월이었다. 재위 7년 3월 기사에 왕이 임해전에서 여러 신하에게 연회를 베풀고, 스스로 취하여 거문고를 타고, 신하들은 각각 가사를 지어 올리면서 마음껏 즐겼다는 내용도 그 점을 대변한다.

이듬해인 883년 4월, 일본국 왕이 사신을 보내 황금 3백 냥과 야명주 열 개를 바쳤다는 기록은 당시에 일본과의 관계도 좋았다는 것을 의미한다.

또 885년 3월에 당대의 석학 최치원이 돌아왔다는 기사도 당나라의 혼미한 정국에 비해 신라는 무척 안정된 상태였다는 점을 반영한다. 이 해에 황소의 난이 평정되긴 하지만, 오랜 민란으로 당나라는 이미 몰락지경에 접어들어 있었다. 그런 불안감을 이기지 못한 신라의 유학파들이 그곳에서의 벼슬살이를 그만두고 환국했던 것이다. 874년에 당나라 과거에 합격하여 그곳에서 관리 생활을 하던 최치원은 바로 그 대표적인 인물이었다.

886년 기사에는 북쪽의 보로국과 흑수국 사람들이 모두 신라국과 화친하고자 한다는 내용의 글귀가 쓰인 목판을 왕에게 바쳤다는 기록이 보인다. 이 또한 신라 사회의 태평성대를 알려 주고 있다.

또 『삼국유사』는 "제49대 헌강대왕 시대에는 서울로부터 동해 어구에 이르기까지 집들이 총총히 늘어섰지만, 단 한 채도 초가집을 볼 수 없었고, 길거리에서는 음악 소리가 그치지 않았으며, 사철의 비바람마저 순조로웠다."고 쓰고 있다. 이것도 헌강왕 연간의 신라 사회가 대단히 안정되어 있었음을 말해 준다.

이렇듯 헌강왕은 왕으로서 행복한 세월을 보내고 있었다. 하지만 호사다마라는 말도 있듯이 헌강왕 개인에게 불행이 찾아들었다. 886년 6월에 헌강왕은

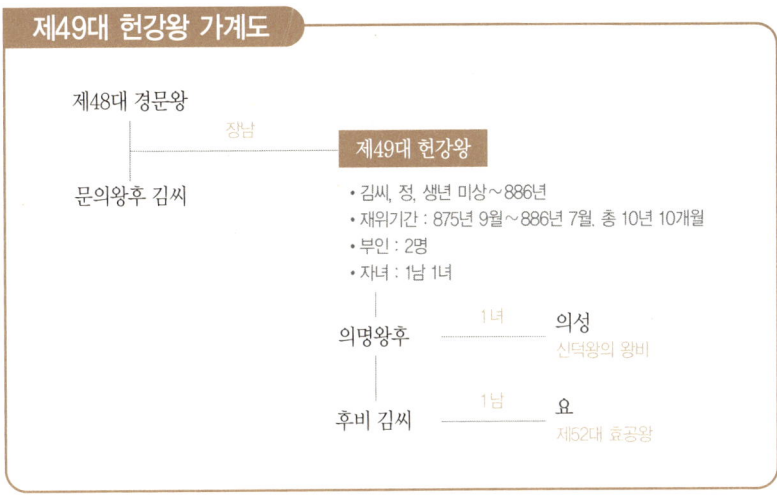

급작스럽게 병에 걸려 드러눕고 말았다. 그러자 전국의 죄수들을 석방하고, 백고좌를 열어 불경을 강론하며 왕의 쾌유를 빌었으나, 그는 끝내 그해 7월 5일에 사망하고 말았다. 이때 그의 나이는 기껏해야 20대 중반이었다.

능은 보리사 동남쪽에 마련되었다.

헌강왕의 부인은 의명왕후와 후비 김씨이다. 의명왕후는 딸 의성을 낳았는데, 의성은 신덕왕의 왕비이다. 후비 김씨는 아들 요를 낳았다. 요는 진성왕을 이어 왕위에 오르는 효공왕이다. 요와 의성왕후에 관해서는 해당 실록에서 별도로 다룬다.

2. 헌강왕과 처용랑

『삼국유사』는 헌강왕 시절의 인물인 처용에 대한 기록을 남기고 있다. 동해왕의 일곱 아들 중 하나로 묘사된 것으로 봐서 처용은 지방 호족의 자제였던 것으로 보인다. 어쨌든 처용의 아내는 대단한 미인이었다. 그녀가 너무나 아름다웠기 때문에 역병 귀신조차 밤마다 사람으로 변하여 그녀를 취하였다.

하루는 처용이 밤늦게까지 밖에서 놀다가 집에 들어와 보니, 자기 아내가 다른 남자와 자고 있었다. 그 현장을 목격한 처용은 노래를 부르며 춤을 추면서 물러나왔다.

흔히 처용가로 불리는 노래의 내용은 이렇다.

동경 밝은 달에 밤 이슥히 놀고 다니다가
들어와 자리를 보니 다리가 넷이고나.
둘은 내 것인데, 둘은 누구 것인고.
본디 내 것이지만, 빼앗긴 걸 어쩌리.

그 노래 소리를 듣고 역병 귀신이 깜짝 놀라 처용 앞에 모습을 드러내고 무릎을 꿇고 말했다.

"내 당신 아내를 탐내어 지금 상관하였소. 그런데도 당신은 노하지 않으니, 감격스럽고 장하기까지 하오. 이제부터는 맹세코 당신의 얼굴 그림만 봐도 그 문 안에는 들어가지 않겠소."

이런 까닭에 나쁜 귀신을 쫓아낼 때는 처용의 형상을 문에 그려 붙이게 되었다는 이야기다.

그러나 처용가의 내용 중에 서라벌을 '동경'으로 묘사한 것을 볼 때, 이 노래는 후대에 만들어진 것으로 보인다. 서라벌을 동경이라 부르기 시작한 것은 고려 태조 이후이므로, 아마 처용가도 처용의 설화를 기반으로 고려 때에 만들어졌을 것이다.

또 역병 귀신이 처용의 아내와 잔 것으로 전해지고 있지만, 사실은 역병 귀신이 아니라 처용으로서는 어찌해 볼 수 없는, 신분이 대단히 높은 사람일 것이다.

이 처용 이야기의 앞뒤에 헌강왕이 등장한다. 당시 헌강왕은 지금의 울산 지역인 개운포 부근을 순행하고 있었는데, 처용은 그곳에서 살았다. 그리고 처용의 아내는 대단한 미인으로 소문이 나 있었다. 당시 신라 왕은 어느 누구의 부인이든 취할 수 있는 권리가 있었기 때문에, 아름답기로 소문난 처용의 아내를 헌강왕이 취했을 가능성이 짙다.

이는 처용이 "본디 내 것이지만, 빼앗긴 걸 어쩌리."라고 하는 한탄조의 시구로 노래를 끝내는 부분에서도 확인된다. 처용으로서는 도저히 어떻게 해 볼 도리가 없는 상대가 그의 아내를 취했던 것이다. 그 상대는 역병 귀신이 아니라 바로 헌강왕이었을 것이다.

제50대 정강왕실록

1. 정강왕의 짧은 치세
(?~서기 887년, 재위기간 : 서기 886년 7월~887년 7월, 1년)

정강왕은 경문왕의 차남이며, 문의왕후 소생으로 이름은 황이다. 그는 886년 7월에 형 헌강왕이 죽자, 왕위에 올랐다. 당시 헌강왕에게는 아들 요가 있었지만, 요는 태어난 지 몇 달밖에 되지 않은 아기였다. 그래서 황이 왕위에 올랐다.

정강왕은 이찬 준흥을 시중으로 임명하고 조정을 꾸렸지만, 그의 치세는 오래 가지 못했다. 즉위년에 서쪽 지방에 심한 가뭄이 들어 흉년이 닥쳤고, 설상가상으로 이듬해 정월에 한찬 김요가 한산주에서 병력을 일으켜 모반을 도모했다. 즉위 초부터 혹독한 시련을 겪은 것이다. 다행히 반란은 진압되었고, 김요는 붙잡혀 처형되었다. 하지만 이번엔 정강왕이 병상에 눕고 말았다.

5월에 병상에 누운 정강왕은 건강이 급격히 악화되자, 시중 준흥에게 유언을 남겼다.

"나의 병이 위급하니, 다시 회복되지 못할 것이다. 불행히 뒤를 이을 자식

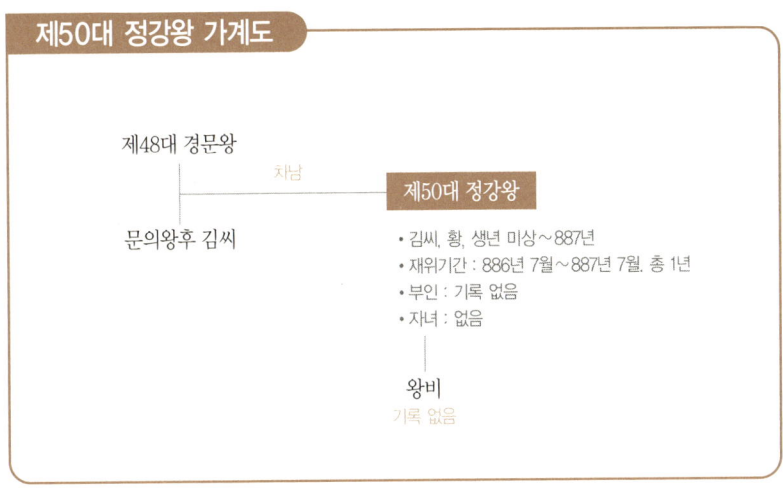

은 없으나, 누이동생 만은 천성이 명민하고 체격이 남자와 같으니, 그대들이 선덕왕과 진덕왕의 옛 일을 본받아 그녀를 왕위에 세우는 것이 좋을 것이다."

유언을 남긴 정강왕은 두 달 뒤인 7월에 생을 마감했다.

그의 능은 보리사 동남쪽에 마련되었다.

제3부 후삼국 시대

제51대 진성왕에서
제56대 경순왕까지

제51대 진성왕실록

1. 타락한 진성왕과 무너지는 천년왕국 신라
(?~서기 897년, 재위기간 : 서기 887년 7월~897년 6월, 9년 11개월)

진성(眞聖)왕은 경문왕의 딸이며, 문의왕후 소생으로 이름은 만이다. 헌강왕이 후계자 없이 죽자 정강왕이 왕위를 이었으나, 그 또한 재위 1년 만에 죽었다. 정강왕의 유언에 따라 887년 7월에 그녀가 왕위에 올랐으니, 선덕과 진덕에 이어 세 번째 여왕이다.

진성왕이 즉위할 무렵, 신라 사회는 국가 기강이 무너지고, 체제가 와해되고 있는 형국이었다. 비록 헌강왕 시절에 일시적으로 태평성대를 구가하기는 했으나, 그 이전에 이미 지방 호족 세력이 너무 성장하여 조정의 힘은 미약해지고, 왕실의 권위는 땅에 떨어진 상황이었다.

822년에 일어난 김헌창의 난으로 큰 혼란을 겪은 신라 사회는 그 이후 연이어 벌어진 왕위 다툼으로 왕실의 권위가 무너졌다. 더구나 장보고와 같은 거대 해상 세력이 등장하여 왕을 갈아치우는 사태가 발생하면서 조정의 통제력은 급격하게 약화되었다. 경문왕과 헌강왕은 왕권을 회복하고 국가 기강을 다잡기 위해 안간힘을 썼다. 하지만 헌강왕이 후계자를 제대로 정하지도 못한 상태에서 죽고, 이어 즉위한 정강왕마저 병상에 누워 정사를 챙기지 못하는 바람에 지방에 대한 신라 조정의 통제력은 점차 마비되고 있었다.

그런 상황에서 진성왕이 등극하였다. 여왕의 즉위는 백성들의 불안을 가중시키고, 지방 세력의 힘을 강화시키는 원인으로 작용하였다. 설상가상으로 진성왕은 색욕에 눈이 멀어 정사를 뒷전으로 밀어놓았다. 이런 탓에 일부 측근들과 왕에게 아첨하는 무리들이 권력을 장악하는 사태로 치달았다.

진성왕이 왕위에 앉아 있긴 했으나, 실제로 왕권을 행사한 인물은 각간 위홍이었다. 경문왕의 동생이자 진성왕의 숙부인 그는 왕의 남편이기도 했다. 진성왕은 그에게 정사를 맡겨, 국가 대사를 주관하도록 했는데, 불행히도 위홍은 진성왕 즉위 이듬해인 888년 2월에 죽고 말았다.

위홍이 죽자, 지도력을 상실한 조정은 극도의 혼란에 빠졌다. 거기다 위홍의 죽음으로 심한 자괴감에 빠진 진성왕은 젊은 남자들을 침실로 불러들여 음사를 즐기는 데 열중했다. 진성왕이 색욕에 빠져 들도록 부추긴 인물은 유모였던 부호부인이었다. 그녀는 젊은 남자들을 여왕에게 붙여 주고, 왕이 그들과 황음에 빠져 있는 사이에 권력을 독점하였다. 또한 왕과 관계한 자들은 왕의 총애를 믿고 세도를 부렸다. 이렇게 되자 순식간에 조정의 기강이 무너져, 신하들은 정사를 제대로 돌볼 수 없었다. 상벌이 함부로 행해지고, 관직이 돈에 팔리고, 뇌물이 난무했다.

그 무렵, 누군가 서라벌 관청 거리에 조정과 왕을 비방하는 방을 붙였다. 진성왕은 방을 붙인 범인을 색출하라고 노발대발하였지만, 결국 범인은 잡히지 않았다.

그러자 한 신하가 왕에게 말했다.

"이번 일은 필시 문인으로서 뜻을 펼치지 못한 자의 소행이니, 아마도 대야주에 숨어 사는 거인이란 자가 한 짓이 아닌가 합니다."

그 말을 들은 진성왕은 앞뒤도 따져 보지 않고, 거인을 잡아들이라고 했다. 거인의 성은 왕씨로 대야주에서 은둔생활을 하고 있었는데, 당대의 존경받는 학자였다. 그는 졸지에 도성으로 압송되어 심한 고문을 당했다. 거인은 자신이 당한 일이 분하고 시절이 원망스러워 감옥 벽에 이런 시를 썼다.

우공이 통곡하니 삼 년이나 가물었고,
추연이 슬퍼하니 오월에도 서리 내렸네.
지금 나의 깊은 시름은 옛일과 같건만,
하늘은 말도 없이 창창하기만 하구나.

이 시에 언급된 우공은 중국 전국 시대 연나라의 태자이며, 추연 역시 전국 시대 제나라 사람이다. 이 두 사람은 모두 시절을 한탄하여 하늘을 움직인 인물로 유명했다. 거인은 그들의 일을 인용하여 자신의 애끓는 심정을 토로했던 것이다.

거인이 그런 시로 하늘을 원망하자, 갑자기 구름과 안개가 덮이고 번개가 치며 우박이 쏟아졌다. 하늘이 거인의 한탄에 감응한 것이다. 그 소식을 듣고 진성왕은 겁먹은 얼굴로 거인을 석방시켰다.

이 사건 이후, 진성왕은 갑자기 병이 들어 앓아 누웠다. 백성들이 추앙하는 대학자를 고문한 죄책감과 하늘에 대한 두려움 때문이었다. 그래서 진성왕은 사형수 이외의 죄수들을 대거 석방하고, 승려 60여 명에게 도첩을 내리는 것으로 속죄하여 마음의 병을 고쳤다.

이렇듯 조정이 엉망으로 돌아가자, 지방에 대한 통제력은 완전히 상실되었다. 게다가 국고도 완전히 비어 버렸다. 통제력을 상실한 조정에 굳이 세금을 바칠 이유가 없다고 생각한 지방의 호족들이 납세를 하지 않았던 것이다.

다급한 나머지 진성왕은 각 지역에 사신을 파견하여 납세를 독촉하였다. 이에 지방 관리들은 백성을 심하게 닦달하였다. 그러자 민심은 점점 흉흉해져 지방마다 도적들이 떼를 지어 설치고 다녔다. 급기야 889년에 사벌에서 민란이 일어났다.

사벌의 농민 봉기를 주도한 인물은 원종, 애노, 아자개 등이었다. 그들은 사벌의 군주 우연을 죽이고, 사벌성을 장악하였다. 진성왕은 나마 영기에게 군대를 안겨 농민군을 진압하게 했으나, 영기는 농민군의 기세에 눌려 진군하지 못했다. 그 소식을 접한 진성왕은 영기를 참수하고, 사벌 군주의 아들을 군주로 삼아 농민군을 진압하도록 했다. 그러나 그 역시 농민군을 무너뜨리지 못했다.

신라 조정이 사벌의 반란군 진압에 실패하자, 그것이 도화선이 되어 전국 각처에서 크고 작은 반란 사건이 잇따랐다. 그 기회를 놓치지 않고 지방 호족들이 힘을 형성하여 우후죽순으로 군대를 일으켰다.

사벌의 아자개, 죽주(안성)의 기훤, 청주의 청길, 북원(원주)의 양길, 중원(충주)의 원회 등이 그 대표적인 세력이었다. 이들은 대개 지방의 호족들로 농민들을 선동하여 난을 일으키고, 그 지역의 관아를 장악하는 과정을 통해 군벌로 성장했기 때문에, 조정에서는 그들을 모두 도적이라 일컬었다.

이들 외에 초적의 무리를 형성하여 그야말로 도적질을 일삼는 무리들 중에도 제법 큰 세력을 형성하는 경우도 많았다. 그 대표적인 것이 붉은 바지를 입고 도적질을 일삼던 적고적이었다.

군벌이라고 일컫는 세력 중에는 비단 이런 형태만 있는 것은 아니었다. 조정의 힘이 약화되면서 지방의 관리들마저 군대를 독자적으로 운영하여 지방 군벌로 대두하였다.

사태가 이 지경이다 보니, 조정에서는 반란군을 진압할 엄두를 내지 못했다. 지방의 군대를 차출하여 그들을 진압해야 했지만, 지방 관리들이 조정의 부름에 응하지 않았기 때문이다. 그렇다고 많지도 않은 서라벌 경군을 동원해 반란군을 모두 칠 수도 없는 입장이었다. 그래서 지역 군벌이 활개 치기 시작한 뒤로 조정의 힘은 겨우 서라벌 주변에 한정될 정도로 급격히 쇠락할 수밖에 없었다.

그렇게 되자, 지방 군벌들은 한층 세력을 확충하며 서로 간에 힘겨루기 양상을 보였다. 자기들끼리의 힘 싸움 끝에 가장 큰 세력으로 남은 것은 죽주의 기훤과 북원의 양길, 사벌의 아자개 등이었다. 청길, 원회, 신훤 같은 중부 세력은 거의 기훤에게 흡수되었고, 서라벌 주변 세력은 아자개에게 흡수되었다.

889년에 사벌에서 일어난 농민 반란 세력을 시작으로 전국에서 군벌이 대두했다. 각 세력은 각축 끝에 궁예와 견훤이 이끄는 양대 세력으로 압축되어 후삼국 시대의 서막이 오른다.

또 양길은 서라벌 북동부(지금의 강원도 일대)를 장악하였다.

이들 중 서라벌의 토벌군과 가장 치열하게 싸움을 벌인 쪽은 사벌의 아자개 군대였다. 사벌은 원래부터 군사 요충지인 데다 서라벌과 가까운 곳에 자리 잡고 있어, 그들이 신라 조정에 가장 위협적인 무리였던 까닭이다.

아자개의 장남 견훤은 서라벌 서쪽과 남쪽을 휩쓸고 다니며 몇 달 만에 5천 군대를 형성하였고, 백성들에게도 열렬한 호응을 받았다. 이에 힘입어 견훤은 아버지 아자개 품을 떠나 독자적인 세력을 구축하였다. 견훤은 마침내 혁명 의지를 굳히고 군대를 남쪽으로 몰아 무진주(광주)를 장악한 뒤, 스스로 왕을 칭하기에 이르렀다.

한편, 기훤의 세력은 크게 위축되었다. 그의 독단적인 처사를 못마땅하게 여긴 뛰어난 장수 궁예가 청길, 원회, 신훤 등과 결탁하여 양길에게 투항함으로써 기훤은 유명무실한 존재로 전락했다. 반면에 양길은 궁예를 앞세워 경북 북부 일대와 충청도, 강원도 동부 지역으로 세력을 확대하여 견훤 못지않은 무시 못할 세력으로 성장했다.

그런 상황에서 남쪽으로 진출한 견훤은 892년 완산주(전주)를 도읍으로 삼아 나라를 세우고, 국호를 백제(후백제)라고 칭함으로써 후삼국 시대의 서막을 올렸다.

견훤의 창업에 자극받은 궁예는 894년에 명주(강릉)를 장악하고, 병력 3천 5백을 형성하여 양길로부터 독립했다. 이후, 궁예는 강원도 북부 일대를 장악하고 서쪽으로 진출하여 경기도 및 황해도 지역을 손안에 넣었다.

궁예는 895년에 휘하 부장들을 중심으로 관직을 설치하여 창업의 기틀을 다졌다. 896년에는 송악의 호족 왕융을 받아들여 철원의 태수로 봉하고, 주변 세력을 흡수하기 시작했다.

그 무렵, 서라벌 서남쪽에서는 적고적이 설치고 다녔다. 그들은 주와 현을 도륙하고, 도성의 모량리까지 침입하여 인가를 위협하고 약탈하였다.

이렇듯 나라가 완전히 산산조각 나고 있는 시점에서 진성왕은 894년에 최치원이 상소로 올린 시국에 관한 의견 십여 조목을 받아들였다. 더 나아가 진성왕은 그를 아찬으로 삼아 조정을 일신시키고자 하였고, 895년에는 헌강왕의 서자 요를 태자로 삼아, 왕실의 기강을 다잡기 위해 안간힘을 썼다. 그러나 왕실과 조정은 이미 완전히 무기력한 상태였다. 거기다 진성왕마저 돌이킬 수 없는 병마에 시달리고 있었다. 그러던 897년 6월, 진성왕은 헌강왕의 서자 요에게 왕위를 넘겨주었다. 그러고는 6개월간 병상에 누워 있다가 12월에 북궁에서 생을 마감하였다.

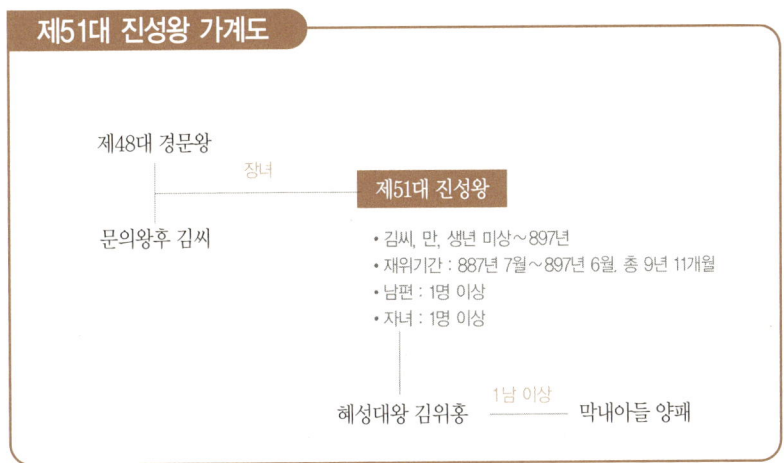

능은 황산에 마련되었다.

진성왕은 숙부인 위홍을 남편으로 삼았다. 신라 사회에서는 여왕이 남편을 세 명까지 거느릴 수 있었기에 위홍 이외에도 정식 남편이 더 있었을 것으로 보인다.

또한 남편들 이외에도 여러 남자와 관계하였고, 자식도 몇 명 낳았다. 하지만 진성왕의 자녀에 대한 기록은 거의 남아 있지 않다. 『삼국유사』 '진성왕' 편에 그녀의 막내아들 양패가 당나라에 사신으로 갔다는 내용이 유일하다.

진성왕의 정식 남편 위홍은 희강왕의 아들 계명의 아들이며, 경문왕의 동복 아우로서 진성왕의 숙부이다. 당시 신라의 여자들은 대개 같은 씨족에게 시집을 갔는데, 특히 왕실과 귀족의 여자들은 숙부를 남편으로 삼는 경우가 많았다. 이럴 경우 숙부는 이미 결혼한 몸으로 본처가 있었다. 하지만 본처보다 후처가 신분이 높을 경우 본처가 밀려났기 때문에 진성왕은 위홍의 본처였다.

2. 후삼국 시대를 연 두 영웅

후백제를 세운 견훤 (867~936년)

『삼국유사』는 『삼국사기』의 원전이라고 할 수 있는 『삼국사』 본전에 적힌 견훤의 출생 관련 내용을 이렇게 옮겨 놓았다.

견훤은 상주 가은현 사람이요, 함통(당나라 의종의 연호) 8년 정해(867년)에 났으니, 본래의 성은 이씨였는데, 뒤에 견을 성으로 삼았다. 그의 아버지는 아자개이니 농사로 생활을 하다가 광계(당나라 희종의 연호) 연간에 사불성(또는 사벌, 상주)에 자리를 잡고 자칭 장군이라고 하였다. 아들 넷이 있어 모두 세상에 이름이 알려졌는바, 특히 훤의 이름은 유달리 유명하고 지혜와 책략이 많았다.

농부로 살던 아자개의 장남으로 태어난 견훤은 체격이 건장하고 무예가 뛰어났다. 『삼국사기』는 그에 대해 이렇게 소개하고 있다.

견훤은 자라서는 체격과 용모가 웅장하고 기이하며, 생각과 기풍이 활달하고 비범하였다. 그가 종군하여 서울에 들어갔다가 서남쪽 해변으로 가서 수자리를 하게 되었는데, 잘 때에도 창을 베고 적을 기다렸다. 그는 용기가 있어 항상 다른 군사들보다 앞장섰으며, 이러한 공로로 비장이 되었다.

비장으로 지내던 견훤은 아자개가 상주성을 장악하고 군벌을 형성하자 상주로 돌아와 아버지를 돕는다. 그러나 이내 경주 주변에서 많은 군사를 일으켜 아버지보다 더 큰 세력으로 성장하였다. 890년에는 무리 5천을 이끌고 무진주(전남 광주)로 내려가 왕이 되었다. 하지만 스스로 왕이라 칭하지 못하고 '신라 서면 도통 지후 병마 제치 지절 도독 전무공 등 주군사 행 전주 자사 겸 어사 중승 상주국 한남국 개국공 식읍 2천 호'라고 하였다. 그러다가 892년에 완산주에 도읍하여 후백제를 세웠다. 이때 그의 나이 불과 스물여섯이었다.

개국 이후 견훤은 날로 성장하였다. 백제는 궁예가 나라를 세우던 901년까지는 한반도에서 가장 강력한 국가였다. 하지만 903년에 왕건에게 나주를 빼앗기고, 905년에 궁예가 충청도에서 평안도에 이르는 지역을 장악하게 되면서 궁예의 세력이 더 커졌다.

하지만 918년에 왕건이 반란을 일으켜 태봉을 무너뜨리고 고려를 개국하자, 태봉에 속해 있던 공주와 홍성, 청주 일부 지역이 귀순해 옴에 따라 견훤의 세력이 고려를 압도하게 되었다.

그런데 918년 9월에 견훤은 예상치 못한 사건에 직면한다. 상주에서 세력을 형성하고 있던 아버지 아자개가 왕건에게 귀순해 버렸던 것이다. 견훤은 세력을 확대하면서 아버지 아자개와 심한 갈등을 겪었다. 아마도 견훤과 이복 동생들 사이에 벌어진 세력 다툼이 원인이었던 듯하다.

『이제가기』에 따르면 아자개는 두 아내에게서 견훤을 비롯하여 능애, 용개, 보개, 소개 등 다섯 명의 아들을 얻었다. 견훤만 첫째 부인 소생이고, 나머지는 모두 둘째 부인 소생이었다. 견훤은 어릴 때부터 계모를 비롯한 이복 형제들과 사이가 좋지 않았던 듯하다. 결국 그것이 원인이 되어 아자개가 견훤 편을 들지 않고, 왕건에게 귀순하는 사태가 벌어졌던 것이다.

특히 918년에는 그들의 갈등이 극에 이르렀을 가능성이 높다. 왕건이 궁예를 내쫓고 고려를 세우자, 궁예 아래 있던 많은 성주가 견훤에게 투항했다. 특히 충청도와 경북, 강원 동부 지역의 성주들이 대거 왕건에게 반발했다. 군사 요충지인 상주도 예외가 될 수 없었을 것이다. 하지만 견훤의 이복 동생들은 백제 치하로 들어가길 거부했을 가능성도 있다. 그 때문에 견훤은 무력으로 상주를 장악하려 했을 것이다. 그 과정에서 불미스럽게도 이복 동생 한두 명이 전사하는 상황이 벌어졌을 수 있다.

아자개가 친아들인 견훤에게 등을 돌리고 왕건에게 몸을 의탁한 것은 그에 대한 증오심의 발로가 아니었을까. 궁예와 마찬가지로 견훤도 부모 형제 복은 없었던 모양이다.

어쨌든 918년 9월 갑오일에 왕건은 아자개를 맞아 대대적인 환영 행사를 하였다. 아자개를 맞아들이기 위해, 심지어 문무백관이 모여 그 의례를 연습까지 했다. 그 연습장에서 광평낭중 유문율과 직성관 주선길이 자리를 다투다 왕건에게 꾸지람을 들었다는 기록이 있을 정도이니, 왕건이 아자개 환영 행사에 얼마나 공을 들였는지 알 만하다.

아자개가 왕건 품에 안겼다고 해서 위축될 견훤이 아니었다. 오히려 꾸준히 세력을 확대하며 통일의 꿈을 일궈 나갔다. 그런 그의 대범한 면모는 고려 개국 후부터 신검의 왕위 찬탈 사건이 벌어질 때까지 백제가 줄곧 국력 면에서 고려보다 우위를 점하는 기반으로 작용했다.

거기다 그는 중요한 전쟁에는 항상 자기가 직접 나섰다. 환갑이 넘었을 때에도 군대를 직접 지휘하며 용맹을 떨쳤을 정도로 그의 장수다운 면모는 대단했다.

정치적으로도 그는 탁월한 면모를 보였다. 궁예가 호족들의 입김을 약화시키기 위해 중앙집권화를 꾀하다, 호족의 대표라고 할 수 있는 왕건의 칼날에 목이 달아났을 때에도, 백제의 정국은 매우 안정되어 있었다. 견훤은 이미 즉위 초부터 중앙집권적 권력 체계를 이뤘고, 중요한 지역에는 자기 아들이나 사위를 보내 다스리게 함으로써, 반란의 여지를 완전히 차단하고 있었다.

전쟁에서는 탁월한 장수로서, 정치에서는 강력한 왕으로서, 견훤은 신하들을 완벽하게 장악하고 있었다. 그 때문에 그는 지나치게 자기의 힘을 믿었던 것일까? 만년에 그는 적장자인 장남 신검을 태자로 세워야 한다는 신하들의 중론을 완전히 무시하고, 넷째인 금강을 태자로 삼으려는 무리한 행동을 강행했다. 결국, 이것이 화근이 되어 935년 3월에 신검이 반정을 일으켰고, 그는 금산사에 유폐되어 영어의 몸이 되고 말았다.

금산사에 유폐된 뒤로 그는 신검과 그 무리에게 이를 갈았을 것이다. 급기야 그런 분노는 그해 6월에 금산사를 빠져나와 나주의 고려군에 투항하는 행동으로 이어졌다.

왕건에게 투항한 뒤로 견훤은 신검을 응징할 것을 건의했다. 당시 왕건은 때를 더 기다렸다가 신검을 칠 요량이었다. 그러나 견훤의 강력한 요청을 듣고 힘을 얻어 936년 2월에 일단 병력 1만을 천안부에 배치하고, 9월에 8만이 넘는 대군을 동원하여 마침내 신검을 무너뜨렸다.

신검을 무너뜨리는 과정에서 견훤은 지대한 역할을 했다. 견훤은 자신이 직접 병력 1만을 거느리고 전장에 나섰다. 견훤이 선봉에 섰음을 안 백제 좌장군 효봉, 덕술, 애술, 명길 등이 스스로 싸움을 포기하고 칼날을 돌려 신검을 공격했을 정도였다.

견훤의 활약에 힘입어 신검은 제대로 저항도 못 해 보고 무너졌다. 그러나 스스로 일군 나라를 자기 손으로 무너뜨려 왕건에게 안긴 일은 견훤을 몹시 고통스럽게 한 모양이다. 통일 전쟁을 끝낸 며칠 뒤에, 그는 황산의 절에서 등창 때문에 일흔 살의 나이로 생을 마감했다.

스물이 갓 넘은 나이에 대군을 일으켜 나라를 세운 점으로 봐서, 견훤은 꿈이 원대하고 용맹이 뛰어났으며 항상 미래를 계획하는 성품을 지닌 장부였다. 또한 상황에 따라 잘 대처하는 것으로 봐서 임기응변에 능하고, 적을 칠 때는 먼저 적을 안심시킨 다음 치는 것으로 봐서 다소 음흉하여 그 속내를 읽기 힘든 면이 있었으며, 빠른 시일 안에 중앙집권적 권력 구조를 형성한 점으로 미뤄 과단성 있고 남다른 주변 장악력을 소유했던 게 분명하다. 또 자기 손으로 열었던 후삼국 시대를 스스로 끝내는, 그래서 왕건에게 통일이라는 대업을 선물로 안기는 영웅의 면모를 가졌던 인물이었다.

견훤은 외적으로 보면 장수로서, 또 왕으로서 아무 흠잡을 데 없었다. 하지만 결국 자식에 대한 사랑과 권력 관계를 구분하지 못해 몰락에 이르렀으니, 결코 세심한 성격의 소유자는 아니었던 모양이다.

그는 여러 부인에게서 십여 명의 아들을 두었다. 적장자인 신검은 왕건의 배려에 따라 멸망 후에도 살아남았으나, 양검과 용검은 처형을 당했다.

견훤과 관련해서는 강원도 원성에 견훤성이 있고, 상주에도 같은 이름의 산성과 견훤의 영령을 모시는 사당이 남아 있다. 영동 황간을 본으로 하는 황간 견씨는 견훤을 시조로 하고 있다.

태봉을 세운 궁예 (857~918년)

궁예는 신라인이니 성은 김씨이다. 아버지는 제47대 헌안왕이요, 어머니는 헌안왕의 후궁이었는데 그녀의 이름은 전하지 않는다. 혹자는 궁예가 제48대 경문왕 응렴의 아들이라고도 한다. 그는 5월 5일 외가에서 태어났는데, 그때 지붕에 긴 무지개와 같은 흰빛이 있어서 위로는 하늘에 닿았다고 한다.

일관이 아뢰기를 "이 아이가 오(午)자가 거듭 들어 있는 날(重午)에 태어났고, 나면서부터 이가 있으며 또한 광염이 이상하였으니, 장래 나라에 이롭지 못할 듯합니다. 기르지 마셔야 합니다."라고 하였다. 왕이 중사로 하여금 그 집에 가서 아이를 죽이도록 하였다.

이것은 궁예의 출생과 관련한 『삼국사기』의 기록이다. 이 내용으로는 궁예의 태생 연대를 알 수 없다. 하지만 918년 3월에 왕창근이 궁예에게 바친 청동거울에 새겨진 글귀를 통해 그가 축년에 태어났음을 확인할 수 있다. 거기에 헌안왕의 아들이라는 사실을 근거로 삼아 857년 생임을 알 수 있다.

그런데 그는 태어나자마자 죽어야 하는 불운한 몸이었다. 단옷날처럼 양기가 겹친 날에 후궁의 몸에서 태어난 데다가 나면서부터 이가 있었고, 지붕 위에 상서로운 광염마저 생겼다는 것이 그가 죽어야 하는 이유였다. 하지만 실제 그를 죽이고자 한 까닭은 당시의 복잡했던 정치적인 문제 때문이었을 것이다.

이유야 어찌 됐건 궁예는 태어나면서부터 죽어야 하는 운명이었는데, 유모의 도움에 힘입어 구사일생으로 살아남았다. 젖먹이 궁예를 죽이기 위해 왕의 사자가 다락에서 밖으로 던졌지만 유모가 그를 구출했던 것이다. 하지만 다락 아래에서 아이를 받다가 유모가 실수하여 손가락으로 궁예의 눈을 찌르는 바람에 그는 한쪽 눈을 잃은 채 살아야 했다.

유모는 몰래 숨어 살며 어렵게 궁예를 키웠다. 하지만 궁예는 다소 불량스럽고 거칠게 행동했던 모양이다. 그 모습을 보다 못한 유모는 궁예가 십여 세가 되었을 때, 결국 그의 진짜 신분을 알려 주고 행동을 조심할 것을 당부하기에 이르렀다.

어린 나이에 자신의 출생에 대한 엄청난 비밀을 간직한 채 궁예는 세달사라는 절로 출가한다. 그의 출가는 불가에 몸담기 위한 것이라기보다는 신분이 밝혀져 경문왕에게 죽음을 당하는 불행한 사태를 피하기 위함이었다.

궁예는 출가하여 선종이라는 법명을 얻고 장성할 때까지 스님으로 살았다. 하지만 그의 승려 생활은 오래 가지 못했다. 그는 계율에 구애되길 싫어했으며, 세상 일에 관심이 많았다. 거기다 유달리 활에 집착하여 궁술이 대단한 경지에 이르렀다.

그러던 어느 날, 그는 이상한 경험을 한다. 재를 올리러 가는데 까마귀가 뭔가를 물고 가다가 그의 바리때에 떨어뜨렸던 것이다. 그가 떨어진 물건을 살펴보니 점을 치는 산가지였는데, 거기에는 왕이라는 글자가 새겨져 있었다. 그는 그 일을 예사롭게 여기지 않고 혼자만 알고 지냈다.

그 무렵, 신라 조정은 오랜 정쟁으로 제 구실을 못했고, 왕은 권위를 잃어 백성들로부터 인정을 받지 못했다. 거기다 백성들은 가뭄으로 굶주림에 허덕였고, 세금을 내지 못하는 백성이 많아 국고가 텅텅 비었다. 하지만 왕족의 사치와 향락은 오히려 심해져 조정에서는 강제로 지방에 세금을 징수했고, 그 때문에 백성들의 고초가 말이 아니었다. 그러자 곳곳에서 민란이 일어났고, 도적 떼가 들끓었다. 그럼에도 조정은 힘이 닿지 않아 구경만 하였고, 그런 와중에 지방 호족들이 군대를 일으켜 세력을 형성했다.

궁예가 승려의 신분을 버리고 반란군 대열에 합류한 것이 이때쯤이다. 『삼국사기』가 진성왕 5년(891년)에 그를 양길 휘하에서 기병 백여 명을 몰고 다니는 장수로 기록하고 있는 것을 볼 때, 궁예는 적어도 진성왕 즉위 초기에 반란군에 들어간 것으로 보인다.

궁예는 반란군에 가담해서 죽주(안성)의 기훤 밑으로 들어갔다. 하지만 기훤은 부하들을 잘 품어 주지 못하는 권위적인 인물이었던 모양이다. 그런 탓에 궁예는 기훤 밑에 오래 있지 않았다. 그는 기훤 휘하에 함께 있던 청길, 원회, 신훤 등과 함께 양길 밑으로 가 버렸다. 청길, 원회, 신훤이 나중에 청주와 충주, 괴산의 세력가로 등장하는 것으로 봐서 궁예를 포함한 그들 넷은 기훤 휘하에서 매우 비중 있는 역할을 하였을 것으로 보인다. 그런 그들이 대거 양길 밑으로 가 버린 뒤, 기훤의 이름이 더 이상 기록에 나타나지 않는 것으로 봐서, 기훤은 이때 제거되었거나 자멸했을 것으로 판단된다.

기훤이 오만무례하고 사람을 알아주지 않는다는 이유로 궁예가 양길 휘하로 옮긴 사실을 감안할 때, 양길은 포용력이 넓고 인재를 알아주는 성품을 지녔던 듯하다.

양길 밑으로 들어간 궁예는 혁혁한 전공을 세우며 점차 독자적인 세력을 형성했다. 891년에는 기병 백여 명을 이끈 정도였지만, 894년에는 휘하에 3천 5백 병력을 거느릴 정도로 크게 성장했다. 이때부터 그는 부하들을 14개 대오로 편성하는 등 지휘 체계를 확립했다. 김대검, 모흔, 장귀평, 장일 등 네 부장이 중추적인 역할을 했다. 이들은 비록 이름밖에 남아 있지 않지만, 궁예의 성장과 창업에 중요한 역할을 했을 것으로 판단된다.

그 후로 궁예의 세력은 성장을 지속한다. 895년에는 강원도 북부 일대와 경기 지역을 거의 장악했고, 철원을 도읍으로 삼아 국가 형태를 갖췄다. 896년에는 송악(개성)의 호족인 왕건의 아버지 왕륭을 신하로 맞아들이는 것으로 봐서 경기 북부와 황해도 일부를 손안에 넣은 것으로 보인다. 그리고 898년에는 패서도(황해도와 평안도 일대)와 한산주 30여 성을 빼앗고 송악군에 도읍을 정해 국가의 틀을 갖췄다.

궁예가 독자적으로 국가를 세우려 하자 양길은 청주, 충주, 괴산의 청길, 원회, 신훤 등과 힘을 합쳐 궁예를 공격했다. 하지만 오히려 패배하여 무너지자, 궁예는 그 여세를 몰아 양길을 무너뜨렸다. 그리고 청길, 원회, 신훤 등도 굴복시키고, 901년에 마침내 송악에 도읍을 정하고 후고구려를 세웠다.

개국한 뒤로 궁예는 꾸준히 땅을 넓혀 가며 당시 큰 세력으로 성장하고 있던 견훤의 후백제와 영토를 다툰다. 그러면서 904년에는 국호를 마진, 연호를 무태라 바꾸고 905년에는 철원으로 환도했다. 이때 궁예는 관제를 대폭 개혁하여 독창적인 체제를 확립했다.

당시 철원은 백성이 부족했기 때문에 궁예는 청주의 민가 일천 호를 이주시켜 도읍을 형성했다. 그리고 911년에는 국호를 다시 태봉으로 개칭하고, 연호를 수덕만세라고 하였다.

이 시기를 전후하여 궁예와 신하들 사이에 알력이 생긴다. 궁예가 많은 신하를 죽인 사실로 미뤄, 궁예는 이때에 강력한 중앙집권체제를 확립하기 위하여 개혁 정책을 시도했던 것으로 보인다. 907년에 당나라가 망하자 당에 유학해 있던 많은 인재가 한반도에 돌아왔을 것이다. 궁예는 그 인재들을 등에 업고 독단적으로 개혁 정책을 시도했을 것으로 짐작된다.

하지만 궁예는 호족들의 반발을 극복하지 못했다. 호족들은 조직적으로 궁예에게 대항했고, 궁예는 전횡과 독단으로 맞섰다. 그런 와중에 왕창근의 거울 사건이 일어나 궁예와 왕건 사이에 불화가 생겼다. 결국 918년 6월에 궁예는 그토록 믿고 신임했던 왕건에게 왕위를 뺏기고 죽었다. 궁예의 죽음에 대해 『고려사』는 그가 도망치다가 배가 고파 남의 논에 들어가 이삭을 잘라 먹다가 부양의 농부에게 피살된 것으로 기록하고 있다. 또 『삼국사기』 인물열전에도 부양의 주민들에게 살해되었다고 기록하고 있다. 하지만 『삼국사기』 경명왕 2년 기록에는 도주하다가 부하에게 피살된 것으로 되어 있다. 어느 쪽 기록이 사실인지 알 수 없지만, 왕건의 무리에게 피살되었을 것으로 추정되는바, 부하에게 피살되었다는 기록이 옳을 것이다.

궁예는 여러 행동에서 드러나듯 끊고 맺음이 분명하고, 과감하고 치밀한 성격의 소유자였다. 자신이 불리할 땐 내심을 숨겨 때를 기다리고, 유리할 땐 가차없이 속내를 드러내 위용을 과시하는 인물이었다. 자기에게 꼭 필요하고 뛰어난 사람에게는 매우 너그럽고 찬사를 마다하지 않는 반면, 일단 능력 없는 인물이라는 판단이 들면 무섭게 짓밟아 버리는 경향도 있었다. 그는 형세 판단이 빠르며, 모든 일을 빠르게 해내는 능력도 있었고, 한 번 마음먹은 일은 반드시 해내는 질긴 면도 있었다. 그러나 그런 성격은 때로 모나고 급한 행동으로 드러나, 결국 그것이 원인이 되어 몰락에 이르게 되었다.

불행한 운명을 안고 태어나 평생 부모 사랑 한 번 받아 보지 못한 그는 죽음마저도 불운하여 무덤조차 없다. 그의 시체는 버려져 필시 까마귀밥이 되었을 터이니, 혁명을 꿈꾸던 한 시대의 영웅이자 나라를 세워 20여 년이나 왕으로 있었던 인물의 죽음치고는 참으로 참담하고 서글픈 종말이 아닐 수 없다.

궁예에게는 부인 강씨와 청광과 신광 두 아들이 있었으며, 부인 강씨와 함께 궁예에게 죽음을 당한 두 명의 자식이 더 있었다.

태봉의 도읍지였던 철원에는 궁예와 관련된 여러 이야기가 전하고 있다. 궁예가 망할 때 남은 군사를 이끌고 마지막 통곡을 했다는 명성산(鳴聲山, 울음산) 전설과 궁예의 한탄이 서려 있다는 한탄강 전설이 전한다. 그 외에도 철원 주변에는 궁예와 관련된 전설이 많이 전하고 있다.

남아 있는 유적으로는 인목면 승양리 성산에 길이가 약 4백 미터쯤 되는 산성이 있고, 내문면 마방리에는 길이가 7백 미터가량 되는 토성이 있다. 북면 원리와 어운면 중강리에 걸쳐 있는 풍천원도성은 내성과 외성으로 되어 있는데, 외성 둘레가 약 6천 미터, 내성 둘레가 약 4백 미터에 이르렀는데, 아쉽게도 지금은 터만 남아 있다(궁예와 견훤에 관한 보다 자세한 내용은 『한권으로 읽는 고려왕조실록』, 「후삼국실록」 참조).

제52대 효공왕실록

1. 절망감에 사로잡힌 효공왕과 김씨 왕조의 붕괴
(서기 886~912년, 재위기간:서기 897년 6월~912년 4월, 14년 10개월)

효공(孝恭)왕은 헌강왕의 서자이며, 후비 김씨 소생으로 이름은 요이다. 헌강왕이 죽을 당시 그는 태어난 지 얼마 되지 않아 강보에 싸인 상태였다. 그의 나이 열 살 되던 해인 895년에 진성왕이 그를 궁중으로 데려와 태자로 삼았다. 그리고 897년 6월에 진성왕이 중병에 걸려 왕위를 넘기자, 열두 살의 어린 나이로 즉위했다.

헌강왕이 사냥 구경을 하다가 길가에 서 있던 한 여인에게 호감을 가져 뒷수레에 태웠다가 행재소에 가서 야합을 하여 얻은 아들이 요이다. 진성왕이 요가 성장했다는 사실을 알고 궁중으로 데려와 손으로 어루만지면서 말했다.

"나의 형제 자매의 골격은 남다른 데가 있는데, 이 아이의 등에 두 뼈가 솟구쳤으니, 분명히 헌강왕의 아들이다."

진성왕은 곧 관리에게 명하여 예를 갖추게 하고, 요를 받아들여 태자로 삼았다.

왕위에 오른 효공왕은 헌강왕의 왕후이자 자기 양어머니인 김씨를 의명왕태후로 추존하고, 서불한 준흥을 상대등, 아찬 계강을 시중으로 삼아 조정을 개편했다. 그리고 재위 3년인 899년 3월에 이찬 예겸의 딸을 왕비로 맞아들였다.

예겸은 헌강왕 재위 연간에 대아찬의 벼슬로 시중을 지낸 인물이며, 성은 박씨이다. 효공왕을 이어 왕위에 오르는 신덕왕이 그의 아들이며, 경명왕과 경애왕은 그의 손자이다. 예겸은 일찍이 자기 아들 경휘를 헌강왕의 딸과 결혼시켜 왕실의 외척으로서 대단한 정치력을 행사하고 있던 인물이다. 효공왕이 그의 딸과 결혼한 것은 그의 정치적 배경에 의존하고자 함이었다.

그러나 당시 신라의 사정은 더욱 악화되고 있었다. 898년에 북쪽 지역에서 패권을 형성하고 있던 궁예는 패서도와 한산주 관내의 30여 성을 빼앗고, 마침내 송악에 도읍함으로써 후고구려의 기치를 내걸었고, 899년 7월에는 북원의 양길을 무너뜨리고 패권을 장악했다. 그러자 900년에 충주, 청주, 괴산의 세력가인 원회, 청길, 신훤 등이 궁예에게 성을 바치고 항복함으로써 궁예의 세력은 충청도와 경상 북부 일원까지 확대되었고, 마침내 901년에 후고구려가 건국되었다.

북쪽에서 궁예가 패권을 형성하고 있는 사이 남쪽의 견훤도 세력을 팽창해 오고 있었다. 견훤은 901년 8월에 대야성(합천)을 공격해 왔는데, 이는 경상도의 낙동강 서쪽 지대를 장악하고 이어 서라벌을 치기 위한 포석이었다. 다행히 신라 장수들의 활약으로 견훤은 대야성을 무너뜨리지 못했다. 하지만 견훤은 이내 병력을 금성(나주)으로 옮겨 그곳을 공격하였다. 당시 나주는 견훤이 전라도 지역에서 유일하게 점령하지 못한 땅이었다. 나주의 독특한 지형 덕택에 그곳 호족들은 견훤의 다각적인 공격을 막아 내며 어렵게 세력을 유지하고 있었다.

견훤은 나주를 손안에 넣기 위해 여러 차례 군대를 동원했지만, 쉽게 뜻을 이루지 못했다. 그러나 나주의 상황도 좋지 않았다. 도성과 완전히 단절된 상태에서 사방이 모두 견훤의 세력으로 둘러싸인 마당에 버티는 것도 한계가 있었던 것이다.

궁예의 후고구려와 견훤의 후백제 건국으로 신라 땅은 삼국으로 분할된다. 이로써 45년간 후삼국 시대가 전개된다.

그 무렵, 궁예는 도읍을 옮기기 위해 철원의 산수를 둘러보며 원대한 포부를 다지고 있었다. 또한 해군대장군 왕건에게 나주를 장악할 것을 명령했다. 궁예의 명령을 받은 왕건은 그곳 호족들을 포섭하여 나주로 군대를 잠입시켰고, 마침내 나주를 손안에 넣었다.

그리고 904년에 국호를 마진, 연호를 무태라 하고, 백관의 제도를 확립함으로써 국가의 면모를 일신하였다. 그러자 그때까지 신라 왕실을 섬기며 버티고 있던 패서도의 10여 주현이 궁예에게 투항해 버렸다. 궁예는 905년에 철원으로 도읍을 옮기고, 죽령까지 세력을 확대하여 빠르게 신라 땅을 잠식하였다.

이렇듯 궁예와 견훤이 패권을 다투고 있었지만, 신라 조정은 마땅한 대책을 수립하지 못했다. 기껏해야 지방 성주들에게 함부로 나가 싸우지 말고 성벽을 굳건히 지키라는 수성전을 명령할 뿐이었다.

설상가상으로 907년엔 견훤이 일선(경북 선산)까지 진출하여 주변의 10여 성을 장악하였고, 궁예는 남진을 계속하여 상주와 안동 일대를 장악하였다. 이렇게 되자, 신라 도성이 있는 서라벌 주변이 온통 견훤군과 궁예군의 전장이 되고 말았다.

견훤은 나주를 선점당한 것이 분통하여 여러 차례 나주를 공격하였고, 결국 주변 해상을 완전히 장악하는 개가를 올리고 있었다. 그러나 909년에 해군장수 왕건과의 해전에서 크게 패해 진도와 고이도를 뺏기는 바람에 해상권을 잃고 나주에서 후퇴해야만 했다.

910년에 견훤은 다시 총력전을 펼쳐 나주를 공격하였고, 열흘 동안 포위하기도 했다. 그러나 이번에도 왕건이 이끄는 수군의 습격을 받아 퇴각하고 말았다.

과거 신라의 요충지들이 모두 궁예와 견훤 군대의 각축장이 되고 있었지만, 신라 조정은 간신히 도성 주변만 유지한 채 눈뜬 장님처럼 구경만 하고 있어야 할 처지였다.

그 무렵, 효공왕은 이미 20대 중반의 혈기 방장한 청년으로 성장해 있었다. 하지만 이미 쇠할 대로 쇠한 국력을 회복한다는 것은 불가능에 가까웠다. 그런 절망감에 사로잡힌 그는 정사는 제쳐 두고 총애하는 첩과 음사를 즐기는 데 열중하였다.

911년에 궁예가 국호를 다시 태봉으로 고치고 연호를 수덕만세로 바꿨지만, 효공왕은 이제 그런 문제는 안중에도 없었다. 그는 오로지 색욕에만 집착하여 늘 애첩의 치마폭에 싸여 놀아날 뿐이었다. 은영이 그 모습을 보다 못해 효공왕에게 정사를 돌볼 것을 충언으로 간했지만, 그는 들은 척도 하지 않았다. 그러자 은영이 분을 이기지 못하여 효공왕의 애첩을 죽여 버렸다.

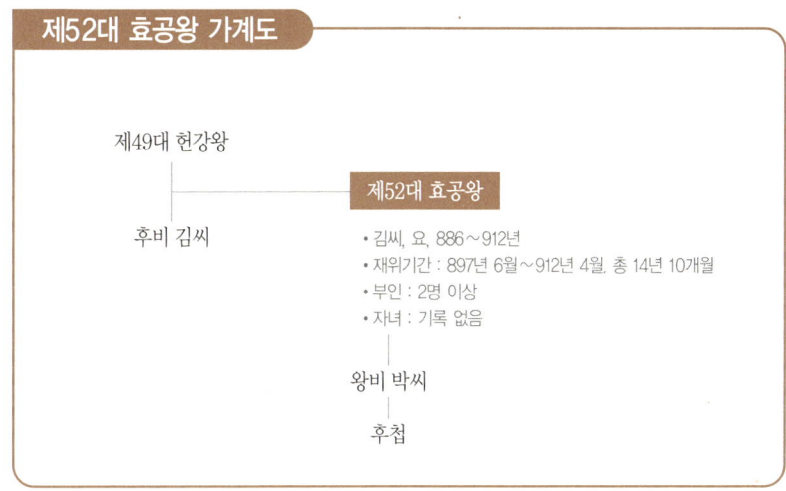

 은영이 왕의 애첩을 죽였다는 것은 왕과 등을 지겠다는 뜻이다. 또한 그가 권력을 장악하고 있지 않았다면, 이런 일을 벌일 수도 없었을 것이다.
 은영은 효공왕의 부인인 왕비 박씨의 조카였고, 예겸의 손자였다. 말하자면 그는 외척의 한 사람으로 당시 조정을 이끌고 있던 영향력 있는 대신이었다. 효공왕은 애첩 문제로 왕비 박씨 세력과 첨예하게 대립했는데, 급기야 은영이 애첩을 죽여 버리는 사태로까지 비화되었던 것이다.
 이 사건 이후 효공왕은 왕권을 빼앗기고 허수아비 왕으로 전락하였고, 급기야 912년 4월에 죽음을 맞이했다. 아마도 왕비를 비롯한 박씨 일파가 그를 살해한 듯하다. 그를 이어 왕위에 오르는 박경휘(신덕왕)가 왕비 박씨의 오빠이고, 은영의 백부라는 사실이 그 점을 확인해 준다. 그의 죽음으로 내물왕 이후 지속되던 김씨 왕실은 몰락하게 된다.
 그의 능은 사자사 북쪽에 마련되었다.

 효공왕의 가족에 대해서는 자세히 전하지 않는다. 그에겐 왕비 박씨 이외에도 여러 명의 첩이 있었던 것으로 보이며, 자식에 대한 기록은 남아 있지 않다.

왕비 박씨는 예겸의 딸이다. 그녀는 왕비에 오른 뒤에 친정 혈족들과 함께 정사에 깊숙이 개입했던 것으로 보인다. 또한 효공왕이 애첩과 놀아나며 정사를 돌보지 않자, 조카 은영과 함께 그를 제거하는 데 가담했던 것으로 판단된다.

▶ 효공왕 시대의 세계 약사

효공왕 시대 당나라는 이극용의 반란으로 전국이 전쟁의 소용돌이 속으로 빠져 들었다. 이후 혼란이 지속되다가 907년에 주온이 애제를 폐하고 황제를 칭함에 따라 당은 몰락하였고, 5대 10국 시대가 열렸다. 주온은 후량을 세웠으며, 한편에선 이극용이 세력을 형성하고 있었다.

주온의 후량은 907년에 건국되어 923년에 몰락하였으며, 이어 이존욱이 923년에 후당을 세워 936년까지 왕조를 이어 간다.

제53대 신덕왕실록

1. 신덕왕의 즉위와 황혼에 부활한 박씨 왕조
(?~서기 917년, 재위기간:서기 912년 4월~917년 7월, 5년 3개월)

신덕(神德)왕은 제8대 아달라왕의 먼 후손이고, 박예겸의 아들이며 정화부인 소생이다. 이름은 경휘이며, 일찍이 헌강왕의 사위가 되었다. 타락한 효공왕이 박씨 세력에 의해 제거되자, 912년 4월에 왕위에 올랐다.

신덕왕의 아버지 예겸은 헌강왕 원년인 875년에 시중에 임명된 사람으로 신라 조정에 막대한 영향력을 행사했다. 하지만 신덕왕이 왕위에 올라 그를 선성대왕에 추존한 것을 볼 때, 912년 당시엔 이미 사망한 것으로 보인다.

신덕왕의 즉위는 제8대 아달라왕을 끝으로 제왕의 자리에서 물러났던 박씨 왕조의 부활을 의미한다. 아달라왕이 제9대 벌휴왕 세력에 의해 제거됨으로써 신라는 석씨 왕조 시대를 열었고, 다시 제17대 내물왕에 의해 김씨 왕조 시대가 시작되었다. 김씨 왕조는 내물왕 즉위 시점인 352년부터 912년까지 560년간 지속되다가 효공왕에 이르러 박씨에게 왕조를 내주었다(신라의 마지막 왕인 경순왕이 김씨이긴 하나, 그는 견훤이 세운 허수아비 왕에 불과했고,

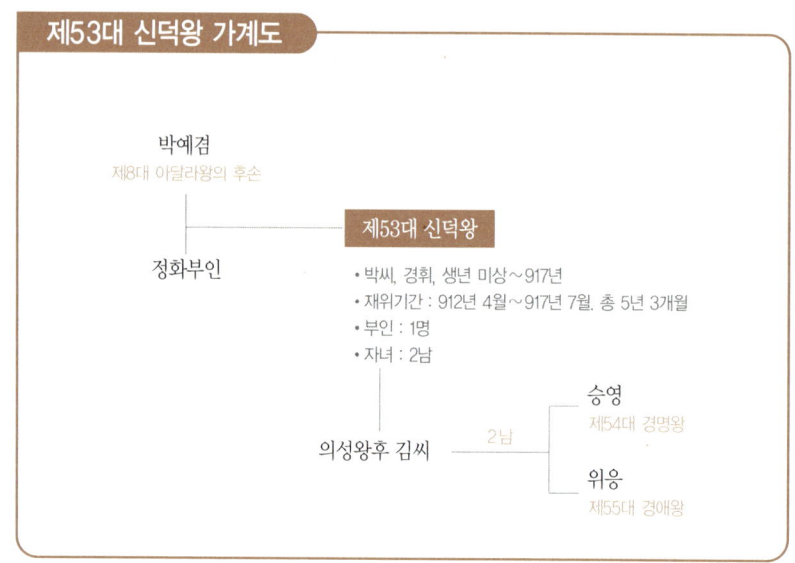

왕권도 거의 상실한 상태였다. 그래서 효공왕이 김씨 왕조의 마지막 왕인 셈이다).

왕위에 오른 신덕왕은 즉위년 5월에 선친 예겸을 선성대왕으로 추존하고, 어머니를 정화태후로, 왕비를 의성왕후로 하고, 아들 승영을 태자로 책봉하였다. 그리고 이찬 계강을 상대등으로 삼아 조정을 수습하였다.

그러나 신덕왕의 치세는 겨우 5년밖에 유지되지 못했다. 그는 이미 연로한 몸인 데다 건강도 좋지 않았던 것이다.

그의 치세 중에 중요한 사건이 있다면, 914년에 궁예가 연호를 '수덕만세'에서 '정개'로 고친 것과 916년 8월에 견훤이 또다시 대야성을 공격해 온 일이었다. 그러나 견훤은 대야성 함락에 실패했다.

신덕왕은 917년 7월에 죽었으며, 육신은 화장되었고, 능은 죽성에 마련되었다.

신덕왕은 한 명의 부인에게서 아들을 둘 얻었다. 왕비는 의성왕후 김씨인데, 그녀는 헌강왕의 딸이다. 의성왕후는 승영(경명왕)과 위응(경애왕)을 낳았다. 이들에 대해서는 해당 실록에서 따로 언급한다.

제54대 경명왕실록

1. 고려의 등장과 경명왕의 생존 외교
(?~서기 924년, 재위기간: 서기 917년 7월~924년 8월, 7년 1개월)

경명(景明)왕은 신덕왕의 장남이며, 의성왕후 김씨 소생으로 이름은 승영이다. 912년에 아버지 신덕왕이 즉위하자, 그해 5월에 태자에 책봉되었다. 917년 7월에 신덕왕이 죽자 왕위에 올랐다.

경명왕은 아우인 이찬 위응을 상대등으로 임명하고, 대아찬 유렴을 시중으로 삼아 정사를 꾸렸다. 하지만 정국은 불안했고, 곳곳에 역모 세력이 도사리고 있었으며, 지방의 호족들은 박씨 왕조에 등을 돌린 상태였다. 그런 가운데 918년 2월에 일길찬 현승이 모반을 도모했는데, 다행히 붙잡혀 처형되었다.

그 무렵, 태봉에서는 거대한 변화가 일고 있었다. 911년에 국호를 태봉으로 고친 궁예는 중앙집권화 정책에 몰두하였고, 이를 위한 개혁 과정에서 지방 호족들과 대립하였다. 궁예는 중앙집권화에 반발하는 수많은 호족을 죽였고, 심지어 왕후 강씨까지도 죽이는 잔인한 면모를 드러냈다. 그는 스스로 미륵을 자처하며 사람의 마음을 읽는 묘술인 관심법(觀心法)을 무기 삼아 독단과 전횡을 일삼았다. 그리고 급기야 가장 신임하던 휘하 장수인 왕건에게도 역모 혐의를 씌워 궁지로 몰다가 되레 왕건에 의해 제거되는 사태가 벌어진 것이다.

918년 6월에 일어난 이 혁명 사건으로 태봉 왕조는 무너졌고, 새로운 왕조가 일어났다. 왕건은 신하들의 추대를 받아 왕위에 올라 국호를 고려라 하고, 연호를 천수라 하였다. 그러자 궁예를 따르던 여러 호족이 왕건에게 등을 돌렸다. 그 덕분에 견훤의 후백제는 공주와 서산, 홍성 등의 땅을 확보하는 개가를 올렸다.

그러나 이 해 9월에 놀라운 사건이 하나 터졌다. 상주를 장악하고 있던 견훤의 아버지 아자개가 왕건에게 투항한 것이다.

아자개가 아들인 견훤을 버리고 왕건에게 투항한 것은 후백제가 상주 일대를 장악하는 과정에서 아자개의 심사를 불편하게 만들었기 때문일 것이다. 어쨌든 이 사건으로 견훤의 명예는 크게 훼손되었고, 아버지와 불화한 여파로 심적 피해도 크게 입었을 법하다.

고려 개국 이후 신라의 지방 세력들은 왕건에게 호의를 가지기 시작했고, 경명왕도 고려와 타협하여 후백제를 함께 견제하려는 경향을 보였다. 왕건이 919년에 도읍을 철원에서 송악으로 옮겨 정치적 기반을 강화하자, 신라 조정은 고려와 친밀한 관계를 맺으려는 시도를 강화하였다.

이런 경향은 919년 3월에 들어선 상대등 김성과 시중 언옹의 세력에 의해 구체화되었다. 그들은 920년 정월에 왕건과 사신을 교환하고 고려와 수호 관계를 맺었다. 그러자 견훤에게 위협을 받고 있던 지방 세력들이 대거 고려에 귀순했다. 지방 세력의 귀순은 일종의 전략적 제휴 차원에서 이뤄졌다.

920년 2월에 강주(진주) 장군 윤웅이 고려에 귀순했는데, 이는 당시 견훤이 대야성을 공격할 것에 대비하여 고려와 연합 세력을 구축하기 위한 조치였다. 예상대로 견훤은 그해 10월에 기병 1만을 거느리고 대야성을 공격해 왔고, 결국 대야성은 함락되고 말았다. 다급해진 경명왕은 급히 아찬 김율을 왕건에게 보내 도움을 요청했지만, 견훤의 군대는 다시 진례로 진군하였다. 다행히 그때 왕건의 군대가 도착하여 방어벽을 형성한 덕에 진례는 함락되지 않았다.

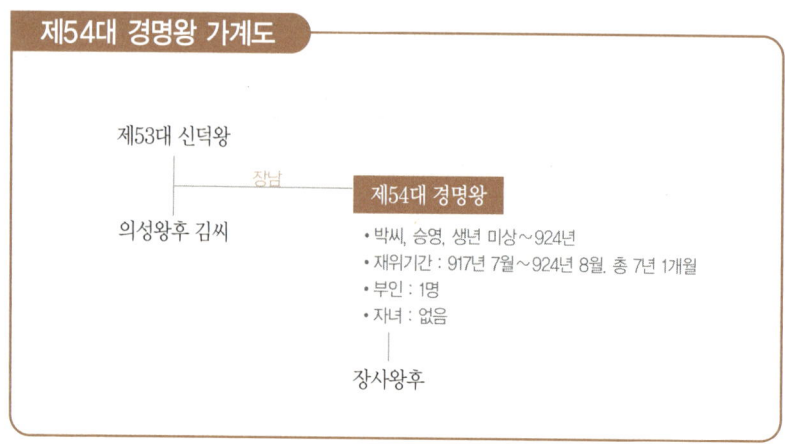

그 무렵인 921년 2월에 말갈의 일족인 달고 무리가 신라의 북쪽 변경을 침략해 왔다. 그러나 그들은 고려 장수 견권에게 대파되어 전멸하였다. 경명왕은 왕건에게 사신을 파견하고, 감사하는 편지를 함께 보냈다.

이 사건들 이후, 경명왕은 보다 더 왕건과 친밀한 관계를 유지하려고 애를 썼다. 이런 경명왕의 태도는 신라 왕실을 섬기고 있던 지방 호족들이 왕건에게 귀순하는 결정적인 원인이 되었다. 922년 정월에 하지성 장군 원봉이 고려에 귀순한 것을 시작으로, 923년 7월에는 지성장군 성달, 경산부 장군 양문 등이 경명왕의 부탁을 받고 고려에 귀순했다.

이렇게 되자, 한때 왕건에게 등을 돌렸던 태봉의 신하들도 고려에 투항하기 시작했다. 922년 정월에 명주의 호족 김순식이 항복하여 왕씨 성을 하사받고 충성을 맹세하였고, 또 진보성 장군 홍술도 같은 달에 항복하였다. 순식은 명주의 호족으로 지금의 강원도 동해안 일대를 장악하고 있었으며, 북방의 말갈족과도 긴밀한 관계를 유지하고 있던 인물이었다. 그래서 왕건은 그동안 그의 마음을 사로잡기 위해 매우 공을 들였다. 또 홍술은 경북 의성 일대의 호족 세력으로 고려가 신라 주변 지역에 교두보를 확보하는 데 큰 역할을 할 수 있는 인물이었다. 그런 탓에 왕건은 홍술의 마음을 돌려놓는 데도 무척 애를 썼다.

이렇듯 과거에 돌아섰던 인물들이 하나 둘 다시 찾아오고, 신라의 호족들마저 휘하에 거느리게 되자 왕건의 세력은 날로 확대되었다.

경명왕은 왕건의 세력 확대를 도와 고려에 의존하고자 했지만, 결과적으론 이것은 제 살을 깎아먹는 행동이었다. 그러나 대세는 이미 정해진 만큼 신라 왕실이 고려에 의존한 것은 일종의 생존 전략이라고 할 수 있었다.

고려에 의존한 덕분에 정치적 안정을 되찾은 경명왕은 923년에 창부시랑 김낙과 녹사 참군 김유경을 후당에 입조시키고 토산물을 바치는 조공 외교를 펼치는 등 오랜만에 외교에도 신경을 기울였다. 그의 외교적 노력은 924년 6월에 조산대부 창부시랑 김악을 후당에 보내 조공하는 형태로 이어졌고, 후당의 장종은 그에게 의대부시위위경의 관작을 내렸다.

경명왕은 이렇듯 쇠락한 신라를 유지하기 위해 고려와 후당에 생존을 위한 외교전을 펼치며 미래를 도모하고자 했다. 그러나 불행히도 그는 건강하지 못했다. 924년 8월에 지병으로 생을 마감하니, 황복사 북쪽에서 화장되어 뼈는 성등 잉산 서쪽에 뿌렸다. 고려 태조 왕건은 사신을 보내 조문하고, 제사에 참여토록 하여 양국의 화친 관계를 확인하는 조치를 내렸다.

경명왕은 부인이 한 명 있었으나 자식은 얻지 못한 듯하다. 부인은 장사왕후이며, 각간 대존의 딸이다. 그 외의 자세한 기록은 남아 있지 않다.

제55대 경애왕실록

1. 비운의 왕 경애왕과 서라벌로 진군한 견훤
(?~서기 927년, 재위기간: 서기 924년 8월~927년 11월, 3년 3개월)

경애(景哀)왕은 신덕왕의 아들이며, 경명왕의 동복 아우이고 의성왕후 김씨 소생으로 이름은 위응이다. 경명왕 원년인 917년에 상대등에 임명되어 조정을 이끌다가 919년에 물러났다. 924년 8월에 경명왕이 후사 없이 죽자, 왕위에 올랐다.

경애왕은 즉위와 동시에 고려에 사신을 보내 왕건을 예방하였다. 그러자 925년 10월에 고울부(경북 영천) 장수 능문이 고려에 투항하였다. 하지만 왕건은 고울부가 신라 도성과 너무 가까이 있어 혹여 경애왕이 두려워할까 봐 능문을 다독거려 돌려보냈다. 하지만 능문의 부하들인 시랑 배근과 대감 명재, 상술, 궁식 등의 귀순은 받아들였다. 이미 신라는 쇠락할 대로 쇠락한 상태였기에 왕건은 굳이 경애왕을 자극하여 고려가 신라를 병합하려 한다는 의심을 살 필요가 없었던 것이다.

능문을 돌려보내자, 이번에는 매조성 장군 능현이 사절을 파견하여 투항 의사를 밝혀 왔다. 왕건은 능현의 투항을 받아들였다.

이렇듯 신라 장수들이 계속 고려 조정에 투항하고 있을 무렵, 고려 도성으로 발해의 귀족과 백성들도 대거 귀순하고 있었다. 당시 발해는 거란의 거센 공격에 밀려 도성이 함락될 지경에 놓여 있었다. 그 여파로 925년 9월엔 장군 신덕 등 5백 명이 귀순했고, 또 같은 달에 발해의 예부경 대화균을 비롯한 대씨 왕족들이 대거 귀순해 왔다.

고려는 신라 호족들과 발해의 유민을 받아들여 국력을 키우면서 백제와는 치열한 공방전을 지속하고 있었다.

왕건은 정서대장군 유금필을 파견하여 백제의 충청도 지역을 공격하는 한편, 자신이 몸소 군대를 이끌고 가서 조물군(경북 안동 근처)에서 견훤과 교전하였다. 두 왕이 직접 출전한 만큼 조물성 전투는 치열할 수밖에 없었다. 전투의 양상은 초반엔 백제군에 유리하게 전개되었으나, 유금필이 가담하면서 고려군의 기세가 되살아났다. 상황이 불리해지자 견훤은 재빨리 화친을 제의했고, 왕건 또한 전쟁을 지속하는 것이 무리라고 판단하고 견훤의 화의를 받아들였다.

양국의 화친 약조에 따라 서로 인질을 교환했는데, 백제 쪽에선 견훤의 처족이자 사위인 진호를 보냈고, 고려 쪽에선 왕건의 사촌 아우 왕신을 보냈다. 그리고 왕건은 견훤이 자기보다 열 살이 많은 점을 고려하여 상부라고 불렀다.

경애왕이 양국의 화친 소식을 듣고 왕건에게 사절을 파견하여 말했다.

"견훤은 이랬다저랬다 협잡이 많아 화친할 사람이 못 됩니다."

왕건도 경애왕의 충고에 고개를 끄덕였으나, 그렇다고 화의를 파기하지는 않았다. 그러나 양국의 화의는 엉뚱한 일로 파국에 이르렀다.

고려에 인질로 가 있던 진호가 갑자기 죽어 버린 것이다. 왕건은 시랑 익훤을 시켜 진호의 시체를 백제로 보냈다. 견훤은 고려인들이 진호를 죽였다고 판단하고 분노하여 왕신을 죽인 다음, 군대를 이끌고 웅진까지 직접 진군해 왔다. 이에 왕건은 각 성주에게 명령하여 성을 고수하고 나가 싸우지 말라고 당부했다.

경애왕이 이 소식을 듣고 또 한 차례 사절을 파견하여 왕건에게 이렇게 전했다.

"견훤은 맹약을 위반하고 출병하였으니, 하늘이 반드시 그를 돕지 않을 것이오. 만일 대왕께서 반격하면 견훤은 반드시 스스로 패망할 것이오."

경애왕은 이렇듯 왕건의 미온적 대처를 질타하며 견훤과 대적하여 백제를 칠 것을 종용하였으나, 왕건은 사절에게 이렇게 설명했다.

"내가 견훤을 두려워하는 것이 아니오. 다만 그의 죄악이 가득 차서 스스로 넘어질 때를 기다리는 것뿐이오."

왕건은 말은 그렇게 했지만, 사실은 공격할 기회를 엿보고 있었다. 마침내 틈이 보이자 927년 정월에 직접 군대를 이끌고 가서 백제의 용주(경북 용궁)를 공격하고자 했다. 그 소식이 전해지자, 경애왕은 왕건의 출병을 반기며 즉시 군대를 동원하여 협공에 나섰다. 용주의 백제군은 무너져 항복하였다.

그러자 견훤은 왕신의 시체를 왕건에게 보내 고려인들을 자극했다. 왕신의 시체를 본 왕건은 분을 이기지 못하고 운주(충남 홍성)를 공격하여 무너뜨리고, 그곳 성주 긍준을 성 밑에서 죽였다.

또한 왕건은 4월에는 장군 영창과 능식에게 수군을 안겨 강주를 공격하게 했다. 당시 강주는 왕봉규란 인물이 장악하고 있었는데, 그는 신라와 백제에 양다리를 걸친 채 독자 세력을 형성하고 있었다. 봉규는 원래 의령의 성주였으나, 세력을 확대하여 강주로 진출하였다. 또 후당 명종으로부터 회화대장군이란 칭호도 받고, 신라 왕으로부터는 권지강주사로 임명되기도 했다. 후당에 자신의 사자 임언을 보내 독자적으로 조공을 하는 등 군주 행세를 하기도 했다.

왕건은 그런 왕봉규가 견훤과 결탁하여 뒷거래를 하고 있다고 판단하고 강주를 공격했던 것이다.

영창과 능식의 군대는 강주 함락에는 실패했으나, 그 주변인 전이산(경남 남해), 노포평, 서산, 돌산(전남 순천) 등 네 지역을 함락시키고 그곳 장수들을 포로로 잡았다.

그 시각, 왕건은 직접 군대를 이끌고 가서 웅주성(공주)을 공략하였고, 한편으론 재충과 김락 등을 은밀히 파견하여 대야성을 공격하도록 했다.

대야성은 견훤이 20년에 걸쳐 지속적으로 공격하여 얻은 백제의 전략 기지였다. 이곳을 급습한 고려군은 그해 7월에 성을 함락하고, 그곳 장군 추허조와 30여 명을 포로로 잡는 개가를 올렸다.

대야성을 장악했다는 소식을 듣고 왕건은 직접 강주 순행길에 올랐다. 대야성이 무너진 마당에 강주의 왕봉규도 더 이상 버틸 수 없을 것이라 판단하고 강주를 접수하고자 했던 것이다. 마침내 8월에 강주에 도착한 왕건은 그곳을 순행하고 접수하였다.

왕건이 강주를 순행하자, 그 주변에 있는 백제 성주들이 대거 귀순하였다. 돌아오는 길에는 고사갈이성(경북 문경)의 백제 장수 흥달이 귀순했다.

왕건이 여러 전선에서 낙승을 거두자, 견훤은 발끈하여 군대를 몰고 직접 나섰다. 견훤은 무섭게 진군하여 순식간에 근품성을 함락하여 불태웠고, 이어 신라의 고울부를 습격하여 차지하였다. 그리고 이내 신라 도성 서라벌로 군대를 내몰았다.

견훤은 이번에 왕건이 많은 성과를 거둔 것이 신라의 측면 지원 때문이라고 판단했다. 사실, 경애왕은 왕건을 자극하여 전쟁을 유발했고, 고려와 백제가 싸우면 반드시 고려 편을 들었다. 이 때문에 백제군의 타격은 매우 컸다. 비록 신라의 군사력이 형편없이 약해져 있었다고는 하지만, 고려와 팽팽한 접전을 벌이고 있던 견훤에게는 고려 편에 선 신라가 여간 성가신 것이 아니었다. 특히, 경애왕은 노골적으로 견훤을 비난하고 있었기에, 경애왕에 대한 견훤의 분노는 극에 달해 있었다. 그런 일련의 상황들이 견훤으로 하여금 서라벌 도성을 치게 한 원인이 되었다.

견훤이 영천을 침입했다는 소식을 듣고 경애왕은 급히 연식을 송악에 파견하여 도움을 요청했다.

왕건에게 구원군을 요청한 경애왕은 다급한 심정으로 왕비와 궁녀, 종실들과 함께 포석사에 나가 제를 올리고, 국가의 안녕을 기원하였는데, 바로 그때 백제의 군대가 밀어닥쳤다. 왕건은 공훤 등에게 군대 1만을 안겨 신라를 구원

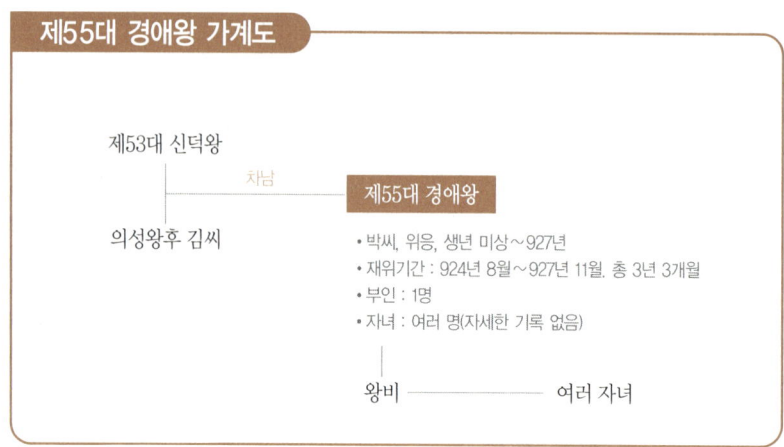

토록 했다. 하지만 그들이 도착했을 때, 이미 서라벌은 백제군에게 유린당한 뒤였다(『고려사』와 『삼국사기』에는 경애왕이 포석정에 나가 연회를 베풀며 놀고 있었다고 하나, 포석정은 유희를 즐기는 곳이 아니라 제를 올리는 사당인 만큼 연회를 베풀었다는 것은 맞지 않다. 당시 경애왕은 포석사에 나가 국가 안녕을 비는 제를 올렸을 것이다. 이를 고려의 사가들이 신라 멸망의 당위성을 역설하기 위해 국가가 위태로운 상황에서 왕이 춤추며 즐기고 놀았다고 표현한 것이다).

경애왕은 당황하여 왕비와 함께 달아나 도성 남쪽 별궁에 몸을 숨겼다. 그러나 백제군의 수색망에 걸리자 살해당할 것을 염려하여 자살로 생을 마감했으니, 이때가 927년 11월이었다(『삼국사기』와 『고려사』는 이때 견훤이 경애왕을 별궁에서 체포하여 자살토록 하고, 자신은 왕비를 강간하는 한편, 병사들에게는 경애왕의 비첩들을 강간토록 했다고 적고 있다. 그러나 견훤이 왕건에게 보낸 서한에는 경애왕이 자결하는 사태가 벌어졌고, 신하들이 도망을 쳤다고 쓰고 있다. 상황으로 봐서 경애왕이 스스로 자결했을 가능성이 높다).

견훤은 경애왕의 외종제 김부(경순왕)를 왕으로 세우고, 왕족 효렴을 비롯해 재상 영경과 그외에 종실의 자녀들과 각종 기술자들, 병기, 보배 등을 빼앗아 돌아갔다.

　새 왕 김부는 경애왕의 시체를 수습하여 서쪽 대청에 안치하고, 장례를 치른 뒤, 남산 해목령에 능을 마련했다.

　경애왕의 가족들에 대한 기록은 거의 남아 있지 않다. 왕비의 시호도 전해지지 않고, 다만 견훤에게 강간을 당하였다는 기록만 남아 있다. 자녀들은 모두 견훤에 의해 백제로 압송된 것으로 보인다. 하지만 그 구체적인 면면은 전하지 않는다.

제56대 경순왕실록

1. 마지막 왕 경순왕과 천년왕국의 몰락
(?~서기 978년, 재위기간: 서기 927년 11월~935년 11월, 7년)

경순(敬順)왕은 제46대 문성왕의 후예로 성은 김씨이고, 이름은 부이며, 경애왕의 외종제이다. 아버지는 이찬 효종이며, 어머니는 계아태후이다. 경순왕의 아버지 효종은 효공왕 6년(902년)에 대아찬으로 시중에 임명되었다. 그 이후 이찬으로 품계가 올랐고, 오랫동안 신라 조정을 이끌었던 인물이다.

효종의 아들 부가 왕위에 오른 것은 견훤의 천거에 의해서였다. 견훤은 박씨 왕조에 대해 감정이 좋지 않았다. 경명왕 즉위 이후 신라는 노골적으로 고려와 화친하며 백제를 적대시하였다. 경애왕은 기회가 있을 때마다 견훤을 비방하고 왕건을 추켜세웠다. 이에 대해 몹시 분개하고 있던 견훤은 927년 9월에 고울부(경북 영천)를 공격하였고, 이내 말머리를 돌려 신라 도성을 유린했다. 그 과정에서 공포에 질린 경애왕은 살해될까 염려하여 자살했다. 경애왕이 죽자, 견훤은 박씨 왕조를 폐하고 김씨 왕조의 후예인 부를 왕으로 세웠다. 이때가 927년 11월이다.

비록 왕위에 오르긴 했지만, 경순왕은 왕권을 완전히 상실한 상태였다. 견훤은 그를 왕으로 세우고 돌아가면서 신라의 도성을 지키던 병사들을 대거 포로로 잡아갔고, 심지어 병기를 모두 빼앗고, 병기를 만드는 기술자까지 모조리 압송해 갔다. 그 때문에 경순왕 휘하엔 군대가 전혀 없었다. 말하자면 그는 그야말로 이름뿐인 왕이었다. 그가 기댈 수 있는 곳은 이제 고려의 왕건뿐이었다. 그는 자기의 목숨과 종실의 운명조차 고려군에게 맡겨야 할 판이었다.

왕위에 오른 경순왕은 우선 경애왕의 시체를 대청에 모시고, 여러 신하와 함께 통곡하며 장례를 준비했다. 고려 태조 왕건은 사신을 보내 조문한 뒤, 이내 자신이 직접 병력 5천을 이끌고 견훤의 퇴로를 차단하기 위해 달려왔다.

왕건은 견훤이 공산(팔공산)을 택해 돌아갈 것으로 판단하고 길목을 지키고 있다가 급습을 가할 요량이었다. 휘하 병력은 모두 기병이었고, 좌우에는 백전노장 김락과 신숭겸을 배치했다. 병력을 모두 기병으로 구성했다는 것은 그만큼 급히 달려왔다는 뜻인데, 이는 견훤을 사로잡을 수 있다는 확신에 찬 행동이었다.

그러나 당한 쪽은 오히려 왕건이었다. 고려군이 길목을 차단할 것을 예상한 견훤은 복병을 숨겨 뒀다가 공산 동수로 접어든 고려군 선봉대를 급습하여 궤멸시켰다. 그 바람에 왕건은 사면초가에 빠지고 말았다. 포위망을 뚫을 수 없게 되자, 신숭겸이 다가와 자기가 왕의 갑옷을 입고 어차에 올라 싸울 터이니, 그 사이에 변복을 하고 빠져 나가라고 제의했다.

왕건은 신숭겸의 살신성인 덕분에 가까스로 혼자 목숨을 건져 탈출할 수 있었다. 그 대신에 5천의 기병과 함께 뛰어난 부하 장수 김락과 신숭겸은 황천으로 가야 했다.

공산의 패전 이후 왕건은 계속 수세에 몰렸다. 928년 정월에는 강주를 구원하러 가던 원윤 김상이 백제 장군 흥종에게 목숨을 잃었으며, 5월에는 강주가 견훤의 습격을 받아 강주 원보 진경이 죽고, 장군 유문이 항복하였다. 또 8월에는 어렵게 얻었던 대야성이 다시 백제 장수 관흔의 수중에 떨어졌고, 고려와 신라의 교통로인 죽령 또한 백제군이 장악했다. 11월에는 경상 북부 지역의 요충지인 부곡성이 함락당해 장군 양지와 명식이 백제에 항복하였다. 929년 7월에는 견훤이 직접 병력 5천을 이끌고 와 고려의 주요 거점인 의성부를 공격하여, 의성 성주 홍술이 전사하였다. 의성은 고려가 경상 북부 지역을 장악하기 위해 거점으로 활용하던 곳이었다. 그의 죽음 소식을 듣고 왕건이 '내가 좌우 손을 모두 잃었다'고 할 정도로, 홍술은 신임받던 장수였다.

그달에 순주(경북 순흥) 장군 원봉이 견훤에게 항복하였다. 왕건은 그 말을 듣고 크게 진노하였으나, 원봉의 이전 전공을 생각하여 그의 가족들에게는 죄를 묻지 않고 순주를 현으로 강등시켰다(후에 원봉은 이때 항복한 책임을 지고 엄벌에 처해진다).

929년 10월에 견훤은 사벌의 가은현을 포위했다. 가은현은 견훤의 고향이었고, 아자개의 근거지였다. 그래서 이곳을 되찾는 것이 견훤의 숙원사업이었다. 그러나 견훤은 가은현 점령에 실패했다.

그러자 견훤은 경상도 지역에 주둔한 고려군의 마지막 보루인 고창(경북 안동)을 공격했다. 그 소식을 듣고 왕건이 급히 군대를 이끌고 충주로 달려왔다. 그리고 가까스로 죽령 길을 뚫고 영주와 풍기 등을 순시하며 백제군을 공격할 틈을 엿보았다.

하지만 백제군의 기세가 워낙 강해 퇴각할 수밖에 없었다. 왕건은 고창의 고려군을 구하기 위해 여러 모로 방책을 강구했지만, 마땅한 묘안이 떠오르지 않았다. 장수들은 대부분 고창을 포기하자고 했다. 죽령을 넘어갔다가 퇴로를 차단당하면 꼼짝없이 죽을 판국이라 왕건도 감히 공격할 엄두를 내지 못했다. 그렇다고 고창의 군대를 버리면 대세가 견훤에게 넘어갈 게 뻔했다.

왕건이 이러지도 저러지도 못하고 고민하고 있는데, 유금필이 강력하게 출전을 건의했다. 그는 3천 명의 아군을 적군에게 내줄 수는 없다며 절대로 고창을 버려서는 안 된다고 주장했다.

그제야 왕건도 결심을 굳혔다. 죽기 살기로 싸우는 것 이외엔 답이 없었던 것이다. 그래서 유금필을 앞세우고 죽령을 뚫었다.

고려군이 죽령을 뚫자, 이내 좋은 소식이 들려왔다. 재암성을 지키고 있던 신라 장수 선필이 군대를 이끌고 귀순해 온 것이다. 선필의 부대는 주변 지형에 익숙한 군사들로 형성된 터라 왕건은 그들을 잘 활용하면 타개책을 마련할 수 있을 것이라는 희망을 가졌다.

선봉에 선 유금필은 기세를 세우며 막아서는 백제군을 잇따라 궤멸시켰다. 그 덕분에 왕건 군대는 고창으로 진입하여 병산에 진채를 내릴 수 있었다. 견훤의 군대는 거기서 불과 5백 보 남짓 떨어진 석산에 주둔하며 대치했다.

이렇듯 양쪽 진영에 팽팽한 긴장이 감돌고 있는데, 왕건에게 또 하나의 낭보가 날아들었다. 그 주변의 신라 민병대를 이끌고 있던 김선평, 권행, 장길 등이 고려군에 가세한 것이다. 힘을 얻은 왕건은 신라 민병대와 함께 협공을 감행했다. 싸움은 이른 아침부터 해가 저물 때까지 계속되었는데, 결과는 왕건의 대승이었다. 견훤은 패배하여 병력 8천을 잃고 낙동강을 넘어 남쪽으로 퇴각해야 했다.

백제군이 퇴각하자, 왕건은 곧 재암성 장수 선필을 사신으로 삼아 경순왕에게 이 사실을 전했다. 경순왕은 반색하여 사신을 보내 왕건을 만날 것을 청하였다.

경순왕이 왕건에게 의탁할 속내를 드러내자, 그나마 신라 신하로 남아 있던 동해 주변의 주와 군의 110여 성이 고려에 귀순했다.

경순왕은 931년 2월에 태수 겸용을 보내 왕건과 만나기를 다시 청했다. 왕건은 경순왕의 청을 받아들여 50여 명의 기병만 거느린 채 신라 도성으로 들어왔다. 경순왕은 자기의 사촌 아우 유렴으로 하여금 성문 밖에서 왕건을 영접해 오도록 하였다. 왕건이 도성에 당도하자, 그는 백관들과 함께 교외에서 왕건을 맞이하여 대궐로 와서 서로 마주 대하며 예를 갖춰 절을 하였다.

경순왕은 임해전에서 연회를 베푼 후에 술기운이 감돌자, 눈물을 흘리면서 말했다.

"이 나라의 운수가 불길하여 견훤이 불의의 행동을 자행하며 내 나라를 망치고 있으니, 무엇으로 이 통분을 대신할 것인가?"

경순왕이 뜨거운 눈물을 흘리며 시절을 한탄하자, 좌우의 신하들이 함께 흐

느껴 울었고, 왕건도 함께 눈물을 흘리면서 경순왕을 위로했다.

왕건은 그 뒤로도 두 달여 동안 서라벌에 머물다가 5월에야 귀국길에 올랐다. 경순왕은 혈성까지 따라 나와 송별하고, 사촌 아우 유렴을 볼모로 삼아 왕건을 따라가도록 조처했다.

왕건은 서라벌에 머무는 동안 휘하 군사들에게 절대로 민가에 피해를 끼치지 못하도록 엄한 군령을 내렸다. 그 덕분에 서라벌 백성들의 환심을 살 수 있었다. 그들은 말하길 "이전에 견훤이 왔을 땐 마치 범이나 이리 떼를 만난 것 같았는데, 오늘 왕 공이 왔을 때는 부모를 만난 것 같았다."고 하였다.

송악으로 돌아간 왕건은 8월에 경순왕에게 사신을 보내 비단과 안장을 갖춘 말을 선물하고, 관료와 장수들에게도 정도에 따라 포백을 하사했다.

이렇듯 왕건이 지극 정성으로 호의를 표하자, 경순왕은 왕건을 매우 신뢰하게 되었다.

그 무렵, 견훤은 상황을 반전시키기 위해 새로운 계략을 짜고 있었다. 백제는 910년에 나주 앞바다에서 왕건에게 크게 패한 뒤로 거의 20년간 해군을 움직인 적이 없었는데, 견훤은 그동안 해군력을 키워 과거의 오명을 씻고자 하였다.

그것도 모르고 왕건은 기세를 세우며 백제 성곽에 대한 공격을 가속화하고 있었다. 그 덕분에 932년 6월에 백제 장군 공직이 투항해 왔고, 7월에는 자신이 직접 일모산성(청주 문의면)을 공격하여 함락시켰다.

그때를 놓치지 않고 견훤은 느닷없이 수군을 움직였다. 그해 9월 백제의 해군장수 상귀가 수군을 이끌고 고려 도성의 젖줄인 예성강으로 쳐들어왔다. 그리고 염주, 백주, 정주 세 포구를 장악하고, 그곳에 정박해 있던 전함 1백 척을 불살랐다. 또 저산도에서 키우고 있던 군마 3백 필을 앗아 갔다.

10월에는 해군장수 상애가 북방의 섬 대우도(평북 용천)를 점령하여 거점을 형성했다.

창졸간에 도성 주변과 후방 지역을 공격당한 왕건은 몹시 당황했다. 대광 만세에게 해군을 안겨 대우도를 구원하려 했으나, 만세는 백제군에게 패하고 물러났다.

그 일로 왕건이 근심에 사로잡혀 있는데, 문득 편지 한 통이 날아들었다. 당시 고려의 맹장 유금필은 정치적인 모략에 휘말려 백령도에 귀양 가 있었다. 그런데 대우도가 약탈당하고 있다는 소식을 들은 유금필이 백령도와 그 주변의 어부들을 모아 수군을 조직하여 상애의 함대를 공략하고 있다는 내용이었다.

유금필과 고려군의 지속적인 공략에 밀린 상애는 함대를 이끌고 퇴각하였다. 하지만 상귀와 상애의 해상을 통한 공략은 왕건의 간담을 서늘하게 만들었다. 왕건은 육지에서는 밀리더라도 바다에서만은 항상 우위에 있다고 자부해 온 터였다. 왕건은 그토록 위용을 자랑하던 고려의 해군이 무력하게 무너지고 안방마저 유린당했으니, 자존심에 치명상을 입었던 것이다.

이때 경순왕은 고려에 의탁한 이후로 나름대로 안정을 되찾고, 국정을 수습하려는 노력을 하고 있었다. 932년 4월에는 집사시랑 김불, 사빈경 이유 등을 후당에 보내 조공을 하면서 아직까지 신라라는 나라가 유지되고 있다는 사실을 알렸다.

그러나 후당에서는 이미 신라를 망한 나라로 판단하고 있었다. 후당 명종은 933년에 고려에는 사신을 보내 왕건을 고려 왕에 책봉하고 조서를 보내왔지만, 신라에는 책봉사를 보내지 않았던 것이다.

한편, 왕건은 상애와 상귀에게 당한 수모를 설욕하기 위해 934년 9월에 직접 군대를 이끌고 운주 정벌길에 올랐다.

왕건이 운주로 진출하자, 견훤도 갑사 5천 명을 직접 이끌고 달려왔다. 그러나 견훤은 굳이 왕건과 싸울 마음이 없었다. 견훤은 왕건에게 편지를 보내 이런 말로 화친을 제의했다.

"양쪽 군이 서로 싸우면 양쪽 모두 온전하지 못할 형세이니, 무지한 병졸들만 수없이 살상될 것이다. 화친을 맹약하고 각자의 영토를 보전하는 것이 마땅하지 않겠는가."

견훤의 화친 제의를 받고 왕건도 은근히 마음이 흔들렸다. 그래서 휘하 장수들을 모아 놓고 의견을 묻는데, 유금필이 나서서 결전을 주장했다.

"오늘의 정세는 싸우지 않을 수 없는 상황이니, 바라건대 성상께서는 염려 마시고 저희들이 적을 격파하는 것이나 보십시오."

결국, 유금필의 주장을 받아들인 왕건은 선제 공격을 명령했다. 유금필이 정예기병 수천을 이끌고 급습을 가하자, 견훤은 그 기세와 용맹에 눌려 달아나고 말았다. 유금필이 그 뒤를 쫓아 백제군 3천 명을 죽이고, 술사 종훈, 의사 훈겸, 백제의 용장 상달과 최필을 사로잡았다.

유금필의 대활약으로 고려군이 운주를 장악하자, 공주 이북의 30여 성이 그 위세에 눌려 스스로 항복해 왔다.

왕건은 이런 기세를 몰아 몇 달 뒤에는 유금필을 앞세워 나주 탈환 작전에 나섰다. 나주는 이미 929년부터 백제의 지배 아래 들어갔다. 나주의 일부가 산성에 의지하여 버티고 있긴 했지만, 본국과 연락이 거의 두절된 상태였다.

나주 탈환 작전에 대한 결과는 자세히 기록되지 않았다. 하지만 후에 견훤이 금산사에 갇혀 있다가 나주로 탈출하여 고려에 투항한 것을 볼 때, 유금필의 나주 탈환 작전은 성공한 것으로 판단된다.

운주에서 대패하고, 다시 나주까지 고려에 뺏긴 백제 조정은 935년 무렵부터 심한 내분을 겪는다. 견훤은 이미 69세의 노인이었지만, 아직 후계자를 결정하지 못한 상태였다. 견훤은 여러 명의 아내에게서 십여 명의 아들을 뒀는데, 그들 중에 넷째 아들 금강을 가장 총애하고 있었다. 그는 내심 금강에게 왕위를 물려주고자 했지만, 주변의 반대가 심해 금강을 태자로 세우지 못했다. 그러나 운주 전투에서 물러난 후에야 자기가 이미 늙었음을 절감하고 금강에게 양위하려 했다.

하지만 금강의 왕위 계승은 용이한 일이 아니었다. 당시 가장 유력한 왕위 계승권자는 신검이었고, 많은 신하가 그로 하여금 왕위를 잇게 해야 한다고 반발했다. 그럼에도 견훤은 금강을 태자로 지명했다. 신검을 위시한 반대파 세력은 935년 3월에 반란을 일으켜 금강을 죽이고, 견훤을 금산사에 유폐시켜 버렸다.

반정을 주도한 인물은 이찬 능환이었다. 당시 견훤의 차남 양검은 강주에 도독으로 가 있었고, 삼남 용검은 무주 도독으로 가 있었다. 능환은 이들 둘과 긴밀히 연락을 취하여 반군을 형성하였고, 이 둘이 군대를 이끌고 완산주로 밀려들었다. 그들의 반란을 전혀 예상하지 못한 견훤은 창졸간에 들이닥친 반란군에게 붙잡혀 금산사에 갇혔고, 금강은 죽음을 당했다.

사건의 전후 관계로 볼 때 신검과 금강은 배다른 형제이다. 신검은 적출로서 장자였고, 금강은 서자였던 셈이다. 즉, 견훤이 서자인 금강을 태자에 앉히자, 적자 세력들이 대거 반발하여 난을 일으켰던 것이다.

신검은 반정 이후에 견훤의 측근과 금강의 비호 세력들을 대거 척살했다.

한편, 금산사에 갇혀 있던 견훤은 유폐된 지 3개월 만인 그해 6월에 나주로 탈출하여 고려에 귀순했다. 왕건은 견훤을 상부라고 부르며 극진히 대접했다. 그 소식을 들은 신라의 경순왕은 대세가 왕건에게 있다는 판단을 하고 자기도 고려에 투항할 뜻을 비쳤다.

그런 가운데 신검은 그해 10월에 왕위에 올랐다. 반정을 일으킨 지 무려 8개월이나 지난 뒤였다. 그가 즉시 왕위에 오르지 못했다는 것은 그만큼 저항 세력이 많았다는 뜻이다. 8개월이라는 기간은 그들을 무마하거나 척살하는 데 소용된 세월이었다.

신검이 왕위에 오르던 그때, 경순왕은 고려에 투항하겠다는 자기의 생각을 공포한다. 경순왕은 백관을 모아 놓고 이렇게 말했다.

"사방의 국토가 모두 타인의 소유가 되었고, 국세는 쇠락하여 우리 나라는 완전히 고립되고 말았다. 하여 이제 우리는 스스로 나라를 보존할 수 없게 되었으니, 고려에 항복하는 것이 살 길이라고 판단했다."

그 말을 듣고 태자가 이렇게 간언했다.

"나라의 존속과 멸망은 반드시 하늘의 운명에 달린 것이니, 충신 의사들과 함께 민심을 수습하여 우리 스스로를 다지고 힘을 다해야 합니다. 망할지언정 어찌 일천 년의 역사를 가진 사직을 하루아침에 경솔히 남에게 주겠습니까?"

그러나 경순왕이 고개를 가로저었다.

"우리의 고립과 위태로운 상황이 이 지경이 되었는데, 어떻게 나라를 보전할 수 있겠는가? 강하지도 못하고, 그렇다고 나약하지도 못한 탓에 그저 무고한 백성들만 참혹하게 죽이는 것은 차마 할 짓이 아니다."

경순왕은 곧 시랑 김봉휴를 고려에 보내 항복을 알리는 편지를 전하게 하였다. 그러자 태자는 비통한 표정으로 통곡하며 왕에게 하직 인사를 하고 개골산으로 들어가 버렸다. 그는 개골산의 바위 아래에 집을 짓고, 삼베옷을 입은 채 풀잎을 먹으며 일생을 마쳤다고 전한다(그가 삼베옷을 입고 지냈다 하여 마의태자라고 불리었다).

그해 11월, 고려 태조가 대상 왕철 등을 보내왔다. 항복을 받아들이고, 경순왕을 영접하겠다는 뜻이었다. 이로써 신라의 천년사직은 무너졌다.

경순왕이 송악에 이르자, 왕건은 교외로 나와서 그를 영접하며 위로했다. 그에게 왕궁 동쪽의 가장 좋은 구역을 주고, 자기의 맏딸 낙랑공주를 아내로 삼게 하였다. 또한 12월에는 정승공으로 봉하고 태자보다 높은 지위에 두었으며, 녹봉으로 1천 석을 주고 시종하던 관원과 장수들을 모두 등용하였다. 또한 신라를 개칭하여 경주라 하고, 이를 경순왕의 식읍으로 주었다.

대세는 그렇게 왕건에게 기울어지고 있었고, 신검 정권은 안정되지 못했다. 936년 2월에는 견훤의 사위이자, 신검의 매형인 박영규가 고려에 귀순했다. 이는 신검이 자기 세력이라고 규정한 친척들에게조차 호응을 얻지 못했음을 의미한다.

상황이 이렇게 되자 왕건은 통일에 대한 확신을 가지고 936년 9월에 8만 7천 명의 군사를 이끌고 신검을 응징하기 위해 나섰다. 이 대열에는 물론 견훤도 합류했다.

출병한 왕건의 군사를 세분화해 보면 고려군 4만 3천 명과 지방 호족 및 발해 유민으로 구성된 연합군 4만 4천 명으로 명실공히 민족 연합군이었다.

고려 연합군과 신검 부대가 처음 싸운 곳은 일선(선산)이었다. 이 곳에서 신검은 연합군에게 대패한 뒤 완산주로 퇴각하여 반격을 준비했다. 하지만 백제군이 견훤에게 항복하여 싸움을 포기하는 가운데, 연합군이 추격을 계속하여 황산(논산)의 탄령을 넘었다는 소식이 전해지자 신검은 항복할 수밖에 없었다. 신검이 투항할 뜻을 전해 오자, 왕건이 완산주로 가서 정식으로 항복을 받아 냈다. 이로써 약 50년에 걸친 후삼국 시대는 종말을 고했다.

고려가 후삼국을 통일한 뒤에도 경순왕의 삶은 이어졌다. 그는 녹읍으로 받은 경주 지역을 다스리며 살다가 978년(고려 경종 3년)에 생을 마감했다.

능은 경기도 연천군 백학면 고랑포리에 있다. 그의 능이 어떤 이유로 이곳에 조성됐는지는 알려지지 않았다.

2. 경순왕의 가족들

경순왕은 세 부인에게서 여러 명의 자식을 낳았다. 첫째 부인은 죽방부인이며, 마의태자를 낳았다. 둘째 부인은 왕건의 딸 낙랑공주이며, 셋째 부인도 왕건의 딸이다. 이들에게서 여러 명의 소생이 있었을 것이나 그 면면이 자세하게 알려져 있지 않다. 이에 세 부인과 마의태자에 대해 간단하게 언급한다.

죽방부인 (생몰년 미상)

죽방부인에 대해서는 구체적인 내용이 남아 있지 않고, 왕건이 931년에 경주를 방문하고 돌아가면서 그녀에게 물품을 선물했다는 기록만 있다. 당시 신라 왕실의 관례로 봐서 그녀는 신라 왕족 출신일 것이다.

낙랑공주 (생몰년 미상)

낙랑공주는 고려 태조 왕건의 맏딸이며, 셋째 왕비 신명순성왕후 소생이다. 신명순성왕후는 충주의 호족 유긍달의 딸이다. 그녀 소생 왕자 중에 제3대 정종, 제4대 광종 등 두 명의 왕이 나왔다.

낙랑은 혼인 전에는 안정숙의공주로 불리었으며, 혼인한 뒤로 낙랑이라는

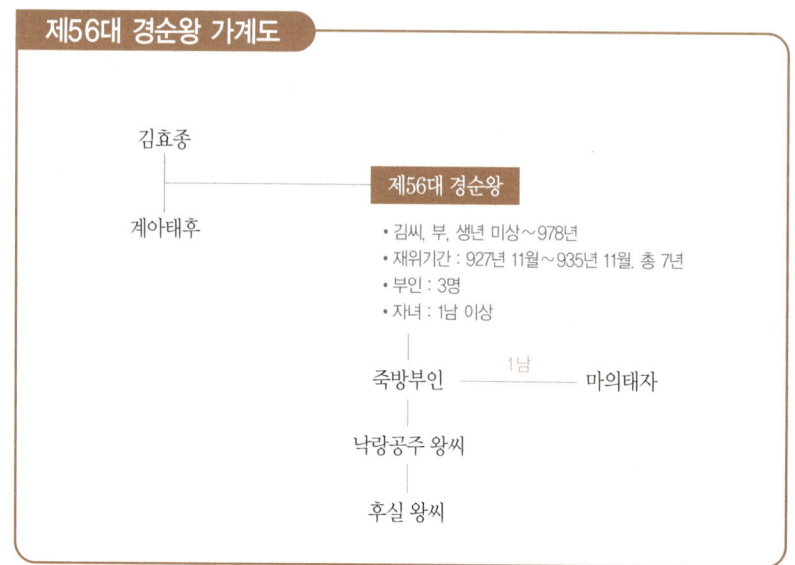

시호를 받았다. 또 신란궁부인으로도 불리었다.

셋째 부인 왕씨 (생몰년 미상)

경순왕의 셋째 부인 왕씨는 왕건의 후비 성무부인 박씨 소생이다. 성무부인은 평주의 호족 박수경의 딸이다. 박수경은 딸 셋을 왕건에게 시집보냈는데, 성무부인은 둘째 딸이다. 성무부인은 아들 넷과 딸을 하나 낳았는데, 그 딸이 바로 경순왕의 세 번째 부인이다. 그녀의 시호는 기록되지 않아 알 수 없다.

마의태자 (생몰년 미상)

마의태자는 경순왕의 태자이며, 죽방부인 소생이다. 마의태자라는 호칭은 나라가 망한 뒤에 그가 개골산에 들어가 삼베옷을 입고 살았다고 해서 붙여진 별호이다.

그는 경순왕이 나라를 고려에 바치고 투항하려 하자, 강력하게 반대하며 충신과 의사를 모아 사직을 유지할 것을 주장하였다. 그러나 경순왕이 끝내 투항을 천명하자, 부왕에게 하직 인사를 하고 속세를 등졌다.

그는 금강산으로 들어가 바위 아래에 초막을 짓고 살았다. 이때 그는 상복에 해당하는 삼베옷을 입고 지냈다. 그래서 '마의태자'라는 별호가 붙었다.

부록

1. 신라의 관제 및 행정 체계

2. 신라왕조실록 관련 사료

3. 신라 시대를 거쳐간 중국 국가들

4. 신라왕조실록 인물 찾기

1. 신라의 관제 및 행정 체계

골품제

신라는 국가라는 틀 속에 씨족, 부족, 소국 연맹 체제가 그대로 유지된 독특한 나라이다. 당시 국가들은 대개 중앙집권적 체제를 바탕으로 왕권 중심의 정치를 펼쳤으나, 신라는 그 태생적 특이성 때문에 쉽사리 전제왕권 체제를 확립하지 못했기 때문이다. 신라는 원래 진한 6국의 부족 연맹 체제로 출발하였다. 영토를 확대해 나가는 과정에서 주변 소국과 마한 왕실, 가야 왕실 등을 흡수하였고, 통일 이후에는 고구려계 왕족들까지 귀족으로 편입시키면서 매우 복잡하고 특이한 정치 조직을 형성했던 것이다.

신라 사회를 논하자면 반드시 거론하는 것이 골품제도이다. 이 제도는 신라가 6부족 연맹체를 이룰 당시에는 뚜렷한 윤곽이 없었다. 그러다가 마한의 왕족인 김알지계와 왜족 계열인 석탈해계 등이 왕위에 오르면서 가야계가 유입되어 박, 석, 김 왕조와 가야계 귀족이 서로의 기득권을 보장받기 위해 타협한 결과이다. 말하자면 국가의 팽창 과정에서 병합된 소국 혹은 가야와 같은 연맹국 왕실을 귀족으로 편입시킬 때 그 등급의 기준이 되었던 제도였다.

골품제도는 골제와 두품제가 합쳐진 것인데, 골제는 왕실 내부에서만 의미가 있었다. 이는 왕비 간택이나 왕위 계승, 또는 왕실 후예의 신분을 결정하는 잣대였다. 왕실이 팽창되고 그들이 주요 귀족으로 자리를 잡으면서 자연스럽게 귀족 사회에 서열이 발생하였는데, 이것이 두품제이다. 그리고 이것이 6세기 초에 이르면 골품제로 정착되어 법으로 규정된다. 그 뒤로 400여 년간 골품제는 신라 사회의 계급을 구분하는 원리로 작용하였다.

왕실의 골제는 원래 성골과 진골로 구분됐는데, 그 기준이 무엇인지는 불분명하다. 또 『화랑세기』에는 진골정통과 대원신통으로 구분되고 있는데, 이는 대개 어머니의 출신에 의해 결정되었다. 하지만 이 또한 기준이 밝혀져 있지 않다. 『삼국사기』는 혁거세왕부터 진덕왕 때까지는 성골이 왕위를 계승했으나, 그 후로 성골이 사라져 진골이 왕위를 세습했으며, 진골로서 처음으로 왕위에 오른 사람이 무열왕이라고 쓰고 있다. 하지만 『삼국사기』도 진골과 성골의 구분 기준을 밝히지 못하고 있으므로 이 기록이 정확하다고 말할 수는 없다.

어떤 학자는 『화랑세기』를 근거로 진골정통을 진골, 대원신통을 성골이라고 말하기도 하는데, 이 또한 단정할 수 있을 만큼 확실한 자료가 없다.

엄밀히 말해서 『삼국사기』 편찬자들은 진골과 성골의 차이가 무엇인지 정확하게 알지 못했다. 어쩌면 진골과 성골은 그 혈통보다는 왕위 계승권과 관련이 있는 듯하다. 하지만 그 내막은 정확하게 알 수 없다.

어쨌든 골제가 근간이 되어 골품제는 법으로 정착되기에 이르는데, 귀족 6두품과 왕실의 성골과 진골을 합해서 8개의 신분으로 구분되었다. 귀족 중에서도 1, 2, 3품은 비록 귀족이긴 하나 평민과 다를 바 없는 계층이다. 또 4, 5, 6품은 중급 귀족으로 관리가 될 수 있는 신분이었다. 진골은 왕족 출신의 상급 귀족으로 관계의 요직을 독식하였다. 그리고 성골이 사라진 뒤에는 진골에서 왕을 배출했다. 또 중급 귀족의 꼭대기에 있는 6두품은 '득난(得難)'이라고 하여 좀처럼 얻기 어려운 신분이었다. 하지만 이들 6두품도 중앙 관부의 우두머리는 될 수 없었다.

관리에 임명된 사람들은 대부분 4, 5, 6두품과 진골들이었는데, 이들이 오를 수 있는 관등은 17개로 나누어져 있었다. 4두품은 17관등인 조위로부터 소오, 대오, 길사, 사지를 거쳐 12관등인 대사까지만 오를 수 있었고, 5두품은 11, 10관등인 나마와 대나마까지, 6두품은 9관등인 급벌찬에서부터 사찬, 일길찬을 거쳐 6관등인 아찬까지 오를 수 있었다. 그리고 5관등인 대아찬부터 파진찬, 잡찬, 이찬, 이벌찬 등은 오로지 진골만 오를 수 있었다. 이들 관리들은 두품에 따라 자, 비, 청, 황색으로 관복이 구분되었다.

골품제는 단지 정치적 의미만 있는 것이 아니었다. 결혼이나 의복, 주택, 생활용기, 우마차의 자재 등에서도 두품에 따른 규제가 있었다.

화백제도

골품제와 함께 신라 정치의 또 하나의 특징으로 규정되는 것이 화백제인데, 화백제는 신라의 독특한 합좌제도이다. 이 제도의 기원은 초기 연맹 국가 시대로 거슬러 올라가며, 이것이 정착된 것은 상대등 제도가 마련된 후부터이다.

상대등이란 진골, 즉 왕족 출신의 대신을 통칭하는 대등의 의장을 의미한다. 따라서 화백회의는 곧 대등들의 합좌이다. 이 자리에서 왕위 계승과 폐위, 전쟁, 선전포고, 그 이외에 사회에 지대한 영향을 미칠 수 있는 국가 대사를 논의했다.

이 회의는 만장일치제를 원칙으로 하고, 국사를 의논할 때는 이른바 영지를 택해 모였다. 화백회의의 의장인 상대등은 진골 중에서도 이벌찬 또는 이찬과 같이 높은 관등에 오른 인물이었다. 때론 상대등을 맡고 있던 사람이 왕위를 계승하는 경우도 있었다.

그러나 화백은 신라의 삼한 통일 이후에는 그 영향력이 대폭 줄어든다. 신문왕 이후 가속화된 중앙집권화와 행정을 총괄하는 집사부 설치로 말미암아 설 자리가 좁아졌다. 집사부 설치 이후에는 이곳의 장관인 시중이 실질적인 행정 수반 역할을 했기 때문이다. 그러나 시중을 지낸 인물이 상대등에 오르는 관례가 있었던 만큼 화백은 통일 이후에도 여전히 귀족 사회에서 주요한 역할을 담당한 것으로 보인다.

중앙 조직

신라의 중앙 행정은 법흥왕 이전까지는 부족장이 중심이 되어 이끌었다. 그러다가 법흥왕 때에 병력 관계 업무를 총괄하는 병부가 생겼고, 또 귀족회의 의장인 상대등 제도가 성립되면서 조금씩 제도화되기 시작했다. 진흥왕 대엔 관리의 규찰을 맡는 사정부와 국가 재정을 관리하는 품주가 설치되었다. 진평왕 대엔 인사행정을 담당하는 위화부, 선박과 항해를 담당하는 선부, 또 품주로부터 공부와 조부가 분리 독립하였다. 그 외에 수레나 가마 등의 운용 업무를 담당하는 승부, 의례와 교육을 주관하는 예부 등이 설치되었다.

진덕왕 때엔 김춘추 등의 친당파가 주도 세력이 되어 당나라의 정치 제도를 모방한 대대적인 행정 조직의 개혁이 단행된다. 국왕 직속의 집사부, 품주의 기능을 받은 창부, 입법과 형사를 관장하는 이방부를 설치한 것도 이때이다.

그러다 경덕왕 대에 이르러 모든 관부의 명칭을 당나라식으로 바꿨다. 하지만 17년 뒤인 혜공왕 대에 원래대로 복구하였다.

지방 조직

신라의 지방 조직은 군사 조직과 맞물려 있었다. 신라 초기에는 지방 조직이 모두 각 부족장에게 일임되어 있었다. 그러다 지증왕 대에 이르러 지방을 주와 군으로 나누었는데 이는 군사 조직의 운용 차원에서 이뤄졌다. 큰 성에 설치한 주의 장관을 군주, 작은 성에 설치한 군의 장관을 당주라고 하였다. 이는 후에 군주는 총관과 도독으로, 당주는 태수로 명칭이 변경된다. 또 작은 규모의 성은 통일기에 이르면 현으로 개편되고, 그 수령을 현의 등급에 따라서 현령 또는 소수라 하였다.

주군 제도와 별도로 소경 제도도 운영되었다. 소경은 작은 도성의 개념이었으며, 주와 군의 지배를 받지 않고 바로 도성과 직결된 특별 행정 구역이었다. 통일 이전에는 아시촌(함안), 국원(충주), 하슬라(강릉) 등지에 설치되었다.

통일 이후에는 지방 조직도 큰 변화를 겪는다. 통일 이후 신라 왕실은 중앙 집권화를 위해 노력하였는데, 그 결과는 9주 5소경으로 나타났다. 9주는 중국의 옛 우왕 때의 제도를 모방한 것으로 신라, 백제, 고구려의 옛 땅에 각각 3개의 주를 설치하고, 주 밑에는 군과 현을 설치하였다. 이때 9주는 북쪽에서부터 한주, 삭주, 명주, 웅주, 상주, 완산주, 강주, 양주, 무주 등이다. 5소경은 북원경(원주), 중원경(충주), 서원경(청주), 남원경(남원), 금관경(김해) 등이다.

주군현과 소경 밑에는 촌, 향, 부곡이라는 마을 단위의 행정 구역이 있었다. 촌은 양인이 사는 지역이고 그 우두머리를 촌주라 하였으며, 향과 부곡은 천민이 사는 곳이었다. 이 두 지역은 모두 현령의 통제를 받았다.

군사제도

신라는 원래 진한 6부에서 병력을 모집하여 6부병을 편성하고, 왕도를 지키도록 했다. 따라서 이때에는 다소 사병 성향이 강한 각 부의 병력이 지방을 방어했다. 그러다 6세기에 들어와서 중앙집권적인 군사 제도를 확립하고, 왕이 직접 전 군을 다스리는 총사령관 역할을 하게 되었다.

이 무렵부터 각 성의 부대를 당(撞)이라고 부르기 시작했고, 이것이 발전하여 정과 서당으로 변했다.

진흥왕 대에 왕도 주변의 6개 당을 하나의 대당으로 통합했고, 각 지역도 당을 결합하여 대당을 설치하였는데 이를 정이라고 하였다. 이때 형성된 정은 총 6개로 왕경의 대당과 상주정, 신주정, 비열홀정, 실직정, 하주정 등이다.

국가 군대 조직인 6정 이외에 화랑도와 같은 별도의 조직이 있었다. 화랑도는 귀족들이 이끌고 있던 사병을 국가가 흡수하여 인재 양성 기관으로 변화시킨 형태였다. 대부분의 귀족 장정이 화랑도에 소속되어 있었으므로, 화랑도는 6정의 장교를 양산해 내는 교육기관의 성격이 강했다.

통일 후 신라의 군사 제도는 9서당 10정 제도로 변모한다. 9서당은 중앙군이고 10정은 지방군이며, 이 조직 이외에도 지방군 성격을 지닌 여러 조직이 있었다. 9서당은 신라인 외에도 병합된 고구려나 백제의 군사들이 포함된 것이 큰 특징이다. 10정은 각 지역의 주둔군으로서 각 주에 1정씩 설치되었는데, 한산주는 범위가 너무 넓어 정이 둘 설치되었다.

이외에도 기병 조직이나, 국경 수비대 등 별도의 군사 조직이 더 있었다.

2. 신라왕조실록 관련 사료

한국 사료

『삼국사기 三國史記』

고려 제18대 인종 23년인 1145년에 김부식을 비롯한 11명의 학자가 편찬한 삼국 시대의 정사이다. 『사기』에서부터 비롯된 중국의 정사체인 기전체로 편찬되었으며, 총 50권으로 이뤄졌다. 이를 세분하면 고구려본기 10권, 백제본기 6권, 신라본기 12권 등 28권의 본기와 지(志) 9권, 표 3권, 열전 10권 등이다. 신라의 역사를 중심으로 편찬된 이 책은 1174년에 송나라에 보내졌다는 기록이 보이는 것으로 봐서 당시 대국으로 성장한 금나라에도 보내졌을 것으로 판단된다.

『삼국유사 三國遺事』

고려 제25대 충렬왕 7년인 1281년에 승려 일연이 저술했으며, 총 5권 2책으로 구성되어 있다. 권 구성과는 별도로 왕력(王曆), 기이(紀異), 흥법, 탑상, 의해, 신주, 감통, 피은, 효선 등 9편목으로 이뤄져 있다. 왕력편은 삼국, 가락국, 후고구려, 후백제 등의 간략한 연표이며, 기이편은 고조선에서부터 후삼국까지의 단편적인 역사를 57항목으로 서술하고 있다. 흥법편은 삼국의 불교 수용과 그 융성에 관해 6항목, 탑상편은 탑과 불상에 관한 사실 31항목, 의해편은 고승들의 전기 14항목, 신주편은 신라의 밀교 승려에 대해 3항목, 감통편은 신앙의 영감에 대해 10항목, 피은편은 해탈의 경지에 이른 인물의 행적 10항목, 효선편은 효도와 선행에 대한 미담 5항목을 각각 수록하고 있다.

『화랑세기 花郞世記』

김대문이 쓴 책으로, 화랑도의 우두머리인 풍월주들의 전기를 기록한 책이다. 제1세 풍월주 김위화랑의 전기부터 제32세 풍월주 김신공의 전기까지 약 240년 동안의 화랑도의 역사를 다룬 책이다. 여기엔 단순히 풍월주의 전기만 실린 것이 아니라, 당시의 풍속과 생활이 고스란히 담겨 있어 신라 사회를 이해하는 데 큰 도움을 주고 있다. 이 책의 서술자 김대문은 제1세 풍월주 김위화랑의 후손이다. 『화랑세기』는 680년대에 저술된 것으로 보이는데, 김대문이 704년에 한산주 도독으로 있으면서 『고승전』, 『악본』, 『한산기』, 『계림잡전』 등과 함께 저술했다고 전한다. 불행히도 열거한 책들은 현존하지 않으며, 『화랑세기』도 1989년에 필사본이 발견되기까지 그 전모가 드러나지 않았다.

현재까지 박창화가 필사한 이 『화랑세기』에 대한 진위 논쟁이 지속되고 있으나, 필자가 필사본을 면밀히 검토한 결과 진본임을 확신하고, 이 책을 저술하는 데 중요한 사료로 사용하였음을 밝힌다.

중국 사료

『사기 史記』

한나라 무제 때 태사공 사마천이 편찬한 것으로 황제(黃帝)로부터 무제 초기인 서기전 101년까지 2600여 년의 중국 역사를 기록한 통사이다. 이 책은 총 130권으로 본기 12권, 표 10권, 서 8권, 세가 30권, 열전 70권 등으로 구성되어 있다. 사마천은 사관이던 아버지 사마담의 유언에 따라 서기전 104년을 전후하여 편찬에 착수하였으며, 그 과정에서 모반에 연루되어 궁형을 당하기도 하였지만 13년 후인 서기전 91년에 초고를 완성하기에 이르렀다. 편찬 당시 이 책의 원래 명칭은 '사기'가 아니었으며, 처음에는 『태사공기(太史公記)』로 불리다가 후한 말기에 이르러 처음으로 '사기'라는 명칭을 얻었다.

『한서 漢書』

후한(동한) 명제 때 반고가 편찬한 서한의 정사로 한 고조 유방에 의해 한

(서한)이 건립된 서기전 206년부터 왕망의 신나라가 몰락한 서기 24년까지 총 229년간의 역사를 기록하고 있다. 총 100편 120권으로 이뤄져 있으며, 본기 12권, 연표 8권, 지 10권, 열전 70권 등으로 구성되어 있다.

『후한서 後漢書』

남북조 시대 송나라의 범엽이 편찬한 것으로 후한(동한) 14세 194년간(서기 25~219년)의 정사이다. 총 120권으로 본기 10권, 지 30권, 열전 80권으로 구성되어 있다. 이 가운데 지 30권은 범엽이 채 완성하지 못하고 죽자 양나라 사람 유소가 보결한 것이다.

『삼국지 三國志』

진(晉)나라의 진수가 지은 책으로 삼국 시대(서기 220~265년) 45년간의 정사이다. 총 65권으로 위지 30권, 촉지 15권, 오지 20권 등으로 구성되어 있다. 책명은 진수 자신이 지은 것이며, 삼국 가운데 위나라를 정통으로 삼아 서술했다. 이 때문에 정통 문제에 대한 시비가 일었는데, 명나라의 나관중은 소설 『삼국지연의』를 통해 촉한을 정통으로 내세우며 진수의 사관을 정면으로 반박한다.

『진서 晉書』

당나라 태종 때 이연수 등 20여 명의 학자가 편찬한 책으로 서진의 4세 52년간(265~316년)의 역사와 동진의 11세 101년간(317~418년)의 역사를 기록한 정사이다. 총 130권으로 제기(帝記) 10권, 지 20권, 열전 70권, 재기(載記) 30권 등으로 이뤄져 있다.

『송서 宋書』

남조 제나라 무제 때인 488년에 심약이 편찬한 것으로 송나라 8세 59년간(420~479년)의 정사이다. 총 100권으로 제기 10권, 지 30권, 열전 60권 등으로 구성되었다.

『남제서 南齊書』

남조 양나라 때 소자현이 만든 것으로 남제 7세 23년간(479~502년)의 정사이다. 총 60권으로 자서 1권, 본기 8권, 지 11권, 열전 40권 등으로 이뤄졌으나 자서 1권은 당나라 때에 없어져 총 59권만 전한다. 이 책은 단초와 강엄에 의해 완성된 『제사』의 지와 오균의 『제춘추』를 자료로 하여 완성하였으며, 원래는 『제서』였으나 『북제서』와 구분하기 위해 송대에 와서 『남제서』로 개칭하였다.

『양서 梁書』

당나라 태종 대인 636년경에 요사렴이 편찬한 책으로 양나라 4세 55년간(502~557년)의 정사이다. 총 56권이며 본기 6권, 열전 50권으로 이뤄져 있다. 이 책은 원래 요찰이 편찬하려고 했으나 완성하지 못하고 죽자 그의 아들 요사렴이 부친의 유업을 받들어 편찬한 것이다.

『위서 魏書』

북제 문선제 때인 554년경에 위수가 편찬한 것으로 북위의 건국에서부터 동위 효정제까지 164년간(386~550년)의 정사를 담고 있다. 총 130권으로 제기 14권, 열전 96권, 지 20권 등으로 이뤄져 있다. 이 책의 편찬에는 위수 이외에도 방연우, 신원식 등 5인이 참여했다.

『주서 周書』

당나라 태종 2년인 619년에 영고덕분이 왕명을 받아 편찬한 것으로, 북주의 5세 25년간의 정사를 기록하고 있다. 총 50권으로 본기 8권, 열전 42권이다. 이 책의 편찬에는 덕분 이외에도 진숙달, 최인사, 금문본 등이 참여했다.

『남사 南史』

당 태종 때인 640년경에 이연수가 사선한 책으로 남조의 송, 제, 양, 진 4왕조 169년간(420~589년)의 역사를 담고 있다. 총 80권이며 본기 10권, 열전 70권으로 이뤄져 있다. 이 책은 원래 이연수의 아버지 이대사가 계획했던 것인데 뜻을 이루지 못하고 죽자 이연수가 유업을 이어 편찬한 것이다.

『북사 北史』

당 태종과 고종 연간인 640년에서 650년 사이에 이연수가 사선한 책으로 북조의 북위, 북제, 북주, 수 등 4왕조 232년간(386~618년)의 통사이다. 총 100권이며 본기 12권, 열전 88권 등으로 구성되어 있다.

『수서 隨書』

당 태종 연간인 630년경에 위징 등이 편찬한 책으로 수나라 37년간(581~618년)의 정사를 담고 있다. 총 85권으로 제기 5권, 열전 50권, 지 30권으로 구성되어 있다.

『구당서 舊唐書』

오대 후진의 출제 연간인 945년에 유구 등이 칙서를 받들어 편찬한 것으로 당나라 289년간(618~907년)의 역사를 서술한 정사이다. 총 200권이며 본기 20권, 지 30권, 열전 150권으로 이뤄져 있다.

『신당서 新唐書』

송나라 인종 연간인 1044년에서 1060년 사이에 구양수 등이 칙서를 받들어 편찬한 것으로 당나라 289년간의 역사를 담고 있다. 총 225권이며, 본기 10권, 지 50권, 표 15권, 열전 150권 등으로 이뤄져 있다.

『구오대사 舊五代史』

송나라 태조 연간인 974년에 벽거정 등이 칙서를 받들어 편찬한 책으로 후진, 후당, 후량, 후한, 후주 등 5왕조 53년간(907~960년)의 역사를 담고 있다. 총 150권이며 본기 61권, 열전 77권, 지12권으로 이뤄져 있다.

『신오대사 新五代史』

송나라의 구양수가 『구오대사』의 결점을 보완하기 위해 찬술한 것으로 후진, 후당, 후량, 후한, 후주 5왕조 53년간의 역사를 담고 있다. 총 74권이며 본기 12권, 열전 45권, 고(考) 3권, 세가 10권, 10국세가연보 1권, 사이(四夷)부록 3권 등으로 구성되었다.

『요사 遼史』

원나라 순제 연간인 1344년에 탈탈 등이 칙서를 받들어 편찬한 것으로 요나라 218년간(907~1125년)의 정사를 담고 있다. 총 116권이며 본기 30권, 지 32권, 표 8권, 열전 45권, 국어해 1권 등으로 이뤄져 있다.

『금사 金史』

원나라 순제 연간인 1344년에 탈탈 등이 칙서를 받들어 편찬한 것으로 금나라 119년간(1115~1234년)의 정사이다. 총 135권이며 본기 19권, 지 39권, 표 4권, 열전 73권 등으로 이뤄져 있다.

『송사 宋史』

원나라 순제 연간인 1344년에 탈탈 등이 칙서를 받들어 편찬한 것으로 북송과 남송 319년간(960~1279년)의 정사이다. 총 496권이며 본기 47권, 지 162권, 표 32권, 열전 255권으로 이뤄져 있다.

『원사 元史』

명나라 태조 연간인 1370년에 송렴, 왕위 등이 칙서를 받들어 편찬한 책으로 원대 11세 108년간(1260~1368년)의 정사이다. 총 207편 210권으로 본기 47권, 지 53권, 표 8권, 열전 97권 등으로 구성되어 있다.

일본 사료

『일본서기 日本書記』

일본의 관찬 역사서로 신화 시대부터 지통왕까지의 역사를 편년체로 기록한 책이다. 이 책은 처음에는 『일본기』로 불리다가 후에 명칭이 바뀌었다. 『속일본서기』에는 720년에 사인친왕(舍人親王) 등이 『일본기』 30권, '계도(系圖)' 1권을 편찬했다고 기록하고 있으나 '계도'는 전하지 않는다. 또한 이 책의 내용은 황당무계한 것이 많아 역사서로서의 신뢰도를 잃고 있다.

『일본고사기 日本古事記』

712년경에 성립된 문헌으로 일본에서 가장 오래 된 책이다. 전체 내용의 구성은 상·중·하로 되어 있으며, 상권은 주로 신들의 활약상을 이야기한 신화 시대를 서술하고 있고, 중권과 하권은 일본의 초대 왕인 신무왕에서 추고왕까지를 다루고 있다. 이 책에 서술된 신화는 한국의 신화와 유사한 것이 많아 한국의 신화 연구에 큰 도움을 주고 있다.

3. 신라 시대를 거쳐간 중국 국가들

신라는 중국 서한 말기인 서기전 57년에 건국되어 5대 10국 시대인 935년까지 총 56세 992년 동안 유지된 나라이다. 이 기간 동안 중국 대륙에서는 서한, 신, 동한, 위·촉·오, 서진, 동진, 변방 5족의 16국, 남북조의 9국, 수, 당과 5대의 후량과 후당, 10국의 오, 오월, 남한, 초, 전촉, 민, 형남, 후촉, 거란의 요에 이르기까지 45개의 국가가 흥망을 거듭한다.

서한 西漢
유방이 서기전 206년에 장안에 도읍한 이래 서기 6년까지 약 211년 동안 유지되었으며, 외척 왕망에 의해 멸망했다. 유수가 세운 동한(후한)과 구별하기 위해 서한(전한)이라 부른다.

신 新
서한의 외척이던 왕망이 서기 6년에 서한의 마지막 왕 유연을 대신하여 섭정하다가 서기 9년에 유연을 독살하고 스스로 왕위에 올라 국명을 '신'이라 하였다. 그 후 신은 서기 23년까지 유지되다가 대대적인 농민봉기에 부딪혀 몰락하였다.

동한 東漢
한 왕조의 후예 유수가 서기 26년에 세워 서기 220년까지 194년 동안 유지되었다. 한의 도읍인 장안보다 동쪽에 자리 잡은 낙양에 도읍을 정함으로써 흔히 동한이라 불리며, 후한이라고도 한다.

삼국 시대

동한 왕조가 몰락하면서 위·촉·오 세 왕조가 성립되는데, 이 시기를 일컬어 삼국 시대라고 한다.

위 魏

동한의 마지막 왕 유협을 밀어내고 조조의 아들 조비가 220년에 건립한 국가이다. 그 후 266년까지 유지되다가 사마염에게 멸망당했다.

촉 蜀

흔히 촉한이라고도 하는데, 한 왕조의 후예 유비가 221년에 건립했고, 263년에 위에 멸망되었다.

오 吳

강동 지역의 세력가 손권이 229년에 건립했으며, 280년에 사마염이 세운 서진에 의해 몰락하였다.

양진과 16국 시대

사마염이 세운 서진은 304년부터 국토가 분열된다. 이 과정에서 중국 대륙은 흉노, 선비, 강족, 저족, 갈족 등의 5족에 의해 16국이 난립하게 되고, 사마씨 왕조는 강동에서 동진을 일으킨다. 이 시기를 흔히 5호 16국 시대라고 한다.

서진 西晉

위나라의 무장으로 있던 사마염이 266년에 위 왕조를 몰락시키고 세웠으며, 316년까지 4세 50년 동안 유지되다가 흉노 귀족 유연에 멸망되었다.

동진 東晉

316년에 서진이 몰락하자 진 왕조의 후예 사마예는 건강(지금의 남경)에 도읍을 정하고 진 왕조를 유지하는데, 이를 동진이라 한다. 동진은 이후 420년까지 11세 103년 동안 유지된다.

성한 成漢

서진이 붕괴되고 있던 304년에 저족 출신 이웅이 성도를 도읍으로 삼아 건립하였으며, 347년에 동진에 멸망된다.

전조 前趙

흉노 귀족 유연이 304년에 세운 국가이다. 당시 유연은 국호를 '한(漢)'이라 칭했다가 316년에 서진을 멸망시킨 후에 '조'라 칭하였다. 이를 역사적으로 전조라고 한다. 전조는 이후 329년까지 유지되다가 후조에 멸망된다.

후조 後趙

유연의 수하 장수이던 갈족 출신 석륵이 329년에 건립했으며, 350년까지 유지되다가 염위에 멸망된다.

전연 前燕

선비 귀족 출신 모용황이 337년에 건립했으며, 370년에 전진에 멸망된다.

전량 前涼

한족 출신인 장무가 320년에 건립했으며, 376년에 전진(秦)에 멸망된다.

전진 前秦

저족 출신인 부건이 351년에 건립했으며, 394년에 서진(秦)에 멸망된다.

후진 後秦
강족 출신인 요장이 부견을 살해하고 384년에 건립했으며, 417년에 동진에 멸망된다.

후연 後燕
선비족인 모용수가 384년에 건립했으며, 409년에 북연에 멸망된다.

서진 西秦
선비족인 걸복국인이 385년에 건립했으며, 431년에 하(夏)에 멸망된다.

후량 後凉
저족 출신인 여광이 386년에 건립했으며, 397년에 북량, 남량, 서량으로 분리되었다가 403년에 후진에 멸망된다.

북량 北凉
한족 출신인 단업과 흉노 출신인 저거몽손에 의해 397년에 건립되었으며, 439년에 북위에 멸망된다.

남량 南凉
선비 출신인 독발조고에 의해 397년에 건립되었으며, 414년에 서진(秦)에 멸망된다.

남연 南燕
선비 출신인 모용덕에 의해 398년에 건립되었으며, 410년에 동진(晉)에 멸망된다.

서량 西凉
한족 출신 이호에 의해 400년에 건립되었으며, 421년에 북량에 멸망된다.

하 夏
흉노 출신인 혁운발발에 의해 407년에 건립되었으며, 431년에 무혼에게 멸망된다.

북연 北燕
한족 출신 풍발에 의해 409년에 건립되었으며, 436년에 북위에 멸망된다.

남북조 시대

동진이 양자강 남쪽을 통일한 뒤에 동진의 부장 유유는 마지막 왕 사마덕문을 내쫓고 왕위에 오르면서 국호를 '송'이라 칭한다. 그리고 북쪽에서 탁발규가 북위를 세우고 16국의 할거 시대를 종식시킨다. 이로써 중국 대륙은 남조와 북조의 두 왕조가 성립된다. 그로부터 남쪽은 송·제·양·진으로 이어지고, 북쪽은 북위·동위·서위·북제·북주로 이어진다. 이 시대를 남북조 시대라고 한다.

□ **남조** 남쪽의 송·제·양·진 왕조를 통칭한 말이다.

송 宋
동진의 부장이던 유유가 420년에 건립하여 건강을 도읍으로 삼았다. 이후 479년까지 8세 59년 동안 유지되다가 소도성에게 멸망되었다.

제 齊
송의 금위군 수장이던 소도성이 479년에 송의 마지막 왕 유준을 쫓아내고 세웠다. 이후 제는 502년까지 7세 23년 동안 유지되다가 소연에게 멸망되었다.

양 梁

제나라 말기에 전국에서 끊임없이 농민봉기가 일어나는 가운데 양양의 수비대장을 맡고 있던 소연이 502년에 제 왕조를 몰락시키고 세웠다. 이후 양은 557년까지 4세 55년간 유지되다가 진패선에 의해 몰락하였다.

진 陳

양의 무장이던 진패선이 557년에 양 왕조를 몰락시키고 세웠으며, 589년까지 5세 32년 동안 유지되다가 수나라에 의해 멸망되었다.

□ **북조** 북쪽의 북위 · 동위 · 서위 · 북제 · 북주를 통칭한 말이다.

북위 北魏

16국 시대 말기인 386년에 선비족 출신 탁발규가 건립한 국가이다. 이후 북위는 439년에 북량을 멸망시킴으로써 북방을 통일하여 북조 시대를 열었으며, 534년에 동위와 서위로 분리될 때까지 12세 148년간 유지되었다.

동위 東魏

북위가 두 개로 분리되는 과정에서 534년에 원선견에 의해 건립되었으나, 550년에 한인 출신 실권자였던 고환의 아들 고양이 원선견을 쫓아내고 북제를 건립하면서 몰락하였다.

서위 西魏

서위 역시 동위와 마찬가지로 535년에 원보거에 의해 건립되었으나, 선비족 출신 실권자였던 우문태의 아들 우문각이 557년에 서위 왕조를 무너뜨리고 북주를 세움으로써 몰락하였다.

북제 北齊

북위가 동위와 서위로 갈라진 뒤 동위는 허수아비 왕 원선견을 뒷받침하던 고환에 의해 유지되었다. 그리고 고환이 죽자 그의 아들 고양이 원선견을 쫓아내고 550년에 북제를 세운다. 이후 북제는 577년까지 6세 27년을 유지하다가 북주에 의해 멸망된다.

북주 北周

서위의 실권자였던 우문태의 아들 우문각이 557년에 세웠으며, 581년에 양견에게 무너질 때까지 5세 24년 동안 유지되었다.

수 隋

북주의 외척이던 양견이 581년에 북주의 마지막 왕 우문천을 몰아내고 세웠다. 양견은 이후 589년에 남방의 진을 멸망시키고 대륙을 통일하였다. 하지만 수는 누차에 걸친 고구려 침략으로 농민대봉기가 일어나 618년에 2세 37년 만에 몰락하였다.

당 唐

수의 제2대 왕 양광이 고구려 침략을 위해 지나치게 국력을 낭비하자 농민봉기가 일어났고, 그 와중에 태원 유수 이연이 군사를 일으켰다. 그리고 618년에 양광이 살해되자 당을 세웠다. 이후 이연은 623년에 대륙을 통일했으나 둘째 아들 이세민에게 쫓겨났다. 그리고 당은 이세민에 의해 발전의 토대가 마련되어 907년에 몰락할 때까지 21세 289년 동안 유지된다.

5대 10국 시대

907년에 당이 망한 후에 성립된 후량, 후당, 후진, 후한, 후주 등을 5대라고 하며, 그 외에 같은 시대에 존속했던 오, 오월, 남한, 초, 전촉, 민, 형남, 후촉, 남당, 북한 등을 10국이라고 한다. 이들 나라 중에서 신라가 멸망하기 전에 일어난 국가는 후량과 후진, 오, 오월, 남한, 초, 전촉, 민, 형남, 후촉 등이다. 이 가운데서 후량과 후당은 각각 다루고, 10국의 국가들은 일괄적으로 언급한다.

후량 後梁

907년에 주온이 건립한 나라다. 5대의 국가들 중에서 역사가 가장 긴 나라지만, 지속 기간은 923년까지 불과 16년밖에 되지 않는다. 도읍은 개봉이었으며, 통치 지역은 하남성, 섬서성, 산동성, 호북성의 대부분과 하북, 산서, 감숙, 안휘, 강서성의 일부분이었다.

후당 後唐

923년에 이존욱이 세운 나라다. 936년까지 13년 동안 지속되었고, 도읍은 낙양이었다. 영토는 후량의 영통에 전촉 지역, 즉 사천성, 감숙성 동남부와 섬서성 남부, 호북성 서부를 보탰다.

10국의 나라들

10국의 오는 902년에 양행밀이 건국하였고, 937년에 남당에 멸망했다.
오월은 전류가 907년에 건립했으며, 978년에 북송에 멸망했다.
남한은 유은이 907년에 건립했으며, 역시 978년에 북송에 멸망했다.
초는 마은이 907년에 세웠으며, 951년에 남당에 멸망했다.
전촉은 왕건이 907년에 세웠으며, 925년에 후당에 멸망했다.
민은 왕심지가 909년에 세웠으며, 945년에 남당에 멸망했다.
이들 6국의 왕들은 모두 당나라 말기의 절도사였다.
남평(또는 형남)은 10국 가운데 가장 작은 나라로 후량의 절도사였던 고계흥이 924년에 세웠으며, 963년에 북송에 멸망했다.
후촉은 맹지상이 934년에 건립한 나라이며, 965년에 북송에 멸망했다.

요 遼

요는 거란족의 야율아보기가 916년에 세운 국가이다. 처음의 국호는 거란이었으나, 태종 야율덕광이 즉위한 947년에 요로 개칭했다. 요는 1125년까지 209년 동안 유지되다가 금나라에 멸망하였다.

4. 신라왕조실록 인물 찾기

|ㄱ|

감질허 … 297
강세 … 160
개로왕 … 63, 198
거등왕 … 117, 125
거시지 … 314
거인 … 426
거진 … 296
걸숙 … 128, 130, 153
검모잠 … 312
견훤 … 65, 429, 438, 442, 447, 454, 460
겸용 … 463
경수왕후 … 358, 363
계명 … 389, 405, 412
계백 … 302
계화왕후 … 373, 377
계흥 … 409
고이왕 … 126, 133, 140, 149, 157
고타소 … 299, 303
골정 … 109, 113, 124, 127, 131, 134
관흔 … 461
광개토왕 … 170, 182
광명부인 … 127, 137, 141, 147
광화부인 … 409
구도 … 66, 111, 136, 139
구족왕후 … 366
구추 … 59, 72, 83, 108, 110
군관 … 313, 339
궁복(장보고) … 384, 389, 391, 394, 425

궁예(선종) … 404, 429, 433, 436, 442, 448, 450
궁준 … 157
권행 … 463
귀산 … 267
균정 … 370, 376, 379, 388, 391, 394, 402, 405, 408
근종 … 88, 410
근초고왕 … 85, 96, 168
금강 … 434, 466
금장 … 363
금진 … 242, 246, 275, 278
급리 … 159
기오공 … 260
기훤 … 428, 437
길선 … 92, 106
김거칠부 … 254
김낙 … 453
김대문 … 36, 43, 189, 225, 251, 331
김락 … 457, 461
김무력 … 239, 282
김민주 … 392
김사인 … 355
김서현 … 271, 305
김선평 … 463
김순식 … 452
김알지 … 22, 46, 65, 71, 76, 82, 110
김요 … 420
김용수 … 273, 288, 304
김용춘 … 251, 271, 273, 292

김원태 … 344, 347
김유경 … 453
김유신 … 251, 253, 271, 286, 291, 296, 300, 302, 305, 311, 319
김인문 … 302, 307, 311, 313, 328
김정란 … 370
김주원 … 367, 379
김헌정 … 389
김헌창 … 378, 394, 425
김흠운 … 334, 336

|ㄴ|
나음 … 122, 128, 148, 151
낙랑공주 … 468
난성공주 … 242, 246
난승 … 321
남모 … 224, 227, 248, 274
남생 … 312
내례부인 … 81, 94, 106, 108, 115, 120
능식 … 456
능애 … 433
능환 … 467

|ㄷ|
단마제조 … 90
대문 … 332
대존 … 453
대화균 … 455
덕지 … 197, 207
도침 … 303, 312
도화랑 … 259, 263

동륜태자 … 245, 260, 265, 272, 277, 284
동성왕 … 64, 204, 207, 216, 221, 238

|ㅁ|
마다오 … 85, 90
마야부인 … 261, 272, 281, 293
마의태자 … 468, 470
마제 … 82
만세 … 268, 464
만호태후 … 253, 320
말구 … 165
명길 … 435
명원부인 … 122, 148
명해 … 395
모랑 … 228
묘도부인 … 223
묘심 … 209, 225, 227, 234
무왕 … 267, 290
묵호자 … 222, 229
문노 … 251, 262, 275, 280, 282
문명부인 … 304
문목부인 … 390
문의왕후 … 412, 417, 421, 431
문주 … 198
미사흔 … 166, 174, 176, 181, 183, 190, 200
미생 … 278
미실 … 245, 250, 255, 258, 265, 273, 283, 321
미즐희 … 200
미진부 … 223, 227, 274

민공 … 415

|ㅂ|
박노리부 … 255, 265, 280
박영실 … 243, 253, 274, 282
박이사부(태종) … 215, 232, 236, 243, 253
박이차돈 … 222, 229
박제상 … 174, 183, 190, 195
배훤백 … 388
백결 … 200
벌지 … 197
벽아부인 … 248
벽화부인 … 211, 225
보개 … 433
보과부인 … 226
보도부인 … 212, 224
보량궁주 … 303, 306
보명 … 246, 251, 258, 278, 281
보반부인 … 165
보장왕 … 308, 312
보종 … 303, 321
보희 … 305, 307
복신 … 303, 312
복호 … 173, 178, 181, 190
부여융 … 313
부호부인 … 426
비녕자 … 296
비담 … 292, 295, 322
비대 … 211, 226, 234, 274
비량 … 213, 275
비미호 … 86, 95
비유왕 … 184, 187
비조부 … 282
비형 … 259, 262

|ㅅ|
사다함 … 241, 251, 254, 275
사도부인 … 237, 243, 246, 265, 275, 280, 284
사마칭 … 313
사성부인 … 75, 84
삼모부인 … 355, 358
삼엽궁주 … 274
삼직 … 187
상군 … 267
상귀 … 464
상달 … 466
상애 … 464
선필 … 463
선혜부인 … 209
설성 … 278
설원랑(설화랑) … 278, 285
설인귀 … 302, 313
설총 … 324, 326, 333
성목태후 … 372, 378, 383
성왕 … 238, 282
성정왕후 … 346, 351
세강 … 368
세오녀 … 101
세종 … 251, 259, 265, 274
소개 … 433
소덕왕후 … 346, 350
소명 … 330, 334
소벌공 … 23
소정방 … 301, 307, 312

송화 … 243, 253
수로왕(김수로) … 46, 52, 56, 60, 73, 117
수류 … 66, 136
수충 … 346
숙명궁주 … 242, 257
숙정왕후 … 370
숙흘종 … 243, 320
숙흥 … 409
순원 … 341, 350
숭신천황 … 85, 100
습보 … 189, 214
승만부인 … 271, 288
신검 … 434, 466
신공황후 … 85, 95
신광 … 318, 338
신덕 … 455
신보왕후 … 363
신술 … 370
신숭겸 … 461
신충 … 355
신홍 … 415
신훤 … 428, 430, 437, 442

|ㅇ|
아도 … 66, 75, 136, 190
아도화상 … 222, 230
아로부인 … 189, 195
아류부인 … 179
아시 … 213, 226, 273
아신왕 … 96, 170, 177
아이혜부인 … 119, 128, 130
아자개 … 427, 451, 462

아진의선 … 47, 55
아효부인 … 36, 59, 68
안승 … 312, 331
알영 … 22, 24, 26, 30, 33, 68
알천 … 290, 296, 300
애노 … 427
애례부인 … 81
야명부인 … 318, 338
양검 … 435, 467
양견 … 266
양광 … 268
양길 … 428, 437
양순 … 389, 397
양질 … 140
양품 … 366
양현감 … 269
연개소문 … 290, 299
연식 … 457
연오랑 … 101
연정토 … 312
연제부인 … 218
연진 … 119
염장 … 322, 392, 398
영경 … 458
영공 … 379, 393
영기 … 428
영류왕 … 270
영양왕 … 267
영창 … 456
영화왕후 … 405
예겸 … 414, 442, 447
예영 … 370, 394
예징 … 388, 397

오기 … 318, 331, 337
오도 … 209, 225
옥명 … 271
옥모부인 … 124, 130
옥진궁주 … 211, 225, 234, 274
온조 … 29
왕건 … 102, 433, 443, 451
왕륭 … 438
왕봉규 … 456
왕신 … 455
왕철 … 468
용개 … 433
용검 … 435, 467
우덕 … 239
우로 … 118, 120, 124, 131
우륵 … 162, 255
우연 … 428
욱보 … 66, 136
원광 … 268
원봉 … 452, 462
원종 … 427
원표 … 229
원회 … 428, 437
원효 … 324
위덕 … 239
위홍 … 426, 431
위화랑 … 211, 225, 234, 248
위흔 … 401
유금필 … 455, 462
유성 … 363
윤궁 … 284
윤영왕후 … 393
윤웅 … 451

윤중 … 324
윤흥 … 409
은영 … 444
을제 … 288
응신천황 … 96, 185
의공 … 365
의명왕후 … 417
의상 … 324
의성왕후 … 448
의자왕 … 301
의종 … 390, 397
의충 … 358
이매 … 94, 108
이사도 … 379
이세민 … 270, 289
이순 … 357
이연 … 269
이음 … 117, 122
이적 … 308, 312
이홍 … 388, 391, 395
이효 … 346
익종 … 133
익훤 … 455
인겸 … 370
인명 … 318, 331, 338
일지갈문왕 … 32, 43
임자 … 323
입종 … 217, 234, 243

|ㅈ|
자의왕후 … 317, 335
자장 … 291
장길 … 463

장렴 … 381
장문수 … 298
장사왕후 … 453
장수왕 … 174, 183, 190, 198
재충 … 457
정목왕후 … 385
정의태후 … 348
정종왕후 … 395
정화부인 … 447
제공 … 369, 372, 379
제륭 … 374, 388
조명부인 … 402
조미압 … 323
조생부인 … 189, 214
종훈 … 466
주몽 … 46
죽방부인 … 469
준정 … 228, 248, 274
중경 … 347
지도부인 … 260, 284
지소태후 … 223, 227, 234, 243, 257, 274
지정 … 362, 365, 367
직선 … 139
진교부인 … 394
진복 … 339
진사왕 … 96, 170
진호 … 455

|ㅊ|
찬덕 … 269
창장부인 … 363
처용랑 … 417

천명공주 … 261, 273
천일창 … 83
청광 … 440
청길 … 428, 437, 442
청명 … 375
청진공주 … 282
체명 … 374
초고왕 … 92, 111, 118
총명 … 380
최치원 … 20, 252, 416, 430
최필 … 466
추항 … 267
충공 … 381, 390, 391
충렴 … 368
충훤 … 118

|ㅌ|
탐지 … 239

|ㅍ|
파로 … 211, 248
파호갈문왕 … 200
포도부인 … 388
품일 … 302, 307, 313

|ㅎ|
하종 … 277, 324
함달파 … 47, 55
해수 … 267
허루 … 71, 82
헌상 … 381
헌정 … 379
헌평 … 370, 372

현종 … 343, 356
형도 … 352
혜량 … 254
혜명왕후 … 352
혜문 … 268
혜충대왕 … 370
호공 … 25, 48, 55, 65
홍권 … 150
홍술 … 452, 462
홍종 … 399
화명 … 271
황아왕후 … 370, 381
황화 … 243, 253
효렴 … 458
효방 … 348, 364
효봉 … 435
효종 … 460
훈겸 … 466
휴례부인 … 165
흑치상지 … 303
흠돌 … 250, 317, 330, 336
흠반 … 288
흥달 … 457
흥도 … 260
흥선 … 93

한권으로 읽는 신라왕조실록

초판 1쇄 발행 2001년 6월 17일
재판 1쇄 발행 2004년 11월 18일
재판 50쇄 발행 2024년 1월 2일

지은이 박영규

발행인 이재진 **단행본사업본부장** 신동해
편집장 김경림 **마케팅** 최혜진 이은미 **홍보** 반여진 허지호 정지연 송임선
국제업무 김은정 김지민 **제작** 정석훈

브랜드 웅진지식하우스
주소 경기도 파주시 회동길 20
문의전화 031-956-7366 (편집) 02-3670-1123 (마케팅)
홈페이지 www.wjbooks.co.kr
인스타그램 www.instagram.com/woongjin_readers
페이스북 https://www.facebook.com/woongjinreaders
블로그 blog.naver.com/wj_booking

발행처 ㈜웅진씽크빅
출판신고 1980년 3월 29일 제406-2007-000046호

ⓒ박영규 2001·2004, 저작권자와 맺은 특약에 따라 검인을 생략합니다.
ISBN 978-89-01-04752-2 ISBN 978-89-01-04749-2(세트)

웅진지식하우스는 ㈜웅진씽크빅 단행본사업본부의 브랜드입니다.
이 책은 저작권법에 따라 보호받는 저작물이므로 무단전재와 무단복제를 금지하며,
이 책 내용의 전부 또는 일부를 이용하려면 반드시 저작권자와 ㈜웅진씽크빅의 서면 동의를 받아야 합니다.

* 책값은 뒤표지에 있습니다.
* 잘못된 책은 구입하신 곳에서 바꾸어 드립니다.

新羅王朝實錄

값 18,000원
ISBN 978-89-01-04752-2
ISBN 978-89-01-04749-2 (세트)
www.wjbooks.co.kr